全国高等院校土木与建筑专业十二五创新规划教材

工程建设法规

王　凯　主　编
时金娜　许国强　副主编

清华大学出版社
北　京

内 容 简 介

本书为全国应用型本科建筑类专业规划教材。全书共分为 12 章，主要内容结合我国最新颁布的建设法律法规要求，从建筑工程许可法规、城乡规划法规、建设用地法规、工程建设发包与承包、工程建设招标投标、工程建设监理、建筑安全生产、建筑工程质量管理、工程建设争议处理等方面做了全面系统地阐述。在本书编写时注重了相关法律规定和法律责任的介绍和解释，同时，各个章节均配以相关的案例加以说明，还将历年来一级、二级建造师的相关考试试题作为课后的复习思考题，使得学生在建筑法律法规的学习过程中真正做到理论知识的轻松理解、掌握和加强，有利于提高学生的学习兴趣。

“工程建设法规”课程是建筑类专业的专业基础课，学习建筑法规、掌握建筑法规、遵守建筑法规是每一个从事建筑业及其相关领域的工作者应当具备的法律素质。因此，本书可作为高职院校和应用型本科院校建筑类专业的教材用书，也可作为从事工程建设和工程管理的专业人员和管理人员学习参考用书。

图书在版编目(CIP)数据

工程建设法规/王凯主编. --北京：清华大学出版社，2014（2022.6重印）
(全国高等院校土木与建筑专业十二五创新规划教材)
ISBN 978-7-302-37386-5

Ⅰ. ①工… Ⅱ. ①王… Ⅲ. ①建筑法—中国—高等学校—教材 Ⅳ. ①D922.297

中国版本图书馆 CIP 数据核字(2014)第 163068 号

责任编辑：桑任松
装帧设计：刘孝琼
责任校对：周剑云
责任印制：杨 艳
出版发行：清华大学出版社
网 址：http://www.tup.com.cn, http://www.wqbook.com
地 址：北京清华大学学研大厦 A 座　　邮 编：100084
社 总 机：010-83470000　　邮 购：010-62786544
投稿与读者服务：010-62776969, c-service@tup.tsinghua.edu.cn
质量反馈：010-62772015, zhiliang@tup.tsinghua.edu.cn
课件下载：http://www.tup.com.cn, 010-62791865
印 装 者：北京九州迅驰传媒文化有限公司
经 销：全国新华书店
开 本：185mm×260mm　　**印 张：**19.5　　**字 数：**468 千字
版 次：2014 年 9 月第 1 版　　**印 次：**2022 年 6 月第 6 次印刷
定 价：49.00 元

产品编号：057593-02

前　言

随着我国市场经济体制的逐步建立与完善，我国的经济得到了飞速发展。与此同时，我国的工程建设规模越来越大，投资越来越多，对经济增长、社会安定的作用越来越明显。但由于我国建筑市场的发育尚不成熟，体制和机制等方面还未完善，致使市场违规行为和工程质量安全事故时有发生，制约了建筑业的健康发展。一个合格的工程建设行业的技术人员或管理人员不仅要具备专业知识，更重要的是保证工程建筑质量和安全，遵循建筑市场秩序，真正地为公民的切身利益着想，并以建设相关法规来指导自己的建设行为。

本书根据我国最新颁布的建设法律法规编写。内容包含了工程建设项目从前期的相关手续办理、规划用地审批、发包和承包管理到招投标过程、建设合同的签订、施工过程中的监理和安全、质量保障以及工程建设中的相关争议解决办法等内容。不仅可以作为各应用型本科院校和高职高专院校建筑类专业的教材用书，对从事工程建设和工程管理的专业人员及管理人员也有一定的参考价值。

法律、法规的学习相对枯燥，为了引起读者的兴趣，在教材的编写过程中，编者总结长期以来的课程教学实践经验，并广泛吸取同类教材的优点，在结构布置和案例选择等方面做了精心的设计，努力做到以下几点。

(1) 注重对一般法律知识的阐述和对相关法规的解释，力求通俗易懂，突出对基础理论知识的应用和实践能力的培养。在知识、技能的传授上根据专业课程的定位，主次分明，重点突出，以培养读者的专业知识和技能为重点，使读者具备适应专业岗位要求的知识、素质和能力。

(2) 注重时效性。本书在编写时及时补充了国家颁布的最新法律法规及相关解释文件，并将近期发生的案例收录于教材之中。

(3) 便于教学。本书每一章均设置学习目标和本章导读，使读者快速了解本章主要内容、框架以及学习重点。为了便于理解整章内容，每一章开篇都引用一个典型案例并引入问题，使读者带着解决问题的意识和思考深入学习每一章。文中案例均经过仔细筛选，具有典型性和很强的针对性，使理论与实际结合起来，便于法律法规的应用。章节末设置小结，便于读者总体把握本章内容。本教材课后思考题均选自历年来各类注册考试试题，通过思考题可以检验读者对知识点的掌握程度，巩固所学知识，方便老师的教学和学生的学习。

本书由王凯担任主编；内蒙古工业大学的时金娜、许国强担任副主编；参加编写的还有马桂茹、陈蔚。具体的编写分工为：王凯编写第 1 章和第 7 章；时金娜编写第 2 章、第

10 章和第 12 章；陈蔚编写第 3 章、第 4 章和第 5 章；马桂茹编写第 6 章；许国强编写第 8 章、第 9 章和第 11 章。

本书在编写过程中参考了大量书籍、相关法律法规和文献，在此特向有关编著者表示衷心的感谢。

由于编者水平有限，书中难免存在缺点和错误，恳请使用本教材的师生和相关专家批评指正。

编　者

目　录

第1章　工程建设法规概述

学习目标

- 了解我国工程建设法规体系的框架结构。
- 掌握建设法律关系的基本概念和构成要素。
- 熟悉工程建设领域应承担的法律责任。
- 了解工程建设法规基本原则和实施等内容。

本章导读

本章主要介绍我国工程建设法规体系的框架结构，并重点介绍了工程建设法律关系的内容以及相关的建设法律责任。

项目案例导入

某建筑公司与某学校签订了一份教学楼施工合同，明确施工单位要保质、保量、保工期地完成学校的教学楼施工任务。工程竣工后，承包方向学校提交了竣工报告。学校为了不影响学生正常上课，在没有组织相关机构进行验收的情况下就直接投入了使用。在使用过程中，校方发现教学楼存在着一定的质量问题，要求施工单位立即进行维修。而施工单位则认为该工程未经验收，学校提前使用出现的质量问题，施工单位不应再承担责任。

问题导入

本案例中建筑法律关系的主体是谁？客体是什么？主体双方应享有的权利和承担的义务分别是什么？应如何分析该工程质量问题的责任及责任的承担方式？为什么？

1.1　工程建设法规体系

1.1.1　工程建设法规体系的概念

工程建设法规体系，是指国家权力机关或其授权的行政机关制定的，旨在调整国家及其有关企业事业单位、社会团体、公民相互之间在建设活动中或者建设行政管理活动中发生的各种社会关系的法律、法规的统称。

我国现行的工程建设法规体系是以《中华人民共和国建筑法》为核心，由相关行政法规、部门规章和地方性法规、地方政府规章有机结合起来，共同组成一个相互联系、相互补充、相互协调的完整统一的体系。

1.1.2 我国工程建设法规体系的框架

随着我国工程建设领域法律、法规的逐步完善，现行的工程建设法规体系的框架结构已经形成了以《中华人民共和国建筑法》、《中华人民共和国招标投标法》、《中华人民共和国合同法》为母法，以《建设工程质量管理条例》、《建设工程勘察设计管理条例》、《注册建筑师条例》等为子法，以系列部门规章为配套的法规体系。各地方出台的地方性法规和政府规章同时作为框架体系的重要组成部分，是调整各地方工程建设活动的重要法律依据。在我国的法律体系中，整体框架可以分为工程建设法规的效力层次和规范内容两个方面。

1. 工程建设法规体系的效力层次

根据《中华人民共和国立法法》有关立法权限的规定，我国的工程建设法规体系包括中央立法和地方立法两个层次。其中，中央立法包括法律、行政法规、部门规章三个层次；地方立法包括地方性法规和地方政府规章两个层次。

(1) 建设法律。

建设法律是指由全国人民代表大会及其常委会制定颁行的属于国务院建设行政主管部门主管业务范围的各项法律，是建设法规体系的核心和基础。工程建设法律包括但不限于《中华人民共和国建筑法》、《中华人民共和国合同法》、《中华人民共和国城乡规划法》、《中华人民共和国招投标法》、《中华人民共和国安全生产法》等。

(2) 建设行政法规。

建设行政法规是指由国务院制定颁行的属于建设行政主管部门主管业务范围的各项法规，其效力仅低于建设法律，在全国范围内有效。行政法规常以“管理条例”等名称出现。工程建设行政法规包括但不限于《建设工程勘察设计管理条例》、《建设工程质量管理条例》、《生产安全事故报告和调查处理条例》、《建设项目环境保护管理条例》等。

(3) 建设部门规章。

建设部门规章是指由建设部或国务院有关部门根据国务院规定的职责范围，依法制定颁行的属于建设领域的各项规章。建设部门规章的法律地位和效力低于建设法律和行政法规，是对建设法律、行政法规的进一步补充，为有关政府部门的行为提供依据，如《工程建设项目施工招标投标办法》、《建筑企业资质管理规定》、《建设工程勘察质量管理办法》、《注册建造师管理规定》、《注册造价工程师管理办法》、《注册监理工程师管理规定》等。

(4) 地方性建设法规。

地方性建设法规是指由省、自治区、直辖市人民代表大会及其常委会结合本地区实际情况制定颁行的或经其批准颁行的由下级人大或其常委会制定的，只能在本区域有效的建设方面的法规。地方性建设法规促进了本地区建设业的发展，同时也为国家建设立法提供成功的经验。例如，山西省人大常委会发布的《山西省建筑市场管理条例》；山东省人大常委会发布的《山东省城市房屋拆迁管理条例》、《山东省建设工程招标投标管理条例》等。

(5) 地方政府规章。

地方政府规章是指由省、自治区、直辖市人民政府制定颁行的或经其批准颁行的由其所在城市人民政府制定的建设方面的规章，如《山西省建筑工程招标投标管理办法》、《山东省建设工程施工招标投标暂行规定》等。

其中，建设法律的法律效力最高，层次越往下的法规其法律效力越低。法律效力低的建设法规不得与比其法律效力高的建设法规内容相抵触；否则，其相应规定将被视为无效。

2. 工程建设法规体系的规范内容

工程建设法规体系的规范内容主要包括以下几方面。

(1) 规范建筑市场准入资格方面的法规。它主要体现在对建筑市场各方活动主体的资质管理，包括勘察设计单位、建筑施工企业、建设监理单位、招投标代理机构、造价咨询单位等的资质管理。

(2) 政府监管程序方面的法规。它主要体现在招标投标管理法规、建设工程施工许可管理法规、建设工程竣工验收备案等，还有建设工程施工过程中的现场管理规定、安全生产监督管理规定等方面的规定。

(3) 规范建筑市场各方主体行为方面的法规。它主要体现在对建筑市场活动行为人(如公民和法人)的行为制约。其包括各种建筑工程类执业资格注册管理办法、建筑市场诚信行为信息管理规定、建筑市场各方主体不良行为记录认定标准等。

《中华人民共和国建筑法》作为规范工程建设活动的基本法律，决定其地位的重要标志是：一是法律层次高，其他任何规范工程建设活动的法规和规章都必须依据《中华人民共和国建筑法》来制定；二是其规范内容广泛，包括了以上工程建设法规体系所规范的全部内容，既规范了市场准入管理原则、工程建设程序监管，也规定了市场活动行为人的行为规范。

1.2　工程建设法律关系

法律关系是指由法律规范所确定和调整的人与人或人与社会之间的权利和义务关系。

工程建设法律关系是指由建设法律规范所确认和调整的，在建筑业管理和建筑活动过程中所产生的具有相关权利、义务内容的社会关系。工程建设活动面广、内容繁杂、参与人员众多，因此，建设法律关系具有综合性、复杂性等特点。

1.2.1　工程建设法律关系的构成要素

法律关系都是由法律关系主体、法律关系客体和法律关系内容三个要素构成，缺少其中一个要素就不能构成法律关系。由于三个要素的内涵不同，则组成不同的法律关系，诸如民事法律关系、行政法律关系、劳动法律关系、经济法律关系等。工程建设法律关系也是由主体、客体和内容三个要素所组成。

1. 工程建设法律关系的主体

工程建设法律关系主体，主要是指参加或管理、监督建设活动，受工程建设法律规范的调整，同时在法律上享有权利、承担义务的自然人、法人或其他组织。其主要包括业主方、承包方、相关中介组织等。

(1) 业主方。

在我国的建筑市场上，业主方一般被称为建设单位或甲方，是出资人。业主方可以是各企、事业单位，也可以是个人或各级政府委托的资产管理部门。由于建筑产品的所有权最终属于这些建设单位，所以根据国际惯例，一般称这些建筑工程的发包主体为业主。任何一个建设项目，只有可行性研究报告被批准，业主方才可以权利主体的资格参加工程建设活动，才能以已经取得的法人资格及自己的名义对外进行经济活动和相关法律行为。建设单位作为工程建设的出资人，既是建设投资的支配者，同时也是工程建设的组织者和监督者。

(2) 承包方。

在我国的建筑市场上，业主方一般被称为建筑企业或乙方。在国际工程承包过程中习惯被称为承包商。承包方是指具有一定的生产能力、机械设备、流动资金和工程建设项目承包的营业资格，能够按照业主方的建设要求，完成承包合同中所约定的内容，并最终获得相应工程价款的建筑企业。

承包方作为工程建设服务的提供者，在建筑市场中有着举足轻重的地位。其主要包括以下单位：勘察和设计单位，建筑安装施工企业，建筑装饰施工企业，混凝土构配件和施工非标准预制构件等生产厂家，商品混凝土供应商，建筑机械租赁单位，以及专业劳务分包公司等。

(3) 中介组织。

作为工程建设法律关系主体的中介组织一般应为法人。在市场的经济运行过程中，中介组织作为联系政府、市场、企业之间的纽带，具有政府行政职能管理不可替代的作用。

首先，中介组织必须具有相应的专业服务资格；其次，在建筑市场中，能够按照发包方、承包方或政府管理机构的委托，及时、准确地提供相应的智能服务，并取得服务费用。建筑市场中中介组织的发达与否是衡量一个国家市场体系成熟和市场经济发达的标准。工程建设中介组织可分为多种类型，主要有工程技术咨询公司，工程建设监理公司，工程质量检查、监督、认证机构，工程招标代理机构，合同纠纷的仲裁调解机构，工程审计单位，资产与资信评估机构等。

(4) 自然人。

自然人也可以成为工程建设法律关系的主体，而且，随着国家建设规模的扩大，近几年来呈现出日益增多的趋势。自然人主要是指建筑业从业人员，如建筑工人、专业技术人员、注册执业人员等，当他们同企业单位签订劳动合同时，即成为建设法律关系的主体。

(5) 其他。

工程建设法律关系的主体还包括国家权力机关、国家行政机关和银行机构等。

国家权力机关是指全国人民代表大会及其常务委员会和地方各级人民代表大会及其常务委员会。其参加工程建设法律关系的主要职能是审查批准国家建设计划和国家预、决算，制定和颁布建设法律，监督检查国家各项建设法律的执行。

国家行政机关包括国务院及其所属各部委、地方各级人民政府及其职能部门。其参加工程建设法律关系的主要职能是编制和组织实施国家、地方工程建设计划，监督和管理各种工程建设活动以及制定各种标准、规范和定额等。

银行机构通过办理各种工程建设贷款、拨款或对国家固定资产投资进行管理等业务活动，也成为工程建设法律关系的主体。

2. 工程建设法律关系的客体

工程建设法律关系客体，是指参加工程建设法律关系的主体享有的权利和承担的义务所共同指向的事物。在通常情况下，建设主体都是为了某一客体，彼此才设立一定的权利、义务，从而产生工程建设法律关系。这里的权利、义务所指向的事物，便是工程建设法律关系的客体。

法学理论上，一般客体分为财、物、行为和非物质财富。工程建设法律关系客体也不外乎这四类。

(1) 表现为财的客体。财一般是指资金及各种有价证券。在工程建设法律关系中表现为财的客体主要是建设资金，如固定资产投资贷款合同的标的，即一定数量的货币。

(2) 表现为物的客体。法律意义上的物是指可为人们控制和支配的并具有经济价值的生产资料和消费资料。在工程建设法律关系中表现为物的客体主要有建筑材料，如钢材、木材、水泥等，及其构成的建筑物，还有建筑机械等设备。某个具体固定资产投资项目即是工程建设法律关系中的客体。

(3) 表现为行为的客体。法律意义上的行为是指人的有意识的活动。在工程建设法律关系中，行为多表现为完成一定的工作，其结果会产生物化和非物化的效果，如勘察设计、施工安装、检查验收等活动。

(4) 表现为非物质财富的客体。法律意义上的非物质财富是指人们脑力劳动的成果或智力方面的创作，也称智力成果，如工程咨询单位提供的可行性研究报告、设计单位提供的设计图纸等。

3. 工程建设法律关系的内容

工程建设法律关系的内容即工程建设法律关系主体所享有的权利和应承担的义务。是建设主体的具体要求，决定着工程建设法律关系的性质，主要由相关的法律或合同来确定，是连接主体的纽带。

(1) 建设权利。建设权利是指工程建设法律关系主体根据建设法律要求和自身业务活动的需要有权进行的各种建设活动的资格。建设权利主体可要求其他主体做出一定的行为或抑制一定的行为，以实现自己的建设权利，因其他主体的行为而使建设权利不能实现时有权要求国家机关加以保护并予以制裁。

(2) 建设义务。建设义务是指工程建设法律关系主体必须按法律规定或约定承担应负的责任。建设义务和权利是相互对应的，相应主体应自觉履行建设义务，义务主体如果在建设活动中不履行或不适当履行，就要承担相应的法律责任。

1.2.2　工程建设法律关系的产生、变更和终止

1. 工程建设法律关系的产生

工程建设法律关系的产生，是指工程建设法律关系的主体之间形成了一定的权利和义务关系。例如，某建设单位与施工单位签订了工程建设承包合同，主体双方就产生了相应的权利和义务。此时，受工程建设法律规范调整的法律关系即告产生。

2. 工程建设法律关系的变更

工程建设法律关系的变更，是指工程建设法律关系的三个要素发生变化。

(1) 主体变更。

主体变更，一方面是指工程建设法律关系主体数目增多或减少，如总承包商进行的部分专业工程分包，使得主体数目相应增加；另一方面是指主体的改变，在合同中，客体不变，相应权利和义务也不变，此时主体改变也称为合同转让。

(2) 客体变更。

客体变更是指工程建设法律关系中权利和义务所指向的事物发生变化。客体变更可以是法律关系的范围变更，如建设规模和工程的数量发生了变化；也可以是其性质变更，如设计变更导致的工程实体的变化。

工程建设法律关系主体与客体的变更，必然导致相应的权利和义务，即内容的变更。

3. 工程建设法律关系的终止

工程建设法律关系的终止，是指工程建设法律关系主体之间的权利和义务不复存在，彼此丧失了约束力，包括自然终止、协议终止和违约终止。

(1) 自然终止。工程建设法律关系自然终止，是指某类建设法律关系所规范的权利和义务顺利得到履行，取得了各自的利益，从而使该法律关系达到完结。

(2) 协议终止。工程建设法律关系协议终止，是指建设法律关系主体之间协商解除某类工程建设法律关系规范的权利或义务，致使该法律关系归于终止。

(3) 违约终止。工程建设法律关系违约终止，是指建设法律关系主体一方违约，或发生不可抗力，致使某类建设法律关系规范的权利不能实现。

4. 工程建设法律关系产生、变更和终止的原因

工程建设法律关系只有在一定的情况下才能产生，同样这种法律关系的变更和终止也由一定的情况决定。这种引起建设法律关系产生、变更和终止的情况，即人们通常所说的建设法律事实。工程建设法律事实即是建设法律关系产生、变更和终止的原因。

建设法律事实按是否包含当事人的意志可分为两类。

(1) 事件。

事件是指不以当事人意志为转移而产生的法律事实，包括如地震、海啸、台风、水灾、火灾等自然现象和战争、暴乱、政府禁令、恐怖活动等社会现象。

(2) 行为。

行为是指人的有意识的活动。行为包括积极的作为和消极的不作为。它们都能引起工程建设法律关系的产生、变更和终止。

1.3 工程建设法规的实施和原则

1.3.1 工程建设法规的实施

工程建设法规的实施是指工程建设法规规范在社会生活中的具体应用和实现。其实质

就是将建设法规规范中设定的权利和义务关系转化为现实生活中的权利和义务关系，也就是法的实施过程。任何法律，一经制定，就有一个付诸实施的过程。有法不依，等于无法，建设法规也是如此。法律的实施方式主要有两种：一种是国家机关及其工作人员在自己的职权范围内依据法律来解决具体问题，推动工作的开展，包括执法与司法；另一种是国家机关以及包括国家机关工作人员在内的全体公民自觉遵守法律规范，用法律来规范自己的活动和行为。这两种方式是法律实施的有机组成部分，对于法律的实施都是不可缺少的。

1. 建设法规的执行

建设法规的执行具有国家强制性、主动性和单方面性的特点，行政机关执行法律的过程同时也是行使执法权的过程。

(1) 建设行政执法。

建设行政执法是指各级建设行政主管部门对其所属工作机构及其行政执法人员和其下级建设行政主管部门实施建设法律、法规、规章和其他规范性文件的行政行为进行监督检查的活动。它具体包括建设行政决定、建设行政检查、建设行政处罚和建设行政强制执行等内容。

(2) 建设行政司法。

建设行政司法是指建设行政机关依据法定的权限和程序进行行政调解、行政复议和行政仲裁，以解决相应的争议的行政行为。其内容包括以下几方面。

① 行政调解，它是指在行政机关的主持下，以法律为依据，以自愿为原则，通过说服教育等方法，促使双方当事人通过协商互谅达成协议。

② 行政复议，它是指在当事人不服行政执法决定时，依法向指定的部门提出重新处理的申请。

③ 行政仲裁，它是指国家行政机关以第三者身份对特定的民事、经济的劳动争议调解的判断和裁决。

④ 专门机关司法，它主要是指人民法院依照诉讼程序对建设活动中的争议与违法建设行为做出的审理判决活动。

2. 建设法规的遵守

建设法规的遵守，是指从事建设活动的所有单位和个人，必须依照建设法规的要求实施建设行为。建设法规的遵守并不仅仅是消极的、被动的，而是行使权力和履行义务两方面的结合。

1.3.2　工程建设法规的原则

工程建设活动通常具有周期长、涉及面广、人员流动性大、技术要求高等特点，因此在工程建设的整个过程中，必须贯彻以下基本原则，才能保证工程建设活动的顺利进行。工程建设法规实施的基本原则有以下几点。

1. 工程建设活动应确保工程建设质量与安全的原则

工程建设质量和安全是整个工程建设活动的核心，是关系到人民生命、财产安全的重大问题。由于建筑工程通常造价很高，一旦其主体结构或隐蔽工程发生质量问题，将因难以弥补而造成巨大的经济损失。从我国目前的情况看，建筑工程的质量问题比较突出，一些房屋建筑工程施工质量差，屋面渗漏、管道不畅、地面不平、墙面空鼓或开裂、电梯运行不畅等质量通病大量存在。这就要求我们在工程建设过程中要确保工程项目的建设符合有关适用、安全、经济、美观等各项指标的要求，确保工程建设实施中不能引起人身伤亡和财产损失。

2. 工程建设活动应当符合国家的工程建设安全标准原则

国家的建筑工程安全标准主要包括涉及建筑工程安全的国家标准和行业标准。按照《中华人民共和国标准化法》的规定："对需要在全国范围统一的技术要求，应当制定国家标准。国家标准由国务院标准化行政主管部门制定。对没有国家标准而又需要在全国某个行业范围统一的技术要求，可以制定行业标准。行业标准由国务院有关行业主管部门制定，并报国务院标准化行政主管部门备案，在公布国家标准后，该行业标准即行废止。"

有关建筑工程安全的国家标准或行业标准，是保障建筑工程安全的基本要求，建筑工程的发包方和承包方可以在合同中约定严于国家标准或行业标准的工程质量要求，但不得以合同约定低于国家或行业安全标准的质量要求。这些标准要求对保证技术进步，提高工程建设质量与安全，发挥社会效益与经济效益，维护国家利益和人民利益具有重要的作用。

3. 从事工程建设活动应当遵守法律、法规原则

我国是一个法治国家，一切工程建设活动都应当依法行事。只有在法律规定的范围内进行的建筑行为，才能得到国家的承认与保护，也才能实现行为人的预期目的。

4. 不得损害社会公共利益和他人的合法权益原则

社会公共利益是全体社会成员的整体利益，保护社会公共利益是法律的基本出发点，从事工程建设活动不得损害社会公共利益也是维护建设市场秩序的保障。

5. 合法权利受法律保护原则

宪法和法律保护每一个市场主体的合法权益不受侵犯，任何单位和个人都不得妨碍和阻挠依法进行的建设活动，这也是维护建设市场秩序的必然要求。

1.4 工程建设法律责任

工程建设法律责任是指在工程建设活动中，行为人因侵犯他人权利或违反法律义务而应依法承担的不利的法律后果。根据不同的性质，违法行为可划分为行政法律责任、民事法律责任和刑事法律责任。

1.4.1 行政法律责任

行政法律责任是指行政法律关系的主体因违反行政法律规范但尚未构成犯罪的违法行为而依法应承担的消极性法律后果。它一般分为行政处分和行政处罚两类。

1．行政处分

行政处分是指国家行政机关依照行政隶属关系对违法失职的公务员给予的惩戒。

依据《中华人民共和国公务员法》，行政处分分为警告、记过、记大过、降级、撤职和开除。

公务员在受处分期间不得晋升职务和级别；受撤职处分的，同时降低级别和职务工资；受开除以外处分，在受处分期间有悔改表现，并没有再发生违纪行为的，处分期满后，由处分决定机关解除处分并书面通知本人。但是，解除降级、撤职处分的，不视为恢复原级别、原职务。

2．行政处罚

行政处罚是指特定的国家行政机关对违反行政管理法规的单位或个人依法给予的制裁。行政处罚是行政法律责任的核心，是国家法律责任制度的重要组成部分，是行政机关依法管理的重要手段之一。

依据《中华人民共和国行政处罚法》，行政处罚分为警告、通报批评、罚款、没收财物(没收违法所得和没收非法财物等)、责令停产停业、暂扣或吊销许可证和营业执照、行政拘留。

在我国工程建设领域，对建设单位、勘察设计单位、施工单位、工程监理单位等参建单位而言，行政处罚是更为常见的行政责任形式。

1.4.2　民事法律责任

民事法律责任是指民事主体违反民事法律上的约定或规范规定的义务所应承担的对其不利的法律后果。依据《民法通则》，我国的民事法律责任主要划分为违约责任和侵权责任。

1．违约责任

违约责任是指公民、法人违反合同义务所应承担的民事法律后果。在工程建设领域中，相关建设合同的签订明确和约束了建设法律关系主体的权利和义务，任何一方的违约行为都应承担相应的民事法律后果。

2．侵权责任

侵权责任是指公民、法人有故意或过失而侵犯国家、集体、他人的合法权利，致使国家、集体或他人的财产权或人身权利受到损害，所应承担的民事法律后果。例如，故意侵占、毁损他人财物事件；建筑物的倒塌致人损害事件；违反国家保护环境防止污染的规定，施工企业擅自排放污染物造成他人损害事件；在危险施工地段未设置明显标志或未采取安全防护措施致使他人损害事件等。

依据《民法通则》第一百三十四条的规定，承担民事责任的方式主要有以下十种：停止侵害；排除妨碍；消除危险；返还财产；恢复原状；修理、重做、更换；赔偿损失；支付违约金；消除影响、恢复名誉；赔礼道歉。

1.4.3 刑事法律责任

刑事法律责任是指行为人实施了刑法所禁止的犯罪行为而必须承担的法律后果。

《中华人民共和国刑法》第一百三十七条规定了工程建设领域的建筑工程重大安全罪。它主要是指建设单位、设计单位、施工单位、工程监理单位违反国家标准，故意降低工程标准，造成重大安全事故的行为，依法应追究刑事责任。

1. 刑罚

刑罚是指通过刑事诉讼程序对违法行为人所采取的刑事制裁措施。

依据《中华人民共和国刑法》的规定，将刑罚分为主刑和附加刑两大类。主刑只能独立适用，不能附加适用，主刑包括管制、拘役、有期徒刑、无期徒刑和死刑五种；附加刑又称从刑，是补充主刑适用的刑罚方法。附加刑的基本特点是既能独立适用也可以附加适用。我国刑法规定附加刑包括罚金、剥夺政治权利和没收财产三种。

2. 工程建设领域的犯罪构成

(1) 重大责任事故罪。

重大责任事故罪是指在生产、作业中违反有关安全管理的规定，或者强令他人违章冒险作业，因而发生重大伤亡事故或者造成其他严重后果的行为。本罪的主体是一般主体，包括建筑企业的安全生产从业人员、安全生产管理人员以及对安全事故负有责任的包工头和无证从事生产、作业的人员等。

(2) 重大劳动安全事故罪。

重大劳动安全事故罪是指安全生产设施或者安全生产条件不符合国家规定，因而发生重大伤亡事故或者造成其他严重后果的行为。本罪的主体是特殊主体，即直接负责的主管人员和其他直接责任人员。

其中，“直接负责的主管人员”包括生产经营单位的负责人、生产经营的指挥人员、实际控制人和投资人。“其他直接责任人员”包括对安全生产设施、安全生产条件负有提供、维护、管理职责的人。

(3) 工程重大安全事故罪。

工程重大安全事故罪是指建设单位、设计单位、施工单位、工程监理单位违反国家规定，降低工程质量标准，造成重大安全事故的行为。本罪的主体是特殊主体，仅限于建设单位、设计单位、施工单位、工程监理单位。

本 章 小 结

本章首先介绍了我国工程建设法规体系的构成情况，其次介绍了工程建设法规法律关系的构成要素及产生、变更和终止等内容，再次介绍了工程建设法规的具体实施办法和基本原则，最后介绍了违反相关建设法规将会承担哪些法律责任，便于读者对工程建设法规的基本内容有所了解，并对工程建设法律责任有所认识，从而规范工程建设从业单位及人员的执业行为。

复习思考题

一、单项选择题

1. 下列与工程建设有关的法律、法规、部门规章中，(　　)属于行政法规范畴。
   A.《中华人民共和国建筑法》　　B.《建设工程安全生产管理条例》
   C.《建造师职业资格制度暂行规定》　　D.《建筑企业资质等级标准》
2. 下列规范性文件中，效力最高的是(　　)。
   A. 行政法规　　B. 司法解释　　C. 地方性法规　　D. 行政规章
3. (　　)是指国家制定或认可的，在全国范围内有效的技术规程、规范、标准、定额、方法等技术文件。
   A. 地方建设规章　　B. 技术法规
   C. 建设部门规章　　D. 建设行政法规
4. 建设施工质量责任的主体是(　　)。
   A. 建设单位　　B. 施工单位
   C. 监理单位　　D. 建设与施工单位
5. 民事法律关系的内容是指(　　)。
   A. 民事权利和民事义务　　B. 民事权利和民事责任
   C. 民事规范和民事责任　　D. 民事义务和民事责任
6. 建设法规的实施包括执法、司法和(　　)三个方面，是指国家机关及其公务员、社会组织、公民实践建设法律规范的活动。
   A. 懂法　　B. 知法　　C. 守法　　D. 立法
7. (　　)是指在当事人不服行政执法决定时，依法向指定的部门提出重新处理的申请。
   A. 行政调解　　B. 行政仲裁　　C. 法院判决　　D. 行政复议
8. 下列法律责任中，属于刑事处罚的是(　　)。
   A. 处分　　B. 暂扣执照　　C. 恢复原状　　D. 罚金

二、多项选择题

1. 建筑法律关系主体的范围包括(　　)。
   A. 承包单位　　B. 自然人　　C. 建设单位
   D. 国家机关　　E. 某企业的车间
2. 建筑法律关系的内容是指(　　)。
   A. 法律权利　　B. 客体　　C. 标的
   D. 价款　　E. 法律义务
3. 法律意义上的非物质财富是指人们脑力劳动的成果或智力方面的创作，也称智力成果。下列选项中属于非物质财富的是(　　)。
   A. 股票　　B. 太阳光　　C. 建筑设计图纸
   D. 建筑材料的商标　　E. 可行性研究报告

4. 引起建设工程法律关系发生、变更、终止的情况称为法律事实，按照是否包含当事人的意志，法律事实可以分为(　　)。

A. 事件　　B. 不可抗力事件　　C. 无意识行为
D. 意外事件　　E. 行为

5. 承担民事责任的方式主要有(　　)。

A. 停止侵害　　B. 恢复原状　　C. 返还财产
D. 支付违约金　　E. 赔礼道歉

6. 重大责任事故罪主体包括(　　)。

A. 建筑企业的安全生产从业人员　　B. 安全生产管理人员
C. 对安全事故负有责任的包工头　　D. 生产经营的指挥人员
E. 无证从事生产、作业的人员

7. 工程重大安全事故罪的主体是特殊主体，仅限于(　　)。

A. 建设单位　　B. 设计单位　　C. 施工单位
D. 工程监理单位　　E. 造价单位

三、简答题

1. 简述我国工程建设法规体系结构框架，主要有哪些表现形式？
2. 什么是建筑法律关系？简述建筑法律关系的主体、客体和内容。
3. 简述工程建设法规的基本原则和实施内容。
4. 建设法律责任的形式有哪些？什么是行政责任、民事责任、刑事责任？

第2章　工程建设许可法律制度

学习目标

- 掌握工程建设许可的基本概念、施工许可证的申请办理流程及条件。
- 熟悉相关工程建设单位资质的划分依据。
- 熟悉工程建设相关执业人员的执业资格制度。
- 了解相关单位及人员在工程建设中的法律责任。

本章导读

本章主要学习工程建设许可制度、申请施工许可证的条件以及施工许可证的管理方式，并对工程建设从业单位资质管理体系、工程建设专业技术人员执业资格管理体系以及工程建设方面的相关法律责任等内容做了详细介绍。

项目案例导入

1993 年 10 月，某市帆布厂(以下简称甲方)与某市区修建工程队(以下简称乙方)订立了建筑工程承包合同。合同规定：乙方为甲方建一框架厂房，跨度 12m，总造价为 98.9 万元；承包方式为包工包料；开、竣工日期为 1993 年 11 月 2 日至 1995 年 3 月 10 日。自工程开工至 1995 年年底，甲方付给乙方工程款、材料垫付款共 101.6 万元。到合同规定的竣工期限，乙方未能完工，而且已完工程质量部分不合格。为此，双方发生纠纷。

经查明，乙方在工商行政管理机关登记的经营范围为维修和承建小型非生产性建筑工程，无资格承包此项工程。经有关部门鉴定：该项工程造价应为 98.9 万元，未完工程折价为 11.7 万元，已完工程的厂房屋面质量不合格，返工费为 5.6 万元。

受诉法院审理认为：工商企业法人应在工商行政管理机关核准的经营范围内进行经营活动，超范围经营的民事行为无效。本案被告乙方承包建筑厂房，超越了自己的技术等级范围。根据《建设工程施工合同管理办法》第四条的规定，判决如下：①原告所订立的建筑工程承包合同无效；②被告返还原告多付的工程款 14.4 万元；③被告偿付原告工程质量不合格所需的返工费 5.6 万元。

问题导入

本案例中，乙方经营范围仅能承建小型非生产性建筑工程和维修项目，其技术等级不能承建与原告所订合同规定的生产性厂房，因此其应对合同无效及工程质量问题负全部责任。建筑企业在进行承建活动时，必须严格遵守核准登记的建筑工程承建技术资质等级范围，禁止超资质等级承建工程。那么我国工程建设从业单位的资质等级是如何划分的？不同资质等级从业范围是如何规定的？工程建设专业技术人员的职业资格应如何管理呢？通过本章的学习，您将会有所了解。

2.1 工程建设施工许可

工程建设施工许可是指建设行政主管部门或者其他有关行政主管部门准许、变更和终止公民、法人和其他组织从事建设活动的具体行为。工程建设许可制度是各国普遍采用的对建设活动进行管理的一项重要制度。目前，我国工程建设许可包括建设工程施工许可与执业资格许可两种。

根据我国有关法律法规的规定，建设工程在取得选址意见书、建设用地规划许可证、建设工程规划许可证或乡村建设规划许可证后，尚需取得建设工程施工许可证，方能开工建设。

2.1.1 申请施工许可证的条件

施工许可证是指在建筑工程准备施工前，建设单位向建设行政主管部门申请的可以施工的证明。根据我国有关法律的规定，建设单位在具备以下条件时，方可按国家有关规定向工程所在地县级以上人民政府建设行政主管部门申领施工许可证：①已经办好该工程用地手续；②在城市规划区的工程，已经取得规划许可证；③需要拆迁的，拆迁进度满足施工要求；④施工企业已确定；⑤有满足施工需要的施工图纸和技术资料；⑥有保证工程质量和安全的具体措施；⑦建设资金已落实并满足有关法律、法规规定的其他条件时。未取得许可证的建设单位不得擅自组织开工。已取得施工许可证的，应自批准之日起三个月内组织开工，因故不能按期开工的，可向发证机关申请延期，延期以两次为限，每次不超过三个月。既不按期开工又不申请延期或超过延期时限的，已批准的施工许可证自行作废。

2.1.2 申请施工许可证的时间

《中华人民共和国建筑法》(以下简称《建筑法》)规定，建设单位施工许可证必须在开工前申请领取。开工日期指的是建设项目或单项工程设计文件中所规定的永久性工程计划的开始施工时间。也就是说，施工前的准备工作，如地质勘探、拆除原有建筑物、施工时的临时道路以及用水用电都不能算正式开工，而是要以永久性的工程正式破土开槽开始的时间为基准。

2.1.3 申请施工许可证的范围

申请施工许可证的范围指的是哪些建筑工程项目需要申请施工许可证。《建筑法》中规定除了以下这六类工程外，我国其他的建设项目开工之前必须取得施工许可证后才可开工，这六类工程如下。

(1) 受到《中华人民共和国文物保护法》保护的建筑工程。

作为纪念性建筑物和古代建筑的修缮，要按照文物保护法中的有关规定去执行，无须申请施工许可证。

(2) 应急抢险救灾工程。

抢险救灾工程的特殊性决定了其项目在开工前无须申请施工许可证。

(3) 临时性的房屋建筑以及农村低层住宅建筑。

在工程建设工程中，常常需要建设一些短期的临时性建筑，用以满足人们的日常生活需要，如员工宿舍、餐厅、洗涮间等使用周期较短的房屋建筑。此外，农村规模较小的低层住宅两层(含两层)建筑也无须申请施工许可证。

(4) 建设行政部门确定的处于限额以下的小型工程。

限额以下的小型工程指的是工程建设投资金额在 30 万元以下或者建筑面积在 300m^2 以下的建筑工程项目，这类工程项目的开工建设不需要申请施工许可证，《建筑工程施工许可管理办法》中指出，各省、自治区、直辖市人民政府建设行政主管部门也可以依照各地实际情况对限额进行调整，并报国务院建设行政主管部门进行备案。

(5) 涉及国防安全的军用房屋建筑。

因军用建筑设施的保密性，其信息不宜过于公开，所以军用房屋建筑工程建设不用申请施工许可证。

(6) 按照国务院所规定的相关程序和权限批准的开工报告建设工程项目。

从《建筑法》的相关规定中可以看出，不是所有的建筑工程项目都必须申请施工许可证，对于投资金额小、结构建设简单、生命周期短以及自身建设具有特殊性的建设项目，无须申请施工许可证，而对于投资金额大、结构较复杂的工程，必须在开工之前申请施工许可证。

2.1.4　施工许可证的申请条件及管理

1. 施工许可证的申请条件

建设单位要取得施工许可证，必须在建筑工程开工前向建筑行政主管部门提出申请领取施工许可证。建设行政主管部门应当自收到申请之日起 15 日内，对符合条件的申请，对其颁发施工许可证。建设单位申请领取施工许可证，应当具备下列条件，并提交相应的证明文件：①已经办理建筑工程用地批准手续。②在城市规划区的建筑工程，已经取得建筑工程规划许可证。③施工场地已经基本具备施工条件，需要拆迁的，其拆迁进度符合施工要求。④已经确定施工企业。按照规定应该招标的工程没有招标，应该公开招标的工程没有公开招标，或者肢解发包工程，以及将工程发包给不具备相应资质条件的，所确定的施工企业无效。⑤有满足施工需要的施工图纸及技术资料，施工图设计文件已按规定进行了审查。⑥有保证工程质量和安全的具体措施。施工企业编制的施工组织设计中有根据建筑工程特点制定的相应质量、安全技术措施；专业性较强的工程项目编制了专项质量、安全施工组织设计，并按照规定办理了工程质量、安全监督手续。⑦按照规定应该委托监理的工程已委托监理。⑧建设资金已经落实。⑨法律、行政法规规定的其他条件。

2．施工许可证的管理

(1) 建设单位应当自领取施工许可证之日起 3 个月内开工。因故不能按期开工的，应当向发证机关申请延期；延期以两次为限，并且每次不超过 3 个月。既不开工又不申请延期或者超过延期时限的，施工许可证自行废止。也就是说，施工许可证的有效期最长可达 9 个月，如果超过 9 个月开工，施工许可证失去法律效力。施工许可证失去法律效力后，建设单位如组织开工，还必须重新申领施工许可证。

(2) 中止施工，是指建筑工程在施工过程中，因特殊情况的发生而中途停止施工的一种行为。《建筑法》规定，在建的建筑工程因故中止施工的，建设单位应当自中止施工之日起一个月内，向发证机关报告，并按照规定做好建筑工程的维护管理工作。

恢复施工，指的是建筑工程中止施工后，造成中止的情况消除而继续进行施工的一种行为。《建筑法》规定，建筑工程恢复施工时，应当向发证机关报告；中止施工满一年的工程恢复施工前，建设单位应当报发证机关核验施工许可证，对符合条件的，应允许其恢复施工，施工许可证继续有效；对不符合条件的，不允许恢复施工，将其施工许可证收回，待具备相应条件后，建设单位须重新向发证机关申请施工许可证。

(3) 按照国务院有关规定批准开工报告的建筑工程，因故不能按期开工或者中止施工的，应当及时向批准机关报告情况，因特殊情况不能按照开工报告规定的期限开工，时间超过 6 个月的，开工报告将自行失效。建设单位应按照国务院有关规定重新向批准开工报告的机关办理开工报告的批准手续。

2.2 工程建设从业单位资质管理

资质(或称许可)是指行政机关根据个人、组织的申请，依法准许个人、组织从事某种活动的行政行为，通常是通过授予书面证书形式赋予个人、组织以某种权利能力，即确认具备某种资格。

工程建设执业资格制度，是指建设行政主管部门根据建设单位和从事建筑活动的单位或个人的申请，依法、依程序确认其是否具备从事相应建筑活动的资质或资格，并在法律规定的范围内，允许其从事相应建筑活动的制度。

需要指出的是，申请是必要条件，也就是说要取得资质，必须自愿自觉地向工商行政管理部门申请设立登记，从事建筑工程活动的单位由建设行政主管部门审查后，颁发资格证书。从事建筑工程活动的人员，要通过国家任职资格考试、考核，由建设行政主管部门注册并颁发资格证书。

建筑工程建设周期长、投资规模大、专业技术性强，对工程建设活动进行事前的审查控制是非常必要的。为了加强对工程建设活动的监督管理，在建筑立法中，确立了建筑工程报建、建筑工程施工许可、从业单位的资质许可和专业技术人员执业资格许可的法律制度。我国同世界上绝大多数国家一样，都对从事建设活动的主体的资格做了严格的限定，对各种建筑企事业单位的资质等级标准和允许执业范围做出了明确的规定。这已形成建筑行业管理的国际惯例，对提高工程建设水平、保障公民的生命财产安全起到了重要的作用，也能更好地促进国际建筑界的交流与合作。我国在《建筑法》中明确规定：“从事建筑活动的专业技术人员，应当依法取得相应的执业资格证书，并在执业资格证书许可的范围内从事建筑活动。”

建筑工程种类很多，不同工程的建设规模和技术要求差别很大。从事建筑活动的单位的情况也各有不同，有的资本雄厚，专业技术人员较多，有关技术装备齐全，有较强的经济和技术实力，而有的则比较薄弱。为此，不少国家在对建筑活动的监督管理中，都将从事建筑活动的单位根据其具有的不同经济、技术条件，划分为不同的资质，也就是按每类企业的执业能力划分为若干等级，划分的标准以国家的有关规定为依据。

为了建立和维护建筑市场的正常秩序，确立进入建筑市场从事建筑活动的准入规则，《建筑法》第十二条和第十三条规定了从事建筑活动的建筑施工企业、勘察单位、设计单位、工程监理单位进入建筑市场应当取得相应资质。

根据我国的现行法规，我国从事工程建设活动的单位分为建筑业企业、房地产开发企业、工程总承包企业、工程造价咨询企业、工程监理企业、工程勘察设计企业和城市规划编制单位。

2.2.1 建筑业企业从业资质管理

建筑业企业是指从事土木工程，建筑工程，线路、管道及设备安装工程，装修工程等新建、扩建、改建活动的企业。

1. 建筑业企业资质等级划分

建筑业企业分为施工总承包企业、专业承包企业和劳务分包企业三类。

工程施工总承包企业资质等级的划分不尽相同，其中大部分划分为特、一、二、三共 4 级；港口与航道工程、冶炼工程、化工与石油工程只划分为特、一、二共 3 级；而通信工程分为一、二、三共 3 级；机电安装工程则只分为一、二共 2 级。

60 类专业承包企业在资质等级设置上共有 4 种类型：分为一、二、三共 3 级；分为一、二两级；分为二、三两级；不分等级。其中，分为一、二、三级的居多，共有 38 类。分为一、二两级的有电梯安装工程、附着升降脚手架工程、桥梁工程、隧道工程、铁路铺轨工程、机场场道工程、机场空管工程及航站楼弱电系统工程、机场目视助航系统工程、港口装卸设备安装工程、通航设备安装工程、核工程、炉窑工程、冶炼机电设备安装工程、海洋石油工程等 14 类。分为二、三级的有预拌商品混凝土、混凝土预制构件、建筑防水工程、预应力工程等 4 类。不分资质等级的有公路交通工程、水上交通管制工程、城市轨道交通工程、特种专业工程等 4 类。

劳务分包企业资质等级的划分比较简单。除木工作业、砌筑作业、钢筋作业、脚手架作业、模板作业、焊接作业部分分为一、二两级外，其他抹灰作业、石作业、油漆作业、混凝土作业、水暖电安装作业、钣金作业、架线作业都不分等级。

2. 建筑业企业的从业范围

施工总承包资质企业承接施工总承包工程，施工总承包企业可以对所承接的施工总承包工程内各专业工程全部自行施工，也可以将专业工程或劳务作业依法分包给具有相应资质的专业承包企业或劳务分包企业。

专业承包资质企业承接施工总承包企业分包的专业工程和建设单位依法发包的专业工程。专业承包企业可以对所承接的专业工程全部自行施工，也可以将劳务作业依法分包给具有相应资质的劳务分包企业。

劳务分包资质企业承接施工总承包企业或专业承包企业分包的劳务作业。

3. 建筑业企业资质申请与审批

建筑业企业应当按照其拥有的注册资本、专业技术人员、技术装备和已完成的建筑工程业绩等条件来申请资质，经审查合格，取得建筑业企业资质证书后，方可在资质许可范围内从事建筑施工活动。建筑企业申请下列资质，应当向企业工商注册所在地省、自治区、直辖市人民政府建设行政主管部门提出申请：施工总承包序列特级资质、一级资质；国务院国有资产管理部门直接监管的企业及其下属一级企业的施工总承包二级资质、三级资质；水利、交通、信息产业方面的专业承包序列一级资质；铁路、民航方面的专业承包序列一级、二级资质；公路交通工程专业承包不分等级资质、城市轨道交通专业承包不分等级资质。省、自治区、直辖市人民政府建设主管部门应当自受理申请之日起20日内初审完毕并将初审意见和申请材料报国务院建设主管部门。国务院建设主管部门应当自省、自治区、直辖市人民政府建设主管部门受理申请材料之日起 60 日内完成审查。其余建筑企业资质申请均由企业工商注册所在地省、自治区、直辖市人民政府建设主管部门实施，实施程序由省、自治区、直辖市人民政府建设主管部门依法确定。省、自治区、直辖市人民政府建设主管部门应当自做出决定之日起30日内，将准予资质许可的决定报国务院建设主管部门备案。

建筑业企业资质许可包括资质申请和审批、资质升级和资质增项、资质证书延续、资质证书变更等。建筑企业资质证书分为正本和副本，正本一份，副本若干份，由国务院建筑主管部门统一印制，正、副本具备同等的法律效力。资质证书有效期为 5 年。企业需增补(含增加、更换、遗失补办)建筑企业资质证书的，应当持资质证书增补申请等材料向资质许可机关申请办理。遗失资质证书的，在申请补办前应当在观众媒体上刊登遗失声明。资质许可机关应当在2日内办理完毕。

2.2.2 房地产开发企业从业资质管理

房地产开发企业是指在城市及村镇从事土地开发、房屋及基础设施和配套设备开发经营业务，具有企业法人资格的经济实体。房地产开发企业有专营和兼营两类。专营企业是指以房地产开发经营为主的企业；兼营企业是指以其他经营项目为主，兼有房地产开发经营业务的企业。

1. 房地产开发企业资质等级划分

房地产开发企业按照企业条件分为一级、二级、三级、四级 4 个资质等级。各级资质企业应具有完善的质量保证体系，且未发生过重大工程质量事故。

2. 房地产开发企业的从业范围

一级房地产开发企业承担房地产项目的建设规模不受限制，并可以在全国范围内承揽房地产开发项目。

二级及二级以下房地产开发企业只可承担建筑面积 25 万 m^2 以下的开发建设项目，承担业务的具体范围由省、自治区、直辖市人民政府建设行政主管部门确定。

3. 房地产开发企业资质申请与审批

房地产企业资质等级实行分级审批一级房地产开发企业，由各省、自治区、直辖市人民政府建设行政主管部门初审，报建设部审批；二级以下企业由各省、自治区、直辖布人民政府建设行政主管部门审批，经资质审查合格的企业，由资质审批部门发给相应等级的资质证书。新开办的房地产开发企业在 30 日内向房地产主管部门备案，领取《暂定资质证书》满一年后，须在期满前一个月提出申请，核定其正式资质等级；对达不到相应标准的，按降低一级的资质审批。企业发生分立、合并，应当在上级主管部门批准后 30 日内，向原资质审批部门办理资质等级注销手续，并重新申请其资质等级。

2.2.3　工程造价咨询企业从业资质管理

工程造价咨询企业是指接受委托，对建设项目投资、工程造价的确定与控制提供专业咨询服务的企业。

1. 工程造价咨询企业资质等级划分

工程造价咨询企业资质等级分为甲级、乙级。

甲级企业注册资金不少于 100 万元，资质年限为取得乙级工程造价咨询企业资质证书满 3 年；技术负责人资历为已取得造价工程师注册证书，具有工程或工程经济类高级专业技术职称，从事工程造价专业工作 15 年以上；注册造价工程师指标为注册造价工程师人数不低于出资人总人数的 60%，且其出资额不低于企业注册资本总额的 60%；工程造价专业人员资历不少于 20 人，其中，具有工程或者工程经济类中级以上专业技术职称的人员不少于 16 人；取得造价工程师注册证书的人员不少于 10 人，其他人员具有从事工程造价专业工作的经历；企业业绩要求为，企业近 3 年工程造价咨询营业收入累计不低于 500 万元。

乙级企业注册资金不少于 50 万元；技术负责人资历为已取得造价工程师注册证书，具有工程或工程经济类高级专业技术职称，从事工程造价专业工作 10 年以上；注册造价工程师指标为，注册造价工程师人数不低于出资人总人数的 60%，且其出资额不低于注册资本总额的 60%；工程造价专业人员资历不少于 12 人，其中，具有工程或者工程经济类中级以上专业技术职称的人员不少于 8 人；取得造价工程师注册证书的人员不少于 6 人，其他人员具有从事工程造价专业工作的经历；企业业绩要求为，暂定期内工程造价咨询营业收入累计不低于 50 万元。

2. 工程造价咨询企业的从业范围

工程造价咨询企业应当依法取得工程造价咨询企业资质，并在其资质等级许可的范围内从事工程造价咨询活动。工程造价咨询企业依法从事工程造价咨询活动，不受行政区域限制。甲级工程造价咨询企业可以从事各类建设项目的工程造价咨询业务。乙级工程造价咨询企业可以从事工程造价 5000 万元以下的各类建设项目的工程造价咨询业务。工程造价咨询业务的范围包括：①建设项目建议书及可行性研究投资估算、项目经济评价报告的编制和审核；②建设项目概、预算的编制与审核，并配合设计方案比选、优化设计、限额设计等工作进行工程造价分析与控制；③建设项目合同价款的确定；④合同价款的签订与调整及工程款支付，工程结算及竣工结(决)算报告的编制与审核等；⑤工程造价经济纠纷的鉴定和仲裁的咨询；⑥提供工程造价信息服务等。

3. 工程造价咨询企业资质申请与审批

申请甲级工程造价咨询企业资质的，应当向申请人工商注册所在地省、自治区、直辖市人民政府建设行政主管部门或者国务院有关专业部门提出申请。省、自治区、直辖市人民政府建设行政主管部门、国务院有关专业部门应当自受理申请材料之日起 20 日内审查完毕，并将初审意见和全部申请材料报国务院建设主管部门；国务院建设主管部门应当自受理之日起 20 日内做出决定。申请乙级工程造价咨询企业资质的，由省、自治区、直辖市人民政府建设行政主管部门或同级有关专业部门审查决定。省、自治区、直辖市人民政府建设行政主管部门应当自做出决定之日起 30 日内，将准予资质许可的决定报国务院建设主管部门备案。工程造价咨询企业的资质证书由国务院建设主管部门统一印制，分正本和副本。正本和副本具有同等法律效力。工程造价咨询企业资质有效期为 3 年。

2.2.4 工程监理企业从业资质管理

工程监理企业是指取得监理资质证书，具有法人资格的企业。《工程监理企业资质管理规定》第三条规定，从事建设工程监理活动的企业，应当按照本规定取得工程监理企业资质，并在工程监理企业资质证书许可的范围内从事工程监理活动。它必须与所有政府机构及事业单位脱钩，进行自主经营、自负盈亏、自担责任。每一个工程监理企业可以同时申请一类或多类工程监理资质。

1. 工程监理企业资质等级划分

工程监理企业资质分为综合资质、专业资质和事务所资质。综合资质、事务所资质不分级别。专业资质按照工程性质和技术特点，又划分为房屋建筑工程、冶炼工程、矿山工程、化工及石油工程、水利水电工程、电力工程、农林工程、铁路工程、公路工程、港口与航道工程、航天航空工程、通信工程、市政公用工程、机电安装工程等 14 类，并分为甲级、乙级，其中房屋建筑、水利水电、公路和市政公用专业资质可设立丙级。

综合资质、专业甲级、乙级资质应当具备下列条件：①具有独立法人资格；②企业具有完善的组织结构和质量管理体系，有健全的技术、档案等管理制度(专业乙级资质有较完善的组织结构和质量管理体系，有技术、档案等管理制度)；③企业具有必要的工程试验检测设备；④申请工程监理资质之日前一年内没有相关规定禁止的行为；⑤申请工程监理资质之日前一年内没有因本企业监理责任造成重大质量事故；⑥申请工程监理资质之日前一年内没有因本企业监理责任发生三级以上工程建设重大安全事故或者发生两起以上四级工程建设安全事故。

专业丙级资质应当具备下列条件：①具有独立法人资格；②有必要的质量管理体系和规章制度；③有必要的工程试验检测设备。

除具备上述条件外，申请综合资质，专业甲级、乙级和丙级资质的工程监理企业，还应当具备相应注册资金及技术人员等条件。

事务所资质应当具备下列条件：①取得合伙企业营业执照，具有书面合作协议书，合伙人中有 3 名以上注册监理工程师，合伙人均有 5 年以上从事建设工程监理的工作经历；②有固定的工作场所；③有必要的质量管理体系和规章制度；④有必要的工程试验检测设备。

2. 工程监理企业的从业范围

工程监理综合企业可承担所有专业工程类别建设工程项目的工程监理业务，还可以开展相应类别建设工程的项目管理、技术咨询等业务。

工程监理专业甲级企业可承担相应专业工程类别建设工程项目的工程监理业务；专业乙级企业可承担相应专业工程类别二级以下(含二级)建设工程项目的工程监理业务；专业丙级企业可承担相应工程类别三级建设工程项目的工程监理业务。

除国家规定必须实行强制监理的工程外，工程监理事务所可承担三级建设工程项目的工程监理业务。

3. 工程监理企业资质申请与审批

申请综合资质、专业甲级资质的，应当向企业工商注册所在地的省、自治区、直辖市人民政府建设行政主管部门提出申请。省、自治区、直辖市人民政府建设行政主管部门应当自受理申请之日起 20 日内初审完毕，并将初审意见和申请材料报国务院建设主管部门。国务院建设主管部门应当自省、自治区、直辖市人民政府建设行政主管部门受理申请材料之日起 60 日内完成审查，并公示审查意见，公示时间为 10 日。专业乙级、丙级资质和事务所资质由企业所在地省、自治区、直辖市人民政府建设行政主管部门审批。省、自治区、直辖市人民政府建设主管部门应当在做出决定之日起 10 日内，将准予资质许可的决定报国务院建设行政主管部门备案。新设立的单位，先核定其临时等级，两年后再核定其正式等级。上述各类工程建设从业单位在取得相应资质后，资质管理部门定期或不定期地对其进行检查，并按有关规定对其资质进行升、降级的动态管理。

2.2.5　工程勘察设计企业从业资质管理

工程勘察设计企业是指依法取得资格，从事工程勘察、工程设计活动的单位。新中国成立以来，我国勘察设计单位一直属于事业单位，每年的勘察设计任务和单位的开支都由国家下达和拨付。自 1984 年起，国家决定勘察设计单位要逐步实现企业化后，现在绝大部分的勘察设计单位已转制为企业。

工程勘察分为岩土工程、工程测量、水文地质勘察 3 个专业，工程设计按专业分为电力、冶金、煤炭、军工、机械、核工业、铁道、公路、水运等 21 个行业。

1. 工程勘察设计企业资质等级划分

建设工程勘察、设计资质分为工程勘察资质和工程设计资质。

工程勘察资质分为工程勘察综合资质、工程勘察专业资质和工程勘察劳务资质。工程勘察综合资质只设甲级；工程勘察专业资质根据工程性质和技术特点设立类别和级别；工程勘察劳务资质不分级别。

工程设计资质分为工程设计综合资质、工程设计行业资质、工程设计专项资质。工程设计综合资质只设甲级；工程设计行业资质和工程设计专项资质根据工程性质和技术特点设立类别和级别。

2. 工程勘察设计企业的从业范围

取得工程勘察综合资质的企业，可以承接各专业(海洋工程勘察除外)、各等级工程勘察业务；取得工程勘察专业资质的企业，可以承接相应等级相应专业的工程勘察业务；取得工程勘察劳务资质的企业，可以承接岩土工程治理、工程钻探、凿井等工程勘察劳务业务。

取得工程设计综合资质的企业，可以承接各行业、各等级的建设工程设计业务；取得工程设计行业资质的企业，可以承接相应行业等级的工程设计业务及行业范围内同级别的相应专业、专项(设计施工一体化资质除外)工程设计业务；取得工程设计专业资质的企业，可以承接本专业相应等级的专业工程设计业务及同级别的相应专项工程设计业务(设计施工一体化资质除外)；取得工程设计专项资质的企业，可以承接本专项相应等级的专项工程设计任务。

3. 工程勘察设计企业资质申请与审批

对于申请工程勘察甲级资质、工程设计甲级资质，以及涉及铁路、交通、水利、信息产业、民航等方面的工程设计乙级资质的单位，应当向企业工商注册所在地的省、自治区、直辖市人民政府建设行政主管部门提出申请。建设工程勘察设计企业的资质实行分级审批。省、自治区、直辖市人民政府建设行政主管部门应当自受理申请之日起 20 日内完成初审，并将初审意见和申请材料报国务院建设主管部门备案。国务院建设主管部门应当自省、自治区、直辖市人民政府建设行政主管部门受理申请材料之日起 60 日内完成审查。工程勘察乙级及以下资质、劳务资质、工程设计乙级(涉及铁路、交通、水利、信息产业、民航等方面的工程设计乙级资质除外)及以下资质许可由省、自治区、直辖市人民政府建设行政主管部门实施。对于工程勘察设计企业的乙级资质申请，省、自治区、直辖市人民政府建设行政主管部门应当自做出决定之日起 30 日内，将准予资质许可的决定报国务院建设主管部门备案。工程勘察、工程设计资质证书分为正本和副本，正本一份，副本六份，由国务院建设主管部门统一印制，正、副本具有同等法律效力。资质证书有效期为 5 年。

2.2.6 城市规划编制单位从业资质管理

1. 城市规划编制单位的资质等级划分

我国城市规划编制从业单位的资质等级分为甲、乙、丙三级。新设立的城市规划编制单位具备相应的技术人员、技术装备和注册资金时，可以申请暂定资质等级，暂定等级有效期 2 年。有效期满后，发证部门根据其业务情况，确定其资质。

城市规划编制单位的资质划分标准如下。

(1) 甲级单位，注册资金不少于 80 万元，高级技术职称的人员占全部专业技术人员的比例不低于 20%，高级城市规划师不少于 4 人，其他专业高级技术职称的不少于 4 人；中级技术职称的城市规划专业人员不少于 8 人，其他专业的人员不少于 15 人；技术装备及应用水平考核标准等级按照国务院城市规划行政主管部门规定标准执行。

(2) 乙级单位，注册资金不少于 50 万元，高级技术职称的人员占全部专业技术人员的比例不低于 15%，高级城市规划师不少于 2 人，高级建筑师不少于 1 人，高级工程师不少于 1 人；中级技术职称的城市规划专业人员不少于 5 人，其他专业的人员不少于 10 人；技术装备及应用水平考核标准等级按照省、自治区、直辖市人民政府城市规划行政主管部门规定标准执行。

(3) 丙级单位，注册资金不少于 20 万元，专业技术人员不少于 20 人，其中城市规划师不少于 2 人，建筑、道路交通、园林绿化、给排水等专业具有中级技术职称的人员不少于 5 人；技术装备及应用水平考核标准等级按照省、自治区、直辖市人民政府城市规划行政主管部门规定的标准执行。

2. 城市规划编制单位各资质等级的从业范围

(1) 甲级资质，从业区域为全国，从业内容在城市规划编制范围内不受限制。

(2) 乙级资质，从业区域为全国，从业内容为 20 万人口以下城市总体规划和各种专项规划的编制和详细规划的编制以及研究拟定大型工程项目规划选址意见书。

(3) 丙级资质，从业区域为本省、自治区、直辖市。从业内容为：建制镇总体规划编制和修订；20 万人口以下城市的各种专项规划的编制；中、小型建设工程项目规划选址的可行性研究。

3. 城市规划编制单位资质申请与审批

根据我国相关法律的规定，凡从事城市规划编制的单位，必须按照规定申请资格证书，经审查合格并取得《城市规划编制资格证书》后方可承担规划编制任务。城市规划编制单位的资质，实行分级审批制度。对于申请甲级资质的单位，由省、自治区、直辖市人民政府城市规划行政主管部门初审，国务院城市规划行政主管部门审批。申请乙级、丙级资质的，由所在地市、县人民政府城市规划行政主管部门初审，省、自治区、直辖市人民政府城市规划行政主管部门审批，并报国务院城市规划行政主管部门备案。城市规划编制单位的资质证书由国务院城市规划行政主管部门统一印制，分正本和副本。正本和副本具有同等法律效力。城市规划编制单位资质的有效期为 6 年。

2.3　工程建设专业技术人员执业资格管理

执业资格许可制度是指对具备一定专业学历的从事建筑活动的专业技术人员要求其参加相关考试以获取执业资格，并按规定进行注册后，就确定了其执业的技术资格获得相应建筑工程文件签字权的一种制度。《建筑法》第十四条对此做了规定：“从事建筑活动的专业技术人员，应当依法取得相应的执业资格证书，并在执业资格证书许可的范围内从事建筑活动。”

2.3.1 注册结构工程师执业资格管理

注册结构工程师是指取得国家注册结构工程师执业资格证书和注册证书，从事房屋结构、桥梁结构及塔架结构等工程设计及相关业务的专业技术人员。注册结构工程师分为一级注册结构工程师和二级注册结构工程师。

1. 注册结构工程师的报名与考试

(1) 报名条件。

一级注册结构工程师资格考试由基础考试和专业考试两部分组成。通过基础考试的人员从事结构工程设计或相关业务满规定年限，方可申请参加专业考试。二级注册结构工程师只设专业考试。

(2) 考试内容。

注册结构工程师考试实行全国统一大纲、统一命题、统一组织的方法，原则上考试每年举行一次。注册结构工程师的考试分为基础考试和专业考试两部分。基础考试的目的是测试考生是否基本掌握进入结构工程设计实践所必须具备的基础及专业理论知识，参加考试的人员必须是大学本科毕业并达到规定年限的。通过基础考试后，从事结构工程设计或相关业务满一定年限的人员，方可申请参加专业考试，其目的是测试考生是否已具备按国家法律和设计规范进行结构工程设计，以保证工程安全可靠和经济合理的能力。目前，基础部分考试的科目有数学、数值方法、化学、物理、理论力学、结构力学、流体力学、土力学、工程测量、建筑材料、电工学、计算机基础、结构设计、结构测验、建筑施工与管理、工程经济、执业法规等 18 门。专业考试部分科目为钢筋混凝土结构，钢结构，砌体结构与木结构，桥梁结构，地基与基础，高层建筑、高耸结构与横向作用(以上 6 科中任选 4 科)及设计概念，建筑经济与设计业务管理共 6 科。二级注册结构工程师专业的考试内容较一级注册结构工程师要简单一些。

2. 注册结构工程师的注册与执业

(1) 结构工程师的注册。

经注册结构工程师考试合格，取得注册结构工程师执业资格证书者，要从事结构工程设计业务的，须申请注册。有下列情形之一的，将不能获准注册：①不具备完全民事行力能力的；②因受刑事处罚，自处罚执行完毕之日起至申请注册之日止不满 5 年的；③因在结构工程设计或者相关业务中犯有错误受行政处罚或者撤职以上行政处分，自处罚、处分决定之日起至申请注册之日止不满 2 年的；④受吊销注册结构工程师注册证书处罚，自处罚决定之日起至申请注册之日止不满 5 年的；⑤国务院和建设部有关部门规定不予注册的其他情形。目前，结构工程师的注册申请只能由其所在单位代为办理，我国尚不能接受个人申请。注册后其有效期为 2 年，届时需要继续注册的，应在期满前 30 日内办理注册手续。

(2) 结构工程师的执业。

注册结构工程师执业范围包括：①结构工程设计；②结构工程设计技术咨询；③建筑物、构筑物、工程设施等的调查和鉴定；④对本人主持设计的项目进行施工指导和监督；⑤建设部和国务院有关部门规定的其他业务。

一级注册结构工程师的执业范围不受工程规模及工程复杂程度的限制。

2.3.2　注册建造师执业资格

注册建造师是指通过考核认定或考试合格取得国家建造师资格证书，并按照规定注册，取得国家建造师注册证书和执业印章，担任施工单位项目负责人及从事相关活动的专业技术人员。注册建造师分为一、二两级。由于各行业的工程具有各自的特点，对从事建造活动的专业技术人员的专业知识和技能有着各自特殊的要求，因此，建造师按专业进行划分，包括房屋建筑工程、公路工程、铁路工程、港口与航道工程、建筑装饰与装修工程等 14 个专业。只有通过某个专业特定科目的考试后，才能取得相应专业的建造师资格。

1. 注册建造师的报名与考试

(1) 报名条件。

参加一级建造师执业资格考试的人员，除应符合相关法律、法规所规定的条件外，还必须具有工程类或工程经济类大学专科以上学历，参加工作及从事施工管理工作必须满一定年限，具体是：大专毕业工作满 6 年，其中从事施工管理工作满 4 年；本科毕业工作满 4 年，其中从事施工管理工作满 3 年；双学士学位或研究生班毕业工作满 3 年，其中从事施工管理工作满 2 年；取得硕士学位的工作满 2 年，其中从事施工管理工作满 1 年；取得博士学位的，只要求从事施工管理工作满 1 年。

凡遵纪守法且具有工程类或工程经济类中专以上学历，从事施工管理工作满 2 年，均可报名参加二级注册建造师执业资格考试。

(2) 考试内容。

一级建造师执业资格考试，分综合知识与能力和专业知识与能力两个部分。按现行考试大纲，综合知识与能力部分包括建设工程经济、建设工程项目管理、建设工程法规及相关知识 3 个科目，而专业知识与能力部分因专业不同考试科目也不同，如建筑工程专业考试科目为建筑工程管理与实务，包括与专业相关的法规和技术标准、建筑工程技术、建筑工程项目管理等内容。

2. 注册建造师的注册与执业

(1) 建造师的注册。

取得一级建造师资格证书并受聘于一个建设工程勘察、设计、施工、监理、招标代理、造价咨询等单位的人员，应当通过聘用单位向单位工商注册所在地的省、自治区、直辖市人民政府建设主管部门提出注册申请。省、自治区、直辖市人民政府建设行政主管部门受理后提出初审意见，并将初审意见和全部申报材料报国务院建设主管部门审批。取得二级建造师资格证书的人员申请注册，由省、自治区、直辖市人民政府建设行政主管部门负责受理和审批，具体审批程序由省、自治区、直辖市人民政府建设行政主管部门依法确定。

(2) 建造师的执业。

取得资格证书的人员，经注册后方可从事相应的执业活动。注册建造师可以从事建设工程项目总承包管理或施工管理，建设工程项目管理服务，建设工程技术与经济咨询，以及法律、行政法规和国务院建设主管部门规定的其他业务。注册建造师不得同时在两个及两个以上的建设工程项目上担任施工单位项目负责人。

2.3.3　注册监理工程师执业资格

注册监理工程师是指经全国统一考试合格并依法注册从事工程监理及相关业务活动的专业技术人员。

1. 注册监理工程师的报名与考试

(1) 报名条件

报名参加注册监理工程师职业资格考试的人员必须具有工程技术或工程经济专业大专或大专以上的学历，并具有高级专业技术职称或取得中级专业技术职称后从事工程设计、施工管理或工程监理等工程实践工作满 3 年，此外还要获得所在单位的推荐。

(2) 考试内容。

注册监理工程师考试内容包括《工程建设监理基本理论和相关法规》、《工程建设合同管理》、《工程建设质量、投资、进度控制》、《工程建设监理案例分析》。具有工程技术或工程经济专业高级专业技术职称，毕业年限及从事工程设计、施工管理和工程监理工作满足规定要求后，可免试《工程建设合同管理》和《工程建设质量、投资、进度控制》两科。考试方式采取全国统一大纲、统一命题、统一组织的办法，每年举行一次，考场一般设在省会城市，经人事部、建设部批准也可在其他城市设置。

2. 注册监理工程师的注册与执业

(1) 监理工程师的注册。

监理工程师的注册是取得监理工程师资格证书的人员以监理工程师的名义从事工程建设监理业务的必经程序。取得监理工程师资格证书注册登记后方能以注册监理工程师的名义执业。

(2) 监理工程师的执业。

监理工程师可以从事工程监理、工程经济与技术咨询、工程招标与采购咨询、工程项目管理服务以及国务院有关部门规定的其他业务。

2.3.4　注册建筑师执业资格

注册建筑师是指经考试、特许、考核认定取得注册建筑师执业资格证书和注册建筑师执业印章，从事建筑设计及相关业务活动的专业技术人员。

1. 注册建筑师的报名与考试

注册建筑师考试分为一级注册建筑师考试和二级注册建筑师考试。两种考试在标准、内容和参加考试的条件等方面均有所不同。注册建筑师考试一般每年举行一次。注册建筑师的考试实行全国统一考试制度，由全国注册建筑师管理委员会统一组织、统一命题，在同一时间内在全国同时进行。

(1) 报名条件。

一级注册建筑师考试报名条件：①已取得建筑学硕士以上学位或者相近专业工学博士

学位，并从事建筑设计或者相关业务 2 年以上；②已取得建筑学学士学位或者相近专业工学硕士学位，并从事建筑设计或者相关业务 3 年以上；③具有建筑学专业大学本科毕业学历，并从事建筑设计或者相关业务 5 年以上；或者具有建筑学相近专业大学本科毕业学历，并从事建筑设计或者相关业务 7 年以上；④取得高级工程师技术职称，并从事建筑设计或者相关业务 3 年以上；或者取得工程师技术职称并从事建筑设计或者相关业务 5 年以上。不具有前 4 项规定的条件，但设计成绩突出，经全国注册建筑师管理委员会认定达到前 4 项的专业水平的，也可申请参加考试。

二级注册建筑师考试报名条件：①具有建筑学或者相近专业大学本科毕业以上学历，并从事建筑设计或者相关业务 2 年以上；②具有建筑设计技术专业或者相近专业大专以上学历，并从事建筑设计或者相关业务 3 年以上；③具有建筑设计技术专业 4 年制中专学历，并从事建筑设计或者相关业务 5 年以上；④具有建筑设计技术相近专业中专学历，并从事建筑设计或者相关业务 7 年以上；⑤取得助理工程师以上技术职称，并从事建筑设计或者相关业务 3 年以上的。

(2) 考试内容。

一级注册建筑师考试内容包括建筑设计前期工作、场地设计、建筑设计与表达、建筑结构、环境控制、建筑设备、建筑材料与构造、建筑经济、施工与设计业务管理、建筑法规等。二级注册建筑师考试内容包括场地设计、建筑设计与表达、建筑结构与设备、建筑法规、建筑经济与施工等内容。

2. 注册建筑师的注册与执业

(1) 建筑师的注册。

取得一级注册建筑师资格证书并受聘于一个相关单位的人员，应当通过聘用单位向单位工商注册所在地的省、自治区、直辖市注册建筑师管理委员会提出申请；省、自治区、直辖市注册建筑师管理委员会受理后提出初审意见，并将初审意见和申请材料报全国注册建筑师管理委员会审批；符合条件的，由全国注册建筑师管理委员会颁发一级注册建筑师注册证书和执业印章。

二级注册建筑师的注册办法由省、自治区、直辖市注册建筑师管理委员会依法制定。

(2) 建筑师的执业。

注册建筑师的执业范围包括：建筑设计；建筑设计技术咨询；建筑物调查与鉴定以及对本人主持设计的项目进行施工指导和监督；国务院建设行政主管部门规定的其他业务。一级注册建筑师的业务范围与二级注册建筑师的业务范围有所不同。一级注册建筑师业务范围不受建筑规模和工程复杂程度的限制；二级注册建筑师的业务范围限定在国家规定的建筑规模和工程复杂程度范围内。

2.3.5　注册造价工程师执业资格

造价工程师是指经全国造价工程师执业资格统一考试合格，并注册取得造价工程师注册证，从事建设工程造价业务活动的专业技术人员。凡从事工程建设活动的建设、设计、施工、工程造价咨询、工程造价管理等单位和部门，必须在计价、评估、审查(核)、控制及管理等岗位配备有造价工程师执业资格的专业技术人员。

1. 造价工程师的报名与考试

(1) 报名条件。

造价工程师执业资格考试实行全国统一大纲、统一命题、统一组织的方法，原则上每年举行一次。凡中华人民共和国公民，遵纪守法并具备下列条件之一者，均可申请参加造价工程师执业资格考试：工程造价专业大专毕业后，从事工程造价业务工作满 5 年；工程或工程经济类大专毕业后，从事工程造价业务工作满 6 年；工程造价专业本科毕业后，从事工程造价业务工作满 4 年；工程或工程经济类本科毕业后，从事工程造价业务工作满 5 年；获上述专业第二学士学位或研究生班毕业或获硕士学位后，从事工程造价业务工作满 3 年；获上述专业博士学位后，从事工程造价业务工作满 2 年的。

(2) 考试内容。

造价工程师的考试科目共 4 门，具体为工程造价管理基础理论与相关法规、工程造价计价与控制、建设工程技术与计量(土建或安装)、工程造价案例分析。

2. 造价工程师的注册与执业

(1) 造价工程师的注册。

注册造价工程师实行注册执业管理制度。取得执业资格后，应受聘于一个工程造价咨询企业或者工程建设领域的建设、勘察设计、施工、招标代理、工程监理、工程造价管理等单位，并由单位提出注册申请。

(2) 造价工程师的执业。

注册造价工程师只能在一个单位执业。注册造价工程师的执业范围包括：建设项目建议书，可行性研究投资估算的编制和审核，项目经济评价，工程的概算、预算、结算、竣工结(决)算的编制和审核；工程量清单、标底、投标报价的编制和审核，工程合同价款的签订及变更、调整、工程款支付与工程索赔费用的计算；建设项目管理过程中设计方案的优劣、限额设计等工程造价分析与控制，工程保险理赔的核查；工程经济纠纷的鉴定。

2.3.6 注册城市规划师执业资格

注册城市规划师是指通过全国统一考试，取得注册城市规划师执业资格证书，并经注册登记后从事城市规划业务工作的专业技术人员。

1. 城市规划师的报名与考试

(1) 报名条件。

凡中华人民共和国公民，遵纪守法并具备以下条件之一者，可申请参加注册城市规划师执业资格考试。

① 1980 年年底前取得城市规划专业中专学历，从事城市规划工作满 10 年。

② 1982 年年底前取得非规划专业大专学历，从事城市规划工作满 10 年。

③ 取得城市规划专业大专学历，并从事城市规划工作满 6 年。

④ 取得城市规划专业大学本科学历，并从事城市规划工作满 4 年；或取得城市规划相近专业大学本科学历，并从事城市规划工作满 5 年。

⑤ 取得通过评估的城市规划专业大学本科学历，并从事城市规划工作满 3 年。

⑥ 取得城市规划相近专业硕士学位，并从事城市规划工作满 3 年。

⑦ 取得城市规划专业硕士学位或相近专业博士学位，并从事城市规划工作满 2 年。

⑧取得城市规划专业博士学位，并从事城市规划工作满 1 年。

其他具备相应专业教育和职业实践条件者，均可申请参加注册城市规划师执业资格考试。

(2) 考试内容。

注册城市规划师执业资格考试科目为《城市规划原理》、《城市规划管理与法规》、《城市规划相关知识》和《城市规划实务》。考试时间一般安排在每年的 10 月份，分 4 个半天进行。

2. 城市规划师的注册与执业

(1) 城市规划师的注册。

申请注册的人员必须同时具备以下条件：遵纪守法，恪守注册城市规划师职业道德；取得注册城市规划师执业资格证书；所在单位考核同意；身体健康，能坚持在注册城市规划师岗位上工作；再次注册者，应经单位考核合格并有参加继续教育、业务培训的证明。符合以上条件者，由本人提出申请，在省级城市规划行政主管部门审查后，统一报建设部注册登记。注册城市规划师每次注册有效期为 3 年。有效期满前 3 个月，持证者应当重新办理注册登记。

(2) 城市规划师的执业。

注册城市规划师应严格执行国家有关城市规划工作的法律、法规和技术规范，秉公办事，维护社会公众利益，保证工作成果质量；对所经办的城市规划工作成果的图件、文本以及建设用地和建设工程规划许可文件有签名盖章权，并承担相应的法律和经济责任。

注册城市规划师有权对违反国家有关法律、法规和技术规范的要求及决定提出劝告，并可在拒绝执行的同时向上级城市规划部门报告；此外，注册城市规划师在执业过程中应保守工作中的技术和经济秘密；不得同时受聘于两个或两个以上单位执行城市规划业务。不得准许他人以本人名义执行业务；注册城市规划师应按规定接受专业技术人员继续教育，不断更新知识，提高工作水平，参加规定的专业培训和考核，并作为重新注册登记的必备条件之一。

2.4 法律责任

2.4.1 工程建设从业单位的法律责任

1. 建设单位施工许可的法律责任

2001 年 7 月 4 日《建设部发布关于修改〈建筑工程施工许可管理办法〉的决定》有如下规定。

(1) 对于未取得施工许可证或者为规避办理施工许可证将工程项目分解后擅自施工的，由有管辖权的发证机关责令改正；对于不符合开工条件的，责令停止施工，并对建设单位和施工单位分别处以罚款。

(2) 对于采用虚假证明文件骗取施工许可证的，由原发证机关收回施工许可证，责令停止施工，并对责任单位处以罚款；构成犯罪的，依法追究刑事责任。

(3) 对于伪造施工许可证的，该施工许可证无效，由发证机关责令停止施工，并对责任单位处以罚款；构成犯罪的，依法追究刑事责任。

(4) 对于涂改施工许可证的，由原发证机关责令改正，并对责任单位处以罚款；构成犯罪的，依法追究刑事责任。

(5) 本办法中的罚款，法律、法规有幅度规定的从其规定；无幅度规定的，有违法所得的处 5000 元以上 30000 元以下的罚款，没有违法所得的处 5000 元以上 10000 元以下的罚款。

(6) 发证机关及其工作人员对不符合施工条件的建筑工程颁发施工许可证的，由其上级机关责令改正，对责任人员给予行政处分；徇私舞弊、滥用职权的，不得继续从事施工许可管理工作；构成犯罪的，依法追究刑事责任。

2. 建设工程勘察设计等从业单位的法律责任

(1) 企业隐瞒有关情况或者提供虚假材料申请资质的，资质许可机关不予受理或者不予行政许可，并给予警告，该企业在 1 年内不得再次申请该资质。

(2) 企业以欺骗、贿赂等不正当手段取得资质证书的，由县级以上地方人民政府建设部门或者有关部门给予警告，并依法处以罚款；该企业在 3 年内不得再次申请该资质。

(3) 企业不及时办理资质证书变更手续的，由资质许可机关责令限期办理；逾期不办理的，可处以 1000 元以上 10000 元以下的罚款。

(4) 企业未按照规定提供信用档案信息的，由县级以上地方人民政府建设主管部门给予警告，责令限期改正；逾期未改正的，可处以 1000 元以上 1 万元以下的罚款。

(5) 涂改、倒卖、出租、出借或者以其他形式非法转让资质证书的，由县级以上地方人民政府建设主管部门或者有关部门给予警告，责令改正，并处以 10000 元以上 30000 元以下的罚款；造成损失的，依法承担赔偿责任；构成犯罪的，依法追究刑事责任。

2.4.2 工程建设专业技术人员的法律责任

《勘察设计注册工程师管理规定》对注册建筑师、结构工程师、土木工程师、建造师、监理工程师、造价工程师等注册人员规定了法律责任。

(1) 隐瞒有关情况或者提供虚假材料申请注册的，审批部门不予受理，并给予警告，申请人 1 年之内不得再次申请注册。

(2) 以欺骗、贿赂等不正当手段取得注册证书的，由负责审批的部门撤销其注册，3 年内不得再次申请注册；并由县级以上人民政府建设主管部门或者有关部门给予处罚，其中没有违法所得的，处以 10000 元以下的罚款；有违法所得的，处以违法所得 3 倍以下且不超过 30000 元的罚款；构成犯罪的，依法追究刑事责任。

(3) 未办理变更注册而继续执业的，由县级以上人民政府建设主管部门责令限期改正；逾期未改正的，可处以 5000 元以下的罚款。

(4) 注册人员或者其聘用单位未按照要求提供注册人员信用档案信息的，由县级以上地方人民政府建设主管部门或者其他部门责令限期改正，逾期未改正的，可处以 1000 元以上 10000 元以下的罚款。

(5) 注册勘察设计工程师、监理工程师在执业活动中有以下行为之一的：①以个人名义承接业务的；②涂改、出租、出借或者以其他形式非法转让注册证书或者执业印章的；③泄露执业中应当保守的秘密并造成严重后果的；④超出本专业规定范围或者聘用单位业务范围从事执业活动的；⑤弄虚作假提供执业活动成果的；⑥同时受聘于两个或者两个以上的单位，从事执业活动的；⑦其他违反法律、法规、规章的行为。由县级以上人民政府建设主管部门或者有关部门予以警告，责令其改正，没有违反所得的，处以 10000 元以下的罚款；有违法所得的，处以违法所得 3 倍以下且不超过 30000 元的罚款；造成损失的，应承担赔偿责任；构成犯罪的，依法追究刑事责任。

(6) 注册建筑师未受聘并注册于中华人民共和国境内一个具有工程设计资质的单位，从事建筑工程设计执业活动的，由县级以上人民政府建设主管部门给予警告，责令停止违反活动，并可处以 10000 元以上 30000 元以下的罚款。

(7) 注册建造师未取得注册证书和执业印章，担任大、中型建设工程项目施工单位项目负责人，或者以注册建造师的名义从事相关活动的，其所签署的工程文件无效，由县级以上地方人民政府建设主管部门或者其他有关部门给予警告，责令停止违法活动，并可处以 10000 元以上 30000 元以下的罚款。

(8) 注册监理工程师未经注册，擅自以注册监理工程师的名义从事工程监理及相关业务活动的，由县级以上地方人民政府建设主管部门给予警告，责令停止违法行为，处以 10000 元以上 30000 元以下的罚款；造成损失的，依法承担赔偿责任。

本章小结

本章首先介绍了工程建设施工许可的概念以及申请办理工程施工许可证的程序，其次介绍了工程建设相关从业单位的概况，再次介绍了工程建设过程中从业人员的组成及制度，最后介绍了工程建设相关从业单位及从业人员的相关法律责任。

复习思考题

一、单项选择题

1. 根据《建筑工程施工许可管理办法》，下列不属于建设单位申请领取施工许可证的前提条件是(　　)。

A. 已经取得安全生产许可证　　B. 办理了工程质量监督手续
C. 有满足施工需要的施工图纸　　D. 已经取得规划许可证

2. 甲房地产开发公司将一住宅小区工程以施工总承包方式发包给乙建筑公司，乙建筑公司又将其中场地平整及土方工程分包给丙土方公司。在工程开工之前，应当由(　　)按照有关规定申请领取施工许可证。

A. 乙建筑公司　　B. 丙土方公司
C. 甲房地产开发公司和乙建筑公司共同　　D. 甲房地产开发公司

3. 某工程项目，建设单位未取得施工许可证便擅自开工，经查建设资金未落实。依照《建筑法》的规定，对此，正确的处理方式是(　　)。

A. 责令改正，并处以罚款　　B. 责令改正，可以处以罚款

C. 责令停止施工，并处以罚款　　D. 责令停止施工，可以处以罚款

4. 甲建筑公司承揽的是批准开工报告的工程项目，合同约定于 2009 年 3 月 1 日开工，但是由于征地问题没有解决而不能按期开工，如果开工日期超过(　　)，则应当重新办理开工报告的批准手续。

A. 2009 年 3 月 15 日　　B. 2009 年 6 月 1 日

C. 2009 年 9 月 1 日　　D. 2010 年 3 月 1 日

5. 关于申请延期开工的表述中，有误的是(　　)。

A. 建设单位应当自领取施工许可证之日起 3 个月内开工

B. 因故不能按期开工的，应当向发证机关申请延期

C. 延期以 3 次为限，每次不超过 3 个月

D. 既不开工又不申请延期或者超过延期时限的，施工许可证自行废止

6. 根据《建筑工程施工许可管理办法》，下列不属于建设单位申请领取施工许可证的前提条件是(　　)。

A. 已经取得安全生产许可证　　B. 办理了工程质量监督手续

C. 有满足施工需要的施工图纸　　D. 已经取得规划许可证

7. 根据《建筑法》的规定，领取施工许可证后因故不能按期开工的，应当向发证机关申请延期。关于申请延期的说法，正确的是(　　)。

A. 延期每次不超过 3 个月

B. 应当由施工企业提出申请

C. 延期没有次数限制

D. 超过延期时限但在宽展期内的，施工许可证仍有效

8. 根据施工许可证制度要求，建设项目因故停工，(　　)应当自中止施工之日起 1 个月内向发证机关报告。

A. 项目部　　B. 施工企业　　C. 监理单位　　D. 建设单位

9. 某工程项目，建设单位未取得施工许可证便擅自开工，经查建设资金未落实。依照《建筑法》的规定，对此，正确的处理方式是(　　)。

A. 责令改正，并处以罚款　　B. 责令改正，可以处以罚款

C. 责令停止施工，并处以罚款　　D. 责令停止施工，可以处以罚款

二、多项选择题

1. 根据《建筑工程施工许可管理办法》，下列工程项目无须申请施工许可证的是(　　)。

A. 北京故宫修缮工程　　B. 长江汛期抢险工程

C. 工地上的工人宿舍　　D. 某私人投资工程

E. 部队导弹发射塔

2. 根据《建筑法》的规定，申请领取施工许可证应具备的条件包括(　　)。

A. 已办理工程用地批准手续

B. 已确定建筑施工企业

C. 需要拆迁的，其拆迁进度符合施工要求
D. 有满足施工需要的施工图纸及技术资料
E. 材料、设备已经购入

3. 发生(　　)情形，所确定的施工企业无效。
A. 按照规定应该招标的工程没有招标
B. 应该公开招标的工程没有公开招标
C. 肢解发包工程
D. 将工程发包给不具备相应资质条件的企业
E. 邀请招标的

4. 开工报告审查的内容主要包括(　　)。
A. 资金到位情况　　B. 设计图纸是否满足施工要求
C. 现场是否具备“三通一平”等条件　　D. 企业资质
E. 材料、设备已经购入

5. 建设资金落实要求有(　　)。
A. 建设工期不足 1 年的，到位资金原则上不得少于工程合同价的 50%
B. 建设工期超过 1 年的，到位资金原则上不得少于工程合同价的 30%
C. 建设工期超过 1 年的，到位资金原则上不得少于工程合同价的 50%
D. 建设工期不足 1 年的，到位资金原则上不得少于工程合同价的 30%
E. 建设工期不足 1 年的，到位资金原则上不得少于工程合同价的 10%

三、简答题

1. 何谓工程施工许可？申请工程施工许可证须具备哪些条件？
2. 何谓企业资质制度？
3. 我国工程建设从业单位资质管理体系包括哪些方面内容？
4. 工程建设从业单位企业资质管理体系的划分依据有哪些？
5. 工程建设专业技术人员包括哪些？他们的执业条件和范围包括哪些方面？
6. 何谓中止施工？何谓恢复施工？建设单位恢复施工须具备哪些条件？

第3章　城乡规划法律制度

学习目标

- 熟悉城乡规划法的概念和适用范围。
- 熟悉城乡规划体系的构成。
- 掌握城乡规划实施的“一书三证”制度。
- 了解违反城乡规划法所应承担的法律责任。

本章导读

本章主要学习《城乡规划法》，通过本章的学习，掌握我国城乡规划体系的基本构成，以及在建设工程实践中把这些规划落实的具体制度有哪些。

项目案例导入

1992年8月初，贵州省电子公司欲在贵阳市主干道修建一幢儿童乐园大楼，向贵阳市城市管理委员会和莲花区城市管理委员会提出申请。市、区城管会分别签署了“原则同意，请规划局给予支持，审定方案，办理手续”的意见。电子公司将修建计划报贵阳市城市规划局审批。电子公司在市规划局尚未审批、没有取得建设工程规划许可证的情况下，于8月23日擅自动工修建儿童乐园大楼。同年12月9日，市规划局和市、区城管会的有关负责人到施工现场，责令电子公司立即停工，并写出书面检查。电子公司于当日向市规划局做出书面检查，表示愿意停止施工，接受处理。但是电子公司并未停止施工。1993年2月20日，市规划局根据《中华人民共和国城乡规划法》的规定，做出违法建筑拆除决定书，限令电子公司在1993年3月7日前自行拆除未完的违法建筑的儿童乐园大楼。电子公司不服，向贵州省城乡建设环境保护厅申请复议。贵州省城市建设环境保护厅于1993年4月7日做出维持贵阳市城市规划局的违法建筑拆除的决定。在复议期间，电子公司仍继续施工，致使建筑面积为1730m^{2}的6层大楼主体工程基本完工。

问题导入

本案例中，贵州省电子公司在未取得建设工程规划许可证的情况下能否进行开工建设？建设工程规划许可证的作用是什么？规划局做出违法建筑拆除的决定是否正确？通过本章的学习将会解答这些问题，使您具备初步了解城乡规划实施制度的相关基本知识的能力。

3.1 城乡规划法概述

城乡规划是政府指导和调控城乡建设和发展的基本手段，也是政府履行经济调节、市场监管、社会管理和公共服务职责的重要依据，城市、乡镇建设的各方面都必须严格遵守城乡规划的相关法规，它的制定和执行是保证城乡建设健康发展的关键，所以了解城乡规划法规对我们在社会中的各项工作的开展都有一定的辅助作用，对于今后从事与建设相关工作的同学们来说更具有重要的作用。

1. 城乡规划法的概念

城乡规划是政府对一定时期内城市、镇、乡、村庄的建设布局、土地利用以及经济和社会发展有关事项的总体安排和实施措施，是政府指导和调控城乡建设和发展的基本手段之一。

为了加强城乡规划管理，协调城乡空间布局，改善人居环境，促进城乡经济社会全面协调可持续发展，我国于2007年10月28日第十届全国人大常委会通过《中华人民共和国城乡规划法》，并于2008年1月1日起施行。

在《中华人民共和国城乡规划法》出台以前，我国有关城市和乡村规划管理的法律、行政法规有《中华人民共和国城市规划法》(1989年12月26日第七届全国人民代表大会常务委员会第十一次会议通过、1990年4月1日起施行)和《村庄和集镇规划建设管理条例》(1993年5月7日国务院令第116号公布、1993年11月1日起实施)，简称“一法一条例”。“一法一条例”实施10多年来，对于加强城市、村庄和集镇的规划、建设和管理，遏制城市和乡村的无序建设、生态环境破坏等问题，促进城乡健康协调发展起到了重要的作用。但是，随着近年来城镇化进程的加快和社会主义市场经济体系的逐步建立，原有的这种就城市论城市、就乡村论乡村的规划制定与实施模式，使城市和乡村规划之间缺乏统筹协调，衔接不够，已经不适应我国经济社会迅速发展的新形势。城乡规划纳入一体化管理，必将谱写城乡统筹、协调发展的新篇章。因此，《中华人民共和国城乡规划法》的出台，将城市和乡村当作一个整体来考虑，使得我国的规划管理从“重城轻乡”到“城乡统筹”。

2. 城乡规划法立法目的

《中华人民共和国城乡规划法》(以下简称《城乡规划法》)将全部城乡规划法统一纳入一个法律管理，是为了加强城乡规划管理，协调城乡空间布局，改善人民生活环境，促进城乡经济社会全面协调可持续发展。其具体内容如下。

(1) 加强城乡规划管理。规划是人民政府行政管理权的重要内容之一。城乡规划管理就是要组织编制和审批城乡规划，并对城市、镇、乡、村庄的土地使用和各项建设的安排实施规划控制、指导和监督检查。城乡规划工作具有全局性、综合性，只有依法加强对城乡规划的管理，才能使依法批准的各类城乡规划得以落实，有序规范各项城乡建设活动。因此，加强城乡规划管理是城乡规划立法的直接目的。

(2) 协调城乡空间布局，改善人居环境。加强城乡规划管理是本法的直接目的，但立法不能仅仅为了加强规划管理。将城乡规划的编制、审批、实施以及监督检查活动纳入法制化轨道，依法规范、管理城乡建设活动，其根本目的在于以人为本，实现城乡空间协调布局，为人民群众创造良好的工作和生活环境。

(3) 促进经济社会全面协调可持续发展。好的城乡规划应当立足当前、面向未来、统筹兼顾、综合布局，要处理好局部利益与整体利益、近期建设与长远发展、经济建设与环境保护、现代化建设与历史文化保护等一系列关系，充分发挥城乡规划在引导城乡发展中的统筹协调和综合调控作用，促进城乡经济社会全面协调可持续发展。

3. 城乡规划法的适用范围

《城乡规划法》的适用范围包括地域适用范围和人的适用范围两方面。

《城乡规划法》地域适用范围指规划区。规划区是指城市、镇和村庄的建成区以及因城乡建设和发展需要，必须实行规划控制的区域。它分为两个部分：一是建成区，即实际已经成片开发建设市政公用设施和公共设施基本具备的地区；二是尚未建成但由于进一步发展建设的需要必须实行规划控制的区域。规划区的具体范围由有关人民政府在组织编制的城市总体规划、镇总体规划、乡规划和村庄规划中，根据城乡经济社会发展水平和统筹城乡发展的需要划定。在这里一定要注意，规划区不大于行政辖区，它所包括的范围比行政辖区小，按照《城市规划编制办法》，城市规划区的范围应当位于城市的行政管辖范围内。规划区的最终批准权在上级政府，不在本级政府或人大常委会。

《城乡规划法》对人的适用范围是：凡与城乡规划的编制、审批、管理活动有关的单位和个人，都适用于该法。其具体包括：①负责城乡规划的编制、审批和管理的各级人民政府、城乡规划行政主管部门和其他相关部门及其有关人员；②具体从事城乡规划编制工作的生产、科研、教学、设计单位及其有关人员；③凡在城乡规划区内进行建设活动的建设单位、勘察设计单位、施工企业、其他相关单位及其上述单位的有关人员。

3.2 城乡规划的制定与审批

3.2.1 城乡规划体系的内容

《城乡规划法》对城乡规划体系做出了规定(见图 3.1)。按照这一规定，城乡规划包括城镇体系规划、城市规划、镇规划、乡规划和村庄规划五级规划，它不是指一部规划，也不是涵盖所有国土面积的规划。城乡规划体系体现的特点是一级政府、一级规划、一级事权，下位规划不得违反上位规划的原则。

(1) 城镇体系规划包括全国和省域两级城镇体系规划。

城镇体系规划是指一定地域范围内，以区域生产力合理布局和城镇职能分工为依据，确定不同人口规模等级和职能分工的城镇的分布和发展规划。城镇体系规划是政府综合协调辖区内城镇发展和空间资源配置的依据和手段。城乡规划法不要求省、市、县三级政府都编制独立的城镇体系规划，仅要求编制全国和省域两级城镇体系规划。

全国城镇体系规划应综合考虑全国城镇与乡村，东部、中部、西部的协调发展，包括全国城镇空间布局、国家重大基础设施布局等重要内容，用于指导省域城镇体系规划、城市总体规划的编制。

省域城镇体系规划的内容包括省域城镇空间布局和规模控制，省域内重大基础设施的布局，为保护生态环境、资源等需要严格控制的区域，用于指导省域内城市总体规划、镇总体规划的编制。

(2) 城市规划、镇规划分为总体规划和详细规划，详细规划又分为控制性详细规划和修建性详细规划。

城市、镇总体规划，是对一定时期内城市、镇的性质、发展目标、发展规模、土地利用、空间布局以及各项建设的综合部署、具体安排和实施措施。城市、镇总体规划的期限一般为 20 年。城市总体规划还应当对城市更长远的发展做出预测性安排。

城市、镇详细规划，是指以城市、镇的总体规划为依据，对一定时期内城市、镇的局部地区的土地利用、空间布局和建设用地所做的具体安排和设计。城市、镇控制性详细规划，是指以城市、镇的总体规划为依据，确定城市、镇建设地区的土地使用性质和使用强度的控制指标、道路和工程管线控制性位置以及空间环境控制的规划要求。城市、镇修建性详细规划，是指以城市、镇的总体规划或控制性详细规划为依据，制定用以指导城市、镇各项建筑和工程设施及其施工的规划设计。对于城市、镇内当前要进行建设的重要地块，应当编制修建性详细规划，但如果任何地块都编制修建性详细规划，那么成本将很高。修建性详细规划是具体的、操作性的规划。

(3) 乡规划和村庄规划。

乡规划、村庄规划，分别是指对一定时期内乡、村庄的经济和社会发展、土地利用、空间布局以及各项建设的综合部署、具体安排和实施措施。对乡规划、村庄规划，由于其规划范围较小、建设活动形式单一，要求其既编制总体规划又编制详细规划的必要性不大，因此，城乡规划法没有对乡规划、村庄规划再做总体规划和详细规划的分类，而是规定由一个乡规划或村庄规划统一安排。

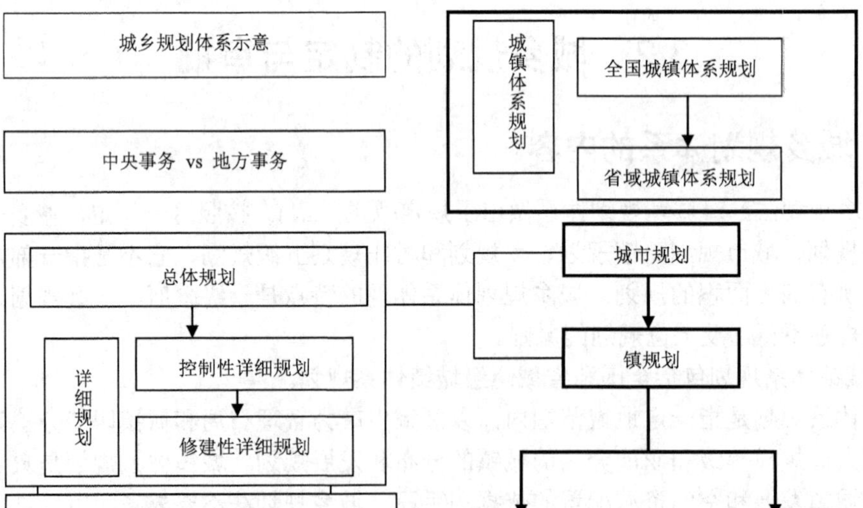

图 3.1　城乡规划体系示意图

3.2.2　城乡规划编制与审批

1. 城乡规划编制单位的资质

城乡规划组织编制机关应当委托具有相应资质等级的单位承担城乡规划的具体编制工作。从事城乡规划编制工作应当具备下列条件，并经国务院城乡规划主管部门或者省、自治区、直辖市人民政府城乡规划主管部门依法审查合格，取得相应等级的资质证书后，方可在资质等级许可的范围内从事城乡规划编制工作。

(1) 有法人资格。

(2) 有规定数量的经国务院城乡规划主管部门注册的规划师。

(3) 有规定数量的相关专业技术人员。

(4) 有相应的技术装备。

(5) 有健全的技术、质量、财务管理制度。

根据 2012 年中华人民共和国住房和城乡建设部颁布的《城乡规划编制单位资质管理规定》，城乡规划单位的资质等级分为甲、乙、丙 3 个层次。各资质单位只能在资质允许的范围内承担城乡规划的编制业务，同时编制城乡规划必须遵守国家有关标准。

2. 城乡规划的编制权限和审批权限

《城乡规划法》规定我国的城乡规划实行分级编制，并具体规定了各级政府的编制权限。各类城乡规划应由相应各级人民政府组织编写，并报上一级人民政府审批。

(1) 国务院城乡规划主管部门会同国务院有关部门组织编制全国城镇体系规划，用于指导省域城镇体系规划、城市总体规划的编制。由国务院城乡规划主管部门报国务院审批。

省、自治区人民政府组织编制省域城镇体系规划，报国务院审批。

(2) 城市人民政府组织编制城市总体规划。直辖市的城市总体规划由直辖市人民政府报国务院审批。省、自治区人民政府所在地的城市以及国务院确定的城市的总体规划，由省、自治区人民政府审查同意后，报国务院审批。其他城市的总体规划，由城市人民政府报省、自治区人民政府审批。

城市人民政府城乡规划主管部门根据城市总体规划的要求，组织编制城市的控制性详细规划，经本级人民政府批准后，报本级人民代表大会常务委员会和上一级人民政府备案。

(3) 县人民政府组织编制县人民政府所在地镇的总体规划，报上一级人民政府审批。其他镇的总体规划由镇人民政府组织编制，报上一级人民政府审批。

镇人民政府根据镇总体规划的要求，组织编制镇的控制性详细规划，报上一级人民政府审批。县人民政府所在地镇的控制性详细规划，由县人民政府城乡规划主管部门根据镇总体规划的要求组织编制，经县人民政府批准后，报本级人民代表大会常务委员会和上一级人民政府备案。

(4) 乡、镇人民政府组织编制乡规划、村庄规划，报上一级人民政府审批。村庄规划在报送审批前，应当经村民会议或者村民代表会议讨论同意。

3. 城乡规划的审批程序

城乡规划报送审批前，组织编制机关应当依法将城乡规划草案予以公告，并采取论证会、听证会或者其他方式征求专家和公众的意见，公告的时间不得少于30天。

在城乡规划进入审批程序后，应有专家和有关部门的参与。组织编制机关应当充分考虑专家和公众的意见，并在报送审批的材料中附有意见采纳情况及理由。

3.3 城乡规划的实施

3.3.1 城乡规划实施概述

1. 城乡规划实施概念

城乡规划实施是指城乡规划经法定程序批准生效后，即具有法律效力，在城乡规划区内的任何土地利用及各项建设活动，都必须符合城乡规划，满足城乡规划的要求，使生效的城乡规划得以实现。

2. 城乡规划公布制度

城乡规划公布制度是指城乡规划一经批准，就应向社会公布。一方面使广大人民群众及时了解城乡规划内容，以其作为各项建设活动的准则，自觉规范自己的建设行为，即按照城乡规划的要求进行建设活动；另一方面接受广大人民群众监督、检查。群众对各类违背城乡规划的违法行为，应及时进行监督和举报。

3.3.2 城乡规划实施的“一书三证”制度

城乡规划实施管理的“一书三证”制度是城乡规划实施管理的基本法律制度。《城乡规划法》第三十六条、第三十七条、第三十八条和第四十条规定了在城乡规划区范围内的建设项目选址、使用土地和进行各项工程建设，须由城乡规划主管部门实施规划管理，核发选址意见书、建设用地规划许可证、建设工程规划许可证和乡村建设规划许可证(即“一书三证”)。有没有“一书三证”、按没按“一书三证”的要求进行用地和从事城乡建设活动，是合法与违法的分水岭。

1. 选址意见书制度

(1) 选址意见书的概念。

《建设项目选址意见书》是城乡规划主管部门按照国家法律规定，对以划拨方式提供国有建设用地使用权的建设项目，在报送有关部门批准或者核准前向建设单位核发的同意选址证明文件。

重大建设项目的选址，不仅对建设项目本身的成败起着决定性的作用，而且将对城市的布局结构和发展产生深远的影响。一个选址合理的建设项目可以对城市长远的发展起到促进作用，同样，一个选址失败的建设项目也会阻碍城市的发展。在建设项目可行性研究阶段，通过对建设项目选址的宏观管理，一方面，可将各项建设的安排纳入城乡规划的轨道，使单个建设项目的安排也能从城市的全局和长远的利益出发，经济、合理地使用土地；另一方面，可通过政府宏观管理，调整不合理的用地布局，改善城乡环境质量，为城乡经济运行和社会活动及人民生产、生活提供理想的空间环境。通过建设项目选址意见书的核发，既可以从规划上对建设项目加以引导和控制，充分合理利用现有土地资源，避免各自为政，无序建设；又可以为项目审批或核准提供依据，对于促进从源头上把好项目开工建设关、维护投资建设秩序、促进国民经济又好又快发展，具有重要意义。

(2) 申领选址意见书的适用项目范围。

申领选址意见书的适用项目范围包括：按照国家规定需要有关部门批准或者核准的建设项目且以划拨方式提供国有土地使用权的建设项目。

① 按照国家规定需要有关部门批准或者核准的建设项目，主要是指列入《国务院关于投资体制改革的决定》之中的、关系国计民生的重大建设项目。

② 我国建设单位的土地使用权获得方式主要有两种：土地使用权无偿划拨和有偿出让。对于建设单位或个人通过有偿出让方式取得土地使用权的，按照《城乡规划法》的规定，出让地块必须附具城乡规划主管部门提出的规划条件，规划条件要明确规定出让地块的面积、使用性质、建设强度、基础设施、公共设施的配置原则等相关要求。由此可见，通过有偿出让方式取得土地使用权的建设项目本身就具有与城乡规划相符的明确的建设地点和建设条件，不再需要城乡规划主管部门进行建设地址的选择或确认。所以建设项目选址意见书只适用于通过行政划拨方式取得用地使用权的建设项目。

(3) 选址意见书的内容。

建设项目用地选址意见书应当包括下列内容。

① 建设项目的基本情况：包括建设项目的名称、性质、用地与建设规模；供水、能源的需求量、运输方式与运输量；废水、废气、废渣的排放方式和排放量等。

② 建设项目规划选址的主要依据：经批准的项目建议书；建设项目与城市规划布局的协调；建设项目与城市交通、通信、能源、市政、防灾规划的衔接与协调；建设项目配套的生活设施与城市生活居住及公共设施规划的衔接与协调；建设项目对于城市环境可能造成的污染影响，以及与城市环境保护规划和风景名胜、文物古迹保护规划的协调。

③ 建设项目选址、用地范围和具体规划要求。

建设项目选址意见书还应当包括除建设项目地址和用地范围外的附图和明确有关问题的附件。附图和附件是建设项目选址意见书的配套证件，具有同等的法律效力。附图和附件由发证单位根据法律、法规的规定和实际情况制定。

(4) 选址意见书的核发程序。

选址意见书作为法定项目审批和划拨土地的前置条件，建设单位在报送有关部门批准或者核准前，应当向城乡规划主管部门申请核发选址意见书。省、市、县人民政府城乡规划主管部门收到申请后，应当根据有关法律法规规章和依法制定的城乡规划，在法定的时间内对其申请做出答复。对于符合城乡规划的选址，应当颁发建设项目选址意见书；对于不符合城乡规划的选址，不予核发建设项目选址意见书并说明理由，给予书面答复。

【案例 3-1】

某市 110kV 变电站选址

某省电力公司为进一步完善城市输变电系统，增加区域供电能力，建设单位持该项目建议书批复等申请材料向市规划主管部门提出正式选址申请，拟在城市主干道春园路沿线兴建一座 110kV 变电站，用地规模约 3000m^2，变电站进出电力线沿城市主干道春园路布置。

该用地位于一个居住小区的空地，北面、东面都是多层住宅，西侧有一处锅炉房，南侧临小区游园。

经市规划主管部门审查，该项目根据相关规定需核发选址意见书，建设主体符合法定资格，申请事项符合法定程序，申请材料齐备。结合项目特点，规划部门还重点审查了以下内容。

(1) 变电站的选址是否符合控制性详细规划和电力专项规划。

(2) 变电站的用地规模是否符合国家规范和相关技术规定。

(3) 变电站选址和进出线是否满足城市防灾和公共安全要求。

经过审查，变电站选址符合城市规划，距离周边建筑和构筑物间距符合相关规范要求，可以保证周边建筑和构筑物的安全。但是该项目由于涉及小区居民的切身利益，规划部门在做出正式选址决定之前，对选址方案在小区内发布了听证报告，并根据居民的要求举行了听证会。规划部门相关工作人员对变电站建设的重要性和必要性，选址依据做出说明，省电力公司和市环保部门对变电站的安全、环保等相关问题和采取的保障措施进行了详细解释说明，出具了正式的环境影响评价报告，消除了居民对变电站建设的顾虑。

听证会后，市规划主管部门依据城市规划要求、各相关部门意见和听证笔录，决定同意该变电站在春园路南选址定点，用地规模 3000m^2，建筑规模控制在 2500m^2 以下，要求建设采取必要技术措施，确保周边安全，并向该建设单位颁发《建设项目选址意见书》及附件、附图。

2. 建设用地规划许可证制度

(1) 建设用地规划许可证的概念。

建设用地规划许可证是指城乡规划行政主管部门依据城乡规划的要求和建设项目用地的实际需要，向提出用地申请的建设单位或个人核发的确定建设用地的位置、面积、界限的证件。

(2) 以划拨的方式提供国有土地使用权的建设项目申请建设用地规划许可证的核发程序。

① 在城市、镇规划区内以划拨方式提供国有土地使用权的建设项目，经有关部门批准、核准、备案后，并取得城市、县人民政府城乡规划主管部门核发的建设项目选址意见书后，建设单位方可向城市、县人民政府城乡规划主管部门申请建设用地规划许可证。

② 划拨用地的建设用地规划许可证办理程序是：建设单位在取得人民政府城乡规划主管部门核发的建设项目选址意见书后，建设项目经有关部门批准、核准后，向城市(县)人民政府城乡规划主管部门送审建设工程设计方案，申请建设用地规划许可证。城市(县)人民政府城乡规划主管部门应当审核建设单位申请建设用地规划许可证的各项文件、资料、图纸等是否完备，并依据控制性详细规划，审核建设用地的位置、面积及建设工程总平面图，确定建设用地范围。对于具备相关文件且符合城乡规划的建设项目，应当核发建设用地规划许可证；对于不符合法定要求的建设项目，不予核发建设用地规划许可证并说明理由，给予书面答复。

③ 建设单位只有在取得建设用地规划许可证，明确建设用地范围及界线后，方可向县级以上地方人民政府土地主管部门申请用地，经县级以上人民政府审批后，由土地主管部门划拨土地。

(3) 以出让的方式提供国有土地使用权的建设项目申请建设用地规划许可证的核发程序。

① 通过国有土地使用权有偿出让方式取得土地的建设单位办理建设用地规划许可证的程序是：在国有土地使用权出让之前，城市、县人民政府城乡规划主管部门应当依据控制性详细规划，提出出让地块的位置、使用性质、开发强度等规划条件，作为国有土地使用权有偿出让合同的附件，在签订国有土地使用权有偿出让合同、申请办理法人的登记注册手续、申领企业批准证书后，持建设项目的批准、核准、备案文件和国有土地使用权有偿出让合同，向城市、县人民政府城乡规划主管部门申请办理建设用地规划许可证。

② 对于未确定规划条件的地块，不得出让国有土地使用权。

③ 规划条件是国有土地使用权出让合同的组成部分，城市、县人民政府城乡规划主管部门不得擅自在建设用地规划许可证中改变。

3. 建设工程规划许可证制度

(1) 建设工程规划许可证的概念。

建设工程规划许可证是指城乡规划行政主管部门向建设单位或个人核发的确认其建设工程符合城乡规划要求的证件。它是申请工程开工的必备证件。没有此证件的建设项目，其建筑是违章建筑，不能领取房地产权属证件。

(2) 申请建设工程规划许可证的一般程序。

建设单位或者个人办理建设工程规划许可证，应当向所在地城市、县人民政府城乡规划主管部门或者经省级人民政府确定的镇人民政府提出申请，并提交使用土地的有关证明文件、建设工程设计方案图纸，需要编制修建性详细规划的还应当提供修建性详细规划及其他相关材料。城市、县人民政府城乡规划主管部门收到建设单位或者个人的申请后，应当在法定期限内对申请人的申请及提交的资料进行审核。审核的具体内容包括：一是要审核申请人是否符合法定资格，申请事项是否符合法定程序和法定形式，申请材料、图纸是否完备等；二是依据控制性详细规划、相关的法律法规以及其他具体要求，对申请事项的内容进行审核；三是依据控制性详细规划对修建性详细规划进行审定。对于符合条件的申请，审查机关要及时给予审查批准，并在法定的期限内颁发建设工程规划许可证；经审查认为不合格并决定不予许可的，应说明理由，并给予书面答复。

【案例 3-2】

张某家住某市中山区新安中里 7 号楼 308 号。未经城市规划部门的批准，擅自在新建 12 号楼东北侧便道上搭建一间简易房屋用于经营。该区城市管理监察大队在检查中发现后，认为张某违反了《某市城市规划条例》的有关规定，遂依法通知其限期改正，自行拆除。在规定期限内，张某未予以改正。2009 年 12 月 9 日，区城管大队又依据《违反〈某市城市规划条例〉行政处罚办法》第三条的规定，做出责令限期拆除决定，并于次日向张某送达了决定书，责令其于 2009 年 12 月 14 日前自行拆除违法建设。张某不服，向本区人民法院提起行政诉讼。认为其所搭建的简易房屋虽系违法建设，但其周围还有其他的违法建筑，被告不应仅对其违法建筑进行查处，故诉请法院撤销被告所做决定。

评析：这是一起个人违反建设工程规划许可证的实例。张某所建的简易房屋，既没有申请建设工程规划许可证，也没有申请临时建设工程规划许可证，明显属于违法建设。区城管大队系经国家和某市有关部门批准依法成立的区级综合性行政执法机关，其有权依据城市规划管理法律、法规、规章的规定，对辖区内无建设工程规划许可证的违法建设进行查处，并可责令其改正或予以行政处罚。

《城乡规划法》明确规定，在城乡规划区内进行建设，应取得《建设工程规划许可证》及其他有关批准文件，否则为违法建设。张某明显已违反了上述法律、法规的规定，区城管大队对该违法建设行为进行的查处正确，基本事实清楚，适用法律、法规正确，处理程序合法。至于张某关于区城管大队需对他人的违法建设问题做出处理的要求，应通过其他途径解决，且与张某违法建设无关，以此作为区城管大队对其违法行为处理不公正的理由不能成立。

4. 乡村建设规划许可证制度

(1) 乡村建设规划许可证。

这是建设单位或者个人在进行乡镇企业、乡村公共设施和公益事业建设前，经乡、镇人民政府审核后，报城市、县城乡规划行政主管部门确认建设项目位置和范围符合规划的法定凭证，是建设单位和个人用地的法律凭证。

(2) 申请乡村建设规划许可证的一般程序。

建设单位或者个人在乡、村庄规划区内进行乡镇企业、乡村公共设施和公益事业等建设活动，应当向所在地的乡、镇人民政府提出申请，由乡、镇人民政府进行审核后，报城市、县人民政府城乡规划主管部门核定发放乡村建设规划许可证。审核的主要内容是确认建设项目的性质、规模、位置和范围是否符合相关的乡规划和村庄规划；核定的主要内容是有关建设活动是否符合交通、环保、防灾、减灾、文物保护等方面的要求。建设单位或者个人在取得乡村建设规划许可证后，方可向城市、县人民政府土地管理部门申请办理用地审批手续。

在乡、村庄规划区内进行乡镇企业、乡村公共设施和公益事业建设以及农村村民住宅建设，不得占用农用地。若确需占用农用地，有关单位或者个人则应当依据《土地管理法》的有关规定，在办理农用地转用审批手续后，再申请办理乡村建设规划许可证。

在乡、村庄规划区内使用原有宅基地进行农村村民住宅建设的不涉及用地性质的调整，加之各地经济发展、社会、文化、自然等情况差异较大，农村住宅建设状况不尽相同，为方便村民，管理程序可以相对简单。为此，这类建设的具体规划管理办法由省、自治区、直辖市制定。

3.3.3 建设工程竣工规划验收

竣工规划验收是在建设项目竣工后城乡规划主管部门进行的对建设工程是否符合规划许可的检验，主要是对建设工程是否遵守建设工程规划许可证及其附件、附图规定的要求进行现场审核。

根据《城乡规划法》第四十五条规定，县级以上地方人民政府城乡规划主管部门按照国务院规定对建设工程是否符合规划条件予以核实。未经核实或者经核实不符合规划条件的，建设单位不得组织竣工验收。建设单位应当在竣工验收后 6 个月内向城乡规划主管部门报送有关竣工验收资料。

1. 建设工程竣工后的规划核实

建设工程从开工至竣工是一个连续的生产过程，在这个过程中，对建设单位是否严格按照《城乡规划法》规定以及规划许可要求进行建设，城乡规划主管部门有权进行监督检查。建设工程竣工后的规划核实环节，就是在建设工程竣工后验收前的重要一环。

按照《城乡规划法》的规定，建设工程竣工后的规划核实应当在建设工程竣工后、竣工验收前进行。规划核实应当由县级以上地方人民政府城乡规划主管部门进行，内容是核实建设工程是否符合规划条件，即主要对建设工程是否按照建设工程规划许可证及其附件、附图确定的内容进行建设予以现场审核。对于符合规划许可内容要求的，应当及时提出有关核实的意见；经规划核实不符合规划条件的，建设单位不得组织竣工验收。没有经过县级以上地方人民政府城乡规划主管部门予以规划核实的，建设单位也不得组织竣工验收。县级以上地方人民政府城乡规划主管部门进行规划核实时应当按照国务院的有关规定进行。

需要说明的是，对建设单位是否严格按照本法规定以及规划许可要求进行建设，有关城乡规划主管部门的监督检查应当贯穿建设工程的整个建设过程，而不应简单地只进行开工前的规划许可以及竣工后的规划核实。从建设工程开工至竣工的任何时段，只要有关城乡规划主管部门发现建设单位有违反本法规定未取得规划许可或者未按照有关规划许可的规定进行建设的，都可以依照本法的有关规定给予其相应的行政处罚。城乡规划主管部门应当积极、主动地对建设单位是否严格按照本法规定以及规划许可要求进行建设予以监督检查，及时对建设单位不符合法律及规划许可规定的行为予以纠正。

2. 建设工程竣工资料的规划管理规定

建设工程竣工资料是城市建设档案的重要内容。城乡规划主管部门收集、整理、保存建设工程竣工资料是城乡规划管理的重要内容。没有完整、准确、系统的城乡建设档案资料，城乡规划和建设就失去了基础和依据，将造成城乡建设的混乱和无序，给各项建设工程留下隐患，对基础设施安全、有效运行构成严重的威胁。这一点在地下管线和隐蔽工程建设过程中体现得尤为明显。为此，必须高度重视城乡规划制定与实施过程中的建设档案的收集、整理和保存，以建立完整、清晰、系统的城建档案资料，为城乡规划和建设发展提供及时、准确、科学的依据。因此，建设单位应当在竣工验收后向城乡规划主管部门报送有关竣工验收资料，期限为竣工验收后的 6 个月内。未按照上述规定报送有关竣工验收资料的，将承担本法规定的法律责任。

3.4 法律责任

《城乡规划法》明确规定了违反城乡规划法所应承担的法律责任。

(1) 镇人民政府或者县级以上人民政府城乡规划主管部门有下列行为之一的，由本级人民政府、上级人民政府城乡规划主管部门或者监察机关依据职权责令改正，通报批评；对直接负责的主管人员和其他直接责任人员依法给予处分。

① 未依法组织编制城市的控制性详细规划、县人民政府所在地镇的控制性详细规

划的。

② 超越职权或者对不符合法定条件的申请人核发选址意见书、建设用地规划许可证、建设工程规划许可证、乡村建设规划许可证的。

③ 对符合法定条件的申请人未在法定期限内核发选址意见书、建设用地规划许可证、建设工程规划许可证、乡村建设规划许可证的。

④ 未依法对经审定的修建性详细规划、建设工程设计方案的总平面图予以公布的。

⑤ 同意修改修建性详细规划、建设工程设计方案的总平面图前未采取听证会等形式听取利害关系人的意见的。

⑥ 发现未依法取得建设工程规划许可证或者违反建设工程规划许可证的规定在规划区内进行建设的行为，而不予查处或者接到举报后不依法处理的。

(2) 县级以上人民政府有关部门有下列行为之一的，由本级人民政府或者上级人民政府有关部门责令改正，通报批评；对直接负责的主管人员和其他直接责任人员依法给予处分。

① 对未依法取得选址意见书的建设项目核发建设项目批准文件的。

② 未依法在国有土地使用权出让合同中确定规划条件或者改变国有土地使用权出让合同中依法确定的规划条件的。

③ 对未依法取得建设用地规划许可证的建设单位划拨国有土地使用权的。

(3) 未取得建设工程规划许可证或者未按照建设工程规划许可证的规定进行建设的，由县级以上地方人民政府城乡规划主管部门责令停止建设；尚可采取改正措施消除对规划实施的影响的，限期改正，处建设工程造价 5%～10%的罚款；无法采取改正措施消除影响的，限期拆除，不能拆除的，没收实物或者违法收入，可以并处建设工程造价 10%以下的罚款。

(4) 在乡、村庄规划区内未依法取得乡村建设规划许可证或者未按照乡村建设规划许可证的规定进行建设的，由乡、镇人民政府责令停止建设、限期改正；逾期不改正的，可以拆除。

本章小结

本章首先介绍了城乡规划的概念和城乡规划的适用范围，其次介绍了城乡规划体系的构成和相关规定，最后介绍了城乡规划实施的“一书三证”制度和违反城乡规划法的法律责任。

本章的重点是实施的“一书三证”制度。

本章的难点是对城乡规划的理解。

复习思考题

一、单项选择题

1. 城乡规划包括(　　)。

   A. 城镇体系规划、城市规划、镇规划、乡规划四级规划

   B. 城镇体系规划、城市规划、镇规划、乡规划、村庄规划五级规划

C. 全国城镇体系规划、省域城镇体系规划、市域城镇体系规划三级规划
D. 城镇体系规划、城市规划、县规划、镇规划、乡规划五级规划

2. 编制城市规划一般分为(　　)阶段，分别是(　　)。
A. 一个　总体规划
B. 两个　总体规划和详细规划
C. 3个　总体规划、详细规划和控制性规划
D. 3个　总体规划、详细规划和修建性规划

3. 城市、镇总体规划的规划期限一般为(　　)。
A. 5年　B. 10年　C. 15年　D. 20年

4. 在国有土地使用权出让前，城市、县人民政府城乡规划主管部门应当依据(　　)，提出出让地块的位置、使用性质、开发强度等规划条件。
A. 控制性详细规划　B. 修建性详细规划
C. 选址意见书　D. 城乡规划法

5. 建设单位在取得城市规划主管部门核发的(　　)后，方可办理开工手续。
A. 建设项目选址意见书　B. 建设用地规划许可证
C. 建设工程规划许可证　D. 规划设计条件

6. 根据《中华人民共和国城乡规划法》的规定，未取得建设工程规划许可证或者未按照建设工程规划许可证的规定进行建设的，由县级以上地方人民政府城乡规划主管部门责令停止建设；尚可采取改正措施消除对规划实施的影响的，限期改正，处(　　)的罚款。
A. 建设工程造价百分之五以上百分之十以下
B. 50万元以上100万元以下
C. 建设工程造价百分之一以上百分之五以下
D. 10万元以上30万元以下

7. 省域城镇体系规划的审批由(　　)实施。
A. 省级人民政府规划主管部门　B. 国务院城乡规划主管部门
C. 国务院建设行政主管部门　D. 国务院

8. 城市人民政府负责编制(　　)。
A. 城市规划　B. 流域规划
C. 区域规划　D. 乡镇规划

9. 城乡规划编制单位资质等级分为(　　)。
A. 甲、乙、丙、丁四级　B. 甲、乙、丙三级
C. 甲、乙两级　D. 甲、乙、丙、丁、戊五级

10. 建设单位应当在竣工验收后(　　)个月内向城乡规划主管部门报送有关竣工验收资料。
A. 3　B. 5　C. 6　D. 12

二、多项选择题

1. 城镇体系规划包含(　　)。
A. 全国城镇体系规划　B. 省域城镇体系规划

C. 市域城镇体系规划　　　　D. 县域城镇体系规划
E. 乡镇城镇体系规划

2. 城乡规划实施的基本制度有(　　)。
A. 建设项目选址意见书制度
B. 施工许可证制度
C. 建设工程规划许可证制度
D. 乡村建设规划许可证制度
E. 建设项目用地规划许可证制度

3. (　　)建设项目需要申领选址意见书。
A. 按照国家规定需要有关部门批准或者核准的
B. 以出让方式获得国有土地使用权的
C. 所有的
D. 以划拨方式提供国有土地使用权的
E. 以其他方式提供国有土地使用权的

4. 建设项目选址意见书内容包括(　　)。
A. 建设项目的基本情况
B. 建设项目规划选址的主要依据
C. 建设项目选址、用地范围和具体规划要求
D. 出让建设用地土地使用权的规划条件
E. 建设工程设计方案图纸

三、简答题

1. 什么是城乡规划？城乡规划法立法目的是什么？
2. 城乡规划包括哪些规划？何谓规划区？
3. 城镇体系规划应该有哪些内容？
4. 控制性详细规划的内容有哪些？
5. 修建性详细规划的内容有哪些？
6. 什么是选址意见书？选址意见书的适用范围是什么？
7. 何谓建设用地规划许可证？取得建设用地规划许可证要经过哪些程序？
8. 何谓建设工程规划许可证？取得建设工程规划许可证要经过哪些程序？
9. 建设工程竣工规划验收包括哪些内容？

第 4 章　土地管理法律制度

学习目标

- 掌握我国土地所有权和使用权的内容。
- 熟悉我国土地利用总体规划的概念、编制原则和作用。
- 掌握国有建设用地使用权的获得方式和期限。
- 了解违反土地管理法律制度的法律责任。

本章导读

本章主要学习我国土地所有权和使用权以及建设用地使用权的获得、期限及收回等内容。

项目案例导入

某市甲房地产开发总公司与乙公司签订了一份土地使用权转让合同，乙公司将其拥有使用权的一块土地转让给甲公司，甲公司支付了转让费。不久，在甲公司正式开工之前，乙公司就同一块土地与丙公司签订了土地使用权转让合同，并协助丙公司办理了土地使用权过户登记手续。现在甲公司与丙公司对土地使用权归属发生争议，双方诉至法院。

问题导入

在该工程案例中，考虑我国土地属于谁？土地有哪些权属？土地权属如何认定？

单位、个人怎么处置土地？本章将会解答这些问题，使您具备初步了解我国土地管理法律制度相关基本知识的能力。

4.1　土地管理法概述

4.1.1　土地管理法的概念

土地管理法是指调整人们在开发、利用和保护土地过程中所形成的权利和义务关系的法律规范的总称。

狭义的土地管理法是指《中华人民共和国土地管理法》(该法于 1986 年 6 月第六届全国

人大常委会第十六次会议通过，后经3次修正，现行最新的为2004年8月第十届全国人大常委会第十一次会议修正通过的)(以下简称《土地管理法》)。我国目前正在修订《土地管理法》，新修订的《土地管理法》中关于农民集体土地使用权的流转有重大变动，但由于本书编制时新版《土地管理法》仍未通过，所以本书仍以2004年的《土地管理法》为主要依据。

广义的土地管理法除《土地管理法》外，还包括《中华人民共和国土地管理法实施条例》(1998年12月27日)(以下简称《实施条例》)、《中华人民共和国城市房地产管理法》(2009年8月27日)、中华人民共和国城镇国有土地使用权出让和转让暂行条例(1990年5月19日)、《中华人民共和国物权法》(2007年3月16日)、土地登记办法(2007年12月30日)、土地利用总体规划编制审查办法(2009年2月4日)、基本农田保护条例(1998年12月27日)等一系列与土地相关的法律、法规，这些法律、法规的颁行使我国的土地管理纳入了法制轨道。

4.1.2 土地所有权

1. 土地所有权的概念

土地所有权是指土地所有者对其所有的土地依法享有的占有、使用、收益和处分的权利。我国实行的是土地的社会主义公有制，即全民所有制和劳动群众集体所有制，土地所有权分属国家和劳动群众集体所有。

2. 土地所有权的主体

在我国，土地所有权的主体仅限于国家和农民集体。

(1) 国家。

国家所有的土地所有权由国务院代表国家行使，地方人民政府不是国有土地的所有权主体。分级所有、多级所有的观念是错误的，应当是国家所有、分级管理。

(2) 农民集体。

在我国享有集体土地所有权的只能是农民集体，农民集体所有的土地依法属于村农民集体所有的，由村集体经济组织或者村民委员会经营、管理。

3. 土地所有权的范围

根据土地所有权主体的不同，其所拥有的土地范围也不同。

(1) 国有土地所有权的范围。

依据《实施条例》第二条，国家土地所有权的范围包括：①城市市区的土地；②农村和城市郊区中已经依法没收、征收、征购为国有的土地；③国家依法征收的土地；④依法不属于集体所有的林地、草地、荒地、滩涂及其他土地；⑤农村集体经济组织全部成员转为城镇居民的，原属于其成员集体所有的土地；⑥因国家组织移民、自然灾害等原因，农民成建制地集体迁移后不再使用的原属于迁移农民集体所有的土地。

(2) 集体土地所有权的范围。

依据《土地管理法》第八条第二款的规定，集体土地所有权的范围包括：①农村和城市郊区的土地，除由法律规定属于国家所有的以外，属于农民集体所有；②宅基地和自留地、自留山，属于农民集体所有。

4. 土地所有权的特征

我国土地所有权具有以下特征。

(1) 主体的特定性。土地所有权的主体仅限于国家和农民集体。

(2) 客体的不可移动性。土地所有权的客体为土地，属于不动产的范畴。

(3) 交易的禁止性。两种土地所有权的权利和义务均受到法律较严格的限制，表现在无论是哪种主体均不能以买卖、赠予、互易等任何形式进行土地所有权的交易。

(4) 土地所有权权属的稳定性。土地所有权主体的特定性和土地所有权交易的禁止性决定了我国土地所有权权属的高度稳定性。

5. 土地所有权的确定和确认

根据《实施条例》第三条的规定，国家依法实行土地登记发证制度。依法登记的土地所有权和土地使用权受法律保护，任何单位和个人不得侵犯。即土地的所有权和使用权只有依法登记才受法律保护，并非占有土地就拥有土地的所有权和使用权。

其中依法属于国家所有的土地其所有权不需登记；而农民集体所有的土地，需由县级以上人民政府登记造册，核发集体土地所有权证书，确认其所有权。

当土地所有权发生争议时，不能依法证明争议的土地是属于农民集体所有的，则属于国家所有；当国家为了公共利益的需要，可以征收集体所有的土地，将其变为国有，但必须依法给予补偿。

4.1.3　土地使用权

1. 土地使用权的概念

土地使用权是指土地使用人根据法律、合同的规定，在法律允许的范围内，对国家或集体所有的土地所享有的占有、使用、一定收益和在限定范围内进行处分的权利。其具体表现为土地使用人对土地可依法行使利用、出租、转让、抵押等权利，但其使用必须依照法律和合同的规定进行，不得擅自改变土地的用途，不得危害他人的合法权益。

土地使用权是与土地所有权并列的权利，是一项独立的财产权；土地使用权具有派生性，表现在土地使用权是从土地所有权中分离出来的一种权利。“分离”是指土地所有权人在不丧失所有权的情况下，将部分权能暂时或长久地让渡与他人享有。从土地所有权人手中取得的土地使用权，或多或少会受到所有权人意志的制约。土地使用权的行使必须符合法律的规定和合同的约定。

2. 土地使用权的取得

根据土地使用权的来源不同，可将土地使用权分为国有土地使用权和集体土地使用权，其使用权的取得有不同的途径。

(1) 国有土地的使用权的取得。

土地使用者可以从国家手中依法以出让或划拨方式取得国有土地的使用权；也可以通过从其他土地使用权人(以出让或划拨等方式取得的该土地使用权)手中依法以转让、继承、获取地上建筑物所有权等方式取得国有土地的使用权。

(2) 集体土地的使用权。

农民集体所有的土地中属于农业用地的由本集体经济组织的成员承包经营，从事种植业、林业、畜牧业、渔业生产。发包方和承包方应当订立承包合同，约定双方的权利和义务。承包经营土地的农民有保护和按照承包合同约定的用途合理利用土地的义务。农民的土地承包经营权受法律保护。

农民可依法取得宅基地、自留地、自留山的使用权。

3. 土地使用权的确定和确认

单位和个人依法使用的国有土地，由县级以上人民政府登记造册，核发证书，确认其使用权；未确定使用权的国有土地，由县级以上人民政府登记造册，负责保护管理。

农民集体所有的土地依法用于非农业建设的，由县级人民政府登记造册，核发证书，确认建设用地使用权。

4.2 土地利用和保护

土地资源是人类最宝贵的自然资源，是人类社会存在和发展的物质基础。当今世界面临的几大问题——人口、资源、环境和粮食等，都与土地息息相关。土地资源可持续利用，就是指要保护土地的生产能力的持久性、永续性以及土地的生态稳定性。

长期以来，人们在开发利用土地资源的同时，忽视了土地保护，这种不合理的土地利用方式引起的问题日益突出，严重制约了我国的人口、资源、环境和社会经济的协调发展，在一定程度上威胁着我国的可持续发展战略。因此，《土地管理法》第三条明确把“十分珍惜、合理利用土地和切实保护耕地”作为我国的基本国策，要求各级人民政府采取措施，全面规划，严格管理，保护、开发土地资源，制止非法占用土地的行为。

4.2.1 土地用途管制制度

国家实行土地用途管制制度。土地用途管制制度是指国家为保证土地资源的合理利用，促进经济、社会和环境的协调发展，通过编制土地利用总体规划划定土地用途区域，确定土地使用限制条件，土地的所有者、使用者严格按照国家确定的用途利用土地的制度。严格限制农用地转为建设用地，控制建设用地总量，对耕地实行特殊保护。

根据土地利用总体规划，按土地用途，将土地分为农用地、建设用地和未利用地。

农用地是指直接用于农业生产的土地，包括耕地、林地、草地、农田水利用地、养殖水面等；建设用地是指建造建筑物、构筑物的土地，包括城乡住宅和公共设施用地、工矿用地、交通水利设施用地、旅游用地、军事设施用地等；未利用地是指农用地和建设用地以外的土地，如荒山、沙漠、冰川等。

4.2.2 土地利用总体规划

1. 土地利用总体规划的概念

土地利用总体规划是在一定区域内，综合考虑社会、经济发展需要、国土整治和资源与环境保护要求、土地使用现状及实际供给能力等各项因素，对土地的开发、利用、治理和保护所做出的时间上和空间上的总体安排和设计方案，是国家实行土地用途管制的基础。

土地利用总体规划是与土地的自然条件、社会经济条件和国民经济、社会发展相适应的土地利用长远规划，因此它是合理利用土地的基础和依据。长期以来，由于种种原因我国土地利用处在无规划的盲目利用状态，以致造成森林植被破坏、草原退化、水土流失加剧、土地沙化和盐碱化面积扩大、耕地质量下降、非农业建设用地乱占滥用、浪费土地现象严重、土地利用结构和布局不尽合理、土地资源未能充分利用等种种问题。为了解决这些问题，防止土地利用的短期行为继续发生，使土地资源得到优化配置和充分利用，迫切需要编制土地利用总体规划，对土地利用的方向、结构、布局做出符合全局利益和长远利益的宏观规划，借以指导各个局部的土地开发、利用、整治、改良和保护，为改善土地利用环境、提高土地利用率和土地利用的综合效益创造良好的条件。

土地利用总体规划的期限一般为 15 年，到目前为止，我国已经经历了 3 轮规划。

《土地利用总体规划纲要》(1985—2000)。

《土地利用总体规划纲要》(1997—2010)。

《土地利用总体规划纲要》(2006—2020)。

2. 土地利用总体规划的作用

(1) 土地利用总体规划是政府调节土地资源配置的重要手段。通过编制和实施土地利用总体规划，统筹安排各项建设发展用地指标和区域布局。通过规划和年度计划，调控土地供应。

(2) 土地利用总体规划能够有效地解决土地利用中的重大问题。通过规划，划分土地利用区，实行土地用途管制，通过规划引导，明确哪些产业的用地优先供给，哪些产业的用地限制供给。水利、交通、能源、环境综合治理等基础设施和国家重点建设项目用地，重要的生态保护用地和旅游设施用地要给予保证。

(3) 土地利用总体规划是土地利用管理的重要依据。通过规划的引导、调控，实现土地资源集约合理利用，保障社会经济的可持续发展。

3. 土地利用总体规划的编制原则

土地利用总体规划按照下列原则编制。

(1) 严格保护基本农田，控制非农业建设占用农用地。

(2) 提高土地利用率。

(3) 统筹安排各类、各区域用地。

(4) 保护和改善生态环境，保障土地的可持续利用。

(5) 占用耕地与开发复垦耕地相平衡。

编制的总体要求是下级土地利用总体规划应当依据上一级土地利用总体规划编制。

4. 土地利用总体规划的内容

土地利用总体规划涉及范围广，内容丰富，不同级别不同区域的土地利用总体规划由于区域差异和级别不同，而侧重点和内容深度不同。但一般来讲，土地利用总体规划主要包括以下几个方面的内容。

(1) 土地利用现状分析。通过土地利用现状分析和评价，提供土地利用的基础数据，分析土地利用现状结构和布局，找出土地利用变化的规律，在此基础上归纳土地利用现状分析中反映出的土地利用特点和土地利用问题，分析规划期间可能出现的各种影响因素，分清轻重缓急，提出规划要重点解决的土地利用问题。

(2) 土地供给量预测。科学地评价土地质量是编制好土地利用总体规划的基础，在编制规划时应当充分运用土地质量评价资料。在土地质量评价的基础上，对区域建设用地(城镇、水利、交通、特殊用地等)利用潜力和农业用地(耕地、园地、林地、牧草地、水面)利用潜力进行测算。同时对未利用地的分布、类型、面积进行分析，评价未利用土地适宜开发利用的方向和数量。

(3) 土地需求量预测。依据区域国民经济发展指标，土地资源数量、质量、自然和社会经济条件，由各用地部门提交规划期间用地变化预测报告和用地分布图，并对预测进行必要的分析和校核，对区域建设用地需求量和农业用地需求量进行具体预测。

(4) 确定规划目标和任务。在土地利用现状分析和土地供需预测的基础上，拟定规划的主要任务、目标和基本方针。

(5) 土地利用结构与布局调整。根据规划目标和用地方针，对各类用地的供给量和需求量进行综合平衡，依据土地利用调整次序和土地利用结构与布局调整的步骤与方法，合理安排各类用地，调整用地结构和布局。统筹协调土地开发、利用、保护、整治措施，拟定重点建设项目用地布局方案，土地整理、土地复垦和土地开发方案，以及区域土地结构调整方案。在与部门规划相衔接的基础上，分解下达下一级规划各类用地的控制性指标，为编制下一级规划提供依据。

(6) 制定实施规划的措施。土地利用总体规划是一项具有战略意义而又十分艰巨复杂的规划，要实施这一规划，必须有相应的政策措施作保障，土地利用总体规划中要根据实现土地利用目标和优化土地利用结构的要求，提出相应的实施政策和措施，包括法规、行政、经济和技术措施等。土地利用总体规划在获得批准后，即具有法律效力，有关部门必须认真遵守，同时应该把年度土地利用计划纳入地区国民经济计划中，这样才能保证规划的顺利实现和落实。

5. 土地利用总体规划与城乡规划的关系

土地利用总体规划与城乡规划是相互包含、相互制约的关系。从规划范围和内容来看，城乡总体规划的土地利用规划部分属于土地利用总体规划的一部分，但城乡规划还包括城乡社会经济发展战略、市政建设、城镇体系等，而土地利用总体规划则未包含这些内容。两者都属于区域规划中最低层次的规划，其关系应当是相互包含和制约的关系。

(1) 土地利用总体规划是城乡规划的核心。土地利用总体规划是处理建设用地与农用地的关系，以保护土地资源(特别是耕地)为主要目标，侧重于对建设用地的总量进行控制和基本农田的保护，在比较宏观的层面上对土地资源及其使用功能进行划分和控制，而城乡规划侧重于城乡规划区内土地和空间资源的合理利用。城市总体规划、村庄和集镇规划，应当与土地利用总体规划相衔接，城市总体规划、村庄和集镇规划中建设用地规模不得超过土地利用总体规划确定的城市和村庄、集镇建设用地规模。

(2) 城市总体规划为土地利用总体规划提供宏观依据。市总体规划除了土地使用规划内容外，还包括城市区域的城镇体系规划、城市经济社会发展战略以及空间布局等内容，这些都为土地利用总体规划提供宏观依据。在城市规划区内、村庄和集镇规划区内，城市和村庄、集镇建设用地应当符合城市规划、村庄和集镇规划。

(3) 两者相互协调和衔接。土地利用总体规划不仅要为城市的发展提供充足的空间，以促进城市与区域经济社会的发展，而且还应为合理选择城市建设用地、优化城市空间布局提供灵活性；城市规划范围内的用地布局应主要根据城市空间结构的合理性进行安排。城乡总体规划应进一步树立合理和集约用地、保护耕地的概念。城市规划中的建设用地标准、总量，应和土地利用规划充分协调一致。城市建设用地规模应当符合国家规定的标准，充分利用现有建设用地，不占或者尽量少占农用地。

城市总体规划和土地利用总体规划都应在区域规划的指导下，相互协调和制约，共同遵循合理用地、节约用地，保护生态环境，促进经济、社会和空间协调发展的原则。

4.2.3　耕地保护制度

耕地是指种植农作物的土地，属于农用地的一种。我国是一个发展中的人口大国，确保 13 亿人有饭吃历来是国家的头等大事。要解决这个问题，只能立足自给而别无他途。但人多地少又是我国的基本国情，耕地资源短缺一直是影响我国粮食安全的关键性因素。若没有足够的耕地面积，国家粮食安全将无从谈起。

“十分珍惜和合理利用土地，切实保护耕地”是必须长期坚持的一项基本国策。最近十几年来，中国因为非农业建设占用而减少的耕地大约占耕地减少面积的 40%(其他的减少原因主要有农业结构调整、灾毁等)。耕地面积大量减少直接威胁农业发展。为此，必须确保一定数量和质量的耕地。目前耕地保护方面的制度主要有耕地占用补偿制度、耕地总量动态平衡制度和基本农田保护制度。

1. 耕地占用补偿制度

国家实行占用耕地补偿制度。非农业建设项目经批准占用耕地的，按照“占多少，垦多少”的原则，由占用耕地的单位负责开垦与所占用耕地的数量和质量相当的耕地；没有条件开垦或者开垦的耕地不符合要求的，应当按照省、自治区、直辖市的规定缴纳耕地开垦费，专款用于开垦新的耕地。做出这样的规定是因为过去建设占用大量的耕地，而补充的耕地却很少，造成耕地面积锐减，所以需要建立占用耕地补偿制度。其具体内容包括以下几方面。

(1) 任何建设占用耕地都必须履行开垦耕地的义务。无论是国家重点工程、城市建设，还是乡镇企业、农村村民建住宅占用耕地都必须履行开垦耕地的义务，没有特殊待遇。保护耕地不但是地方政府的事，中央投资占用耕地也应当履行义务，确保建设占用耕地与开垦耕地的平衡。

(2) 开垦耕地的责任者是占用耕地的单位。从法律上明确责任单位非常重要，以利于执法监督和履行职责。根据目前建设用地的形势，可以分为三种情况：一是城市建设用地区统一征地后供地的，承担造地义务的为市、县人民政府，造地的费用可以打入建设用地的政府承担；二是城市建设用地区外建设项目用地，承担开垦耕地义务的是建设单位，县、市人民政府土地行政主管部门负责监督和验收；三是村庄、集镇建设占用耕地，承担开垦耕地义务的是农村集体经济组织或村民委员会，县、市人民政府土地行政主管部门负责监督和验收。

(3) 开垦耕地的资金必须落实。过去开垦耕地不落实有一部分是因为有计划没有资金。因此，建设单位和地方人民政府都必须根据需要落实开垦耕地的资金。

(4) 开垦耕地的地块应当落实。各地在制订土地利用总体规划时，应当根据当地土地资源的状况制定耕地后备资源开发的区域，使建设单位有地可开。开垦耕地还应当与生态环境建设相结合，防止乱开滥垦。

(5) 没有条件开垦，或开垦耕地不符合要求的，建设单位可以缴纳耕地开垦费，由地方政府土地行政主管部门履行造地义务。没有条件开垦是指建设单位没有开垦的人力和机械，而无法从事土地开垦工作。开垦的耕地不符合要求是指耕地开垦的数量和质量没有达到规定的指标。

2. 耕地总量动态平衡制度

省、自治区、直辖市人民政府应当严格执行土地利用总体规划和土地利用年度计划，采取措施，确保本行政区域内耕地总量不减少；耕地总量减少的，由国务院责令在规定期限内组织开垦与所减少耕地的数量与质量相当的耕地，并由国务院土地行政主管部门会同农业行政主管部门验收。个别省、直辖市确因土地后备资源匮乏，新增建设用地后，新开垦耕地的数量不足以补偿所占用耕地的数量的，必须报国务院经批准减免本行政区域内开垦耕地的数量，进行易地开垦。

3. 基本农田保护制度

我国人多地少，耕地后备资源贫乏，如何保护我国宝贵的耕地资源，并合理利用，成为我国迫在眉睫的大事。划定基本农田保护区，对基本农田保护区内的耕地实行特殊保护，是经实践证明保护耕地的有效方法。

基本农田保护区是指为了对基本农田实行特殊保护而依法划定的区域。

基本农田是指根据一定时期人口和国民经济对农产品的需求以及对建设用地的预测而确定的长期不得占用的和基本农田保护区规划期内不得占用的耕地。基本农田是耕地中的精华，是维护国家粮食安全最基本的依靠。

基本农田有以下特点：第一，基本农田有一定的时间性。它由长期不得占用的耕地和规划期内不得占用的耕地组成。长期不得占用的耕地是指老百姓称之为“吃饭田”、“保命田”、“永久性耕地”。为了保障人们生存的需要，这部分耕地是不能占用的。规划期内不得占用的耕地，是指土地利用总体规划和基本农田保护区规划中规划为在一个阶段内必须保持相对稳定的耕地。第二，基本农田是根据人口和国民经济对农产品的需求和对建设用地的预测而确定的。基本农田一般都应划入基本农田保护区，也就是说，划入基本农田保护区内的耕地都是基本农田。

下列耕地应当根据土地利用总体规划划入基本农田保护区，严格管理：①经国务院有关主管部门或者县级以上地方人民政府批准确定的粮、棉、油生产基地内的耕地；②有良好的水利与水土保护设施的耕地，正在实施改造计划以及可以改造的中、低产田；③蔬菜生产基地；④农业科研、教学试验田；⑤国务院规定应当划入基本农田保护区的其他耕地。

各省、自治区、直辖市划定的基本农田应当占本行政区域内耕地的 80%以上。基本农田保护区以乡(镇)为单位进行划区定界，由县级人民政府土地行政主管部门会同同级农业行政主管部门组织实施。

4.3　建设用地使用权

4.3.1　建设用地使用权的概念

建设用地使用权是指利用土地营造建筑物、构筑物和其他设施建设的权利。建设用地使用权分为国有土地建设用地使用权和集体土地建设用地使用权。国有土地建设用地使用权是指公民、法人和其他经济组织进行非农业建设依法使用国有土地的权利。集体土地建设用地使用权是指农民集体和个人进行非农业生产建设依法使用集体所有土地的权利。

现行的《土地管理法》对集体土地建设用地使用权的主体有较为严格的限制，一般只能由本集体及其所属成员拥有使用权。全民所有制单位、城市集体所有制单位和其他经济组织进行建设，需要使用集体土地，必须经过征收，使之转为国有土地后才能取得使用权，即国有土地使用权。一般不允许全民所有制单位或城市集体所有制单位以及其他经济组织拥有集体土地建设用地使用权。

4.3.2　国有建设用地使用权

1. 国有建设用地使用权的获得

在国家所有的土地上设立的建设用地使用权，它的产生方式主要包括以下几种。

(1) 划拨方式。建设用地使用权划拨，是土地使用人只需按照一定程序提出申请，经主管机关批准即可取得土地使用权，而不必向土地所有人支付租金及其他费用。我国《物权法》规定，严格限制以划拨方式设立建设用地使用权。采取划拨方式的，应当遵守法律、行政法规关于土地用途的规定。根据《土地管理法》的有关规定，可以通过划拨方式取得的建设用地包括：国家机关用地和军事用地；城市基础设施用地和公益事业用地；国家重点扶持的能源、交通、水利等基础设施用地；法律、行政法规规定的其他用地。上述以划拨方式取得建设用地，须经县级以上地方人民政府依法批准。

(2) 出让方式。建设用地使用权出让是国家以土地所有人身份将建设用地使用权在一定期限内让与土地使用者，并由土地使用者向国家支付建设用地使用权出让金的行为。土地使用者通过这种出让建设用地使用权的行为即取得建设用地使用权。建设用地使用权出让有三种形式：协议、招标和拍卖。协议是由市、县人民政府土地管理部门(代表国家作为出让方)，与土地使用人按照平等、自愿、有偿的原则协商一致后，签订建设用地使用权出让合同。招标和拍卖，应当先由市、县土地管理部门发出招标、拍卖公告，通过招标、拍卖程序，签订建设用地使用权出让合同。根据我国《物权法》的规定，工业、商业、旅游、娱乐和商品住宅等经营性用地以及同一土地有两个以上意向用地者的，应当采取拍卖、招标等公开竞价的方式出让。采取拍卖、招标、协议等出让方式设立建设用地使用权的，当事人应当采取书面形式订立建设用地使用权出让合同。以出让方式设立建设用地使用权，应当向登记机构申请建设用地使用权登记。登记机构应当向建设用地使用权人发放建设用地使用权证书。

(3) 流转方式。建设用地使用权流转，是指土地使用人将建设用地使用权再转移的行为，如转让、互换、出资、赠予等。建设用地使用权转让、互换、出资或者赠予的，应当向登记机构申请变更登记。基于土地使用权流转的法律事实，新建设用地使用权人即取得原建设用地使用权人的建设用地使用权。

2. 国有建设用地使用权的期限

通过建设用地使用权划拨取得的建设用地使用权，是无期限的。通过这种程序取得土地使用权的土地使用权人，除了法律规定的使土地使用权消灭的原因外，可以无期限地使用土地。

通过建设用地使用权出让取得建设用地使用权的，根据《国有土地使用权出让和转让暂行条例》第十二条规定，按照土地的不同用途，土地使用权出让的最高年限为：①居住用地 70 年；②工业用地 50 年；③教育、科技、文化、卫生、体育用地 50 年；④商业、旅游、娱乐用地 40 年；⑤综合或者其他用地 50 年。每一块土地的实际使用年限，在最高年限内，由出让方和受让方双方商定。根据我国《物权法》的规定，建设用地使用权转让、互换、出资、赠予的，当事人应当采取书面形式订立相应的合同。合同的期限由当事人约定，但不得超过建设用地使用权的剩余期限。

3. 国有建设用地使用权的收回

有下列情形之一的，由有关人民政府土地行政主管部门报经原批准用地的人民政府或者有批准权的人民政府批准，可以收回国有建设用地使用权。

(1) 为公共利益需要使用土地的。

(2) 为实施城市规划进行旧城区改建，需要调整使用土地的。

(3) 土地出让等有偿使用合同约定的使用期限届满，土地使用者未申请续期或者申请续期未获批准的。

(4) 由于单位撤销、迁移等原因，停止使用原划拨的国有土地的。

(5) 公路、铁路、机场、矿场等经核准报废的。

依照前款第(1)项、第(2)项的规定收回国有建设用地使用权的，对建设用地使用权人应当给予适当补偿。

4.3.3 集体建设用地使用权

1. 集体建设用地使用权的获得

在集体所有的土地上设立的建设用地使用权，根据我国《物权法》的规定，集体所有的土地作为建设用地的，应当依照土地管理法等法律规定办理。

乡(镇)村公益用地使用权。农村集体经济组织或者由农村集体经济组织依法设立的公益组织，在经过依法审批后，对用于本集体经济组织内部公益事业的非农业用地所享有的建设用地使用权。根据《土地管理法》和《土地管理法实施条例》的规定，乡(镇)村公共设施、公益事业建设，需要使用土地的，经乡(镇)人民政府审核，向县级以上地方人民政府土地行政主管部门提出申请，按照省、自治区、直辖市规定的批准权限，由县级以上地方人民政府批准。

乡(镇)村企业建设用地。农村集体经济组织使用乡(镇)土地利用总体规划确定的建设用地兴办企业，或者与其他单位、个人以土地使用权入股、联营等形式共同举办企业的，应当持有关批准文件，向县级以上地方人民政府土地行政主管部门提出申请，按省、自治区、直辖市规定的批准权限，由县级以上地方人民政府批准。如果其中涉及占用农用地的，应当依照土地管理法的有关规定办理审批手续。

2. 集体建设用地使用权的收回

有下列情形之一的，农村集体经济组织报经原批准用地的人民政府批准，可以收回集体建设用地使用权。

(1) 为乡(镇)村公共设施和公益事业建设，需要使用土地的。

(2) 不按照批准的用途使用土地的。

(3) 由于撤销、迁移等原因而停止使用土地的。

(4) 集体建设用地使用权出让等有偿使用合同约定的使用期限届满，土地使用者未申请续期或者申请续期未获批准的。

依照前款第(1)项规定收回农民集体所有的土地的，对建设用地使用权人应当给予适当补偿。

4.3.4　农用地转为建设用地

根据《土地管理法》，建设占用土地，涉及农用地转为建设用地的，应当办理农用地转用审批手续。

涉及农用地转为建设用地的情况主要包括两类。

(1) 对于在土地利用总体规划中规划为建设用地，而现在实为农用地的土地，在土地利用总体规划确定的建设用地规模范围内，由原批准土地利用总体规划的机关审批，按土地利用年度计划分批次将农用地转为建设用地。在已批准的农用地转为建设用地的范围内，具体建设项目用地可由市、县人民政府批准。

(2) 对于在土地利用总体规划中规划为农用地的土地，对于耕地资源稀缺的我国来说，就会严重影响国民经济的发展和社会的稳定，也与我国切实保护耕地的基本国策不符，但是，国务院批准的大型能源、交通、水利等基础设施用地，需要改变土地利用规划的根据国务院批准的文件修改规划；省级人民政府批准的能源、交通、水利等项目与省级人民政府批准的土地利用总体规划不符的，也可以先批准项目用地、后修改规划。

4.3.5　土地征收制度

随着国民经济的发展和社会的进步，可能一些原属于农民集体所有的土地要用于基础设施或公益事业建设。所以《土地管理法》第二条规定了国家为了公共利益的需要，可以依法对土地实行征收或征用并给予补偿。

1. 征收土地的审批权限

(1) 征收下列土地的，由国务院批准。

① 基本农田。

② 基本农田以外的耕地超过 35 公顷的。

③ 其他土地超过 70 公顷的。

(2) 征收上述规定以外的土地的，由省、自治区、直辖市人民政府批准，并报国务院备案。

(3) 农用地的征收比较复杂，必须先办理农用地转用审批，然后才能办理土地征收审批。

2. 征收土地的实施

《土地管理法实施条例》第二十五条规定，征收土地方案依法定程序批准后，由被征收土地所在地的市、县人民政府组织实施，并将批准征地机关、批准文号、征收土地用途、范围、面积以及征地补偿标准、农业人员安置办法和办理征地补偿的期限等，在被征收土地所在地的乡(镇)、村予以公告。

被征用土地的所有权人、使用权人应在公告规定期限内，持土地权属证到公告指定人民政府土地行政主管部门办理征地补偿登记，并向建设单位发建设用地批准书。

3. 征收土地的补偿

(1) 土地补偿费。为该耕地被征收前 3 年平均年产值的 60～10 倍。

(2) 新菜地开发建设基金。征收城市郊区的菜地，用地单位应当按照国家有关规定缴纳新菜地开发建设基金。

(3) 地上附着物和青苗补偿费。地上附着物和青苗补偿标准，由省、自治区、直辖市规定。

(4) 安置补偿费。按照需要安置的农业人口数计算。每一个需要安置的农业人口的安置补助费标准，为该耕地被征收前 3 年平均年产值的 4～6 倍。

土地补偿费和安置补助费的总和不得超过土地被征收前 3 年平均年产值的 30 倍。

国务院根据社会、经济的发展水平，在特殊情况下，可以提高征收耕地的土地补偿费和安置补助费的标准。

4. 征收土地的劳动安置

因征收土地后造成的多余劳动力，由县级以上土地管理部门组织被征地单位、用地单位和有关单位，通过扩大农副业生产和乡镇企业等途径，加以安置；安置不完的，可将符合条件的人员安置到用地单位或其他全民、集体所有制单位就业。

大中型水利、水电工程建设征收土地的补偿费标准和移民安置办法，由国务院另行规定。

4.3.6 临时用地

建设项目施工或地质勘查等确需临时使用国有土地或农民集体所有土地的，由县级以上人民政府土地行政管理部门批准。其中，在城市规划区内的，还应先经有关城市规划行政主管部门同意。土地使用者应当根据土地权属，与有关土地行政主管部门或农村集体经济组织、村民委员会签订临时用地合同，并按合同的约定支付临时使用土地补偿费。

临时用地期限为 2 年，临时用地上不得建永久性建筑物。占用耕地的到期之日起 1 年内恢复种植条件。

【案例 4-1】

某工厂为了扩大生产规模，拟投资 80 万元兴建一个分厂，遂向某县人民政府申请用地 2 亩(以有偿出让方式取得土地使用权)，经县政府审核批准同意其使用城市规划内属于 A 村集体所有的非耕地 2 亩。为保证按时使用土地，该工厂与 A 村签订了土地使用权出让合同。该合同规定：由 A 村向工厂出让土地 2 亩，土地使用权出让金 30 万元，土地用途为工业用地，土地使用权出让年限为 70 年，合同的其他款项均参照国家关于出让土地使用权的标准合同注明。请思考：

(1) 该土地使用权出让合同是否有效？为什么？

(2) 县级人民政府批准该工厂用地 70 年是否合法？为什么？

(3) 依照有关法律规定，该工厂应当如何取得合法的土地使用权？

评析：

(1) 该土地使用权出让合同无效。因为按照我国有关法律的规定，集体所有的土地，必须先依法征收为国有，其土地使用权才能出让，土地使用权的出让方只能是代表政府的土地管理局，本案中的 A 村直接出让土地使用权是违法的，所以是无效的。

(2) 县人民政府批准该工厂用地 70 年是不合法的，依照《中华人民共和国城镇国有土地使用权出让和转让暂行条例》的规定，工业用地最高年限为 50 年。

(3) 该工厂取得土地使用权的合法方式应该是：应当首先由人民政府依法定权限批准征收 A 村的土地，将集体土地变为国有土地，然后再将土地使用权出让给工厂，由土地管理局代表政府与工厂签订土地使用权转让合同工厂缴纳土地使用权出让金给政府，并依法登记领取土地使用权证书，取得土地使用权。

【案例 4-2】

为吸引外资，尝试开发性移民路径，2005 年 3 月初某县政府与某外商公司经考察、洽谈，决定在本县勤民镇选址建设“光明移民新村”。选址确定后，县政府与该外商公司于 5 月份签订《关于创立光明移民事业项目及土地使用权出让合同书》。该合同规定，由县政府征收勤民镇土地共 1700 亩，并以每亩 2000 元价格出让给外商企业。出让该土地用途：①移民新村住宅用地 200 亩；②移民耕地 500 亩；③农牧养殖出口基地及商贸、房地产、商业旅游设施等配套服务项目用地 1000 亩。为加快征地工作，同年 5 月 20 日，县政府向勤民镇政府及县有关单位发出《关于光明移民新村及其开发项目土地使用权转让和青苗补偿问题的通知》。该通知指定勤民镇政府负责具体组织实施征地事宜，要求在 20 天内完成任务至 6 月 5 日止，勤民镇政府已分别与有关生产大队签订了 1580 亩土地有偿转让协议书。勤民镇部分群众对县、镇政府征地行为极为不满，上访至该省国土厅。省国土厅派出调查组进行调查，核实群众反映情况基本属实，遂责令某县立即停止征地行为，赔偿群众当年损失，并向省检察部门提出对某县领导行政处分。

评析：该县政府采取引进外资进行开发性移民的做法并无不妥，但在实施征地用地过程中存在严重的违法行为。

(1) 把移民安置用地与外商开发建设用地混为一体。两者是不同性质的用地，前者属于移民扶贫安置用地，可采取征收划拨或土地调整的办法解决；后者属于经营性用地，应采取出让方式供地。

(2) 《土地管理法》第四十六条规定："国家征收土地的，依照法定程序批准，由县级以上地方人民政府予以公告并组织实施。"本案中，县政府不仅没有按法律程序向有关部门申请立项和建设用地申报审批，反而避开国土职能部门，擅自决定由镇政府实施征地，其行为严重违法。

(3) 《土地管理法》第四十五条对批准征收土地的权限做了具体规定："征收下列土地的，由国务院批准：①基本农田；②基本农田以外的耕地超过35公顷；③其他土地超过70公顷。"本案中，县政府征收土地1700亩，按照《土地管理法》的规定应上报国务院批准，县政府没有如此大数量的土地征收审批权。

(资料来源：朱宏亮. 建设法规教程. 北京：中国建筑工业出版社，2009)

4.4 法律责任

根据现行法律法规的规定，违反土地管理法规的法律责任主要包括民事法律责任、行政法律责任和刑事法律责任三种。

1. 违反土地管理法规的民事法律责任

土地民事法律责任是指个人或组织违反有关土地民事法律规范，应当承担的法律后果，其主要分为两种：土地侵权行为的民事损害赔偿责任和违反土地合同产生的违约责任。

土地民事法律责任发生在平等的民事法律主体之间。承担民事责任的方式主要有排除妨碍、消除危险、停止侵害、恢复原状、返还财产、赔偿损失和支付违约金等。

2. 违反土地管理法规的行政法律责任

土地行政法律责任是指行为人违反土地行政法律规范，依法接受有关行政机关行政制裁所承担的法律后果。其主要形式有行政处罚和行政处分。

(1) 行政处罚主要是对土地使用者的违法行为的处罚。应当给予行政处罚的违法行为主要包括买卖或者以其他形式非法转让土地、破坏耕地、非法占用土地等。

(2) 行政处分主要是对行政机关或者行政机关工作人员违法行为的处罚。如无权批准征收、占用土地的单位或者个人非法批准征占土地的，对直接负责的主管人员或其他直接责任人员，依法给予行政处分。

3. 违反土地管理法规的刑事法律责任

下列四类违法行为，情节严重构成犯罪的，要依法追究刑事责任。

(1) 非法转让、倒卖土地使用权。

(2) 非法占用耕地。

(3) 非法批准征收占用土地。

(4) 非法低价出让国有土地使用权。

本 章 小 结

本章首先介绍了我国土地的所有权和使用权，其次介绍了土地用途管制的基础土地利用总体规划，再次介绍了建设用地的使用权，最后介绍了违反土地管理法律制度应承担的法律责任，便于读者对人们在开发、利用和保护土地中所享有的权利和应尽的义务有所认识和了解。

复习思考题

一、单项选择题

1. 我国土地制度的基本模式为(　　)。
   A. 全部土地国家所有
   B. 国家所有和集体所有
   C. 国家所有、集体所有和个人所有
   D. 国家所有和个人所有
2. 下列选项中属于国家所有的土地的是(　　)。
   A. 城市市区土地　　B. 农村宅基地
   C. 城市郊区土地　　D. 自留地和自留山
3. 农民集体所有的土地，由(　　)登记造册，核发证书，确认所有权。
   A. 县级人民政府　　B. 县级以上人民政府
   C. 县级土地管理部门　　D. 地方各级人民政府
4. 以下(　　)不是农民可依法取得的使用权。
   A. 宅基地　　B. 自留山　　C. 自留地　　D. 房产
5. 土地利用总体规划的期限一般为(　　)。
   A. 50 年　　B. 20 年　　C. 15 年　　D. 10 年
6. 国家为公共利益需要使用土地的，由有关人民政府土地行政主管部门报经原批准用地的人民政府或者有批准权的人民政府批准，可以(　　)收回国有建设用地使用权。
   A. 给予适当补偿后　　B. 给予适当赔偿后
   C. 强制　　D. 无偿
7. 国家能源、交通、水利、军事、设施等重点项目选址确定无法避开基本农田的，必须经(　　)批准方可征收。
   A. 县级人民政府　　B. 市级人民政府
   C. 省级人民政府　　D. 国务院

二、多项选择题

1. 土地所有权包括(　　)。
   A. 占有权　　B. 使用权　　C. 收益权

D. 买卖权　　　E. 处分权

2. 土地按用途可分为(　　)。

A. 工业用地　　B. 农业用地　　C. 建设用地

D. 商业用地　　E. 未利用地

3. 土地使用权划拨范围包括(　　)。

A. 国家机关用地　　B. 军事用地

C. 城市基础设施用地　　D. 城市公益事业用地

E. 国家重点扶持的能源、交通、水利等项目用地

4. 土地使用权出让的方式有(　　)。

A. 协议　　B. 招标　　C. 划拨

D. 拍卖　　E. 租赁

5. 下列关于土地最高出让年限，正确的是(　　)。

A. 居住用地 50 年　　B. 工业用地 50 年

C. 科教文卫用地 40 年　　D. 加油站用地 30 年

E. 商业、旅游、娱乐用地 40 年

三、简答题

1. 何谓土地所有权？我国土地所有权的特征是什么？
2. 何谓土地使用权？土地使用权如何取得？
3. 什么是土地利用总体规划？其编制原则是什么？
4. 土地利用总体规划与城乡规划的关系是什么？
5. 国有土地使用权划拨的范围是什么？
6. 在哪些情形下国有土地使用权将被收回？
7. 比较国有土地使用权划拨与出让的区别。

第 5 章　建筑工程发包与承包法律制度

学习目标

- 熟悉建筑工程发包与承包的概念。
- 掌握建筑工程发包的方式。
- 掌握建筑工程总承包制度、联合承包制度和分包制度。
- 了解违反建筑工程发承包制度所应承担的法律责任。

本章导读

本章主要学习建筑工程发包与承包的法律制度，通过本章的学习，掌握我国建筑工程发包的方式以及建筑工程承包的相关制度规定。

项目案例导入

A 公司因新建生产厂房与 B 公司签订了工程总承包合同。其后，经 A 公司同意，B 将工程勘察设计任务和施工任务分别发包给 C 设计单位和 D 建筑公司，并各自签订书面合同。合同约定由 D 根据 C 提供的设计图纸进行施工，工程竣工时依据国家的有关规定、设计图纸进行质量验收。合同签订后，C 按时交付设计图纸，D 依照图纸进行施工。工程竣工后，A 会同有关质量监督部门对工程进行验收，发现工程存在严重质量问题，是由于 C 未对现场进行仔细勘察，设计不符合规范所致。A 公司遭受重大的损失，但 C 称与 A 不存在合同关系，拒绝承担责任，B 以自己不是设计人为由也拒绝赔偿。

问题导入

本案例中，A、B、C、D 4 个公司在承发包合同中各自身份是什么？B 公司发包工程项目的做法是否符合法律规定？B、C 公司拒绝承担责任的理由是否充分？为什么？本章将会解答这些问题，使您具备初步理解建设工程承发包过程中相关法律规定的能力。

5.1 建筑工程发包与承包概述

5.1.1 建筑工程发包与承包的概念

1. 建筑工程的发包

相对于建筑工程的承包而言，建筑工程的发包是指建设单位(或总承包单位)将建筑工程任务(勘察、设计、施工等)的全部或一部分通过招标或其他方式，交付给具有从事建筑活动的法定从业资格的单位完成，并按约定支付报酬的行为。

建筑工程的发包单位，通常为建筑工程的建设单位，即投资建设该项建筑工程的单位(即“业主”)。按照国家计委 1996 年 4 月发布的《关于实行建设项目法人责任制的暂行规定》，国有单位投资的经营性基本建设大中型建设项目，在建设阶段必须组建项目法人。项目法人可按《中华人民共和国公司法》的规定设立有限责任公司(包括国有独资公司)和股份有限公司，由项目法人对项目的策划、资金筹措、建设实施、生产经营、债务偿还和资产保值增值，实行全过程负责。据此规定，由国有单位投资建设的经营性的房屋建筑工程(如用作生产经营设施的工商业用房、作为房地产项目的商品房等)，由依法设立的项目法人作为建设单位，负责建设工程的发包。国有单位投资建设的非经营性的房屋建筑工程，应由建设单位作为发包方负责工程的发包。此外，建筑工程实行总承包的，总承包单位经建设单位同意，在法律规定的范围内对部分工程项目进行分包的，工程的总承包单位即成为分包工程的发包单位。

2. 建筑工程的承包

相对于发包而言，建筑工程的承包是指具有从事建筑活动的法定从业资格的单位，通过投标或其他方式，承揽建筑工程任务，并按约定取得报酬的行为。

建筑工程的承包单位，即承揽建筑工程的勘察、设计、施工等业务的单位，包括对建筑工程实行总承包的单位和承包分包工程的单位。

3. 法律依据

(1) 主要法律。

《中华人民共和国建筑法》(以下简称《建筑法》)第 3 章详细阐述了建筑工程发包与承包的法律规定。

(2) 其他相关法律法规。

《招标投标法》、《建设工程质量管理条例》、《工程建设项目招标范围和规模标准规定》、《建设工程安全生产管理条例》，以及 2014 年 2 月 1 日起施行的、中华人民共和国住房和城乡建设部以第 16 号部令形式发布的《建筑工程施工发包与承包计价管理办法》等法律法规也对承发包过程中应遵守的法律条款做了规定。

5.1.2 建筑工程发包与承包应遵守的基本原则

建筑工程、承包活动是一项特殊的商品交易活动，同时又是一项重要的法律活动，因此，承发包双方必须共同遵循交易活动的一些基本原则，依法进行，才能确保活动的顺利、高效、公平地进行。《建筑法》将这些基本原则以法律的形式做了以下规定。

1．建筑工程的发包与承包双方应当依法订立合同，全面履行合同约定义务的原则

建筑工程的发包单位与承包单位订立的合同，是指有关建筑工程的承包合同，即由承包方按期完成发包方交付的特定工程项目，发包方按期验收，并支付报酬的协议。建筑工程承包合同是个总概念，它包括建筑工程的勘察合同、设计合同、建筑施工合同和设备安装合同。建筑工程承包合同可以由建设单位与一个总承包单位订立总承包合同，然后由总承包单位与各分包单位订立分包合同，也可以由建设单位分别与从事建筑活动的勘察、设计、施工、安装单位签订合同。

建筑工程承包合同一般具有合同标的数额大(因建筑工程造价高)、合同内容复杂、履行期较长等特点，为慎重起见，应采用书面形式订立合同，并以合同的形式明确约定双方的权利和义务，以法律保障其实施，对于建立和维护建筑市场的正常秩序，维护建筑活动各方当事人的合法权益，具有重要意义。

2．建筑工程发包与承包的招标投标活动应当遵循公开、公正、平等竞争的原则

(1) 招标投标是市场经济条件下进行大宗货物买卖或建筑工程发包与承包时通常采用的竞争交易方式。建筑工程发包与承包的招标投标活动，是指建筑工程的发包方(招标方)采用适当的方式，发布拟建工程的有关信息(如工程的内容和主要技术条件、对承包方的资质要求等，但不标明工程的造价)，表明将选择符合条件的承包商与之签订建筑工程承包合同的意向，由各有意承揽该工程项目的承包商(投标方)向招标方提出自己的工程报价和其他承包条件，参加投标竞争；经招标方对各投标者的报价和其他条件进行审查比较后，从中择优选定中标者，并与其签订工程承包合同的活动。

采用招标投标的方式进行建筑工程的发包与承包，其最显著的特征是将竞争机制引入了建筑工程的发包与承包活动中，与计划经济条件下通过行政手段向建筑企业分配建设任务，或者与采用“一对一”谈判的办法进行建筑工程的发包与承包相比，具有明显的优越性，符合市场竞争的要求，也就成为我国在建筑工程发包与承包活动中应当大力推广采用的主要方式，尤其是对于使用国有资金建设的工程项目，除了因工程本身的某些特殊性不适于采用招标发包方式的可以直接发包之外，都应当依法实行招标发包。

(2) 公开、公正和平等竞争的原则是建筑工程发包与承包的招标投标活动应当遵循的基本原则。“公开”是指进行招标投标活动的有关信息要公开，招标方应通过在新闻媒体上刊发广告或者其他适当的形式，发布建筑工程招标的信息，并在公开提供的招标文件中，载明招标工程的主要技术要求及对投标人的资格要求等内容，使所有符合条件的承包商都能有机会参与投标竞争。同时，招标投标活动的程序要公开，包括领取招标文件的时间、地点，投标的截止日期，开标的时间、地点以及评标与定标的标准、方法等，都应当公开透明，以便各方面监督，不允许进行“暗箱操作”。“公正”是指招标方在招标过程中要严格按照公开的招标条件和程序办事，严格按既定的评标标准评标和定标，公平对待每一投标者，不得厚此薄彼。“平等竞争”是指除了招标方要严格按照上述公开、公正的原则办事外，投标方也要以正当手段开展竞争，不得有向投标方及其工作人员行贿、提供回扣等不正当竞争行为，以保证竞争的公平。

3．在建筑工程的发包与承包活动中禁止任何形式的行贿受贿行为的原则

建筑工程的发包与承包属于市场交易行为，应当按照法定的市场交易规则进行。多数建筑工程的发包与承包，应当按照公开、公平、公正的原则进行招标投标，以充分发挥市场竞争机制的作用。少数不适于采用招标投标形式进行发包与承包的建筑工程，也应由发包方与承包方按照正常的交易规则协商签订承包合同，实行直接发包。在建筑工程的发包与承包活动中以任何形式行贿受贿，都是严重违反市场交易规则、破坏正常的市场经济秩序的行为，必须坚决予以禁止。

4．建筑工程的造价应当由合同双方依法约定以及发包单位应当依照合同约定及时拨付工程款项的原则

(1) 建筑工程的造价，应由发包方和承包方在建筑工程承包合同中约定。按照建立社会主义市场经济体制的要求，商品和劳务的价格，包括建筑工程的造价，应当以市场调节价为主，而关于建筑工程造价由发包方和承包方约定的原则规定，赋予了作为建筑市场交易活动主体的建筑工程承发包双方在确定建筑工程造价方面的自主权，体现了主要由市场形成价格的要求，以法律的形式保证了建筑工程造价的确定方式符合建立社会主义市场经济体制的要求。

(2) 对发包方应按合同约定及时支付工程款的规定。按照建筑工程承包合同的约定向承包方支付工程价款，是发包方应当履行的基本义务。发包方应当按照合同对于工程价款的支付时间、应付金额和支付方式的约定，及时、足额地向承包方支付工程价款。从实际情况看，目前我国投资规模过大、建设资金紧张，加上建筑市场在总体上处于供大于求的局面，使得有些发包方利用自己的有利地位，违反合同的规定，拖欠应向承包方支付的工程款项，损害了承包方的合法权益，也扰乱了正常的市场秩序，这种情况应当予以纠正。

5.2 建筑工程发包

5.2.1 建筑工程发包的方式

根据《建筑法》第十九条的规定：“建筑工程依法实行招标发包，对不适于招标发包的可以直接发包。”也就是说，建筑工程的发包方式包括招标发包和直接发包两种。

1．招标发包

建筑工程的招标发包，是指建设单位通过招标确定承包单位的发包方式。招标发包的方式将竞争机制引入建筑工程的发包活动中，符合市场经济的要求，是在市场经济条件下进行建筑工程发包最普遍采用的方式。

必须实行招标发包的建筑工程范围，由《招标投标法》和国务院有关行政法规加以规定，详见本书第 6 章。总地来说，按照建立市场经济体制的要求，招标发包应当是建筑工程发包的主要形式，特别是使用国有资金建设的建筑工程，为了保证国有建设资金得到合理有效的使用，提高投资效益，更应强调实行招标发包，这也是国际上的通行做法。

2．直接发包

建筑工程的直接发包，是指由发包方直接选定特定的承包商，与其进行一对一的协商谈判，就双方的权利和义务达成协议后，与其签订建筑工程承包合同的发包方式。这种方式简便易行，节省发包费用，但缺乏竞争带来的优越性，在实行市场经济的条件下，这种发包方式应当只适用于少数不适于采用招标方式发包的特殊建筑工程。

凡是法律、行政法规规定必须实行招标发包的建筑工程，都应依法进行招标发包；除此之外的建筑工程，发包方可以选择实行直接发包。“不适于招标发包”的建筑工程包括两种情况：一是工程项目本身的性质不适宜进行招标发包，如某些保密工程或有特殊专业要求的房屋建筑工程等；二是从建筑工程的投资主体上看，对私人资本投资建设的工程，采用何种方式发包，法律一般没有必要加以限制，投资人可以自行选择发包方式，可以招标发包，也可以直接发包。

5.2.2　建筑工程发包的行为规范

1．发包方只能将工程发包给具备相应资质条件的单位

《建筑法》规定：“建筑工程实行招标发包的，发包单位应当将建筑工程发包给依法中标的承包单位。建筑工程实行直接发包的，发包单位应当将建筑工程发包给具有相应资质条件的承包单位。”此处“依法中标”的一个重要条件，就是发包单位必须对投标承包单位的资质条件进行审查，发包给中标单位的工程项目必须是在中标单位按其资质等级许可承包的业务范围之内。也就是说，建筑工程无论是实行招标发包还是直接发包，都必须依法将工程发包给具备相应资质条件的承包单位。禁止将工程发包给未取得资质等级的单位和个人，禁止将需要较高资质等级的单位承包的工程发包给低资质等级的单位。

2．禁止将建筑工程肢解发包

肢解发包是指建设单位将应当由一个承包单位完成的建筑工程分解成若干部分发包给不同承包单位的行为。这是针对目前我国建筑市场中多有发生且危害较大的将工程肢解发包的实际情况所做的规定。一些发包单位将按其性质和技术联系应当由一个承包单位整体承包的工程，肢解成若干部分，分别发包给几个承包单位，使得整个工程建设在管理和技术上缺乏应有的统筹协调，往往造成施工现场秩序混乱、责任不清，严重影响工程建设质量，出了问题也很难找到责任者。而且从实际情况看，肢解发包往往与发包单位的工作人员徇私舞弊、利用肢解发包多拿回扣等违法行为有关。因此，《建筑法》明确规定，不得将应当由一个承包单位完成的建筑工程肢解成若干部分发包给几个承包单位。至于如何确定是否属于应当由一个承包单位完成的建筑工程，需要由国务院有关主管部门根据实际情况做出具体规定。例如，对一幢房屋的土建工程，建设单位就不应将其分成若干部分发包给几个承包单位，而应由一个承包单位承包；而对一幢大型公共建筑的空调设备和消防设备的安装，尽管属于同一建筑的设备安装，但因各有其较强的专业性，建设单位可以将其分别发包给不同的承包单位。

3．禁止发包单位向承包单位违法指定建筑材料、设备及构配件的生产厂、供应商

建筑工程所需的建筑材料、构配件和设备，根据具体情况，可以由发包方负责提供，

也可以由承包方负责采购。应由谁负责建筑材料、构配件和设备的供应、采购，由承发包双方在承包合同中做出明确约定，合同一经确定，就必须依照合同的约定进行。

在合同约定由承包方负责采购建筑材料、构配件和设备的情况下，按照合同约定的要求自行实施采购行为，既是承包方应履行的义务，也是承包方享有的合同权利。发包方有权按照合同约定对承包方采购的建筑材料、构配件和设备是否符合规定的要求进行验收，对不符合要求的有权拒绝验收并要求承包方承担相应的责任。但是，发包方不得利用自己的有利地位，要求承包方购入由其指定的建筑材料、构配件或设备，包括不得要求承包方必须向其指定的生产厂或供应商购买建筑材料、构配件或设备。因为发包方的这种指定行为，势必会影响建筑材料及构配件和设备的各生产者、供应者之间的正当竞争，而这种指定行为又往往产生于发包方与建筑材料及构配件和设备的生产者、供应者的相互串通，这必然会导致腐败；同时，在建筑工程按合同约定实行固定价的情况下，发包方指定承包方购买高价的建筑材料、构配件和设备，也会损害承包方的利益。因此，《建筑法》规定，在合同约定由承包方负责采购建筑材料、构配件和设备的情况下，禁止发包方的指定购买行为。

5.3 建筑工程承包

5.3.1 承包单位的资质管理

《建筑法》规定，承包建筑工程的单位应当持有依法取得的资质证书，并在其资质等级许可的范围内承揽工程。

此处所说的“依法取得的资质证书”和“资质等级”，是指有关主管机关依照《建筑法》的规定，对符合法定条件的建筑施工企业、勘察单位、设计单位或工程监理单位核发的允许其从事相关建筑活动的资质证书和该证书所载明的资质等级。资质等级不同，所从事的业务范围也不完全相同。

建筑工程是“百年大计，质量第一”，其质量问题直接关系着公众的生命和财产安全。而要保证建筑工程质量，首先要求从事建筑活动(包括建筑工程的勘察、设计、施工和监理活动等)的单位必须具备相应的资质条件。

《建筑法》同时规定禁止建筑施工企业超越本企业资质等级许可的业务范围或者以任何形式用其他建筑施工企业的名义承揽工程。禁止建筑施工企业以任何形式允许其他单位或者个人使用本企业的资质证书、营业执照，以本企业的名义承揽工程。

5.3.2 建筑工程承包形式

建筑工程的承包按照承包方承包的工作内容，可以分为建筑工程总承包与单项任务承包两类。《建筑法》规定：“提倡对建筑工程实行总承包。”

1．建筑工程总承包

建筑工程的总承包，实践中采用较多的是交钥匙总承包和施工总承包。

(1) 交钥匙总承包，是指发包方将建筑工程的勘察、设计、土建施工、设备的采购及安装调试等工程建设的全部任务一并发包给一个具备相应的总承包资质条件的承包单位，由该总承包单位对工程建设的全过程向建设单位负责，直至工程竣工，向建设单位交付经验收合格符合发包方要求的建筑工程的承发包方式。

(2) 施工总承包，是指发包单位将建筑工程的施工任务，包括土建施工和有关设施、设备安装调试的施工任务，全部发包给一家具备相应的施工总承包资质条件的承包单位，由该施工总承包单位对工程施工的全过程向建设单位负责，直至工程竣工，向建设单位交付经验收符合设计要求的建筑工程的承发包方式。此外，还有分别对建筑工程的勘察、设计及设备采购等不同专业的工作任务实行总承包的承发包方式等。

建筑工程总承包有利于充分发挥那些在工程建设方面具有较强的技术力量、丰富的经验和组织管理能力的大承包商的专业优势，综合协调工程建设中的各种关系，强化对工程建设的统一指挥和组织管理，保证工程质量和进度，提高投资效益。在建筑工程的承发包中采用总承包方式，对那些缺乏工程建设方面的专门技术力量，难以对建设项目实施具体的组织管理的建设单位来说，更具有明显的优越性，也符合社会化大生产专业分工的要求。为此，《建筑法》规定："提倡对建筑工程实行总承包。"当然，对建筑工程采取总承包方式，由于总承包单位需要承担较多的项目建设的组织管理工作，同时往往还需要对其总包的工程进行必要的分包，并对分包工程承担责任，因此，一般来说，总承包的承包费用可能会比按单项任务承包的总承包费用高一些。

2．单项任务承包

与总承包方式相对应的是单项任务的承包，即发包方将建筑活动中不同的工作任务，分别发包给不同的承包单位，与其签订相应的承包合同。这种发包方式，有利于吸引较多的承包商参与各项建筑业务的投标竞争，使发包方有更大的选择余地；也有利于发包单位对建筑活动的各环节、各阶段实施直接的监督管理，这对那些具有建筑活动方面的专业技术人才，对工程建设有较强的组织管理能力的建设单位来说是有利的。

5.3.3　建筑工程联合承包制度

1．联合承包制度的概念

联合承包是指由两个以上的单位共同组成非法人的联合体，以该联合体的名义承包某项建筑工程的承包形式。在联合承包形式中，由参加联合的各承包单位共同组成的联合体作为一个单一的承包主体，与发包方签订承包合同，承担履行合同义务的全部责任。

2．联合承包制度的条件

联合共同承包形式适用于大中型建筑工程和结构复杂的建筑工程。大中型建筑工程和结构复杂的建筑工程，工程任务量大、技术要求复杂、建设周期较长，需要承包方有较强的经济、技术实力和抗风险的能力。由多家单位组成联合体共同承包，可以集中各方的经济、技术力量，发挥各自的优势，大大地增强投标竞争的实力；对发包方来说，也有利于提高投资效益，保证工程建设质量。

3．联合承包方式下的责任分担

在联合体内部，由参加联合体的各方以协议约定各自在联合承包中的权利和义务，包括联合体的管理方式及共同管理机构的产生办法、各方负责承担的工程任务的范围、利益分享与风险分担的办法等。

在联合体外部，参加联合承包的各方应就承包合同的履行向发包方承担连带责任。“连带责任”是指发包方可以要求参加联合承包的任何一方履行承包合同的全部义务，联合承包的各方不得拒绝。当联合承包体的中一人或多人履行了全部债务后，其他联合承包人对发包人的履行义务即行解除。而对联合承包体内部而言，清偿债务超过了协议约定应由自己承担的份额的承包人，有权要求其他联合承包人偿还他们各自应当承担的份额。这对于维护联合承包形式中发包方的正当权益，避免联合承包各方相互推诿责任，加强各方的配合，是很有必要的。

4．联合承包方式下的资质认定

联合承包是由两个以上的承包单位共同承包，当参加联合承包的具有相同专业的各单位资质等级不同时，为防止出现越级承包的问题，联合体只能按资质等级较低的单位的许可业务范围承揽工程。

5.3.4 建筑工程分包制度

1．建筑工程分包的概念

建筑工程的分包，是指对建筑工程实行总承包的单位，将其总承包的工程项目的某一部分或某几部分，再发包给其他的承包单位，与其签订总承包合同项下的分包合同，此时，总承包合同的承包人即成为分包合同的发包人。

2．分包的限制条件

(1) 总承包单位只能将部分工程分包给具有相应资质条件的单位。

(2) 分包的工程必须是总承包合同约定可以分包的工程，合同中没有约定的，须经建设单位认可。

(3) 实行施工总承包的，建筑工程的主体结构必须由总承包单位自行完成，不得分包。

(4) 发包方不能肆意肢解、直接分包工程，或由发包方指定分包单位。

3．建设、总承包与分包单位之间的法律关系

(1) 在总包与分包相结合的承包形式中，存在总承包合同与分包合同两个不同的合同关系。总承包合同是建设单位与总承包单位之间订立的合同，总承包单位应就总承包合同的履行向建设单位承担全部责任，即使总承包单位根据合同的约定或经建设单位认可，将总承包合同范围内的部分建设项目分包给他人的，总承包人也得对分包的工程向建设单位负责。工程分包不能解除总承包人的任何责任与义务。

(2) 分包合同是总承包合同的承包人(分包合同中的发包人)与分包人之间订立的合同，分包人与建设单位(总承包合同的发包人)之间并不存在直接的合同权利与义务关系，通常来说，分包人仅就分包合同的履行向总承包人负责，并不直接向建设单位承担责任。因分包工程出现的问题，总承包人在向建设单位承担责任后，可以根据分包合同的约定向分包人追偿。但为了维护建设单位的权益，适当加重分包单位的责任，因此，《建筑法》规定，总承包单位与分包单位应就分包工程对建设单位承担连带责任，即因分包工程出现的问题，建设单位既可以要求总承包单位承担责任，也可以直接要求分包单位承担责任。

4. 违法分包的认定

满足分包限制条件的分包是我国法律所允许的合法分包，但在目前的市场环境下，一些工程分包过程仍存在不规范的操作，依据《建筑法》、《建设工程质量管理条例》，将违法分包的情形界定如下。

(1) 总承包单位将建设工程分包给不具备相应资质条件的单位的。

(2) 建设工程总承包合同中未有约定，又未经建设单位认可，承包单位将其承包的部分建设工程交由其他单位完成的。

(3) 施工总承包单位将建设工程主体结构的施工分包给其他单位的。

(4) 分包单位将其承包的建设工程再分包的。

我国法律明令禁止违法分包现象。

5.3.5 关于转包的禁止规定

1. 转包的概念

转包是指承包单位承包工程后，不履行合同的责任和义务，将其承包的建筑工程倒手转让给他人，使他人实际上成为该建筑工程新的承包方的行为。

2. 转包的形式

转包的形式有两种：一种是承包单位将其承包的全部建筑工程转包给他人；另一种是承包单位将其承包的全部工程肢解以后以分包的名义分别发包给他人，即变相的转包。

3. 转包与分包的区别

转包与分包的根本区别在于：在转包行为中，原承包方将其承包的工程全部倒手转给他人，自己并不实际履行合同约定的义务；而在分包行为中，总承包人只是将其总承包工程中的某一部分或几部分再分包给其他承包单位，总承包人仍然要就总承包合同约定的全部义务(包括分包工程部分)的履行，向发包单位负责。

由于转包行为有较大的危害性，一些单位将其承包的工程压价倒手转包给他人，从中牟取不正当利益，形成“层层转包、层层扒皮”的现象，最后实际用于工程建设的费用大大减少，导致严重偷工减料。一些建筑工程转包后落入不具备相应资质条件的包工队手中，留下严重的工程质量隐患，甚至造成重大质量事故。因此《建筑法》中明确规定，禁止转包工程，禁止以分包的名义将工程肢解后分别转包给他人。

5.4 法 律 责 任

1. 建设单位的法律责任

(1) 发包单位将工程发包给不具有相应资质条件的承包单位的，或者将建筑工程肢解发包的，责令改正，处以罚款。

(2) 在工程发包与承包中索贿、受贿、行贿，构成犯罪的，依法追究刑事责任；不构成犯罪的，分别处以罚款，没收贿赂的财物，对直接负责的主管人员和其他直接责任人员给予处分。

2. 承包单位的法律责任

(1) 承包单位超越本单位资质等级承揽工程的，责令停止违法行为，处以罚款，可以责令停业整顿，降低资质等级；情节严重的，吊销资质证书；有违法所得的，予以没收。

(2) 承包单位未取得资质证书承揽工程的，予以取缔，并处罚款；有违法所得的，予以没收。

(3) 承包单位以欺骗手段取得资质证书的，吊销资质证书，处以罚款；构成犯罪的，依法追究刑事责任。

(4) 承包单位将承包的工程转包的，或者违反法律规定进行分包的，责令改正，没收违法所得，并处以罚款，可以责令停业整顿，降低资质等级；情节严重的，吊销资质证书。

(5) 对在工程承包中行贿的承包单位，可以责令其停业整顿、降低资质等级或者吊销资质证书。

【案例 5-1】

1999 年 4 月 15 日，新春县人民医院与活水县建筑公司签订了兴建一幢急诊楼和宿舍楼的建设工程承包合同，由建筑公司包工包料。合同订立后，建筑公司将宿舍楼的施工任务包给了达城乡工程队，院方施工现场的代表发现后并未加以阻止。工程完工后，院方与活水县建筑公司一起对急诊楼和宿舍楼进行验收，验收时发现宿舍楼质量低劣，多处墙皮脱落，根本不符合合同的约定。院方要求建筑公司返工，并赔偿损失。建筑公司则称该宿舍楼是由达城乡工程队施工的，当初转包时院方并未制止，应视为同意，让医院去找工程队。而达城乡工程队是几个农民临时拼凑起来的，一无资金，二无技术人员，更没有施工资格证书，没有承包工程的资格，且已解散。医院没有办法，只好到法院起诉了建筑公司。

评析：建筑公司应对宿舍楼的质量问题负责。建筑工程承包合同对于合同的主体有严格的要求。发包方在订立合同前须取得有关建筑工程的批准文件，承包方则必须是具有相应资格等级的建筑施工单位，不是任何人和单位都可以承包工程。而现实生活中，没有施工资格而承包工程的所谓施工队有很多。这种施工队往往偷工减料，只求速度，不讲质量，出了问题一散了之。本案例中的达城乡工程队就是这样的施工队。

建设工程可以由一个承包单位承包，也可由几个单位承包。承包单位承包后，还可将承包的工程部分分包给其他单位，签订分包合同。同主体承包合同一样，分包合同的分包人也必须具有承包工程的资格。在一般情况下，承包人分包合同应取得发包人的同意，不得私自分包，更不得分包给没有资质等级证书的施工队。在分包合同中，承包人应就整个工程对发包人负责，并不是说分包出去后，承包人就不再对发包人负责，而改由分包人对发包人负责了。分包人只就分包的工程对承包人负责，发包人与分包人之间是不存在权利和义务关系的。若分包的工程发生质量问题，发包人应找承包人解决，再由承包人找分包人解决。

本案例中，承包人活水县建筑公司未征得发包人的同意而将宿舍楼工程全部交给了没有资质证书的达城乡工程队，属于违法的转包行为，活水县建筑公司应先对医院承担达城乡工程队造成质量问题的责任，赔偿医院损失。然后，建筑公司再追究达城乡工程队的责任，医院是不用找工程队的。何况工程队已经解散。另外应注意，院方代表在工地上发现承包方私自转包而未加以制止，应承担相应的责任，起码应向承包人了解分包人的资格、资信等情况，以确定分包后对工程质量有无影响、承包人分包是否合理。发包方的这些疏忽可以说也是酿成质量问题的原因之一，也有一定的责任。

(资料来源：《生意通》2011 年 09 期：承包人擅自转包建筑工程，构成违约吗？)

【案例 5-2】

这是发生在上海的一个典型案例。房地产开发商甲与建设集团乙签订了《工程总承包合同》，约定由建设集团乙承包开发商甲开发的某高层住宅小区的施工工程。工程范围包括桩基、基础围护等土建工程和室内电话排管、排线等安装工程。

案情：分包项目引发官司。

在这一合同中，双方还约定，开发商甲可以指定分包大部分安装工程和一部分土建工程。对于不属于总包单位乙承包的范围，但需要总包方乙方进行配合的项目，乙方可以收取 2%的配合费；工程工期为 455 天，质量必须全部达到优良，反之，开发商则按未达优良工程建筑面积 10 元 m^2 处罚建设集团；分包单位的任何违约或疏忽，均视为总包单位的违约或疏忽。

总包单位乙方如约进场施工，甲方也先后将包括塑钢门窗、铸铁栏杆、防水卷材在内的 24 项工程分包出去。然而在施工过程中，由于双方对合同中关于某些工程“可以指定分包”的理解发生争执，甲方拖延支付进度款，乙方也相应地停止施工。数次协商未果，乙方起诉到上海市某区人民法院，要求甲方给付工程款并赔偿损失，同时要求解除工程承包合同。

裁判：法官认定属“肢解工程”。

法庭调查发现，甲方分包出去的 24 项工程分别为：塑钢门窗，铸铁栏杆，防水卷材，保温工程，防火防盗门，分户门，消防室内立管，干挂大理石，伸缩缝不锈钢板，屋顶水箱，锻钢栏杆，污水处理池，底层公用部位地砖，下水道，绿化，商场大理石及楼梯踏步、扶手，喷毛，小区道路，商场地下室配电箱、柜安装，地下室水泵房控制柜出线安装，用户站各单元配电箱出线安装、母线槽到各楼层控制箱电线及金属软管安装，各单元住宅和灯箱安装，地下室水泵房涂锌钢管安装。

法院认为，除绿化项目外，其他项目都在或应在总承包项目中，所以甲方在没有经过总承包方同意的情况下就擅自剥离直接发包，并非真正意义上的指定分包，而是肢解发包的行为。

因此，双方在合同中约定的一部分工程可以由甲方指定分包的条款由于违反法律法规有关“建设单位不得指定分包”的规定而被法院确认无效。

法院认为，由于甲方的肢解发包行为，使得乙方在没有与其他施工单位签订任何分包合同的情况下，无任何依据约束相关单位的行为，因此，乙方仅需在自己的施工范围内承担责任，无须就开发商肢解发包的项目承担责任。

甲方败诉，除归还拖欠的工程款外，还要支付拖欠工程款利息和赔偿总包单位乙方因此造成的损失。

律师评析：

目前，很多建设单位对房地产工程发包的过程中，为了谋取高额利润，在将工程发包给一个总承包单位后，往往又将一些利润相对较高的项目，诸如结构加固、塑钢门窗、干挂石材等分包给其他施工单位进行施工，造成总承包单位与其他施工单位之间对建筑工程的质量在责任承担方面发生冲突。这时认定建设单位的发包行为是否合法就成为解决此类问题的关键所在。

法律有禁止雷区不可越。

我国在法律规定中明确禁止建设单位肢解发包。《建筑法》第二十四条规定：“提倡对建筑工程实行总承包，禁止将建筑工程肢解发包。建筑工程的发包单位可以将建筑工程的勘察、设计、施工、设备采购一并发包给一个工程总承包单位，也可以将建筑工程勘察、设计、施工、设备采购的一项或者多项发包给一个工程总承包单位；但是，不得将应当由一个承包单位完成的建筑工程肢解成若干部分发包给几个承包单位。”这是法律对禁止肢解发包的原则性规定。

《建筑工程质量管理条例》第七十八条对肢解发包做了定义性的规定：“肢解发包，是指建设单位将应当由一个承包单位完成的建设工程分解成若干部分发包给不同的承包单位的行为。”

法律法规本身虽然给肢解发包下了定义，但对于什么是应当由一个承包单位完成的建设工程，并未做出进一步的界定，这在肢解发包的认定上给了法官一定的自由裁量权。

在现实中，对于高层建筑物来讲，所涉及的专业很多，专业化程度也非常高，施工常包含桩基工程、基础工程、主体工程、装修工程、电梯及设备安装工程，有时还有玻璃幕墙、网架等专业工程。而当总承包方不能独自完成所有工作量时，建设单位将这些工程的某些部分平行发包给其他有资质的施工企业进行施工就是合法的发包行为。

但是，如果将诸如桩基工程这种本来应该由一个施工企业完成的工程分包给几个施工企业进行施工，则在很大程度上会导致由于施工企业之间配合产生的问题而出现工程质量和工期等诸多隐患，所以此种情况下认定为肢解发包是合理的。

在本案中，法院在认定肢解发包的问题上主要依据了建设单位与总承包方签订的《工程承包合同》中对于施工范围的约定。即如果施工范围已将基础工程、主体工程、装修工程等包含其中，而建设单位又自行将结构加固、铝合金门窗安装等项目发包出去，所以认定为肢解发包。如果总承包方将不属于《工程承包合同》中约定施工范围的工程发包给其他施工企业，将不被视作肢解发包。

法院在本案中认定开发商的行为属于肢解发包是正确的，但主要依赖《工程总承包合同》来进行认定未免不尽合理。因为即使建设单位发包的某些工程不在总承包方的施工范围内，但依然有可能构成肢解发包，关键是看所发包的工程能否分包给不同的施工企业，分包之后是否会导致建筑工程的质量责任不明确、安全隐患及工期延误等问题。

(资料来源：《南方房地产》2006 年第 7 期：肢解发包工程、开发商自尝苦果)

本章小结

本章首先介绍了建筑工程发包和承包的概念，其次介绍了建筑工程发包的方式和相关规范，最后介绍了建筑工程承包的相关制度，便于读者在今后的工作中能够灵活运用所学的知识，处理承发包过程中遇到的相关问题。

复习思考题

一、单项选择题

1. 建设工程发包的方式为(　　)。

A. 招标发包与直接发包　　B. 招标与投标

C. 直接发包　　D. 总承包

2. 关于建筑工程发包与承包制度的说法，正确的是(　　)。

A. 总承包合同可以采用书面形式或口头形式

B. 发包人可以将一个单位工程的主体分解成若干部分发包

C. 建筑工程只能招标发包，不能直接发包

D. 国家提倡对建筑工程实行总承包

3. 甲、乙两家同一专业的工程承包公司，其资质等级分别为一级、二级。两家组成联合体，共同投标一项工程，为此，该联合体的资质等级为(　　)。

A. 以甲公司的资质为准　　B. 以乙公司的资质为准

C. 由主管部门重新评定资质　　D. 由该工程所要求的资质为准

4. 下列没有违反《建筑法》承揽工程的是(　　)。

A. 借用其他施工企业的名义承揽工程

B. 与其他承包单位联合共同承包大型建设工程

C. 经建设单位同意，某施工企业超越企业资质承揽工程

D. 某一级企业与二级企业联合承包了只有一级企业才有资质承包的项目

5. 有关总分包的责任承担，叙述不正确的是(　　)。

A. 总承包单位按照总承包合同的约定对建设单位负责

B. 分包单位按照分包合同的约定对总承包单位负责

C. 总承包单位和分包单位就分包工程对建设单位承担连带责任

D. 总承包单位和分包单位就分包工程对建设单位承担各自的责任

二、多项选择题

1. (　　)建筑工程，可以由两个以上的承包单位联合共同承包。

A. 大型　　B. 大中型　　C. 中小型

D. 结构复杂的　　E. 结构特别的

2. 下列做法中(　　)不符合《建筑法》关于建筑工程发承包的规定。

A. 发包单位将应当由一个承包单位完成的建筑工程肢解成若干部分发包给几个承包单位

B. 某建筑施工企业超越本企业资质等级许可的业务范围承揽工程

C. 某建筑施工企业将其承包的全部建筑工程肢解以后，以分包的名义分别转包给他人

D. 发包单位将建筑工程的勘察、设计、施工、设备采购一并发包给一个工程总承包单位

E. 某建筑施工企业将所承包工程主体结构的施工分包给其他单位

3. 以下说法中，正确的是(　　)。

A. 禁止发包　　B. 禁止分包　　C. 禁止转包

D. 禁止再分包　　E. 禁止直接发包

三、简答题

1. 建设工程发包的方式有哪几种？其适用范围是什么？
2. 什么是肢解发包？
3. 建设工程承包的形式有哪些？其适用范围是什么？
4. 什么是联合承包制度？在联合承包的形式下各方责任如何分担？
5. 分包的概念是什么？合法分包的限制条件有哪些？
6. 哪些行为可以认定为违法分包？
7. 转包和分包的区别是什么？

第6章　工程建设招投标法律制度

学习目标

- 了解招标投标的基本概念、法律制度及招标投标的作用。
- 掌握我国建筑工程招标投标原则；强制招标制度；招标方式；招标人及投标人的资格条件；招标文件及投标文件的编制；开标、评标、中标及签订合同。
- 熟悉招标投标的法律责任。

本章导读

工程建设招标投标是在市场经济条件下进行工程建设项目的发包与承包以及服务项目的采购与提供时，所采取的一种交易方式。招标和投标是一种商品交易行为，是交易过程的两个方面。

本章将对工程建设招标投标活动中的招标、投标、评标、定标、合同签订应当遵循的法律程序和规定进行阐述。

项目案例导入

某医院决定投资2亿余元兴建一幢现代化的住院综合楼。其中土建工程采用公开招标的方式选定施工单位，但招标文件对省内的投标人与省外的投标人提出了不同的要求，也明确了投标保证金的数额。2013年9月19日招标公告发出后，共有A、B、C、D、E、F等6家省内的建筑单位参加了投标。投标文件规定2013年10月30日为提交投标文件的截止时间，2013年月11月13日开标。其中，E单位在2013年10月30日提交了投标文件，但2013年11月1日才提交投标保证金。开标会由招标人主持。为了评标时统一意见，评标委员会由6人组成，其中3人为建设单位的总经理、总工程师、工程部经理，另外3人从评标专家库中抽取，经过评标，最后评标委员会直接确定了中标人。

问题导入

上述的招标程序和做法中，有哪些不妥之处？

6.1 工程项目招标投标概述

6.1.1 招标投标

招标投标实质上是一种市场竞争行为，是商品经济发展到一定阶段的产物。在市场经济条件下，它是一种最普遍、最常见的择优方式。招标人通过招标活动来选择条件优越者，使其力争用最优的技术、最佳的质量、最低的价格和最短的周期完成工程项目任务，从而搞好企业管理、提高企业经济效益、扩大项目投资回报率。要做到这些，招标人就必须具有全面的法律知识和对公司高度负责的主人翁精神，运用精湛的业务知识和丰富的市场信息，更要以灵活多变的谈判技巧和审时度势的应变能力，来把握招标时候风云变幻的瞬间场景，只有这样才能使招标立于不败之地，达到降低成本、追求高质量的目标。与此同时，投标人也希望通过这种方式选择项目和招标人，在公平竞争的目标下达到心中满意的承包价位，以使自己获得相应的利润保障。

实行公开招标的工程必须在有形建筑市场或建设行政主管部门指定的报刊上发布招标公告，也可以同时在其他全国性或国外报刊上刊登招标公告。凡按照规定应该招标的工程不进行招标，应该公开招标的工程不公开招标的，招标单位所确定的承包单位一律无效。建设行政主管部门按照《建筑法》第八条的规定，不予颁发施工许可证；对于违反规定擅自施工的，依据《建筑法》第六十四条的规定，追究法律责任。

招投标模式是市场经济下的一种较为规范的运作方式，它摒弃了暗箱操作的积弊。做好建设工程招标工作是预防建设项目腐败最有效的手段之一。

6.1.2 招标投标的作用

招投标是建筑市场走向规范化、完善化的重要举措，对于择优选择承包单位、全面降低工程造价，进而使工程造价得到合理有效的控制，具有十分重要的作用。实践证明，通过招投标，可以实现以下目的。

(1) 降低投资成本，控制投资风险，提高投资质量。

(2) 优化投资环境。规范的招投标活动有利于鼓励竞争，打破地区封锁和行业保护，促进统一、开放、竞争、有序的大市场的形成，为招标人选择符合要求的供货商、承包商和服务商提供机会，为投标人提供一个良好的环境。

(3) 有效地防止“暗箱”操作，堵住采购活动中的漏洞，从制度上和源头上防止和遏止建设领域中的腐败，让权利退出市场，促进政府职能的转变，形成一个党政干部不敢腐败、不能腐败的廉政氛围和法制环境。

(4) 规范承包人的合同约束力，避免随意性，对中标企业法人及项目负责人实行双重监管，有效保证工程质量。

6.1.3 建筑工程招标投标的基本原则

1. 合法性原则

合法性原则是指建筑工程招标投标主体的一切活动，必须符合法律、法规、规章和有关政策的规定。

2. 公开、公平、公正原则

公开原则是指建筑工程招标投标活动应具有较高透明度；公平原则是指所有投标人在建筑工程招标投标活动中，享有均等机会，享有同等的权利，履行相应的义务，任何一方都不应受歧视。公正原则则是强调一方当事人与其余多方当事人之间的权利义务关系，强调一方当事人与其余多方当事人之间保持等边距离。比如：不得因地域等因素歧视投标人；公正评审；评标标准尽可能量化等。

3. 诚实信用的原则

建筑工程招标投标活动中，招投标人应当以诚相待，讲求信义，实事求是，做到言行一致，遵守诺言，履行成约，不得见利忘义，投机取巧，损害国家、集体和其他人的合法权益。

6.1.4　招标投标法规立法概况

我国于 1999 年 8 月 30 日，第九届全国人大常委会第十一次会议审核通过了《中华人民共和国招标投标法》(以下简称《招标投标法》)，自 2000 年 1 月 1 日起实施，包括总则、招标、投标、开标、评标和中标、法律责任和附则共 6 章，适用于我国所有的招投标活动；继《招标投标法》颁布后，中华人民共和国国家发展计划委员会令第 3 号(2000 年 4 月 4 日国务院批)国家发展计划委员会于 2000 年 5 月 1 日发布了《工程建设项目招标范围和规模标准的规定》，本规定自颁布之日起施行；建设部令第 79 号于 2000 年 6 月 30 日发布了《工程建设项目招标代理机构资格认定办法》，自颁布之日起施行；建设部令第 82 号 2000 年 10 月 18 日发布了《建筑工程设计招标管理办法》；建设部令第 89 号于 2001 年 6 月 1 日发布了《房屋建筑和市政基础设施工程施工招标投标管理办法》，自颁布之日起施行；2003 年国家七部委(国家发展计划委员会、建设部、铁道部、交通部、信息产业部、水利部、中国民用航空总局)30 号令发布了《工程建设项目施工招标投标办法》，自 2003 年 5 月 1 日起实行，适用于工程建设施工招标与投标活动。中华人民共和国国务院 2011 年 12 月 20 日令第 613 号又发布了《中华人民共和国招标投标法实施条例》，自 2012 年 2 月 1 日起施行。

6.1.5　工程招标的范围和规模标准

在我国并不是所有建设工程项目都必须进行招投标的，我国《招标投标法》中明确规定了涉及国家安全、国家秘密、抢险救灾或者属于利用扶贫资金实行以工代赈、需要使用农民工等特殊情况，按照国家的有关规定可以不进行招标。《招投标法》第三条规定，我国建设工程必须招标的范围：大型基础设施、公益事业等关系社会公共利益、公众安全的项目；全部或者部分使用国有资金或者国家融资的项目；使用国际组织或者外国政府贷款、援助资金的项目。国家发展计划委员会根据《招标投标法》的授权制定了《工程建设项目招标范围和规模标准规定》。其范围如下。

1. 关系社会公共利益、公众安全的基础设施项目

其范围包括以下几方面。

(1) 煤炭、石油、天然气、电力、新能源等能源项目。

(2) 铁路、公路、管道、水运、航空以及其他交通运输业等交通运输项目。

(3) 邮政、电信枢纽、通信、信息网络等邮电通信项目。

(4) 防洪、灌溉、排涝、引(供)水、滩涂治理、水土保持、水利枢纽等水利项目。

(5) 道路、桥梁、地铁和轻轨交通、污水排放及处理、垃圾处理、地下管道、公共停车场等城市设施项目。

(6) 生态环境保护项目。

(7) 其他基础设施项目。

2. 关系社会公共利益、公众安全的公用事业项目

其范围包括以下几方面。

(1) 供水、供电、供气、供热等市政工程项目。

(2) 科技、教育、文化等项目。

(3) 体育、旅游等项目。

(4) 卫生、社会福利等项目。

(5) 商品住宅，包括经济适用住房。

(6) 其他公用事业项目。

3. 使用国有资金投资项目

其范围包括以下几方面。

(1) 使用各级财政预算资金的项目。

(2) 使用纳入财政管理的各种政府性专项建设基金的项目。

(3) 使用国有企业事业单位自有资金，并且国有资产投资者实际拥有控制权的项目。

4. 国家融资项目

其范围包括以下几方面。

(1) 使用国家发行债券所筹资金的项目。

(2) 使用国家对外借款或者担保所筹资金的项目。

(3) 使用国家政策性贷款的项目。

(4) 国家授权投资主体融资的项目。

(5) 国家特许的融资项目。

5. 使用国际组织或者外国政府资金的项目

其范围包括以下几方面。

(1) 使用世界银行、亚洲开发银行等国际组织贷款资金的项目。

(2) 使用外国政府及其机构贷款资金的项目。

(3) 使用国际组织或者外国政府援助资金的项目。

本规定范围内的各类工程建设项目，包括项目的勘察、设计、施工、监理以及与工程建设有关的重要设备、材料等的采购，达到下列标准之一的，必须进行招标。

(1) 施工单项合同估算价在 200 万元以上的。

(2) 重要设备、材料等货物的采购，单项合同估算价在 100 万元以上的。

(3) 勘察、设计、监理等服务的采购，单项合同估算价在 50 万元以上的。

(4) 单项合同估算价低于第(1)、(2)、(3)项规定的标准，但项目总投资额在 3000 万元以上的。

建设项目的勘察、设计，采用特定专利或者专有技术的，或者其建筑艺术造型有特殊要求的，经项目主管部门批准，可以不进行招标。

依法必须进行招标的项目，全部使用国有资金投资或者国有资金投资占控股或者主导地位的，应当公开招标。

招标投标活动不受地区、部门的限制，不得对潜在投标人实行歧视待遇。《招标投标法》第六条明确规定："依法必须进行招标的项目，其招标投标活动不受地区或者部门的限制。任何单位和个人不得以任何方式限制或者排斥本地区、本系统以外的法人或者其他组织参加投标，不得以任何方式非法干涉招标投标活动。" 我们实行社会主义市场经济，必须在全国范围内建立起统一、开放、竞争、有序的大市场。任何以地方保护、部门垄断等方式分割市场的行为，都会缩小市场规模，降低市场效率，阻碍经济的发展，是与建立和发展社会主义市场经济的目标背道而驰的。

《招标投标法》规定：任何单位和个人不得将依法必须进行招标的项目化整为零或者以其他任何方式规避招标。也就是说，《招标投标法》对规避招标是明令禁止的。规避招标是指招标人以各种手段和方法，来达到逃避招标的目的。

省、自治区、直辖市人民政府根据实际情况，可以规定本地区必须进行招标的具体范围和规模标准，且不得缩小本规定确定的必须进行招标的范围。

6.1.6　我国招标投标的发展

自新中国成立至 20 世纪 70 年代末，我国建筑业一直都采取行政手段指定施工单位、层层分配任务的办法。这种计划分配任务的办法，随着社会的发展已不能满足飞速发展的经济需要。我国的建设工程招标投标工作经历了三个阶段。

第一阶段：观念确立和试点(1980—1983)。1980 年，国务院在《关于开展和保护社会主义竞争的暂行规定》中首次提出："对一些适宜承包的生产建设项目和经营项目，可以实行招标投标的办法。"1981 年期间，吉林市和深圳市率先试行招标投标，收效良好，在全国产生了示范性影响。1983 年 6 月，原城乡建设环境保护部颁布了《建筑安装工程招标投标试行办法》，它是我国第一个关于工程招标投标的部门规章，对推动全国范围内实行此项工作起到了重要的作用。

第二阶段：大力推行(1984—1991)。1984 年 9 月，国务院制定颁布了《关于改革建筑业和基本建设管理体制若干问题的暂行规定》，规定了招标投标的原则办法，要改革单纯用行政手段分配建设任务的老办法，实行招标投标。由发包单位择优选定勘察设计单位、建筑安装企业，同时要求大力推行工程招标承包制。1984 年 11 月，原国家纪委和原城乡建设环境保护部联合制定了《建设工程招标投标暂行规定》。

第三阶段：全面推开(1992—1999)。1999 年 8 月 30 日，全国人大第九届第十一次会议通过了《招标投标法》，并于 2000 年 1 月 1 日起施行。这部法律的颁布实施，标志着我国建设工程招投标步入了法制化的轨道。对于规范投、融资领域的招标投标活动，保护国家利益、社会利益和招标投标活动当事人的合法权益，保证项目质量，降低项目成本，提高项目经济效益，具有深远的历史意义和重大的现实意义。

6.1.7 国内和国际工程招投标的区别和联系

招标投标作为商品经济的必然产物，作为建筑承包市场商品交易行为的重要手段，国内国际招标投标必然地存在着较为密切的联系。然而，招标投标是一种不仅涉及一定的科学技术、经济制度，还涉及一定的政治法律制度、社会风俗习惯的复杂商务活动。由于各国间政治经济制度的差异，经济发展时期的变化，经济体制、政策法规、风俗习惯的不同，国内国际招标投标在内容和形式上也就必然存在着差异。

1. 国内和国际工程招标投标的联系

招投标制度是适应一定的社会生产力水平而发展起来的社会化生产经营管理方式，它反映了一定的生产关系和上层建筑，但更主要的是它与社会生产力水平密切相关。单纯地从生产力水平和社会管理角度考察国内外招标投标制度，二者必然具有较密切的联系。

从招标、投标自身的程序看，从进行招标准备、发出投标邀请函、资格审查、投标、开标、评标直至授标，无论是国内还是国外，都严格地遵循自然因素所决定的时间序列。都受时间序列自然规律的约束。

国内和国际工程招标投标都是商品经济的产物。国外的招投标是商品经济发展到一定阶段的产物，在资本主义发展的最初阶段，大规模的工程建设没有商品化，招标投标也就不可能形成和发展。随着商品经济的逐步发展，资本主义法律制度的进一步完善，社会化大生产的进一步发展，社会管理水平的大幅度提高，招标投标制度也就应运而生了。经过长期在实践中的广泛运用，招标投标制度已趋完善并逐渐成熟。

我国的工程招标投标制度是社会主义商品经济的产物，招标投标制度的实行和推广是以承认商品经济的必要条件为基础的，社会化大生产大规模分工协作的客观存在，要求社会主义企业在平等互利的原则下加强社会协作。因此，只有承认商品经济等价交换和公平竞争的价值观规律，工程招标投标制度才能推行和完善。

2. 国内和国际工程招标投标的区别

由于国内、国外商品经济发展历史的差异，政治经济制度的不同，法律制度、民俗习惯的不同，工程招标投标就存在着一定的区别。

(1) 招标投标制度的完善成熟程度不同。

国外的资本主义商品经济发展了数百年，招标投标制度也已经过长期的反复实践，形成了较为完善的体系和机构。我国的招标投标制度才建立不久，还处于摸索探讨阶段，无论是从体制上还是机构建设上都还有待完善。

(2) 所处政治、经济制度不同。

我国是以公有制为主体的社会主义国家，而国外参与工程承包的绝大多数承包商都来自私有制的资本主义国家。公有制条件下的企业与企业之间的权责关系的界限和约束不可能像私有制条件下的企业之间那样分明。国内的招标投标面临的是同一的政治环境，而国际的招标投标由于涉及的范围广，各个项目所在国的政治经济环境会有明显差异。

(3) 所涉及的技术规范、政策法规、金融制度、经济法规等有较大的差异。

国内招标投标，按照政府有关部门的规定，使用统一的技术规范，套用规定的定额，遵循一定的政策法规、经济法规。在国际招标投标过程中，虽然大多数项目采用国际通用的规范，但项目所在国有权使用自己特定的技术规范，这就会导致各国间的较大差异，投标者不得不谨慎，以免造成失误。

(4) 招标投标的做法及规定不同。

国内工程招标投标的做法及规定与国际上通行的工程招标投标的惯例做法有不同地方。如在合同范本采用上，国内采用一些国内范本，而国际工程大多采用国际流行的合同文本。

6.2　工程建设招标

6.2.1　工程招标的概念

招标是指招标人在规定的时间、地点发出招标公告或招标邀请函，提出准备买进商品的品种、数量和有关买卖条件，邀请卖方投标的行为。

建筑工程招标是业主就拟建工程项目发出要约邀请，并对应邀提起要约参与竞争的承包商进行审查、评选，并择优做出承诺，从而确定工程项目建设承包人的活动。

1. 招标人

(1) 招标人的条件。

《招标投标法》第八条规定：“招标人是依照本法规定提出招标项目、进行招标的法人或者其他组织。”

(2) 招标人应当具备的条件如下。

① 应具备法人资格或依法成立的其他组织。

② 有与招标工程相适应的经济技术人员。

③ 有编制招标文件，审查投标单位资质的能力。

④ 有组织开标、评标、定标的能力。

招标人如达不到上述规定的条件，应委托具有相应资质的专业招标业务代理机构组织招标。

2. 招标应当具备的条件

(1) 具备下列条件才能进行施工招标。

《工程建设项目施工招标投标办法》第八条规定，依法必须招标的工程建设项目，应当具备下列条件才能进行施工招标。

① 招标人已经依法成立。

② 初步设计及概算应当履行审批手续的，已经批准。

③ 招标范围、招标方式和招标组织形式等应当履行核准手续的，已经核准。

④ 有相应资金或资金来源已经落实。

⑤ 有招标所需的设计图纸及技术资料。

⑥ 法律法规规定的其他条件。

(2) 具备下列条件才能进行货物采购招标。

《工程建设项目货物招标投标办法》第八条规定，依法必须招标的工程建设项目，应当具备下列条件才能进行货物招标。

① 招标人已经依法成立。

② 按照国家有关规定应当履行项目审批、核准或者备案手续的，已经审批、核准或者备案。

③ 有相应资金或者资金来源已经落实。

④ 能够提出货物的使用与技术要求。

(3) 具备下列条件才能进行勘察设计招标。

《工程建设项目勘察设计招标投标办法》第九条规定，依法必须进行勘察设计招标的工程建设项目，在招标时应当具备下列条件。

① 按照国家有关规定需要履行项目审批手续的，已履行审批手续，取得批准。

② 勘察设计所需资金已经落实。

③ 所必需的勘察设计基础资料已经收集完成。

④ 法律法规规定的其他条件。

6.2.2 工程招标方式

《招标投标法》第十条规定，招标分为公开招标和邀请招标。公开招标是指招标人以招标公告的方式邀请不特定的法人或者其他组织投标；邀请招标是指招标人以投标邀请书的方式邀请特定的法人或者其他组织投标。

1. 招标投标方式

(1) 公开招标。

公开招标，也称无限竞争性招标，是一种由招标人按照法定程序，在公开出版物上发布招标公告，所有符合条件的供应商或承包商都可以平等参加投标竞争，从中择优选择中标者的招标方式。

(2) 邀请招标。

邀请招标，也称选择性招标，由招标人根据供应商、承包资信和业绩，选择一定数目的法人或其他组织(一般不能少于 3 家)，向其发出投标邀请书，邀请他们参加投标竞争。

国家重点项目的邀请招标，应经国家发展和改革委员会批准；地方重点建设项目的邀请招标，应经各省、自治区、直辖市人民政府批准。全部使用国有资金投资或者国有资金投资占控股或主导地位的并需要审批的工程建设项目的邀请招标，应当经过项目审批部门批准，但项目审批部门只审批立项的，由有关行政监督部门批准。

2. 招标程序

招标是招标人选择中标人与其签订合同的过程。在我国依法必须招标的工程项目，一般应遵循下列程序(见图 6.1)。

(1) 建设工程项目报建。

① 建设工程项目的立项批准文件或年报投资计划下达后，按照《工程建设项目报建管理办法》规定具备条件的，须向建设行政主管部门报建备案。

② 建设工程项目报建项目报建范围：各类房建筑(包括新建、改建、扩建、翻建、大修等)、土木工程(包括道路、桥梁、房屋基础打桩)、设备安装、管道线路敷设、装设、装饰装修等建设工程。

③ 建设工程项目报建内容主要包括工程名称、建设地点、投资规模、资金来源、当年投资额、工程规模、结构类型、发包方式、计划开竣工日期、工程筹建情况等。

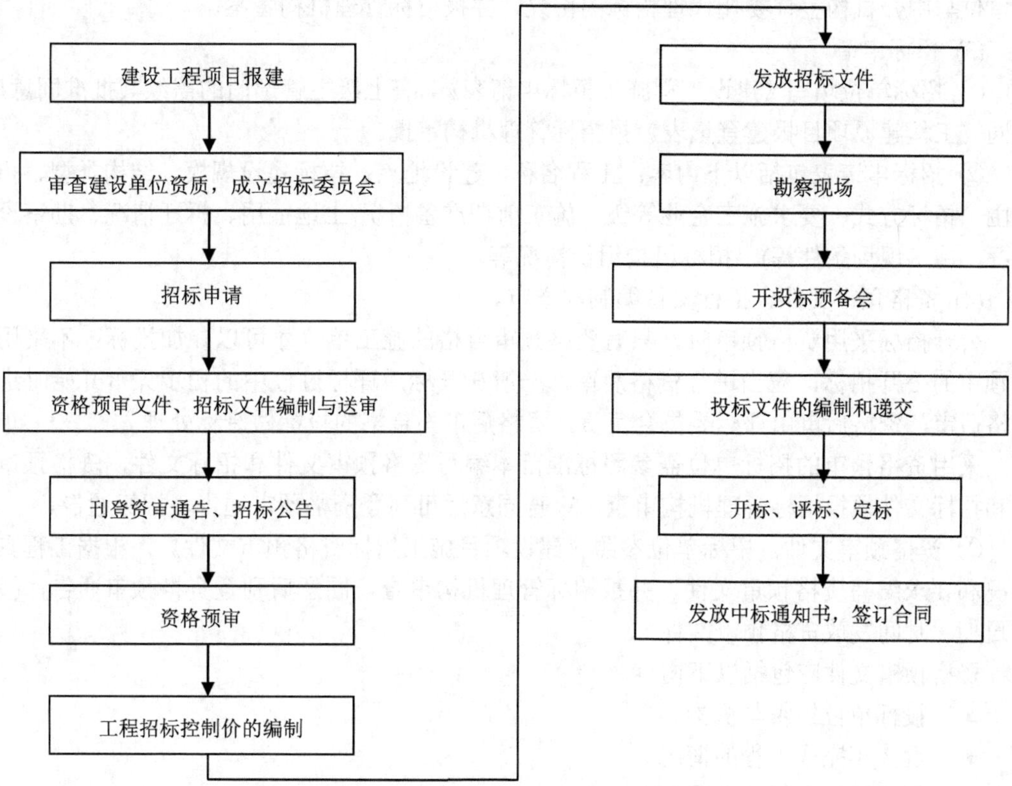

图 6.1　工程招标的程序图

④ 办理工程报建时应交验的文件资料如下。

- 立项批准文件或年度投资计划。
- 固定资产投资许可证。
- 建设工程规划许可证。
- 资金证明。

⑤ 工程报建程序。建设单位填写统一格式的《工程建设项目报建登记表》，有关上级主管部门的需经其批准同意后，连同应交验的文件资料一并报建设行政主管部门。建设工程项目报建备案后，具备了《工程建设施工招标投标管理办法》中规定招标条件的建设工程项目，可开始办理建设单位资质审查。

(2) 审查建设单位资质。

建设单位办理招标应具备以下条件，才可以自行组织招标。

① 是法人、依法成立的其他组织。

② 有与招标工程相适应的经济、技术管理人员。

③ 有组织编制招标文件的能力。

④ 有审查投标单位资质的能力。

⑤ 有组织开标、评标、定标的能力。

不具备上述②～⑤项条件的建设单位，须委托具有相应资质的中介机构代理招标，建设单位与中介机构签订委托代理招标的协议，并报招标管理机构备案。

(3) 招标申请。

① 招标单位填写《建设工程施工招标申请表》，有上级主管部门的需经其批准同意后，连同《工程建设项目报建登记表》报招标管理机构审批。

② 招标申请表包括以下内容：工程名称、建设地点、招标建设规模、结构类型、招标范围、招标方式、要求施工企业等级、施工前期准备情况(土地征用、拆迁情况、勘察设计情况、施工现场条件等)、招标机构组织情况等。

(4) 资格预审文件、招标文件编制与送审。

公开招标采用资格预审时，只有资格预审合格的施工单位才可以参加投标；不采用资格预审的公开招标，应当进行资格后审，一般在开标后评标过程中的初步评审开始时进行资格后审，资格后审由评标委员会负责，资格后审不合格的投标做废标处理。

采用资格预审的招标单位需参照标准范本编写资格预审文件和招标文件，资格预审文件和招标文件须报招标管理机构审查，审查同意后可刊登资格预审通告、招标通告。

① 资格预审文件。招标单位参照《建设项目施工招标资格预审文件》，根据工程具体情况和要求编写资格预审文件，并报招标管理机构审查，同意后刊登资格预审通告，按规定日期、时间发放资格预审文件。

资格预审文件应包括以下内容。

- 投标单位组织与机构。
- 近 3 年完成工程的情况。
- 目前正在履行的合同情况。
- 过去 2 年经审计过的财务报表。
- 过去 2 年的资金平衡表和负债表。
- 下一年度财务预测报告。
- 施工机械设备情况。
- 各种奖励或处罚。
- 与本合同资格预审有关的其他资料。

如是联合体投标应填报联合体中每一成员的以上资料。

② 招标文件。招标单位应根据工程项目的具体情况，参照《招标文件范本》编写招标文件，并报招标管理机构审查同意后方可发放。

招标文件应包括以下内容。

- 投标须知前附表和投标须知。

- 合同条件。
- 合同协议条款。
- 合同格式。
- 技术规范。
- 图纸。
- 投标文件参考格式：投标书及投标附录；工程量清单与报价表；辅助资料表等。

③ 招标文件部分内容编写说明。

- 评标原则和评标办法。
- 价格形式。一般结构不太复杂或工期在 12 个月以内的工程，可以采用固定的价格，考虑一定的风险系数；结构较复杂或大型工程，工期在 12 个月以上的，应采用调整价格。价格的调整方法及调整范围应在招标文件中明确。
- 投标价格计算依据。
- 质量标准必须在招标文件中明确。
- 招标文件中的建设工期应参照国家或地方颁发的工期定额来确定，如果要求的工期比工期定额缩短 20%以上(含 20%)的，应计算赶工措施费。赶工措施费如何计取应在招标文件中明确。
- 招标文件中应明确投标的准备时间，即从开始发放招标文件之日起，至投标截止时间的期限。招标单位根据工程项目的具体情况，28 天内确定投标准备时间。
- 投标保证金。在招标文件中应明确投标保证金数额，一般投标保证金额不超过投标总价的 2%且不超过 80 万元。投标保证金可采用现金、支票、银行汇票，也可以是银行出具的银行保函。投标保证金的有效期应超过投标有效期的 30 天，投标有效期应在招标文件中明确。
- 履约担保。中标单位应按规定向招标单位提交履约担保，履约担保可采用银行保函或履约担保书等形式。履约担保比率：2001 年 1 月 1 日起实施的《招标投标法》第四十六条规定："招标文件要求中标人提交履约保证金的，中标人应当提交。"该法没有明确交纳标准、方式及退还时间。2003 年 3 月 8 日正式施行的七部委即国家发展计划委员会、建设部、铁道部、交通部、信息产业部、水利部、中国民用航空总局《工程建设项目施工招标投标办法》第六十二条规定："招标人要求中标人提交履约保证金或其他形式的履约担保的，招标人应当同时向中标人提供工程款支付担保。"该文件同样也没有明确履约保证金的测算依据和缴纳办法。同时，该办法第八十五条规定："招标人不履行与中标人订立的合同的，应当双倍返还中标人的履约保证金。"明显与担保法及其司法解释规定冲突。在我国，履约保证金的收取基本上都是甲方要求，按照合同总价的比例或其他方式，没有固定的模式。
- 投标有效期。投标有效期的确定应视工程情况而定，结构不太复杂的中小型工程的投标有效期可定为 28 天以内；结构复杂的大型工程投标有效期可定为 56 天以内。
- 材料或设备采购供应。材料或设备采购、运输、保管的责任应在招标文件中明确，如建设单位提供材料或设备，应列明材料或设备名称、品种或型号、数量及提供日期和交货地点等；还应在招标文件中明确招标单位提供的材料或设备计价和结算退款的方法。

- 工程量清单。招标单位按国家颁布的《建设工程工程量清单计价规范》(GB 50500—2013)，根据施工图纸计算工程量，提供给投标单位作为投标报价的基础。清单工程量是估算工程量，结算拨付工程款时以实际工程量为依据。
- 合同协议条款的编写。招标单位在编制招标文件时，应根据《中华人民共和国经济合同法》、《建设工程施工合同管理办法》的规定和工具体情况确定“招标文件合同协议条款”内容。

(5) 刊登资审通告、招标通告。

公开招标在建设工程交易中心发布信息，同时也可通过报刊、广播、电视等新闻媒介发布“资格预审通告”或“招标通告”。进行资格预审的，刊登“资格预审通告”。

(6) 资格预审。

① 公开招标进行资格预审时，通过对申请单位填报的资格预审文件和资料进行评比和分析，确定出合格的申请单位名单。将名单报招标管理机构审查核准。

② 待招标管理机构核准同意后，招标单位向所有合格的申请单位发出资格预审合格通知书。申请单位在收到资格预审合格通知书后，应以书面形式予以确认，在规定的时间领取招标文件、图纸及有关技术资料，并在投标截止日期前递交有效的投标文件。

③ 资格预审审查的主要内容：投标单位组织与机构和企业概况；近 3 年完成工程的情况；目前正在履行的合同情况；资源方面，如财务、管理、技术、劳力、设备等方面的情况；其他资料(如各种奖励或处罚)等。

(7) 工程招标控制价的编制。

在我国《招标投标法》中规定的是标底价格的编制，但是自从 2008 版清单计价规范实施以来标底已经越来越少，大都被招标控制价所取代。但是它们的编制方法基本一致。

① 标底。标底是指招标人对招标工程项目在方案、质量、期限、价金、方法、措施等方面的综合性理想控制指标或预期要求，简单地说就是“预期工程造价”。

设标底招标是 2000 年 1 月发布的《招标投标法》实施以后开始采用的，但在实践操作中，设标底招标存在以下弊端：第一，设标底时易发生泄露标底及暗箱操作的问题；第二，编制的标底价一般为预算价，科学合理性差，容易与市场造价水平脱节；第三，将标底作为衡量投标人报价的基准，导致投标人尽力去迎合标底，不能反映投标人的实力。

2003 年 2 月 17 日，2003 版《清单计价规范》发布后，取消了中标价不得低于标底多少的规定，出现了“无标底招标”，无标底招标容易出现围标、串标、抬标、高额索赔、偷工减料等现象，给招标人带来投资、质量的风险；同时招标人在评标时，对投标人的报价没有参考依据和评判标准。

所以，2008 年 12 月 1 日起，2008 版的《清单计价规范》正式实施，标底淡出人们的视野，普遍采用招标控制价方式控制工程造价。

② 招标控制价(最高造价)。招标控制价也叫“拦标价”，是招标人可以承受的最高工程造价，也是投标人投标报价的上限。两者不同之处如下。

- 保密要求不同。标底要开标前保密，在开标时宣布。招标控制价应该在招标文件中公开，提高了透明度。
- 编制作用不同。在评标中，标底可以用来比较分析投标报价，具有参考作用，但不能作为中标或废标的唯一直接依据；招标控制价可以有效防止抬标，超过招标控制价的投标报价即成为废标。

(8) 发放招标文件。

① 招标文件、图纸和有关技术资料发放给通过资格预审获得投标资格的投标单位。不进行资格预审的，发售给愿意参加投标的单位。投标单位收到招标文件、图纸和有关资料后，应认真核对，核对无误后应以书面形式予以确认。

② 招标单位对招标文件所做的任何修改或补充，须报招标管理机构审查后，在投标截止时间之前，同时发给所有获得招标文件的投标单位，投标单位应以书面形式予以确认。

③ 修改或补充文件作为招标文件的组成部分，对投标单位起约束作用。

④ 投标单位收到招标文件后，若有疑问或不清的问题需澄清，应在收到招标文件后 7 日内以书面形式向招标单位提出，招标单位应以书面形式或投标预备会的形式予以解答。

(9) 勘查现场。

① 招标单位组织投标单位进行勘查现场的目的在于了解工程场地、周围环境情况、风土人情、资源供应情况及政治环境等，以获取投标单位认为有必要的信息。为便于投标单位提出问题并得到解答，勘查现场一般安排在投标预备会的前 1～2 天。

② 投标单位在勘查现场中如有疑问，应在投标预备会前以书面形式向招标单位提出，但应给招标单位留有解答时间。

③ 现场踏勘是甲方的责任，费用由乙方各自承担。

【案例 6-1】

某建筑工程的招标文件中标明，距离施工现场 2km 处存在一个天然砂场，并且该砂可以免费取用。现场实地考察后承包商没有提出疑问，承包商在投标报价中没有考虑工程买砂的费用，只计算了取砂和运输的费用。中标后，在工程施工中准备使用该砂时，该砂级配不符合工程施工要求，不能在施工中使用，于是承包商只得另行购买符合要求的砂。承包商以招标文件中标明现场有砂而投标报价中没有考虑为由，要求业主补偿现在必须购买砂的差价，工程师不同意承包商的补偿要求。请思考：工程师不同意承包商的补偿要求是否合法？

【评析】 本案例中承包商是在经过了现场实地考察后提交投标文件而中标的，投标人无权因为现场踏勘不周、情况了解不细或因素考虑不全而提出修改投标书、调整报价或提出补偿等要求，所以工程师不同意承包商的补偿要求是合法的。

(10) 投标预备会。

投标单位在领取招标文件、图纸和有关技术资料及勘查现场提出的疑问，招标单位可通过以下方式进行解答。

① 收到投标单位提出的疑问问题后，应以书面形式进行解答，并将解答同时送达所有获得招标文件的投标单位。

② 收到提出的疑问问题后，通过投标预备会进行解答，并以会议记录形式同时送达所有获得招标文件的投标单位。

③ 投标预备会。

- 投标预备会的目的在于澄清招标文件中的疑问，解答投标单位对招标文件和勘查现场中所提出的疑问。投标预备会可安排在发出招标文件 7 日后 28 日以内举行。

- 投标预备会在招标管理机构监督下，由招标单位组织并主持召开，在预备会上对招标文件和现场情况做介绍或解释，并解答投标单位提出的疑问，包括书面提出的和口头提出的询问。
- 在投标预备会上还应对图纸进行交底和解释。
- 投标预备会结束后，由招标单位整理会议记录和解答内容，报招标管理机构核准同意后，尽快以书面形式将问题及解答同时发送到所有获得招标文件的投标单位。
- 所有参加投标预备会的投标单位应签到登记，以证明出席投标预备会。
- 不论招标单位以书面形式向投标单位发放的任何资料文件，还是投标单位以书面形式提出的问题，均应以书面形式予以确认。

为了使投标单位在编写投标文件时，充分考虑招标单位对招标文件的修改或补充内容，以及投标预备会会议记录内容，招标单位可根据情况延长投标截止时间。投标预备会结束后，投标单位可进行投标文件的编制与递交。

6.3 工程建设投标

当前，建筑工程招投标市场和制度日趋完善、成熟，市场竞争行为变得越来越规范化和理性化，特别是由政府投资的工程，基本上是需要进行招标的。因此对于建筑施工企业而言，重视投标就是重视业务、重视市场。本节首先通过介绍投标的程序，让读者了解到一次成功的投标是如何完成的；再接着介绍投标文件的编制及投标策略，研究如何运用各种投标策略，编制出一份内容上完整、实质上响应、价格上有竞争力、制作上精美的投标文件来最大限度地提高中标机会。

6.3.1 投标的程序

1. 投标程序框图

想要取得投标的成功，首先要明白如图 6.2 所示的投标程序流程图及其各个步骤，这样才能在真正的投标过程中针对每一个步骤采取相应的对策。

2. 获取招标信息

企业想要通过参与投标获得工程项目，首先要做的就是广泛采集招标信息。一般来说，投标企业应设立工程项目招标信息情报机构，以广泛了解和掌握项目的分布和动态。这样做的目的有两个：一是选择适合本企业的投标项目，投标人通过及时掌握招标项目的情况，派人进行有效跟踪，掌握工程项目前期准备工作的进展情况，选择符合本企业资质、技术装备、业绩、财务资金状况并能委派合适的项目负责人和技术人员的工程项目作为投标目标，并做好投标的各项准备工作；二是为编制投标文件留有充足的准备时间，准备投标文件是一个复杂的过程，必须留出足够的准备时间。如果获得信息的时间距离提交投标文件的截止日较近，也就是说，所获取的招标信息缺乏及时性，即使是较适合的项目也应该果断放弃，否则，仓促上阵，只能造成不必要的浪费。

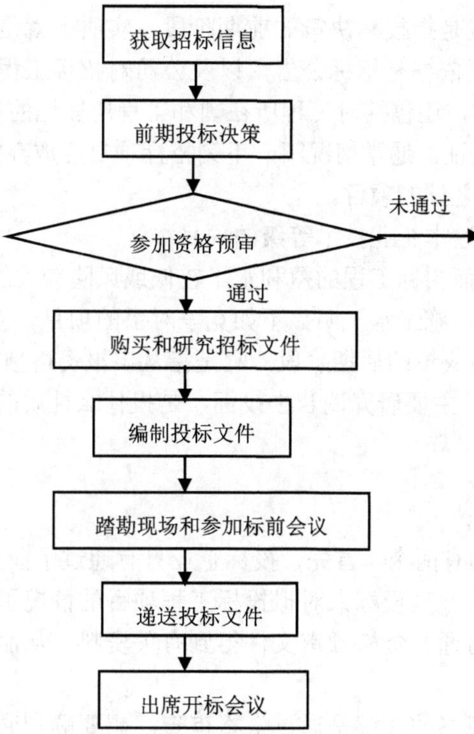

图 6.2 投标的程序

获取招标信息的渠道有两类。

(1) 各类媒体发布的招标公告。如果采用公开招标方式，按《招标投标法》的规定，招标人应当通过国家指定的媒介发布招标公告。这是企业获得招标信息的重要渠道。目前，国家有关部门分别指定了一些发布招标公告的媒体。国家计委指定《中国日报》、《中国经济导报》、《中国建设报》和《中国采购与招标网》发布依法必须进行招标的政府采购项目的招标公告。财政部指定《中国财经报》、《中国政府采购网》发布政府采购项目的招标公告。国家经贸委指定《中国招标》发布技术改造项目的政府采购招标公告。外经贸部指定《中国国际电子商务网》、《中国招标》发布机电产品国际招标的政府采购招标公告。另外一些专业或地方媒体也发布相关的招标信息。

(2) 从项目源头掌握招标信息也是一个应给予充分重视的途径。我国的相关法律、法规规定了强制招标项目的范围，只要项目的规模达到了强制招标的范围，其勘察、设计、施工或监理必然要通过招标进行。而根据我国的基本建设程序和法律法规的规定，项目建设施工前期准备阶段，要经过可行性研究、环境保护评价、建设用地规划、消防及其他专业部门的行政审批或许可，并且政府行政部门在审批前后基本上都要向社会进行公示。如此，投标人即可从相关的政府行政部门的网站或其他渠道搜集达到强制招标范围工程项目的信息、公告等来间接获取招标信息。

3. 前期投标决策

收集到适合本企业经营范围的招标项目后，作为承包商来说，并不是每标必投，这里有个投标决策的问题。投标决策可以分两阶段进行：投标决策的前期阶段和投标决策的后期阶段。投标程序中的这一步就是指投标决策的前期阶段，实质上就是针对项目招标选择是投标或是不投标。决策的主要依据是招标公告，以及公司对招标工程、业主情况的调研和了解的程度，如果是国际工程，还包括对工程所在国和工程所在地的调研和了解的程度。前期阶段必须对投标与否做出论证。通常情况下，下列招标项目应放弃投标。

(1) 本企业主营和兼营能力之外的项目。

(2) 工程规模、技术要求超过本企业技术等级的项目。

(3) 本企业生产任务已满，而招标工程的盈利水平较低或风险较大的项目。

(4) 本企业技术等级、信誉、施工水平明显不如竞争对手的项目。

如果决定投标，即进入投标决策的后期阶段，它是指从申报资格预审至投标报价(封送投标书)前完成的决策研究阶段。主要研究倘若去投标，是投什么性质的标，以及在投标中采取的策略问题。

4. 申报资格预审

投标人参加资格预审的目的有两个：首先，投标企业只有通过了业主主持的资格预审，才有参加投标竞争的资格；其次，当投标人对拟投标工程项目的情况了解得不全面，尚需进一步研究是否参加投标时，可通过资格预审文件得到有关资料，从而进一步决策是否参加该工程项目投标。

申请投标和争取获得投标资格的关键是通过资格审查。想要顺利通过这一关，首先要注意在平时就应将资格预审的资料准备齐全；其次要在填表时加强分析，即是要针对工程特点，下功夫填好重点部位，还应根据工程项目的特点和性质提供其他材料，尤其是本企业完成的相同工程的经验、技术水平和组织管理能力证明材料，同类同种获奖情况或其他社会评价情况；最后，投标人应对照招标资格预审文件的条件，将申请文件准备齐全。

5. 购买和研究招标文件

申请者接到招标单位的资格预审合格通知书或投标邀请书后，就表明他已具备并获得了参加该项目的投标资格。如果他决定参加投标，就要及时根据其中载明的时间、地点、联系方式和其他要求，委托代表携带授权书、有效证件以及购买标书的费用和图样押金等及时购回招标文件。

招标文件是投标和报价的主要依据，也是承包商正确分析判断是否进行投标和如何获取成功的重要依据，因此投标人在取得招标文件后，要组织专门的投标小组认真研读招标文件，这主要包括两方面的内容。首先要对招标文件的齐全性、正确性进行审查。比如，投标人要认真检查招标文件是否齐全，有无页码缺失和内容遗漏，并做好检查记录；检查招标文件的各部分内容前后是否一致，是否存在矛盾；检查招标图样和地质勘查报告是否有错漏等情况。其次要对招标文件的内容进行深入理解与研究。研究重点应放在投标人须知、合同条件或条款、设计图纸、工程范围、工程量清单、技术规范和特殊要求等方面。

6. 踏勘现场和参加标前会议

通过对招标文件的研究，投标人若有疑问或不清楚的问题需要招标人予以澄清和解答的，应在收到招标文件后的 7 日内以书面形式向招标人提出。为获取与编制投标文件有关的必要信息，投标人要按照招标文件中注明的现场踏勘和标前会议的时间和地点，积极参加现场踏勘和标前会议。按照国际惯例，投标人递交的投标文件一般被认为是在现场检查、踏勘的基础上编制的，投标书递交之后，投标人无权因为现场踏勘不周、情况了解不细或因素考虑不全而提出修改投标书、调整报价或提出补偿等要求。因此，现场踏勘是投标人正式编制、递交投标文件前必须经过的重要的准备工作，投标人必须予以高度重视。招标人一般在招标文件发出后，就着手考虑安排投标人进行现场踏勘等准备工作，并在现场踏勘中对投标人给予必要的协助。

投标人进行现场踏勘的内容，主要包括以下几个方面。

(1) 工程的范围、性质以及与其他工程之间的关系。

(2) 投标人参与投标的那一部分工程与其他承包商或分包商之间的关系。

(3) 现场地貌、地质、水文、气候、交通、电力、水源等情况，有无障碍物等。

(4) 进出现场的方式，现场附近有无食宿条件，料场开采条件，其他加工条件，设备维修条件等。

(5) 现场附近治安情况。

标前会议是指开标之前招标人或招标代理机构召开的标前答疑会，一般在现场踏勘之后的 1～2 天内举行。答疑会的目的是解答投标人对招标文件和在现场踏勘中所提出的各种问题。

7. 编制投标文件

编制投标文件是投标活动中的重要环节。投标人在开标前可能做了大量的工作，但最终投标人对招标的所有响应是通过投标文件进行反映的，招标人选择谁或不选择谁都是要根据投标文件的情况做出决定的，废标、中标与否都要在投标文件中找出相应的依据，所以应对投标文件给予足够的重视，力求递交的是一份内容上完整、实质上响应、价格上有竞争力、制作上精美的投标文件。

1) 投标文件编制的依据和作用

投标文件应当对招标文件提出的实质性要求和条件做出响应。招标文件通常包括招标须知、合同的一般条款、合同特殊条款、价格条款、技术规范及附件等。投标人在编制投标文件时必须按照招标文件的这些要求编写投标文件。

投标人应认真研究、正确理解招标文件的全部内容，并按要求编制投标文件。投标文件应当对招标文件提出的实质性要求和条件做出响应，“实质性要求和条件”是指招标文件中有关招标项目的价格、项目的计划、技术规范、合同的主要条款等，投标文件必须对这些条款做出响应。这就要求投标人必须严格按照招标文件的要求填报投标文件，不得对招标文件进行修改，不得遗漏或者回避招标文件中的问题，更不能提出任何附带条件。

建设工程投标文件是招标人判断投标人是否真诚愿意参加投标并尽力获得中标的依据，也是评标组织(评标委员会)进行评审和比较的对象，中标的投标文件还和招标文件一起成为招标人和中标人订立合同的法定根据，因此，投标人必须高度重视投标文件的编制工作。

2) 投标文件的组成

每个工程根据招标文件要求的不同投标文件也不一样，其内容和要求在招标文件的“投标须知”中有明确的规定，编制投标文件时应完全按其规定办理。一般来说，投标文件的内容大致分为以下几类。

(1) 投标证明文件。投标证明文件根据业主招标要求可连同投标书一起报送，也可分批报送。这些证明文件一般包括投标授权书、营业证书、公司简介、财务说明报表、银行资信证明、注册证书等。按照招标要求的统一格式填报及签字，不能遗漏，是投标的基本保证条件。

(2) 需编制的文件。依据招标的要求，投标者应对施工技术与进度、施工机械设备、工程材料等问题进行详细的文字和图表说明，以及方案比较、附加条件等也做出文字说明，以便于业主审标和评标。这些文件主要包括以下几类。

① 施工技术与计划进度。投标时根据工程项目的情况首先确定拟采用的施工技术与方法，据此来初步安排施工进度计划。依据招标规定的工期范围和自己的施工方法及工序安排，可以用横道图或网络图，利用计算机程序优化出最佳的关键线路。编制进度计划时，应考虑节假日、气候条件的影响等，留有一定余地，又使工序紧凑和工期较短，以利中标和获取效益。

② 施工机械装备报表。施工机械装备应满足该工程项目的需要，符合招标文件的要求。主要包括机械设备的选型或规格、名称、数量、制造厂家、使用年限等。业主从施工机械装备表中可以判断承包商的施工经验和实力，甲承包商与乙承包商的区别及特点。中标后，业主则按所报机械装备数量表要求承包商如数提供，因此要注意填报适宜，多报会造成不必要的机械设备闲置和浪费，少报又不能争取中标。

③ 工程材料的需求说明。有些招标文件已写明材料供应商或厂家，也有些要求承包商上报工程材料需求及来源表。投标时，应慎重、主动地说明材料需求及货源，必要进口时，还要增加外汇需求量。

④ 建议或比较方案说明与编制。如果业主在招标中要求承包商提出工程分项的建议或比较方案，则承包商必须编制比较方案，否则业主认为不符合投标要求。比较方案的编制为承包商中标多了一个机会。若承包商的比较方案结构合理、技术先进又较美观，即使报价略高于原方案也有可能中标。对于比较方案的编制，也必须认真对待，详细计算，不可造成漏算和失误，否则一旦被业主选中，可能会造成亏损和失利。

⑤ 项目组织结构及关键人员简历。投标人应提供拟为实施本工程所采用的组织结构示意图，并说明关键人员的职责及相互之间的工作关系，使业主对投标人的人事安排一目了然。关键人员是指投标人为本工程所拟派往现场的主要管理人员，包括项目经理、部门经理、专业组长、高级工程师等人员。关键人员简历表主要介绍其学历和工作经验。

⑥ 其他内容。其他内容包括对施工条件的说明、工程付款的说明、有条件降价优惠说明等，可用投标致函的方式来阐明。

(3) 需填写的数据及投标文件。业主招标时，一般都编制有规定的表格及留有空白，承包商投标时只需往上填写数据及文字即可。这些内容主要包括以下几项。

① 投标书。招标文件通常有规定的投标书格式，投标人只需填写必要的数据和签字即可，其内容包括项目名称、业主的名称，并且要表明投标人完全愿意按招标文件中的规定承担工程施工，建成移交和维修任务，并写明自己的总报价金额、总工期，提交履约保证的数额，在最后投标人中签名盖章等。

② 投标保函或投标保证金。根据招标文件要求的投标保证格式，承包商在投标时要填写投标担保金额，寻找担保的银行或保险公司、担保公司等，并写明担保有效期和责任，

然后签字盖章。

③ 标有价格的工程量清单。在招标文件所附的工程量清单原件上填写单价和分项细目的总价及每页小计，并汇总出最后报价。工程量清单上的每一数字大、小写都必须认真校核，并签字确认。如有修改数据，必须加盖公章并签字。

④ 投标致函。投标者主要是在投标致函中就降价优惠、建议方案等做出说明。

3) 编制投标文件时应注意的问题

(1) 应由具备专业资质的人员编制投标文件。投标文件的编制工作具有较强的专业性，尤其是技术文件和价格文件的编写必须是具有一定专业水平的人(如最好是工程造价编审资格的预算员)，编制投标文件才能容易一些。他能对招标文件的各个关键点进行仔细的研究，并能融会贯通地理解和领会，富有针对性地搜集资料和恰到好处地反映投标人的意愿。因为评标委员会对投标文件评审的第一关就是对各投标人的投标文件进行符合性鉴定：核查投标文件是否按照招标文件的规定和要求编制、签署；投标文件是否实质上响应招标文件的要求，即应该与招标文件的所有条款、规定相符合，无显著差异或保留；对工程的发包范围、质量标准、工期、计价标准、合同条件及权利和义务产生实质性影响；如果投标文件实质上不响应招标文件的要求或不符合招标文件的要求，将被确认为无效标。

(2) 选派项目负责人应符合招标人规定的条件和要求。项目负责人和主要技术员在项目施工中起到关键的作用。项目负责人是招标项目工程施工的组织者，也是中标企业管理和组织工程施工的代表，投标企业选派的项目负责人与主要技术人员的简历、业绩资料必须充分说明有足够的能力在招标人规定的时间内，利用自有的机械设备施工出合格的工程。

(3) 严把审查复核关。投标文件编制完成后应仔细整理、核对，对照招标文件的要件不放过任何一个环节，具体做到严把“五关”、注意“四点”和把握“三条”。严把“五关”是实质性内容排序关(就是把招标文件中的各方面关键点全部排列出来再编制投标文件)，报价履约信誉关，重点、难点部位规范程序表述关，企业、项目负责人业绩资料关和工期进度质量关；注意“四点”是工期不能超、业绩不能降、资质不能低、表述不能省；把握“三条”是工程量清单不能改、套用定额和计算规程不能错、让利明细不能丢。

(4) 提供的资料必须真实可靠，千万不要弄虚作假。投标人按照招标人的《工程施工招标资格预审文件》和《工程施工招标文件》要求有针对性地提交资格审查的证明文件和资料，必须真实、有效。招标人的资格审查小组在仔细审查过程中，发现疑点的可以组织考察以获取真实、可靠的信息，得到招标投标管理机构认可后可以取消其投标资格，对弄虚作假骗取中标的建筑企业，招投标管理部门不仅予以网上公布，供其他招标人查阅，还应依据《招标投标法》的规定，处以罚款、吊销营业执照直至追究刑事责任。

4) 工程投标策略

对于承包商来说，参与投标就如同参加一场竞赛，这场赛事的胜负与否不仅取决于企业的技术力量、管理水平、社会信誉等要素，更取决于决策者的智慧和经验。在本节中主要讲述的就是企业在综合实力相当的情况下，应如何使用投标策略，提高中标率。

(1) 投标的组织。投标要成功，首要的是要组织一个好的投标班子，能够统筹兼顾并应付投标过程中的各种复杂问题。投标工作是一项技术性很强的工作，有时还是一项非常紧迫的工作，需要有专门的机构和专业人员对投标的全过程加以组织和管理。组建一个强有力的投标班子是投标成功的根本保证。

对于大型企业或经常参与投标的企业而言，应该设有常设性的投标机构来负责企业投标过程中所有的工作。一般来说，该投标机构应具有以下特点。首先，人员数量上要配备齐备，专业配合上要互补。该机构的组成人员既要有经济管理人员负责编制标书以及从事报价工作，又要有企业主要行政负责人负责大的决策工作，还要有各类专业技术人才负责施工组织设计、施工方案等的编制工作。其次，要有迅速反应的能力，以适应加班的需要。有些项目涉及的专业多，技术要求高，工程量大，从购买标书到递交投标文件的时间很短。还有一些项目的招标，在企业购买标书后又有新的澄清文件，相应的投标文件可能随时需要修改，这都需要投标机构的工作人员具有很强的工作能力。第三，要有足够的敬业精神，有追求完美的企业文化。投标过程中的各种不可控因素很多，往往一些很小的细节就可能造成废标。因此，既要有具有宏观分析和决策能力的人来掌握投标决策，又要有很细心的人来具体操作。

(2) 常用的投标策略。投标策略是指投标人在投标竞争中的指导思想与系统工作部署及其参与投标竞争的方式和手段。投标策略作为投标取胜的方式、手段和艺术，贯穿于投标竞争的始终，内容十分丰富。在投标与否、投标项目的选择、投标报价等方面，无不包含投标策略，选择正确的投标策略是投标获胜的关键。常用的投标策略有以下几种。

① 以信取胜。在招投标过程中，当投标人在经济、技术和管理水平相当的情况下，要依靠企业长期形成的良好社会信誉吸引业主，可通过邀请考察同类竣工工程使用质量及售后服务情况、考察企业的质量安全保证体系、工期合同履约情况等，争得业主的了解和信任。

② 以快取胜。要积极依靠科技进步，通过采取有效措施缩短施工工期，并保证进度计划的合理性和可行性，确保工程质量，从而使招标工程早投产、早收益，以吸引业主，同时也相应地降低了工程成本。

③ 采用低报价高索赔的策略。在招标文件中不是大包的条件下，可依据招标文件中不明确之处并有可能据此索赔时，可报低价先争取中标，再寻找索赔机会。采用这种策略就要求施工企业相关业务技术人员在索赔事务方面具有相当成熟的经验，而且其报价须在企业的合理承受范围内，若报价低于企业成本，又不能合理说明或者不能提供相关证明材料，会被视为废标。

④ 采用长远发展的策略。在保证施工质量和工期以及工程成本的前提下，从长远考虑，可通过降低报价来吸引业主，以扩大工程来源，从而降低固定成本在各个工程上的摊销比例(即降低成本)，这样又为降低新投标工程的承包价格创造了条件。采用此策略的目的不在于当前的招标工程是否获利，而是着眼于发展，争取以后的优势。

在实际投标过程中，投标人可根据具体情况灵活应用以上策略。既要综合考虑本企业的综合能力和预期目标，又要充分了解分析竞争对手的情况，根据实际情况采用适宜的投标策略，从而做出恰当的报价决策，增强投标报价竞争力。

(3) 投标报价策略的运用。在满足招标单位对工程质量和工期要求的前提下，投标获胜的关键因素是报价。报价是工程投标的核心，报价一般要占整个投标书分值的60%～70%，代表着企业的综合竞争力和施工能力。报价过高，可能因为超出最高限价而丢失中标机会；报价过低，则可能因为低于合理低价而废标，即使中标，也可能会给企业带来亏本的风险。因此，投标企业应针对工程的实际情况，凭借自己的实力，通过综合分析形成最终的报价，达到中标和营利的目的。

投标报价策略是投标策略的一种。在投标活动中，如果采用的投标策略正确，又有适当的投标报价策略，就可以提出低而适度的报价，并在竞标中取得成功。常用的投标报价策略有以下几种。

① 不平衡报价法。不平衡报价法是指在总报价基本确定的前提下，调整内部各个子项的报价，以期既不影响总报价，又在中标后满足资金周转的需要，获得较理想的经济效益。通常采用的不平衡报价法有下列几种情况。

- 对能早期结账收回工程款的项目(如土方、基础等)的单价可报以较高价，以利于资金周转；对后期项目(如装饰、电气设备安装等)单价可适当降低。
- 估计今后工程量可能增加的项目，其单价可提高，而工程量可能减少的项目，其单价可降低。但上述两点要统筹考虑。对于工程量有错误的早期工程，如不可能完成工程量表中的数量，则不能盲目抬高单价，需要具体分析后再确定。
- 图纸内容不明确或有错误，估计修改后工程量要增加的，其单价可提高；而对工程内容不明确的项目，其单价可降低。
- 没有工程量只填报单价的项目(如疏浚工程中的开挖淤泥工作等)，其单价宜高。这样既不影响总的投标报价，又可多获利。
- 对于暂定项目，其实施的可能性大的项目，价格可定高价；估计该工程不一定实施的可定低价。

② 多方案报价法。对同一个招标项目除了按招标文件的要求编制一个投标报价以外，还编制了一个或几个建议方案。采用此法适用以下两种情况。

- 如果发现招标文件中的工程范围很不具体、明确，或条款内容很不清楚、很不公正，或对技术规范的要求过于苛刻，可采用这种策略。
- 如发现设计图纸中存在某些不合理并可以改进的地方或可以利用某项新技术、新工艺、新材料替代的地方，或者发现自己的技术和设备满足不了招标文件中设计图纸的要求，可采用这种策略。

③ 增加建议方案。有时招标文件中规定，可以提一个建议方案，即可以修改原设计方案，提出投标者的方案。投标者这时应抓住机会，组织一批有经验的设计和施工工程师，对原招标文件的设计和施工方案仔细研究，提出更为合理的方案以吸引业主，促成自己的方案中标。

④ 突然降价法。这是指为迷惑竞争对手而采用的一种竞争方法。在准备投标报价的过程中预先考虑好降价的幅度，然后有意散布一些假情报，如打算弃标、按一般情况报价或准备报高价等，等临近投标截止日期前，突然前往投标，并降低报价，以期战胜竞争对手。

⑤ 低投标价夺标法。这种方法是非常情况下采用的非常手段。比如企业大量窝工，为减少亏损；或为打入某一建筑市场；或为挤走竞争对手保住自己的地盘，于是制定了严重亏损标，为争夺标。但若企业无经济实力，信誉不佳，此法也不一定会奏效。

(4) 投标时应注意的几个细节问题。在招投标过程中，投标人提交的每一份投标文件，都凝聚着投标决策者和众多专业人员的大量心血，也消耗了企业大量的财力、物力，因此几乎所有投标人都十分珍惜每一次投标机会。在实际的招投标过程中，很多投标人不中标的原因有时竟是因为很小的失误，甚至在资格预审或符合性审查过程中就被刷下来的也屡见不鲜。在这里不对由于投标人的实力、投标策略等客观原因造成的废标或不中标进行探讨，而只专门讨论由于投标文件格式、细节处理等方面处理不当所造成的投标失败。

① 投标文件的格式不对。这包括投标文件的签署要求、密封要求、装订要求等。

投标文件的签署要求。首先，所有“签字盖章处”尤其是《投标函》和《投标函附录》，都应按要求盖章签字；其次，应注意招标文件是否允许用“投标专用章”等其他公章代替“投标单位公章”，是否允许用盖章代替签字，是否要求“页签”等。例如，某次工程招标，招标文件中明确提出投标授权函要有授权人签名，并且在招标文件中提供了样本，但某公司的投标文件用签章代替，在评标会上 5 名专家各自有不同的看法，有的说问题不大，有的说是明显错误，最后专家投票，以少数服从多数的方式否决了这家公司的投标，使其连符合性审查都没通过，实在可惜。

投标文件的装订要求。有的招标文件要求商务标、技术标同册装订，有的要求分别装订，有的招标文件禁止投标文件用可拆装工具装订等。

投标文件的密封要求。通常招标文件要求的投标文件份数为正本一份、副本若干份，但在正本和副本的密封上要求不尽相同，有的招标文件要求正本和副本分别密封后再密封为一包，有的则要求正本、副本一起密封，还有的要求投标函单独密封等。有的招标文件要求外包密封处加盖“密封”章，有的要求加盖“投标单位公章”等。

上述要求虽然烦琐但十分重要，将直接影响投标文件是否有效，应当引起投标人的高度重视。不同的招标文件对上述的格式要求不尽相同，因此，投标人在每一次投标时都不应麻痹大意，以免造成“一着不慎、全盘皆输”的后果。

② 投标文件的内容前后矛盾。一些投标文件除了格式不对，内容方面也有一些细节考虑不周。投标文件的内容前后矛盾也是经常见到的事情，不知道以哪个为准。如标书前后的数量对不上，价格总价和单价与数量的乘积或小计对不上。也有的售后服务承诺前后不一致，维修服务前后矛盾。还有的业绩不对，前面的表格中列出了投标人的业绩，而后面的合同中又没有显示出这些业绩。例如，某招标项目中，A 公司投标书做得最好，公司实力最强，公司资质、业绩、技术力量、机械设备等都是最好的，综合看来最有希望中标，但最后就因为其各小项合价与总价误差超过了 5%如此简单的错误，导致最终失去了中标机会。

③ 资质证书要备齐。容易出现问题的还有投标时各种资质证书的准备。如在某次招投标中，就有投标人因为缺少一纸“质量体系认证证书”而被拦在门外。还有的投标人所提交的有些资质证书已经过了有效期限，这样就有可能造成其在符合性审查中就被淘汰。

④ 投标文件的提交。按招标文件的规定，投标商所递交的投标文件必须在投标截止时间之前递交，否则就会被视为放弃投标。实践中，有些招标项目，甚至就因为晚了两分钟而被拒绝。

以上所述种种问题对投标人而言都并不难做好，难的是在认真二字。在这些关键问题上不存在投标技巧问题，也不允许有什么“技巧”，只要投标人能从小处入手，深入研究招标文件，科学制定投标策略，以缜密的思维、认真的态度做好每一次投标，如此一来就能在激烈的竞争中立于不败之地。

8. 递送投标文件

递送投标文件也称递标，是指投标人在招标文件要求提交投标文件的截止时间前，将所有准备好的投标文件密封送达投标地点。招标人收到投标文件后，应当签收保存，不得开启。投标人在递交投标文件以后，投标截止时间之前，可以对所递交的投标文件进行补充、修改或撤回，并书面通知招标人，但所递交的补充、修改或撤回通知必须按招标文件的规定编制、密封和标志。补充、修改的内容为投标文件的组成部分。

9. 出席开标会议

投标人在编制、递交了投标文件后，要积极准备出席开标会议。参加开标会议对投标人来说，既是权利也是义务。按照国际惯例，投标人不参加开标会议的，视为弃权，其投标文件将不予启封，不予唱标，不允许参加评标。投标人参加开标会议，要注意其投标文件是否被正确启封、宣读，对于被错误地认定为无效的投标文件或唱标出现的错误，应当场提出异议。

6.3.2　共同投标

1. 概念

共同投标也叫联合投标，是指两个以上法人或者其他组织组成一个联合体，以一个投标人的身份共同投标。

联合投标是国内外大型工程招标时，由不同的公司联合组成的临时性的合作参加投标的组织，它是一个临时性的组织，不具有法人资格。组成联合体的目的是增强投标竞争能力，减少联合体各方因支付巨额履约保证而产生的资金负担，分散联合体各方的投标风险，弥补有关各方技术力量的相对不足，提高共同承担的项目完工的可靠性。如果属于共同注册并进行长期的经营活动的“合资公司”，则不属于《招标投标法》所称的联合体。

联合体投标一般适用于大型建设项目和结构复杂的建设项目，在评标之后，如果联合体未中标，则联合体解散；如果联合体中标，则联合体依照联合体协议确定的各方在招标项目中承担相应的工作和责任，在完成招标项目并经有关方检验后解散。联合体虽然不是一个法人组织，但是对外投标应以所有组成联合体各方的共同名义进行，不能以其中一个主体或者两个主体的名义进行。联合体中标的，联合体各方应当共同与招标人签订合同，就中标项目向招标人承担连带责任。联合体投标，应以联合体各方或者联合体中牵头人的名义提交投标保证金，以联合体中牵头人的名义提交的投标保证金，对联合体各成员均具有约束力。

2. 联合体应具备的条件

联合体各方均应当具备承担招标项目的相应能力，国家有关规定或者招标文件对投标人资格条件是有规定的，联合体各方均应当具备规定的相应资格条件。由同一专业的单位组成的联合体，按照资质等级较低的单位确定资质等级。联合体各方应当签订共同投标协议，明确约定各方拟承担的工作和责任，并将共同投标协议连同投标文件一并提交招标人。招标人不得强制投标人组成联合体共同投标，不得限制投标人之间的竞争。

联合体各方均应当具备规定的资格条件和承担招标项目的相应能力。这是对投标联合体资质条件的要求。根据《招标投标法》第三十一条第二款的规定，联合体投标的各方应具备下列条件。

(1) 联合体各方均应具有承担招标项目必备的条件，如相应的人力、物力、资金等。

(2) 国家或招标文件对招标人资格条件有特殊要求的，联合体各个成员都应当具备规定的相应资格条件。

(3) 同一专业的单位组成的联合体，应当按照资质等级较低的单位确定联合体的资质等级。例如，在 3 个投标人组成的联合体中，同一专业有两个是甲级资质等级一个乙级资质等级，则只能定为乙级。本条之所以这样规定，是促使资质优等的投标人组成联合体，保证招标质量。

为了规范投标联合体各方的权利和义务，联合体各方应当签订书面的共同投标协议，明确各方拟承担的工作，并将共同投标协议连同投标文件提交招标人。如果中标的联合体内部发生纠纷，可以依据共同签订的协议加以解决。

联合体中标的，联合体各方应当共同与招标人签订合同。也就是说，不能以联合体中某一投标人的名义与招标人签订合同，联合体中的某一方违反合同，招标人都有权要求其中的任何一方承担全部责任。

3. 共同投标协议

联合体各方中标之前，联合体各成员间有一个标前的共同投标协议，该协议作为投标文件附件一并提交给投标人。共同投标协议内容包括以下几方面。

(1) 联合体的数量。

(2) 牵头人和成员单位名称(联合体投标协议书中应明确牵头人，并确定牵头人的职责、权利和义务)。

(3) 联合体投标协议书中牵头人的职责、权利和义务有以下规定：编制投标文件、接受相关资料、信息及指示，处理相关事务，负责履行合同阶段的主办、组织和协调工作。

(4) 联合体内部分工：明确联合体各成员的职责分工和专业工程范围，以便招标人对联合体成员资质进行审查，防止中标后产生纠纷。

(5) 协议书签署的格式。严格按照招标文件规定进行签署和盖章。共同投标协议必须符合招标文件的规定，否则视为不响应招标文件规定，而视为废标。

中标以后，联合体成员之间还可能制定更详细的联合体协议书，对将来可能出现的问题及处理原则一并写明。联合体内部事务均以依据共同签订的联合体协议加以解决，如果联合体一方对从招标人处取得的利益超过联合体协议约定的他方应得的利益，则该方有义务向联合体他方返还；如果联合体一方对招标人履行的义务超过联合体协议约定的他方应负的义务，则该方有权向联合体他方追偿。

4. 联合投标的优、缺点

(1) 联合投标优势。

对于大型建设项目和结构复杂的建设项目，联合体共同承包有其明显的优势。

① 能实现施工资金和施工风险的分担，减少各个承包商的资金负担和风险责任。建筑业行业的特点决定了建筑公司承包工程的风险性。如果由一家公司来承包，相应地，风险也由该公司独自承担，而意外的巨大损失则会对企业的生存和发展造成极大的损害。因此，通过联合体承包可以分散风险，使风险降到单个企业可以承受的程度。

② 可增大融资能力。采用联合体方式联合承包工程，由几家大公司分别出一定比例资

金，既可以保证资金的数量又可以由数家大公司雄厚的资金实力作为后盾，这样可以承包到较大的工程项目，而且也可以保证项目承接下来后顺利实施。

③ 专业技术水平高、专业种类齐全，有能力承担技术复杂的大型工程。不同的专业公司联合实施，可保证高标准的质量要求。

④ 技术的强化和经验的增加。通过参与联合体，可以从其他成员单位那里学到自己尚未掌握的技术，对于自己还不熟练的技术也可以通过互相合作来增加经验，这对将来扩展市场是极有益处的。

⑤ 有利于通过资格审查和中标。多家承包商联合经营，在专业技术、资金实力、管理水平和业务信誉等方面形成集体优势，有利于通过资格审查；联合体成员在报价和投标策略上互相交流经验，集各家之长，可以提高竞争力，较易中标。

⑥ 有利于开拓国际市场。在国际承包中，可以吸收工程所在国的承包商参加联合体，由于其熟悉该国在政策、税收、海关、劳务、材料费支出等方面的业务，有利于联合体的经营，在有些国家还可以享受一定的优惠待遇，能降低工程成本，增加盈利。

(2) 联合投标劣势。

虽然联合体承包具有极大的优势，但并不是没有缺点。联合体的劣势主要有以下几方面。

① 联合体投标的理论研究尚不多见，法律法规也很不完善。对于在项目实施过程出现的一些利益纠纷没有解决的依据，给工程顺利进行带来了很大的不便。

② 联合体内部责任划分不清时，容易造成互相推诿，易产生内部矛盾。

③ 投标时，各承包商倾向于提高自己承担的工程标价，以期将来有较高的利润回报，但这样往往使总标价过高，从而中不了标。

④ 不同公司之间尤其是国内和国际公司之间联合时，由于文化的差异，经常会出现一些矛盾。

⑤ 联合体管理层次多，利害关系复杂，各成员间可能缺乏信任，影响沟通和管理效率。

6.4　开标、评标与定标及合同签订

6.4.1　开标

开标由招标人主持，邀请所有的投标人和评标委员会的全体人员参加，招投标管理机构负责监督，大中型项目也可以请公证机构进行公正。为了体现平等竞争的原则，使开标做到公平、公正、公开，邀请所有投标人或其代表出席开标，可以使投标人得以了解开标是否依法进行。使投标人了解其他投标人的投标情况，做到知己知彼，衡量一下自己中标的可能性，也使投标人对招标人起到一定的监督作用。同时投标人可以收集资料，了解竞争对手，为以后的投标工作提供资料，增加企业的管理储备。

(1) 开标的时间和地点。

开标时间应当为招标文件规定的投标截止时间，地点由招标文件规定，建设工程招标的开标地点通常为工程所在的建设工程交易中心。

(2) 开标的形式。

开标的形式主要有公开开标、有限开标和秘密开标三种。

① 公开开标。公开开标是指邀请所有投标人参加开标仪式，其他愿意参加者也不受限制，当众公开开标。

② 有限开标。有限开标是指只邀请投标人和有关人员参加开标仪式，其他无关人员不得参加，当众公开开标。

③ 秘密开标。秘密开标是指开标只有负责招标的成员参加，不允许投标人参加开标，一般做法是指定时间递交投标文件。递交投标文件后招标人将开标的名次结果通知投标人，不公开标价，其目的是不暴露投标人的准确报价数字。这种方式多用于设备招标。

采用何种方式应由招标机构和评标小组决定，不过目前我国主要采用公开招标。

(3) 开标的一般程序。

① 投标人签到。签到记录是投标人是否出席开标会议的证明。

② 招标人主持开标会议。主持人介绍参加开标会议的单位、人员及工程项目的有关情况；宣布开标人员名单、招标文件规定的评标定标的办法和标底；宣布开标后的程序安排。

③ 开标。

a. 检验各标书的密封情况。由投标人或其推选的代表检查各标书的密封情况，也可以由公证人员检查并公证。

b. 唱标。经检验确认各标书密封无异常情况后，按投递标书的先后顺序或逆顺序，当众拆封投标文件，宣读投标人名称、投标价格和标书的其他主要内容。投标截止时间前收到的所有投标文件都应当众予以拆封和宣读。

c. 开标过程记录。开标过程应当做好记录，并存档备案。投标人也应做好记录，以收集竞争对手的信息资料。

d. 宣布无效的投标文件。开标时，发现有下列情况之一的投标文件时，视其为无效投标文件，不得进入评标。如果发现无效标书，必须经有关人员当场确认，当场宣布，所有被宣布为废标的投标文件，招标机构应退回投标人。

- 投标文件未按照招标文件的要求予以密封或逾期送达的。
- 投标函未加盖投标人的公章及法定代表人印章或委托代理人印章的，或者法定代表人的委托代理人没有合法有效的委托书(原件)。
- 投标文件的关键内容字迹模糊、无法辨认的。
- 投标人递交两份或多份内容不同的投标文件，或在一份投标文件中，同一招标项目有两个或者多个报价，而未声明哪个有效的(招标文件规定提交备选方案的除外)。
- 投标人未按照招标文件的要求提供投标保证金或没有参加开标会议的。
- 组成联合体投标，但投标文件未附联合体各方共同投标协议的。
- 投标人名称或组织机构与资格预审时不一致的(无资格预审的除外)。

6.4.2 评标

评标是指依据招标文件和法律法规的规定和要求，对投标文件所进行的审查、评审和比较。评标是指审查确定中标人的必经程序，是保证招标成功的重要环节。根据评标内容的简繁、标段的多少等，可在开标后立即进行，也可以在随后进行，对各投标人进行综合评价，为择优确定中标人提供依据。

1. 组建评标委员会

评标工作由招标人依法组建的评标委员会负责。

(1) 评标委员会的组成。评标委员会由招标人代表和有关技术、经济等方面的专家组成。成员数为 5 人以上的单数，其中招标人或招标代理机构以外的技术、经济等方面的专家不得少于成员总数的 2/3。

(2) 组成评标委员会的专家成员，由招标人从建设行政主管部门的专家名册或各省市的招标局的专家库内的相关专家名单中随机抽取确定。技术特别复杂、专业性要求特别高或者国家有特殊要求的招标项目，上述方式确定的专家成员难以胜任的，可以由招标人直接确定。

(3) 与投标人有利害关系的专家不得进入相关工程的评标委员会。

(4) 评标委员会的名单一般在开标前确定，定标前应当保密。

2. 评标的原则

(1) 公平原则。

评标委员会应当根据招标文件规定的评标标准和评标办法进行评标，对投标文件进行系统的评审和比较。没有在招标文件中规定的评标标准和办法，不得作为评标的依据。招标文件规定的评标标准和办法应当合理，不得含有倾向或者排斥潜在投标人的内容，不得妨碍或限制投标人之间的竞争。对所有的投标人应一视同仁，保证投标人在平等的基础上公平竞争。

(2) 公正原则。

公正就是指评标成员具有公正之心，评价要客观、公正、全面，不倾向或排斥某一投标人。这就要求评标人不为私利，坚持实事求是，不唯上是从。做到评标客观公正，必须做到以下几点。

① 要培养良好的职业道德，不为私利而违心地处理问题。

② 要坚持实事求是的原则，不唯上级或某些方面的意见是从。

③ 要提高综合分析的能力，不断提高自己的专业技能，熟练运用招标文件和投标文件中有关条款的能力，以便以招标文件和投标文件为依据，客观、公正地综合评价标书。

④ 评标过程应当保密。有关标书的审查、澄清、评比和比较的有关资料、授予合同的信息等均不得向无关人员泄露。对于投标人的任何施加影响的行为，都应给予取消其投标资格的处罚。

(3) 评标活动应当遵循科学、合理的原则。

“科学”是指评标工作要依据科学的方案，要运用科学的手段，要采取科学的方法。对于每一个项目的评价要有可靠的依据，一切用数据说话，做出科学合理的综合评价，包括科学的计划、科学的手段、科学的方法。

(4) 评标活动应当遵循择优的原则。

择优就是用科学的方法、科学的手段，从众多投标文件中选择最优的方案。评标时，评标委员会应全面分析、审查、澄清、评价和比较投标文件，防止重价格轻技术、重技术轻价格的现象，对商务标和技术标不可偏一。

3. 评标的依据、标准

评标就是对投标文件的评审和比较。根据什么样的标准和方法进行评审，是一个关键问题，也是评标的原则性问题。在招标文件中，招标人列明了评标的标准和方法，目的就是让各潜在投标人知道这些标准和方法，以便考虑如何进行投标才能获得成功。那么，这些事先列明的标准和方法在评标时能否真正被采用，是衡量评标是否公正、公平的标尺。

为了保证评标的公正和公平性，评标必须按照招标文件规定的评标标准和方法。这一点也是世界各国的通常做法。所以，作为评标委员在评标时，必须弄清评标的依据和标准，熟悉并掌握评标的方法。

(1) 评标的依据。

评标委员会成员评标的依据主要有下列几项：①招标文件；②开标前会议纪要；③评标定标办法及细则；④标底；⑤投标文件；⑥其他有关资料。

(2) 评标的标准。

评标的标准，一般包括价格标准和价格标准以外的其他有关标准(又称“非价格标准”)。价格标准比较直观、具体，都是以货币额表示的报价。非价格标准内容多而复杂，在评标时应可能使非价格标准客观和定量化，并用货币额表示，或规定相对的权重，使定性化的标准尽量定量化。这样才能使评标具有可比性。

4. 评标的准备工作

(1) 认真研究招标文件。

通过认真研究，熟悉招标文件中的以下内容：①招标的目的；②招标项目的范围和性质；③招标文件中规定的主要技术要求、标准和商务条款；④招标文件规定的评标标准、评标方法和评标过程中考虑的相关因素。

(2) 招标人向评标委员会提供评标所需的重要信息和数据。

(3) 编制评标需用的表格。

需要编制的表格有标价比较表和综合评估比较表。

5. 投标评审

1) 初步评审

初步评审又称为投标文件的符合性鉴定。通过初评，将投标文件分为响应性投标和非响应性投标两大类。响应性投标是指投标文件的内容与招标文件所规定的要求、条件、合同协议条款和规范相符，无显著差别或保留，并且按照招标文件的规定提交了投标担保的投标；非响应性投标是指投标文件的内容与招标文件的规定有重大偏差，或者是未按招标文件的规定提交担保的投标。通过初步评审，响应性投标可以进入详细评标，而非响应性投标则淘汰出局。初步评审的主要内容如下。

(1) 投标文件排序。评标委员会应当按照投标报价的高低或者招标文件规定的其他方法对投标文件进行排序。

(2) 废标。下列情况做废标处理。

① 投标人以他人的名义投标、串通投标，以行贿手段谋取中标或者以其他弄虚作假方

式的投标。

② 投标人以低于成本报价竞标的。投标人的报价明显低于其他投标报价或标底，使其报价有可能低于成本，应当要求该投标人做出书面说明并提供相关证明的材料。投标人未能提供相关证明的材料或不能做出合理解释的，按废标处理。

③ 投标人资格条件不符合国家规定或招标文件要求的。

④ 拒不按照要求对投标文件进行澄清、说明或补正的。

⑤ 未在实质上响应招标文件的投标。非响应性投标将被拒绝，并且不允许修改或补充。

评标委员会应当审查每一投标文件，是否对招标文件提出的所有实质性要求做出了响应，并逐项列出投标文件的全部投标偏差。投标偏差分为重大偏差和细微偏差。

下列几种情况属于重大偏差。

- 没有按照招标文件要求提供投标担保或者所提供的投标担保有瑕疵。
- 投标文件没有投标人授权代表签字和加盖公章。
- 投标文件载明的招标项目完成期限超过招标文件规定的期限。
- 明显不符合技术规格、技术标准的要求。
- 投标文件载明的货物包装方式、检验标准和方法等不符合招标文件的要求。
- 投标文件附有招标人不能接受的条件。
- 不符合招标文件中规定的其他实质性要求。

投标文件有上述情形之一的，为未能对招标文件做出实质性响应，做废标处理。招标文件对重大偏差另有规定的，服从其规定。

细微偏差是指投标文件在实质上响应招标文件要求，但在个别地方存在漏项或者提供了不完整的技术信息和数据等情况，并且补正这些遗漏或者不完整以及会对其他投标人造成不公平的结果。细微偏差不影响投标文件的有效性。评标委员会应当书面要求存在细微偏差的投标人在评标结束前予以补正。拒不补正的，评标委员会在详细评审时可以对细微偏差做不利于该投标人的量化，量化标准应当在招标文件中规定。

(3) 投标的否决。《招标投标法实施条例》第五十一条规定，有下列情形之一的，评标委员会应当否决其投标。

① 投标文件未经投标单位盖章和单位负责人签字。

② 投标联合体没有提交共同投标协议。

③ 投标人不符合国家或者招标文件规定的资格条件。

④ 同一投标人提交两个以上不同的投标文件或者投标报价，但招标文件要求提交备选投标的除外。

⑤ 投标报价低于成本或者高于招标文件设定的最高投标限价。

⑥ 投标文件没有对招标文件的实质性要求和条件做出响应。

⑦ 投标人有串通投标、弄虚作假、行贿等违法行为。

评标委员会根据规定否决不合格投标或者界定为废标后，因有效投标不足两个，使得投标明显缺乏竞争的，评标委员会可以否决全部投标。投标人少于 3 个或者所有投标被否决的，招标人应当依法重新招标。

2) 详细评审

(1) 经初步评审合格的投标文件，评标委员会应当根据招标文件确定的评标标准和方法，对其技术部分和商务部分做进一步评审、比较。

(2) 评标和定标应当在投标有效期结束日 30 个工作日前完成。不能在投标有效期 30 个工作日完成评标和定标的，招标人应通知所有投标人延长投标有效期。拒绝延长投标有效期的投标人有权收回投标保证金，但不能参加后面的程序，投标到此结束；同意延长投标有效期的投标人应当相应延长其投标有效期，但不得修改投标文件的实质性内容。因投标有效期延长造成投标人损失的，招标人应给予补偿，但因不可抗力需延长投标有效期的除外。

(3) 评标的方法。目前，在我国，经常采用以下两种方法评标，但不局限于下列方法。

① 经评审的最低投标价法。经评审的最低投标价法是指能够满足招标文件的实质性要求，并且经评审的投标价最低(低于成本价格的除外)，按照投标价格最低确定中标人。该方法适用于工程技术要求不高无特殊要求，承包人采用通用技术施工即可达到性能要求标准的工程项目。

一般的评标程序如下。

- 投标文件做出实质性响应，满足招标文件规定的技术要求和标准。
- 根据招标文件中规定的评标价格调整方法，对所有投标人的投标报价以及投标文件的商务部分做必要的价格调查。
- 不再对投标文件的技术标部分进行价格折算，仅以商务标的价格折算的调整值作为比较基础。
- 经评审确定的最低报价的投标人，应当推荐为中标候选人。

② 综合评分法。综合评分法是指将评审内容分类后分别赋予不同权重，评标委员依据评分标准对各类内容各项进行相应的打分，最后计算总分以最高得分的投标文件为最优。由于需要评分的涉及面广，每一项目都要经过评委打分，这样可以全面地衡量投标人实施招标工程的综合能力。

住建部发布的施工招标文件范本中规定的评标方法，能最大限度满足招标文件中规定的各项综合评价标准的投标人为中标人。

【案例 6-2】

现有 A、B、C、D 4 家经资格预审合格的施工企业参加某办公楼招标项目的投标。与评标有关的数据如表 6.1 所示。

表 6.1　投标数据表

投标单位	A	B	C	D
报价/万元	5250	4900	5000	5100
工期/d	460	455	460	450

经招标工作小组确定的评标指标及评分方法如下。

报价以标底价(5000 万元)的 ± 3%以内为有效标，评分方法是：报价为标底价的 97%者得 100 分，报价每上升 1%扣 5 分。

定额工期为 500 天，评分方法是：工期提前 10%为 100 分，在此基础上每拖后 5 天扣 2 分。

企业信誉和施工经验均已在资格审查时评定，企业信誉得分情况为：C 单位为 100 分，A、B、D 单位均为 95 分；施工经验得分情况为：A、B 单位为 100 分，C、D 单位为 95 分。

上述 4 项评标指标的总权重分别为：投标报价 45%，投标工期 25%，企业信誉和施工经验均为 15%。

问题：试在表 6.2 中填制每个单位各项指标得分及总得分，并根据总得分列出名次，确定中标单位。

解答：报价得分计算：首先，判断各投标单位报价是否为有效标。5000 万元的 ± 3%为 4850 万～5150 万元，所以，A 单位为废标。

A 单位：相对报价(5250/5000) ×100% = 105%

B 单位：相对报价(4900/5000)×100% = 98%

C 单位：相对报价(5000/5000)×100% = 100%

D 单位：相对报价(5150/5000)×100% = 102%

表 6.2　各项指标得分及总得分表

投标单位项目	A	B	C	D	权重
投标报价/万元	5250	4900	5000	5100	0.50
报价得分	废标	95	85	75	
投标工期/d	—	455	460	450	0.25
工期得分	—	98	96	100	
企业信誉	—	95	100	95	0.15
施工经验	—	100	95	95	0.10
总得分	—	96.25	91.0	86.25	1.0
名次	4	1	2	3	—

故中标单位是 B 企业。

3) 评标报告

评标委员会完成评标后，应当向招标人提出书面评标报告。

(1) 评标报告的内容。评标报告应如实记载以下内容：基本情况和数据表、评标委员会成员名单、开标记录、符合要求的投标一览表、废标情况说明、评标标准、评标方法或者评标因素一览表，经评审的价格或者评分比较一览表，经评审的投标人排序、推荐的中标候选人名单与签订合同前要处理的事宜，以及澄清、说明、补正事项纪要。

(2) 中标候选人人数。评标委员会推荐的中标候选人应当限定在 1～3 人，并标明排列顺序。如果经过招标人授权，可以直接确定中标人。

(3) 评标报告由评标委员会全体成员签字。评标委员会应当对下列情况做出书面说明并记录在案。

① 对评标结论有异议的评标委员会成员，可以以书面方式阐述其不同的意见和理由。

② 评标委员会成员拒绝在评标报告上签字且不陈述其不同意见和理由的，视为同意评标结论。向招标人提交书面评标报告后，评标委员会即解散。

6.4.3　定标

定标是指招标人根据评标委员会的评标报告，在推荐的中标候选人(一般为 1～3 个)中，最后确定中标人，在某些情况下，招标人也可以直接授权评标委员会直接确定中标人。

1. 确定中标人

评标委员会按评标办法进行评审后，提出评标报告，从而推荐中标候选人，通常为 3 个，并标明排列顺序。招标人应当接受评标委员会推荐的候选人，从中选择中标人，评标委员会提出书面评标报告，招标人一般应当在 15 个工作日内确定中标人。但最迟应在投标均有效的结束日后的 30 个工作日前确定。

2. 招投标结果的备案制度

招投标结果的备案制度，指的是依法必须进行招标的项目。招标人应当自确定中标人之日起 15 日内，向有关行政监督部门提交招标投标情况的书面报告。书面报告至少包含以下内容。

(1) 招标范围。

(2) 招标方式和发布招标公告。

(3) 招标文件中的投标人须知、技术条款、评标标准和方法、合同主要条款等内容。

(4) 评标委员会的组成和评标报告。

(5) 中标结果。

6.4.4 发出中标通同知书及合同签订

1. 中标通知书的性质

中标人确定后，招标人应迅速将中标结果通知中标人及所有未中标的投标人。我国《招标投标法》规定为 7 日内发出中标通知书，中标通知书就是向中标的投标人发出的告知其中标的书面通知文件。

2. 中标通知书的法律效力

中标通知书是指作为《招标投标法》规定的承诺行为，即中标通知书发出时生效，对于中标人和招标人都产生约束力。即使中标通知书及时发出，也可能在传递过程中并非因招标人的过错而出现延误、丢失或错投，致使中标人未能在有效期内收到该通知，招标人则丧失了对中标人的约束权，按照“发信主义”的要求招标人的上述权利可以得到保护。《招标投标法》规定，中标通知书发出后，招标人改变中标结果的，或者中标人放弃中标项目的，都应当依法承担法律责任。据《合同法》的规定，承诺生效时合同成立。因此，中标通知书发出时即发生承诺生效，投标人改变中标结果、变更中标人实质上是一种单方撕毁合同的行为；投标人放弃中标项目的，则是一种违约行为，所以应当承担违约责任。

3. 合同签订

中标通知书对招标人和中标人具有法律效力。中标通知书发出后，招标人改变中标结果的，或者中标人放弃中标项目的，应当依法承担法律责任。

(1) 中标人应当在中标书发出之日起 30 天内签订合同。招标人应在签订书面合同之日起 5 个工作日内，向中标人和未中标人退还保证金。另外，招标人在 15 日内向招投标机构提交书面报告备案，至此，招标即告成功。

(2) 中标人拒绝签订合同。

中标人不履行与招标人订立的合同的，履约保证金不予退还，给招标人造成的损失超过履约保证金数额的，还应当对超过部分予以赔偿；没有提交履约保证金的，应当对招标人的损失承担赔偿责任。

(3) 履约保证金。

《招标投标法》第四十六条规定，招标文件要求中标人提交履约保证金的，中标人应当提交。要求中标人提交一定金额的履约保证金，是招标人的一项权利。该保证金应按照招标人在招标文件中的规定，或者根据招标人在评标后做出的决定，以适当的格式和金额采用现金支票、履约担保书或银行保函的形式提供，其金额应足以督促中标人履行合同。如果中标人拒绝提交履约保证金，可以视为放弃中标项目，应当承担违约责任。在这种情况下，招标人可以从仍然有效的其余投标中选择排序最前的投标为中选的投标，但招标人也有权拒绝其余的所有投标，并重新组织招标。履约保证金既不同于定金，也不同于预付款。根据我国《合同法》第一百一十五条的规定，给付定金的一方不履行约定的债务的，无权要求返还定金。由于《招标投标法》没有规定接受履约保证金的招标人不履行合同时是否应当双倍返还履约保证，所以不能将其视同为定金。其次，履约保证金也不同于预付款。预付款是合同的一方当事人在合同履行前提前支付合同约定价款，以帮助义务人能更好地履行合同，属于履行的一部分。预付款不遵循定金罚则，即预付款交付后当事人不履行合同的，不发生丧失或双倍返还的问题，而履约保证金则发生不予返还的问题。

履约保证金一般为中标合同金额的 10%。

6.5 法律责任

6.5.1 招标投标法关于法律责任的规定

法律责任是指行为人因违反法律规定的或合同约定的义务而应当承担的强制性的不利后果。

1. 应该招标而未招标的法律责任

必须进行招标的项目而不招标的，将必须进行招标的项目化整为零或者以其他任何方式规避招标的，责令限期改正，可以处项目合同金额 5‰以上 10‰以下的罚款；对全部或者部分使用国有资金的项目，可以暂停项目执行或者暂停资金拨付；对单位直接负责的主管人员和其他直接责任人员依法给予处分。

2. 招标代理机构法律责任

招标代理机构违反本法的规定，泄露应当保密的与招标投标活动有关的情况和资料的，或者与招标人、投标人串通损害国家利益、社会公共利益或者他人合法权益的，处 5 万元以上 25 万元以下的罚款，对单位直接负责的主管人员和其他直接责任人员处单位罚款数额 5%以上 10%以下的罚款；有违法所得的，并处没收违法所得；情节严重的，暂停直至取消招标代理资格；构成犯罪的，依法追究刑事责任。给他人造成损失的，依法承担赔偿责任。

上述所列行为影响中标结果的，中标无效。

3. 招标人法律责任

(1) 招标人以不合理的条件限制或者排斥潜在投标人的，对潜在投标人实行歧视待遇的，强制要求投标人组成联合体共同投标的，或者限制投标人之间竞争的，责令改正，可以处 1 万元以上 5 万元以下的罚款。

(2) 依法必须进行招标的项目的招标人向他人透露已获取招标文件的潜在投标人的名称、数量或者可能影响公平竞争的有关招标投标的其他情况的，或者泄露标底的，给予警告，可以并处 1 万元以上 10 万元以下的罚款；对单位直接负责的主管人员和其他直接责任人员依法给予处分；构成犯罪的，依法追究刑事责任。上述所列行为影响中标结果的，中标无效。

(3) 依法必须进行招标的项目，招标人违反本法的规定，与投标人就投标价格、投标方案等实质性内容进行谈判的，给予警告，对单位直接负责的主管人员和其他直接责任人员依法给予处分。上述所列行为影响中标结果的，中标无效。

(4) 招标人在评标委员会依法推荐的中标候选人以外确定中标人的，或依法必须进行招标的项目在所有投标被评标委员会否决后自行确定中标人的，中标无效。责令改正，可以处中标项目金额 5‰以上 10‰以下的罚款；对单位直接负责的主管人员和其他直接责任人员依法给予处分。

4. 投标人法律责任

(1) 投标人相互串通投标或者与招标人串通投标的，投标人以向招标人或者评标委员会成员行贿的手段谋取中标的，中标无效，处中标项目金额 5‰以上 10‰以下的罚款，对单位直接负责的主管人员和其他直接责任人员处单位罚款数额 5%以上 10%以下的罚款；有违法所得的，并处没收违法所得；情节严重的，取消其 1～2 年内参加依法必须进行招标的项目的投标资格并予以公告，直至由工商行政管理机关吊销营业执照；构成犯罪的，依法追究刑事责任。给他人造成损失的，依法承担赔偿责任。

(2) 投标人以他人名义投标或者以其他方式弄虚作假，骗取中标的，中标无效；给招标人造成损失的，依法承担赔偿责任；构成犯罪的，依法追究刑事责任。依法必须进行招标的项目的投标人有上述所列行为尚未构成犯罪的，处中标项目金额 5‰以上 10‰以下的罚款，对单位直接负责的主管人员和其他直接责任人员处单位罚款数额 5%以上 10%以下的罚款；有违法所得的，并处没收违法所得；情节严重的，取消其 1～3 年内参加依法必须进行招标的项目的投标资格并予以公告，直至由工商行政管理机关吊销营业执照。

5. 评标委员会法律责任

评标委员会成员收受投标人的财物或者其他好处的，评标委员会成员或者参加评标的有关工作人员向他人透露对投标文件的评审和比较、中标候选人的推荐以及与评标有关的其他情况的，给予警告，没收收受的财物，可以并处 3000～50000 元以下的罚款，对有所列违法行为的评标委员会成员取消担任评标委员会成员的资格，不得再参加任何依法必须进行招标的项目的评标；构成犯罪的，依法追究刑事责任。

6. 中标人法律责任

(1) 中标人将中标项目转让给他人的，将中标项目肢解后分别转让给他人的，违反本法规定将中标项目的部分主体、关键性工作分包给他人的，或者分包人再次分包的，转让、分包无效，处转让、分包项目金额 5‰以上 10‰以下的罚款；有违法所得的，并处没收违法所得；可以责令停业整顿；情节严重的，由工商行政管理机关吊销营业执照。

(2) 中标人不履行与招标人订立的合同的，履约保证金不予退还，给招标人造成的损失超过履约保证金数额的，还应当对超过部分予以赔偿；没有提交履约保证金的，应当对招标人的损失承担赔偿责任。

(3) 中标人不按照与招标人订立的合同履行义务，情节严重的，取消其 2～5 年内参加依法必须进行招标的项目的投标资格并予以公告，直至由工商行政管理机关吊销营业执照。

7. 行政监督机关法律责任

对招标投标活动依法负有职责的国家机关工作人员徇私舞弊、滥用职权或者玩忽职守，构成犯罪的，依法追究刑事责任；不构成犯罪的，依法给予行政处分。

8. 行政处罚

(1) 招标人与中标人不按照招标文件和中标人的投标文件订立合同的，或者招标人、中标人订立背离合同实质性内容的协议的，责令改正；可以处中标项目金额 5‰以上 10‰以下的罚款。

(2) 本章规定的行政处罚，由国务院规定的有关行政监督部门决定。本法已对实施行政处罚的机关做出规定的除外。

6.5.2　中标无效的法律后果

中标无效指的是招标人确定的中标失去了法律效力，即获得中标的投标人丧失了与招标人签订合同的资格，招标人不再有与之签订合同的义务。

中标无效的法律后果主要分为两种，即尚未签订合同时中标无效的法律后果和签订合同时中标无效的法律后果。

1. 尚未签订合同时中标无效的法律后果

在招标人尚未与中标人签订书面合同的情况下，招标人发出的中标通知书失去了法律约束力，招标人没有与中标人签订书面合同的义务，中标人失去了与招标人签订合同的权利。其中中标无效的法律后果有以下两种。

(1) 招标人依照法律规定的中标条件从其他投标人中重新确定中标人。

(2) 没有符合规定条件的中标人，招标人应依法重新进行招标。

2. 签订合同时中标无效的法律后果

招标人与投标人之间已经签订书面合同，所签订合同无效。根据《民法通则》和《合同法》的规定，合同无效产生以下后果。

(1) 恢复原状。根据《合同法》的规定，无效的合同自始没有法律约束力。因该合同取得的财产，应当予以返还，不能返还或者没有必要返还的，应当折价补偿。

(2) 赔偿损失。有过错的一方应当赔偿对方因此所受的损失。如果招标人、投标人双方都有过错的，应当各自承担相应责任。另外，根据《民法通则》的规定，招标人知道招标代理机构从事违法行为而不做反对表示的，招标人应当与招标代理机构一起对第三人负连带责任。

(3) 重新确定中标人或重新进行招标。

依法必须进行招标的项目违反《招标投标法》的规定，中标无效，应当从符合中标条件的其余投标人中重新确定中标人或者重新招标。招投标行政监督部门对有关责任主体进行行政处罚，构成犯罪的，依法追究刑事责任。

本 章 小 结

本章首先介绍了招投标的概念、作用、原则及范围和规模标准；然后从工程建设招标、投标、开标、评标、定标及合同签订程序及规定入手，详细介绍了在招投标环节中应遵循的程序、制度及要求；最后介绍了现行招投标过程中关于法律责任的规定。以上内容便于读者对招投标内容有全面的了解，以便在实际工作中正确运用，指导自己的行为，为自己执业一方创造效益，减少不必要的损失。

复习思考题

一、单项选择题

1. 投标保证金一般不超过投标报价的(　　)，最高不得超过(　　)万元，投标保证金有效期应当超出投标有效期至少(　　)天。

A. 2%，80，30　　B. 1.5%，80，30
C. 2%，100，30　　D. 2%，80，20

2. 开标由(　　)主持，邀请所有投标人参加。

A. 监理人　　B. 评标委员会
C. 招标人　　D. 招标办公室主任

3. 工程施工招标的标底可由(　　)编制。

A. 招标单位　　B. 施工单位
C. 招标管理机构　　D. 定额管理单位

4. 评标活动应遵循(　　)原则。

A. 竞争优先
B. 公平、公正、科学择优
C. 质量好、信誉高、价格合理、工期适当、施工方案先进可行
D. 规范性与灵活性相结合

5. 中标通知书发出(　　)内，中标单位应与建设单位依据招标文件、投标书等签订工程施工合同。

A. 15天　　B. 20天　　C. 25天　　D. 30天

6. 从发放招标文件起至接受投标文件止，不得少于(　　)。

A. 10天　　B. 15天　　C. 20天　　D. 30天

7. 对一个邀请招标的工程，必须向(　　)以上的潜在投标人发出邀请。

A. 2家　　B. 3家　　C. 5家　　D. 7家

8. 招标人对已发出的招标文件进行必要的修改或者澄清，应当在招标文件要求提交投标文件截止时间至少(　　)日前，以书面形式通知所有招标文件收受人。

A. 5　　B. 15　　C. 20　　D. 30

9. 评标时，(　　)应当明确、严格，对所有在投标截止日期以后送到的投标书都应拒收，与投标人有利害关系的人员都不得作为评标委员会的成员。

A. 评标程序　　B. 评标时间　　C. 评标标准　　D. 评标方法

10. 《工程建设项目招标范围和规模标准规定》中规定施工单项合同估算价在(　　)万元以上的，必须进行招标。

A. 200　　B. 100　　C. 150　　D. 250

11. 投标人对招标文件或者在现场踏勘中如果有疑问或有不清楚的问题，应当用(　　)的形式要求招标人予以解答。

A. 书面　　B. 电话　　C. 口头　　D. 会议

12. 下列(　　)内容在开标前不应公开。

A. 招标信息　　B. 开标程序

C. 评标委员会成员的名单　　D. 评标标准

13. 中标人不按照招标文件的规定提交履约担保的，将失去订立合同的资格，其提交的投标担保(　　)。

A. 退还一部分　　B. 全部退还

C. 不退还　　D. 不退还并且追加罚金

14. 《招标投标法》第二十八条规定："招标人收到投标文件后，应当(　　)，不得开启。在招标文件要求提交投标文件的截止时间后送达的投标文件，招标人应当拒收。"

A. 登记备案　　B. 签收送审　　C. 集中上报　　D. 签收保存

15. 必须进行招标的项目而不招标的，将必须进行招标的项目化整为零或者以其他任何方式规避招标的，责令限期改正，可以处项目合同金额(　　)的罚款。

A. 2%以上8%以下　　B. 5‰以上8‰以下

C. 2‰以上10‰以下　　D. 5‰以上10‰以下

16. 由同一专业的单位组成的联合体，按照资质等级(　　)的单位确定资质等级。

A. 较低　　B. 较高　　C. 居中　　D. 共同协商确定

17. 招投标程序中的勘查现场是(　　)的责任，费用由(　　)承担。

A. 甲方；乙方　　B. 甲方；甲方

C. 乙方；乙方　　D. 乙方；甲方

二、多项选择题

1. 在我国境内依法必须进行招标的项目，包括(　　)。

A. 大型基础设施、公益事业等关系社会公共利益、公众安全的项目
B. 全部或者部分使用国有资金或者国家融资的项目
C. 使用国际组织或者外国政府贷款、援助资金的项目
D. 涉及国家安全、国家秘密的项目
E. 利用扶贫资金实行以工代赈需要使用农民工

2. 施工招标文件应包括(　　)内容。
A. 投标须知　　B. 投标函　　C. 拟签订合同的主要条款
D. 投标函的格式及附录　　E. 投标保证金

3. 投标文件应当包括的内容有(　　)。
A. 投标函　　B. 投标邀请书　　C. 投标报价
D. 施工组织设计　　E. 投标须知

4. 我国《招标投标法》规定：(　　)等特殊情况，不适宜进行招标的项目，按国家规定可以不进行招标。
A. 涉及国家安全、国家秘密
B. 使用国际组织或者外国政府资金的项目
C. 抢险救灾
D. 利用扶贫资金实行以工代赈需要使用农民工
E. 生态环境保护项目

5. 招标人出现(　　)行为的，责令限期改正，可以处项目合同金额5‰以上10‰以下的罚款。
A. 必须进行招标的项目而不招标的
B. 将必须进行招标的项目化整为零
C. 对已发出的招标文件随意进行修改
D. 没有取得招标资格的
E. 以其他任何方式规避招标

6. 招标人出现(　　)行为的，责令改正，可以处1万元以上5万元以下的罚款。
A. 对潜在投标人实行歧视待遇
B. 强制要求投标人组成联合体共同投标
C. 招标人以不合理的条件限制或者排斥潜在投标人的
D. 不具备招标条件
E. 限制投标人之间竞争

7. 我国《招标投标法》规定，开标时由(　　)检查投标文件密封情况，确认无误后当众拆封。
A. 招标人
B. 投标人或投标人推选的代表
C. 评标委员会
D. 地方政府相关行政主管部门
E. 公证机构

8. 评标的原则包括(　　)。

A. 公开原则　　B. 公平原则　　C. 公正原则

D. 科学、合理的原则　　E. 择优原则

9. 以下关于评标委员会的组成，正确的是(　　)。

A. 评标委员会由招标人代表和有关技术、经济等方面的专家组成

B. 成员数为 7 人以上的单数

C. 其中招标人或招标代理机构以外的技术、经济等方面的专家不得少于成员总数的 2/3

D. 与投标人有利害关系的专家不得进入相关工程的评标委员会

E. 评标委员会的名单一般在开标前确定，定标前应当保密

三、简答题

1. 国内和国际工程招投标的区别和联系是什么？
2. 标底与招标控制价的区别是什么？
3. 根据我国《招标投标法》第三十一条第二款的规定，联合体投标的各方应具备怎样的条件？
4. 常用投标策略有哪些？
5. 我国《招标投标法》对组建评标委员会有哪些要求？
6. 中标无效的法律后果有哪些？
7. 中标人法律责任是什么？

第7章　建设工程合同法律制度

学习目标

- 掌握建设工程合同的特征和类型。
- 了解2013年新版《施工合同示范文本》的构成内容。
- 理解建设工程合同的订立、履行、变更和解除。
- 掌握无效合同，可变更、可撤销合同，效力待定合同的条件。
- 了解建设工程合同变更、解除的法律后果和合同违约应承担的责任。

本章导读

本章主要学习建设工程合同基本概念、特征和类型，学习建设工程合同的订立过程、合同效力、履行过程以及合同的变更和解除等内容，还有建设工程合同当事人应承担的违约责任情形。

项目案例导入

2012年9月10日，北京某房地产开发有限公司(简称A公司)与天津某建筑工程公司(B公司)签订《建设工程施工合同》，合同中约定：由B公司作为施工总承包单位，承建由A公司投资开发的某宾馆工程项目，承包范围是地下二层和地上24层的土建、采暖、给排水等工程项目。其中，玻璃幕墙专业工程由A公司直接发包，工期自2012年9月26日至2014年2月28日，工程款按工程进度支付。同时约定，由B公司履行对玻璃幕墙专业工程项目的施工配合义务，由A公司按玻璃幕墙专业工程项目竣工结算价款的3%向B公司支付总包管理费。

玻璃幕墙工程由浙江某一玻璃幕墙专业施工单位(C公司)施工。施工过程中，在总包工程已完工的情况下，由于C公司自身原因，导致玻璃幕墙工程不仅迟迟不能完工，且已完工程也存在较多的质量问题。

A公司在多次催促B公司履行总包管理义务和C公司履行专业施工合同所约定的要求未果的情况下，以B公司为第一被告、C公司为第二被告向法院提起诉讼，诉讼请求有三项。

① 请求判令第一被告与第二被告共同连带向原告承担由于工期延误所造成实际损失和预期利润。

② 请求判令第一被告与第二被告共同连带承担质量的返修义务。

③ 请求判令二被告承担案件的诉讼费和财产保全费用。

问题导入

该案例中A、B、C三家公司存在着怎样的合同关系？合同当事人彼此的权利和义务内容是什么？你认为B单位是否负有总承包管理责任？为什么？

7.1 建设工程合同法概述

7.1.1 建设工程合同的概念和特征

1. 建设工程合同的概念

建设工程合同是指在工程建设的过程中，发包人与承包人依法订立的，明确双方权利和义务的书面协议。我国《合同法》第二百六十九条明确规定：“建设工程合同是承包人进行建设，发包人支付价款的合同。”进行工程建设的行为包括勘察、设计、施工，由此可以看出，建设工程合同实质上就是一种承揽合同，或者说是承揽合同的一种特殊类型。

2. 建设工程合同的特征

建设工程合同具有承揽合同的一般特征，但同时又具有自己的特殊性。

(1) 建设工程合同的主体只能是法人。建设工程合同的标的是建设工程，作为公民个人是不能独立完成的。合同中的发包人必须是经过批准进行工程项目建设的法人，必须有国家批准的建设项目，落实投资计划，并且应当具备相应的协调能力；承包人则必须具备法人资格，而且应当具备相应的从事勘察设计、施工等资质。无营业执照或无承包资质的单位不能作为建设工程合同的主体，资质等级低的单位不能越级承包建设工程。

(2) 建设工程合同的标的仅限于建设工程。这里所说的建设工程主要指作为基本建设工程的各类建筑物、地下设施附属设施的建筑，以及对线路、管道、设备进行的安装建设。其工作要求比较高，价值较大。

(3) 建设工程合同具有较强的国家管理特殊性。由于建设工程的标的为建筑物等不动产，与土地密不可分，承包人所完成的最终工作成果不仅具有不可移动性，而且需要长期存在和发挥效益，对国家和社会生活的方方面面影响较大，所以国家对建设工程不仅进行建设规划，而且在建设工程合同的订立和履行上实行严格的监督和管理，具有强烈的国家干预的色彩。

(4) 建设工程合同履行期限的长期性。建设工程由于其结构复杂、体积大、建筑材料类型多、工作量大、投资巨大，使得建设工程的生产周期与一般工业产品的生产相比相对较长，这导致建设工程合同履行期限较长。而且，因为投资的巨大，建设工程合同的订立和履行一般都需要较长的准备期限，同时，在合同的履行过程中，还可能因为不可抗力、工程变更、材料供应不及时等而导致合同期限的延长。

(5) 建设工程合同的要式性。要式性即法律对建设工程合同形式要件有特殊要求，要求应当采取书面形式。这主要是由建设工程投资大、周期长、不确定性因素多的特性决定的，也是国家对建设工程进行监督和管理的需要。

7.1.2　建设工程合同的类型

根据建设项目的承发包范围、建设阶段、计价方式等，建设工程合同可以划分为以下几种类型。

(1) 根据承发包的工程范围，可以分为建设工程总承包合同和分包合同。

根据《建筑法》和《合同法》中的有关规定，发包人可以将建设工程的勘察、设计、施工、安装和材料设备的采购一并发包给一个工程总承包单位，也可以将上述任务的一项或多项发包给一个工程总承包单位。据此，工程总承包单位与建设单位之间签订的合同就是建设工程总承包合同。

建设工程总承包单位经发包人同意，可以将承包工程中的部分工程再发包给分包单位，但主体工程除外，总承包单位与分包单位之间签订的合同即为分包合同。

(2) 根据工程建设的不同阶段，可以分为建设工程勘察合同、建设工程设计合同与建设工程施工合同。

(3) 根据承包工程计价方式的不同，可以分为总价合同、单价合同和成本加酬金合同三种类型。

①总价合同。总价合同是指在合同中明确完成建设项目的总价款，承包单位据此完成建设项目全部内容的合同。这种合同类型能够使建设单位在评标时易于确定报价最低的承包商、易于进行工程款的支付计算。但这类合同仅适用于工程量不太大且能精确计算、工期较短、技术不太复杂、风险不大的项目。因而采用这种合同类型要求建设单位必须有详细而全面的设计图纸和各项说明，使承包单位能准确计算工程量。在实施过程中，这一类型合同的管理工作量较小，结算工作也十分简单，且便于进行投资控制。

② 单价合同。单价合同是承包单位在投标时，按照招标文件就分部分项工程所列出的工程量表确定各分部分项工程费用的合同。这类合同的适用范围比较宽，其风险可以合理分摊，并且能鼓励承包人通过提高工效等手段从成本节约中提高利润。这类合同能够成立的关键在于双方对单价和工程量的计算方法的确认。在合同履行中注意的问题主要是双方对实际工程量计量的确认。在实施过程中，这一类型合同便于处理工程变更及施工索赔，且合同的公正性及可操作性相对较好。

③ 成本加酬金合同。成本加酬金合同，是由业主向承包单位支付工程项目的实际成本，并按事先约定的某一种方式支付酬金的合同类型。在这类合同中，业主需承担项目实际发生的一切费用，因此也就承担了项目的全部风险。而承包单位由于无风险，其报酬往往也较低。这一类型合同在实际履行过程中业主对工程总造价不易控制，承包商也不注意降低成本。主要适用于研究开发性质的工程项目以及抢险、救灾工程，一般建设工程很少采用。

此外，建设工程实行监理的，发包人也应当与监理人以书面的形式订立委托监理合同。发包人与监理人的权利、义务和法律责任，适用委托合同的有关规定。

【案例 7-1】

某市房地产开发公司发出公开招标书，对该市的一栋住宅楼建设进行招标，按照严格的公开招标程序评标后，该市 A 建筑工程公司中标，确定为该住宅楼的承建单位，随后双方签订了承包合同。合同中约定：建筑工程面积 6000m^2，总造价 310 万元(不包括基础造价 2 万元)，价款一次包定，今后有关费用的变动将不再调整，同时还约定了工程款的支付办法等事项。施工过程中，由于水电问题使得工期整整拖延了一个月，结果工期的拖延恰好赶上建材价格的全面上涨，根据 A 建筑工程公司测算，建材价格的上涨已使得该工程的市场造价达到了 400 多万元，远远超出了当初合同签订的 310 万元。因此，A 建筑工程公司根据实际情况要求该房地产开发公司补偿材料差价 99 万元。

分析与思考：

按照承包工程计价方式的不同，该案例中双方签订的建设工程施工合同属于哪一种合同类型？A 建筑工程公司向房地产开发公司请求补偿材料差价的要求是否成立？为什么？

7.1.3 标准化的建设工程合同文本

建设工程合同文本是用来载明合同协议、合同条件和协议所列的其他文件的整套文书。为了适应不同的需要，既体现行业惯例和统一内容，又能满足每个项目的特定要求，经多方论证，将某一类(建设工程类)合同的实质内容统一形成标准化、规范化的合同文本。标准化的合同文本一般被称为合同范本。合同范本往往都是经过长期的工程实践经验总结修订产生的，主要是为了避免订立合同条款的不完善、责任划分不公、程序不严谨等问题产生。标准化建设工程合同文本通常包括以下三部分。

1. 合同协议书

合同协议书主要包括工程概况、承包范围、合同工期、质量标准、签约合同价和合同价格形式、合同文件构成、承诺以及合同生效条件等重要内容，是一个内容非常简单的格式文件，集中约定了合同双方当事人达成一致意见的合同主要内容和合同文件的组成部分，利于双方正确理解和全面履行合同。

2. 通用合同条款

通用合同条款是合同当事人根据《建筑法》、《合同法》等法律法规的规定，就工程建设的实施及相关事项，对合同当事人的权利和义务做出的原则性约定。通用合同条款反映的是工程建设中一些普遍的、统一的、惯例性的内容，是标准化的合同文本的主要内容。这些条款既考虑了现行法律法规对工程建设的有关要求，也考虑了建设工程管理的特殊需要。它最突出的特点就是通用性强，对所有同类项目都适用。

3. 专用合同条款

专用合同条款是对通用合同条款原则性约定的细化、完善、补充、修改或另行约定的条款。合同当事人可以结合不同建设工程的特点及具体情况，通过双方的谈判、协商对相应的专用合同条款进行修改和补充。鉴于专用条款反映的是建设项目的具体要求，因此该部分条款的内容与通用条款规定有矛盾或歧义时以专用条款为准。

在我国工程建设领域中，建设施工合同是所有工程类合同中最复杂、最重要的文本文件，涉及方方面面的内容，是承包人进行工程建设施工，发包人支付价款的合同，同时也是工程建设质量控制、进度控制、投资控制的主要依据。标准化的《建设工程施工合同(示范文本)》自 1999 年发布以来，已历经 15 年，为我国工程项目规范化建设发挥了重要的作用。2013 年住房和城乡建设部、国家工商行政管理总局对《建设工程施工合同(示范文本)》(GF—1999—0201)重新进行了修订，制定了新的《建设工程施工合同(示范文本)》(GF—2013—0201)，新版《建设工程施工合同(示范文本)》已于 2013 年 7 月 1 日起施行。鉴于其时效性和重要性，本教材将此示范文本引入附录，以供大家学习和参考。

7.2　建设工程合同的订立

7.2.1　建设工程合同订立的原则

在建设工程合同订立的整个过程中，对发包、承包双方起指导和规范作用的、双方应当遵守的原则主要有以下几个。

1．平等原则

平等原则，是指地位平等的合同当事人，在权利和义务对等的基础上，经充分协商达成一致，以实现互利互惠的经济利益目的的原则。在法律上，合同当事人是平等主体，没有高低、主从之分，其地位都是平等的，任何一方都不得把自己的意志强加给另一方，更不得强迫对方和自己签订合同。这是建设工程合同成立及顺利履行的基础。

2．自愿原则

自愿原则，是指合同的订立要充分尊重当事人的意愿，任何单位和个人都不得非法干预，合同当事人通过协商，自愿决定和调整相互权利和义务关系。自愿原则体现了民事活动的基本特征，是民事关系区别于行政法律关系、刑事法律关系的特有原则，这一原则贯穿合同活动的全过程。

3．公平原则

公平原则要求合同双方当事人之间的权利和义务要公平合理，要大体上平衡，强调一方给付与对方给付之间的等值性，还有合同上的负担和风险的合理分配。同时，根据公平原则，民事主体必须按照公平的原则设立、变更或者消灭民事法律关系。

4．诚实信用原则

诚实信用原则要求当事人要时时做到诚实，讲信用，相互协作。在订立合同过程中，不得有隐瞒、欺诈的成分，要充分表达自己的真实意愿，向对方实事求是地介绍自己订立合同的条件、要求和履约能力；在履行合同义务时，当事人应做到及时通知、协助、提供必要的条件、防止损失扩大、保密等义务；合同终止后，当事人应做到及时通知、协助、保密等义务。

7.2.2　建设工程合同订立的形式和程序

1．建设工程合同订立的形式

根据《合同法》的规定：当事人订立合同，有书面形式、口头形式和其他形式。建设工程合同是要式合同，必须采用书面形式，并参照国家推荐使用的相关示范文本签订。这是《建筑法》、《合同法》对建设工程合同形式上的明确要求，也是建设工程合同本身的特点所决定的，如果不采用书面形式订立的建设工程合同就不能有效成立。

2．建设工程合同订立的程序

(1) 要约邀请。要约邀请是希望他人向自己发出要约的意思表示。要约邀请是当事人订立合同的预备行为，只是引诱他人发出要约，不能因相对人的承诺而成立合同，如寄送的价目表、拍卖公告、招标公告、投标邀请书、商业广告等均属于要约邀请。

(2) 要约。要约是订立合同的必经阶段，是希望和他人订立合同的意思表示。要约中要有与对方订立合同的意愿和合同应有的主要条款、要求对方做出答复的期限等内容。在招标投标过程中，投标人的投标行为属于要约；在直接发包过程中，建设单位的发包行为属于要约。要约和要约邀请两者最根本的区别就在于要约有成立合同的具体确定的内容，而要约邀请则不必也不应具备满足合同成立的内容。

(3) 承诺。承诺也是订立合同的必经阶段，是指受要约人同意要约的意思表示。在招标投标过程中，招标人发出中标通知书为承诺；在直接发包过程中，施工单位同意承包工程为承诺。要约人收到承诺时，双方就要订立合同，如果要约的接受方不完全同意要约而改变了其中的主要条款，就意味着对原来订约条件的拒绝，而需提出新的订约提议。合同订立的过程，往往是一方提出要约，另一方又再提出新的要约，反复多次协商后合同关系才能成立。

(4) 签订合同。建设工程采用招标方式发包的，依照《招标投标法》规定：招标人和中标人应当自中标通知书发出之日起 30 日内，按照招标文件和中标人的投标文件订立书面合同，明确双方的权利和义务。

7.2.3 建设工程合同的内容

合同的内容是合同当事人权利和义务的具体规定，是通过双方签订的合同条款来具体体现的。按照《合同法》的规定，合同的条款一般包括以下几项。

(1) 当事人的名称(或姓名)与住所。

(2) 标的。标的是指合同权利和义务执行的对象，是一切合同的主要条款。在合同内容里，关于标的的表述，质量和数量要求应当准确、具体、完整，因此，对于《合同法》及有关司法解释所说的标的，需要按标的物来理解。

(3) 质量与数量。

(4) 价款或酬金。

(5) 履行的期限、地点、方式。

(6) 违约责任。

(7) 争议解决的方法。

除了上述一般条款的内容，建设工程合同还要根据合同标的的性质，加以明确和充实相关条款的具体内容。例如，勘察合同中要明确发包人应提供的勘察依据文件和资料、现场的工作条件等；设计合同中设计费用的支付管理；施工合同中的合同价款及调整、支付条件等内容。

【案例 7-2】

某建筑公司急需 100t 水泥，该建筑公司同时向某县甲、乙两家水泥厂发函。函件中称：“如贵厂有 300 号矿渣水泥现货(袋装)，吨价不超过 400 元，请于接到信后 15 日内发货 100t，货到付款，运费由供方承担。”甲水泥厂接信后当天回信，表示愿以每吨 400 元价格发货 100t，建筑公司回电表示同意；乙水泥厂与甲水泥厂同时接到建筑公司要货的信件，便积极组织货源，在接信后的第 10 天，乙水泥厂将 100t 袋装水泥装车，直接送至建筑公司，建筑公司拒收乙水泥厂送来的货物。理由是：本建筑公司仅需要 100t 水泥，已与甲水泥厂建立了合同关系；给乙水泥厂发函，只是协商，不具有法律约束力；乙水泥厂不服，向人民法院提起诉讼。本案的争议是：乙水泥厂与建筑公司是否具有合同关系？

案例解答：

本案中，某建筑公司同时向甲、乙两家水泥厂发函。函件中，已包含着足以使合同成立的必备条款，因此两份函件均已构成有效要约；在要约有效期内，作为要约人的建筑公司应受该要约的约束。建筑公司所提出的“向乙水泥厂发函只是协商，不具有法律约束力”的观点是不能成立的。作为受要约人的乙水泥厂虽未在要约确定的期限内以通知的方式做出承诺的表示，但其实际履行本身已足以视为对要约的承诺。

根据《合同法》第二十二条的规定，承诺的表示原则上应以通知的方式做出，但根据交易习惯或者要约表明可以通过行为做出承诺的除外。而建筑公司所发出的要约包含了可以行为做出承诺的内容。因此，乙水泥厂与建筑公司之间已因前者对后者要约的有效承诺而建立了合法有效的合同关系。既然建筑公司与乙水泥厂已建立合法有效的合同关系，那么建筑公司拒收乙水泥厂的货物就是一种违约行为。

本案例中，乙水泥厂在建筑公司所发出的要约所规定的期限内，是一种以实际履行对要约的承诺。若建筑公司拒收货物则要承担违约责任。

7.3　建设工程合同的效力

7.3.1　建设工程合同生效的条件

合同生效和合同成立是两个不同的概念，已经成立的合同，必须具备一定的生效要件，才能产生法律约束力。根据有关法律的基本原理和建设行业的有关规定，建设工程合同生效的条件应当包括：①合同的主体要件，即合同当事人应当符合法律和行政法规规定的有关条件；②合同的签订必须是双方当事人共同的真实意思表示，不存在虚假内容，这是建设工程合同生效的核心条件；③合同应当符合法律规定的形式要件；④不违反法律和损害公共利益。

7.3.2　无效的建设工程合同

无效合同是指合同虽然已经成立，但因其不具备合同生效条件，不能产生法律约束力不予承认和保护的合同。

1．无效合同的情形

按照《合同法》的规定，无效合同从订立时起就不具有法律约束力，其主要情形如下。

(1) 一方以欺诈、胁迫的手段订立合同，损害国家利益。

一方以欺诈、胁迫手段订立的合同，属于意思表示不真实的合同，一般属于可变更或撤销的合同，但是如果还损害了国家利益，则属于无效合同。

(2) 恶意串通，损害国家、集体或第三人利益的合同。

当事人同谋，共同订立某种合同，造成国家、集体或第三人利益损害的这种行为，所签订的合同被认定为无效。

(3) 以合法形式掩盖非法目的的合同。

(4) 损害社会公共利益的合同。

(5) 违反法律和行政法规的强制性规定的合同。

2．合同部分条款无效

部分条款无效的合同是指合同的某一部分无效，并不影响合同其他部分效力的合同。如果无效的原因存在于合同的全部，则整个合同归于无效；如果合同无效的原因仅仅存在于合同内容的某一部分或者某几个部分，其余部分不受该无效部分的影响，仍然能够构成一个独立有效的协议，那么该合同就是部分无效的合同。

构成部分条款无效的合同需要符合以下两个条件。

(1) 合同内容必须是可分的，其中一部分的效力必须与其他部分的效力相互独立。

(2) 合同无效的条款必须是对其他部分不构成威胁的部分。

3．无效的免责条款

合同的免责条款是指当事人在合同中约定的免除或限制其未来责任的条款。免责条款是由当事人协商一致的合同组成部分，但对那些具有社会危害性的侵权责任，当事人不能通过合同免除其法律责任，即使约定了，也不具有法律约束力。因此，《合同法》中明确规定了两种无效免责条款情形。

(1) 造成对方人身伤害的。

(2) 因故意或者重大过失造成对方财产损失的。

4．建设工程合同被确认无效后的处理方法

建设工程合同被确认无效后，合同当事人将依据法律规定的处理原则解决争议，并会因建设工程合同履行过程中的工程质量、合同当事人的过错、是否存在转包及非法分包等情况的不同而产生不同的法律后果。《合同法》对此做出了以下规定。

(1) 返还财产。建设工程合同被确认无效后，因该合同取得的财产，应当予以返还。通过返还财产，使合同当事人的财产状况恢复到订立合同时的状态。

(2) 折价补偿。返还财产不一定返还原物，如果不能返还财产或者没有必要返还财产的，应通过折价方式进行补偿。例如，建设工程施工合同无效，但建设工程经竣工验收合格，承包人请求参照合同约定支付工程价款的应予支持。

(3) 赔偿损失。合同当事人承担赔偿损失责任时，应以过错为原则。如果一方有过错给

对方造成损失的，则有过错一方应赔偿对方因此而受到的损失；如果双方都有过错，则双方均应承担各自相应的责任。

(4) 追缴财产。对于当事人恶意串通，损害国家、集体或者第三人利益的合同，由于其有着明显的违法性，应追缴当事人因合同而取得的财产，收归国库所有，以示对其违法行为的制裁。例如，建设工程施工过程中，承包人非法转包、违法分包或者借用其他企业资质与他人签订建设工程施工合同的行为均属于无效。人民法院可以根据《民法通则》收缴当事人已经取得的非法所得。

7.3.3　可变更、可撤销的建设工程合同

当合同的内容表达不真实，违背了当事人的真实意思表示，当事人可以通过法律，要求对已经生效的建设工程合同行使撤销权，使得合同内容变更或使合同效力归于消灭。

1．可变更、可撤销的情形

(1) 因重大误解订立的合同。合同当事人因为自己的过错(比如对标的的性质、品种、质量、规格和数量等的错误认识)或者是不知情等情况，使得行为的后果与自己的意思相悖，并造成较大损失的，可以认定为重大误解。

(2) 在订立合同时显失公平的。它是指一方当事人利用自己的优势或者利用对方没有经验，致使双方的权利和义务明显违背公平、等价有偿原则的，可以认定为显失公平。

(3) 因欺诈、胁迫或者乘人之危手段订立的合同。一方当事人因欺诈、胁迫手段或者乘人之危，使对方在违背真实意思的情况下订立的合同，这明显违背了合同公平的原则，受损害方有权请求人民法院或者仲裁机构变更或者撤销。

2．撤销权的消灭

撤销权的行使，只有在合同当事人或受损害一方提出请求之后才能行使。《合同法》中规定，具有下列情形之一的，撤销权消灭。

(1) 具有撤销权的当事人自知道或者应当知道撤销事由之日起一年内没有行使撤销权。

(2) 具有撤销权的当事人知道撤销事由后明确表示或者以自己的行为放弃撤销权。

3．可撤销合同被撤销的后果

根据《合同法》第五十六条规定，在合同被撤销之后，该合同即不具有法律效力，且将溯及既往，即自合同成立之始起就不具有效力，当事人不受该合同约束，不得基于该合同主张认可权利或承担任何义务。

可变更、可撤销建设工程合同被撤销后，其法律后果与无效合同后果相同。

7.3.4　效力待定的合同

效力待定的建设工程合同是指合同当事人未经权利人同意而订立的合同，因其不完全符合合同生效的要件，合同有效与否，需要由权利人确定。根据《合同法》的规定，效力待定合同有以下几种情况。

1．限制民事行为能力人订立的合同

限制民事行为能力人订立的合同并非一律无效，以下几种情形下订立的合同是有效的。

(1) 经过其法定代理人追认的合同，即为有效合同。

(2) 纯获利益的合同，即限制民事行为能力人订立的接受奖励、赠予、报酬等只需获得利益而不需其承担任何义务的合同，不必经其法定代理人追认，即为有效合同。

(3) 与限制民事行为能力人的年龄、智力、精神健康状况相适应而订立的合同，不必经其法定代理人追认，即为有效合同。

2．无权代理人代订的合同

代理合同是指行为人以他人名义，在代理权限范围内与第三人订立的合同。而无权代理合同则是行为人不具有代理权而以他人名义订立的合同。这种合同又有三种情况。

(1) 行为人没有代理权，即行为人事先并没有取得代理权却以代理人自居而代理他人订立的合同。

(2) 行为人超越代理权，即代理人虽然取得了被代理人的代理权，但他在代订合同时，超越了代理权限的范围。

(3) 代理权终止后以被代理人名义订立的合同，即行为人曾经是被代理人的代理人，但在以被代理人名义订立合同时，代理权已经终止。

无权代理人代订的合同是否对被代理人发生法律效力，取决于被代理人的态度。在催告开始至被代理人追认之前，该合同对于被代理人的法律效力处于待定状态。

3．无处分权的人处分他人财产的合同

根据法律规定，财产处分权只能由享有处分权的人行使，无处分权的人处分他人财产的合同一般为无效合同。但《合同法》中规定，无处分权的人处分他人财产，经权利人追认或者无处分权的人订立合同后取得处分权的，该合同有效。

7.4 建设工程合同的履行

合同的履行是指合同的双方当事人正确、适当、全面地完成合同中规定的各项义务的行为，是合同管理中最具有实质性的一步。在《合同法》中，针对建设工程合同履行过程中经常出现的特殊情况也做了相应规定，必须深入研究这些法律法规，准确把握合同当事人在合同履行过程中享有的权利和承担的义务，才能在实践工作中针对不同的情况做出有效的处理，才能利用法律武器维护自身的合法权益。

7.4.1 全面履行合同

当事人订立合同不是目的，只有全面履行合同，才能实现当事人所追求的法律后果，其预期目的得以实现。因此，为了确保合同生效后能够顺利履行，当事人应对合同条款的约定明确、具体。但是如果当事人所订立的合同，由于某些原因出现有关内容约定不明确或没有约定，为了确保交易的安全与效率，法律规定允许当事人协议补充。如果当事人不

能达成协议的，按照合同有关条款或交易习惯确定。如果按此规定仍不能确定的，适用下列规定。

(1) 质量要求不明确的，按照国家标准、行业标准履行；没有国家标准、行业标准的，按照通常标准或者符合合同目的的特定标准履行。

(2) 价款或者报酬不明确的，按照订立合同时履行地的市场价格履行；依法应当执行政府定价或者政府指导价的，按照规定履行。

(3) 履行地点不明确，给付货币的，在接受货币一方所在地履行；交付不动产的，在不动产所在地履行；其他标的，在履行义务一方所在地履行。

(4) 履行期限不明确的，债务人可以随时履行，债权人也可以随时要求履行，但应当给对方必要的准备时间。

(5) 履行方式不明确的，按照有利于实现合同目的的方式履行。

(6) 履行费用的负担不明确的，由履行义务一方负担。

当事人在履行合同时，不仅要按合同约定全面完成自己的义务，而且还要根据合同的性质、目的和交易习惯，履行通知、协助、保密等义务，这是诚实信用原则在合同履行中的体现。

此外，对于执行政府定价或者政府指导价的合同，由于这些商品具有自身的特殊性，《合同法》对此做出了规定：在合同约定的交付期限内政府价格调整时，按照交付时的价格计价。逾期交付标的物的，遇价格上涨时，按照原价格执行；价格下降时，按照新价格执行。逾期提取标的物或者逾期付款的，遇价格上涨时，按照新价格执行；价格下降时，按照原价格执行。

7.4.2　合同履行的抗辩权

合同履行中的抗辩权是指在符合法律规定的条件下，合同当事人一方对抗对方当事人的履行请求权，暂时拒绝履行其债务的权利。这种权利对于抗辩人而言是一种保护手段，目的是免去自己履行义务可能带来的风险。形成这种抗辩权的基础是双务合同当事人之间在合同义务方面的牵连性，与违约有本质上的不同。根据具体情形，抗辩权可分为以下三种。

1．同时履行抗辩权

当合同的当事人互负债务，没有先后履行顺序的，应当同时履行。一方在对方履行之前有权拒绝其履行要求。一方在对方履行债务不符合约定时，有权拒绝其相应的履行要求。

2．先履行抗辩权

当合同的当事人互负债务，有先后履行顺序，先履行一方未履行的，后履行一方有权拒绝其履行要求。先履行一方履行债务不符合约定的，后履行一方有权拒绝其相应的履行要求。

3．不安抗辩权

当合同的当事人一方应当先履行债务，但是其有确切的证据证明对方有以下情形之一的，可以中止履行：①经营状况严重恶化；②转移财产、抽逃资金，以逃避债务；③丧失商业信誉；④有丧失或者可能丧失履行债务能力的其他情形。

中止履行的一方应及时通知对方。对方提供适当担保时，应当恢复履行；对方在合理期限内未恢复履行能力并且未提供适当担保的，中止履行的一方可以解除合同。当事人行使不安抗辩权，并不意味着合同终止，只是当事人暂时停止履行其到期债务。当事人如果没有确凿证据就中止履行合同的，应承担违约责任。

7.4.3 合同履行的代位权和撤销权

在合同的履行过程中，为了保护债权人的合法权益，防止因债务人的财产不当减少而危害债权人的债权时，法律允许债权人为保全其债权的实现而采取法律保障措施。此项法律保障措施包括以下两种。

1. 债权人的代位权

债权人的代位权是指债权人为了使其债权免受损害，代为行使债务人权利的权利。《合同法》第七十三条规定：“因债务人怠于行使其到期债权，对债权人造成损害的，债权人可以向人民法院请求以自己的名义代位行使债务人的债权，但该债权专属于债务人自身的除外。代位权的行使范围以债权人的债权为限。债权人行使代位权的必要费用，由债务人负担。”

根据这一规定，债权人行使代位权应具备以下条件：①债务人怠于行使其到期债权；②债务人怠于行使权利的行为已经对债权人造成损害；③债务人的债权不是专属于债务人自身的债权；④代位权的范围应以债权人的债权为限。

2. 债权人的撤销权

债权人的撤销权是指债权人对于债务人实施的损害其债权的行为，请求人民法院予以撤销的权利。《合同法》第七十四条规定：“因债务人放弃其到期债权或者无偿转让财产，对债权人造成损害的，债权人可以请求人民法院撤销债务人的行为。债务人以明显不合理的低价转让财产，对债权人造成损害，并且受让人知道该情形的，债权人也可以请求人民法院撤销债务人的行为。撤销权的行使范围以债权人的债权为限。债权人行使撤销权的必要费用，由债务人负担。”

根据这一规定，债权人行使撤销权应具备以下条件：①债务人实施了损害债权人的行为，这种行为有三种表现形式：放弃到期债权、无偿转让财产、以明显不合理的低价转让财产；②债务人造成了债权人的损害；③撤销权的行使范围以债权人的债权为限。

《合同法》中还规定，撤销权自债权人知道或者应当知道撤销事由之日起 1 年内行使。自债务人的行为发生之日起 5 年内没有行使撤销权的，该撤销权消灭。

7.5 建设工程合同的变更和解除

7.5.1 建设工程合同的变更

工程项目的建设过程是复杂多变的，承包合同在签订后或者在履行的过程中往往会与原合同约定的情况不一致，这种情况下如果仍按照原合同内容执行，必定会导致合同无法履行或不能全面履行。据此，经双方当事人同意，依照法律规定的条件和程序，可以对原合同约定变更合同。合同的变更应具备以下条件。

(1) 建设工程合同的变更，是发包人和承包人双方协商一致的结果。

当事人协商一致是变更合同的一般条件和必要前提。因为合同是在双方当事人协商一致的基础上订立的，是双方当事人意思表示一致的体现。对合同进行变更将使双方当事人权利和义务关系发生变化，任何一方均不能将自己的意志强加给对方。未经对方同意而擅自变更合同，不仅不能对合同的另一方产生约束力，而且还可能构成违约。

(2) 建设工程合同的变更，是指对合同内容的局部调整。

对原合同关系中某些内容的修改或补充，包括合同标的数量增减、交货时间、地点的改变，价款和结算方式的改变等。合同的变更不应包括合同标的变更。标的是合同关系中权利和义务指向的对象，是合同的实质内容。标的变更，合同的权利和义务会发生根本的改变，从而导致原合同关系的消灭。合同变更也不应包括合同主体的变更。主体的变更是广义的合同变更，指的是新的主体取代原合同关系的主体，即新的债权人、债务人代替原来的债权人债务人，但是合同的内容并没有发生变化。对于这种变更，《合同法》将其规定在合同转让之中。

(3) 建设工程合同的变更必须遵守法定的方式。

我国《合同法》第七十七条第二款规定：“法律、行政法规规定变更合同应当办理批准、登记等手续的，依照其规定。”依此规定，如果当事人在法律、行政法规规定变更合同应当办理批准、登记手续的情况下，未遵循这些法定方式的，即便达成了变更合同的协议，也是无效的。由于法律、行政法规对合同变更的形式未做强制性规定，因此可以认为，当事人变更合同的形式可以协商决定，一般要与原合同的形式相一致。如原合同为书面形式，变更合同也应采取书面形式；如原合同为口头形式，变更合同既可以采取口头形式，也可以采取书面形式。

(4) 建设工程合同的变更会形成新的债权和债务内容。

由于合同的变更，当事人不能完全按原合同的内容来履行，而应按变更后的权利和义务关系来履行。但这并不是说在合同变更时，必须首先消灭合同关系。事实上，合同的变更是指在保留原合同的实质内容的基础上，产生一个新的合同关系，它仅仅是在变更的范围内使原债权和债务关系发生变化，而变更之外的债权和债务关系仍继续有效并应履行。所以说，合同变更只是使原合同关系相对消灭。

尤其是建设工程施工合同在履约过程中，存在大量的工程变更。既有传统的以工程变更指令形式产生的工程变更，也包括由业主违约和不可抗力等因素被动形成的工程变更。一般情况下，国内的研究学者通常习惯于将后一部分工程变更视为工程索赔的内容。

7.5.2 建设工程合同的解除

建设工程合同解除是指合同有效成立之后，根据法律规定或因当事人一方的意思表示或者双方的协议，使基于合同发生的承包权利和义务关系归于消灭的一种法律行为。建设工程合同解除应具备以下条件。

(1) 建设工程合同在履行过程中，发包、承包双方经协商一致的，可以解除合同。这是约定解除的范畴。建设工程合同的成立、履行、变更和解除，都是建立在发包、承包双方协商一致前提条件下的。

(2) 因不可抗力致使建设工程合同目的不能实现的情况，可以解除合同。由于不可抗力致使建设工程合同目的不能实现，该合同失去意义，应归于消灭。在此情况下，我国合同法允许当事人通过行使解除权的方式消灭建设工程合同关系。

(3) 在履行期限届满之前，当事人一方明确表示或者以自己的行为表明不履行主要债务的，对方可以解除合同，是指债务人拒绝履行，也称毁约。这种情况要求债务人有履行能力但是无合法理由拒绝履行的行为，应作为合同解除的条件。

(4) 当事人一方迟延履行主要债务，经催告后在合理期限内仍未履行的，对方可以解除合同。

(5) 当事人一方迟延履行债务或者有其他违约行为致使不能实现合同目的的，可以解除合同。

(6) 国家取消固定资产投资计划的，可以解除合同。

7.5.3 建设工程合同变更、解除的法律后果

1．建设工程合同变更的法律后果

由于建设工程合同的变更是在原合同的基础上将合同内容发生变化，因此建设工程合同依法变更后，发包人与承包人应按变更后的合同履行义务，任何一方违反变更后的合同内容都将违约。同时，由于建设工程合同的变更只是原合同内容的局部变更而非全部变更，因此对原合同中未变更的内容，仍然继续有效，双方应继续按原合同约定的内容履行义务。

建设工程合同的变更不具有溯及既往的效力，已经履行的债务不因合同的变更而失去法律依据。也就是说，无论是发包人还是承包人，均不得以变更后的合同条款来作为重新调整双方在变更前的权利和义务关系的依据。同时，依据我国《民法通则》第一百一十五条规定，建设工程合同的变更，不影响当事人要求赔偿损失的权利。

2．建设工程合同解除的法律后果

建设工程合同解除时，如果该合同尚未履行，则基于合同发生的权利和义务关系全部消灭，当事人双方终止合同的履行即可；如果合同已部分履行，由于合同的解除而自始失去效力，所以当事人受领的给付也就失去法律根据，因而受领人有恢复原状的义务。不能恢复原状的，应折价补偿。

建设工程合同解除后，致使原合同中双方当事人之间所形成的法律关系归于消灭，当事人不必再履行合同所约定的债权和债务。但这并不意味着原合同的所有条款都失去效力，当事人与合同有关的权利和义务并不一定全部完结，合同中有关结算和清除条款仍继续有效并应继续履行。如果在合同终止前，一方当事人的行为给对方造成了损失，受损害方在合同终止后，仍然有权请求赔偿。

3．勘察、设计合同变更、解除后的善后处理

工程设计文件批准后，一般不得任意修改和变更。如果必须修改，须根据修改内容所涉及的范围经有关部门批准。如果修改部分属于初步设计内容，须经设计的原批准单位批

准；如果修改的部分属于可行性研究报告的内容，须经可行性研究报告的原批准单位批准；涉及施工图设计的修改，必须经设计单位批准。

在工程项目建设过程中，由于发包人资金情况及对建设项目使用功能等要求，经常会引起设计的变更，进而导致建设工程设计合同的变更。发生设计变更时，发包人应提前告知承包人，获得承包人的同意，且应支付给承包人实际返工修改或重新设计的工作量所增加费用。

4．施工合同解除后的善后处理

施工合同解除后，在发包人与施工单位间仍存在工程结算、赔偿及其他的合同义务的履行问题。建设施工合同解除后施工单位工程款能否得到结算的关键在于已完成工程的质量状况；因发包方违约导致合同解除的，发包人应赔偿因此而给施工单位造成的损失；建设施工合同解除后，施工单位还应妥善做好已完工程和已购材料、设备的保护和移交工作，并按发包人要求将自有机构设备和人员撤出施工场地，上述工作发生的费用应由发包人支付。此外，根据《合同法》中有关诚实信用原则的规定，施工单位还应履行解除合同后的相关通知、协助及保密等义务。

【案例 7-3】

某施工单位(以下简称乙方)根据领取的某 $2000m^2$ 两层厂房工程项目招标文件和全套施工图纸，采用低报价策略编制了投标文件，并获得中标。乙方于 2009 年 2 月 5 日与建设单位(甲方)签订了该工程项目的固定总价施工合同。合同工期为 8 个月。甲方在乙方进入施工现场后，因资金紧缺，无法如期支付工程款，口头要求乙方暂停施工一个月。乙方亦口头答应。工程按合同规定期限验收时，甲方发现工程质量有问题，要求返工。两个月后，返工完毕。结算时甲方认为乙方迟延工期，应按合同约定偿付逾期违约金。乙方认为临时停工是甲方要求的，乙方为赶工期，加快施工进度才出现了质量问题，因此迟延交付的责任不在乙方。甲方则认为临时停工和不顺延工期是当时乙方答应的，乙方就应履行承诺，承担违约责任。

分析与思考：

(1) 此工程采用固定总价合同是否合适？

(2) 建设工程合同变更应具备的条件是什么？该施工合同的变更形式是否妥当？本案的合同争议依据合同法律规范应如何处理？

7.6　建设工程合同的违约责任

7.6.1　建设工程合同违约责任的承担方式

按照建设工程合同是否履行与履行状况，违约行为可分为不履行和不适当履行。不履行是指债务人不按合同约定履行义务；不适当履行又称不完全履行，是指债务人履行义务不符合合同约定。违约行为的后果直接导致对合同债权的侵害，必须承担相应的违约责任。《合同法》以严格责任作为承担违约责任的归责原则，不论违约人在主观上是否有过错，都应当承担违约责任。关于违约责任承担方式有以下几种补救措施。

(1) 继续履行。继续履行又称实际履行或强制履行，是指当事人一方违约的，对方有权请求人民法院或仲裁机构做出判决或裁决，强迫违约人按照合同履行义务。

(2) 停止违约行为。停止违约行为是指当事人一方违约的，对方可以要求其停止违约行为；违约人也应当主动停止违约行为；人民法院有权责令违约人停止违约行为。

(3) 赔偿损失。赔偿损失是指当事人一方的违约行为给对方造成财产损失的，违约人应依法向对方做出经济赔偿。赔偿损失是典型的补偿方式。

(4) 支付违约金。支付违约金是指当事人一方违约时，向对方支付一定数额的金钱。根据性质不同，违约金可分为惩罚性违约金和赔偿性违约金；根据来源不同，违约金又可分为约定违约金和法定违约金。

(5) 定金罚则。定金是指当事人一方向对方给付一定数额的金钱作为债权的担保。定金对于债权的担保作用主要体现为定金罚则，给付定金的一方不履行约定的债务的，无权要求返还定金；收受定金的一方不履行约定的债务的，应当双倍返还定金。

此外，还可采取其他一些补救措施，比如防止损失扩大、暂时中止合同、要求适当履行、解除合同以及行使担保债权等。

根据建设工程合同，承包人应当按时按质按量完成工程建设，发包人应当及时检查验收并支付工程价款。无论是发包人还是承包人，只要其不履行合同规定的义务，都将构成违约行为。针对不同性质的违约行为，债权人有权依照《合同法》等法律的规定要求违约的债务人承担相应的违约责任。

7.6.2 建设工程勘察、设计合同的违约责任

1. 勘察、设计合同发包人承担违约责任

《合同法》第二百八十五条规定，因发包人变更计划，提供的资料不准确，或者未按照期限提供必需的勘察、设计工作条件而造成勘察、设计的返工、停工或者修改设计，发包人应当按照勘察人、设计人实际消耗的工作量增付费用。在这里发包人通过赔偿损失的方式承担违约责任。

《合同法》第一百零九条规定，当事人一方未支付价款或者报酬的，对方可以要求其支付价款或者报酬。发包人迟延支付勘察、设计费的，除应支付勘察、设计费外，还应承担其他的违约责任，如支付违约金、赔偿逾期利息等。

由于发包人擅自修改勘察设计成果而引起的工程质量问题，发包人应当承担责任；发包人擅自将勘察设计成果转移给第三人使用，发包人应当赔偿相应的损失。

住建部、国家工商行政管理总局颁布的《建设工程设计合同》规定，甲方应保护乙方的设计版权，未经乙方同意，甲方对乙方交付的设计文件不得复制或向第三方转让或用于本合同外的项目，如发生以上情况，乙方有权索赔。

2. 勘察、设计合同承包人承担违约责任

《合同法》第二百八十条规定，勘察、设计的质量不符合要求或者未按照期限提交勘察、设计文件拖延工期，造成发包人损失的，勘察人、设计人应当继续完善勘察、设计，减收或者免收勘察、设计费并赔偿损失。在这里，勘察人、设计人通过继续履行和赔偿损失的方式承担违约责任。

7.6.3 建设工程施工合同的违约责任

1．施工合同发包人承担违约责任

(1) 隐蔽工程在隐蔽以前，承包人应当通知发包人检查。发包人没有及时检查的，承包人可以顺延工程日期，并有权要求赔偿停工、窝工等损失。在这里发包人承担违约责任的方式是赔偿损失，承包人有权要求工期和费用索赔。

(2) 发包人未按照约定的时间和要求提供原材料、设备、场地、资金、技术资料的，承包人可以顺延工程日期，并有权要求赔偿停工、窝工等损失。在这里发包人承担违约责任的方式是赔偿损失，承包人有权要求工期和费用索赔。

(3) 由于发包人的原因致使工程中途停建、缓建的，发包人应当采取措施弥补或者减少损失，赔偿承包人因此造成的停工、窝工、倒运、机械设备调迁、材料和构件积压等损失和实际费用。在这里，发包人承担违约责任的方式是采取补救措施和赔偿损失。

(4) 发包人未按照约定支付价款的，承包人可以催告发包人在合理期限内支付价款。发包人逾期不支付的，除按照建设工程的性质不宜折价、拍卖的以外，承包人可以与发包人协议将该工程折价，也可以申请人民法院将该工程依法拍卖。建设工程的价款就该工程折价或者拍卖的价款优先受偿。

2．施工合同承包人承担违约责任

(1) 由于施工人的原因致使建设工程质量不符合约定的，发包人有权要求承包人在合理期限内无偿修理或者返工、改建。经过修理或者返工、改建后，造成逾期交付的，承包人应当承担违约责任。在这里，承包人承担违约责任的方式主要表现为继续履行，同时还要承担逾期交付引起的违约责任，发包人可从支付违约金、减少价款、行使担保债权等方式中选择适当方式要求承包人承担违约责任。

(2) 由于承包人的原因致使建设工程在合理使用期限内造成人身和财产损害的，承包人应当承担损害赔偿责任。发包人可以选择违约责任或者侵权责任要求承包人赔偿损失，其他受损害人可以根据侵权责任要求承包人承担损害赔偿责任。

本 章 小 结

本章主要介绍建设工程合同的订立、效力、履行、变更和解除等内容，重点介绍无效合同，可变更、可撤销合同，效力待定合同的情形以及 2013 版《建设工程施工合同(示范文本)》，还介绍了建设工程合同变更、解除的法律后果和合同违约责任的承担，以加强工程实践工作人员的法律意识。

复习思考题

一、单项选择题

1. 甲公司与乙公司签订的采购合同约定，6月5日甲公司向乙公司支付50万元预付款，7月5日乙公司将采购物品送至甲公司处，但在6月3日，甲公司获取确切证据证明乙公司届时不能履行合同，6月5日乙公司要求甲公司支付预付款，此时甲公司可以行使(　　)。

A. 后履行抗辩权　　B. 不安抗辩权

C. 同时履行抗辩权　　D. 撤销权

2. 某施工单位从租赁公司租赁了一批工程模板，施工完毕，施工单位以自己的名义将该批模板卖给其他公司。后租赁公司同意将该批模板卖给施工单位。此时施工单位出卖模板的合同为(　　)合同。

A. 可变更可撤销　　B. 效力待定

C. 无效　　D. 有效

3. 甲、乙两公司为减少应纳税款，以低于实际成交的价格签订合同，根据《合同法》，该合同为(　　)合同。

A. 无效　　B. 可变更可撤销　　C. 有效　　D. 效力待定

4. 建设工程施工合同应以(　　)为合同履行地。

A. 原告住所地　　B. 合同签订地

C. 施工行为地　　D. 被告住所地

5. 施工单位向电梯生产公司订购两部A型电梯，要求5日内交货。电梯生产公司回函表示如果延长一周可如约供货。根据《合同法》，电梯生产公司的回函属于(　　)。

A. 要约邀请　　B. 承诺　　C. 新要约　　D. 部分承诺

6. 下列书面文件中，(　　)是承诺。

A. 招标公告　　B. 投标书

C. 中标通知书　　D. 合同书

7. 根据《建设工程施工合同(示范文本)》，发包人提供给承包人的地质勘查资料和水文气象资料的准确性应由(　　)负责。

A. 监理单位　　B. 发包人　　C. 承包人　　D. 设计单位

8. 下列合同形式中，承包人承担风险最大的合同是(　　)。

A. 固定单价合同　　B. 成本加固定费用合同

C. 最大成本加费用合同　　D. 固定总价合同

9. 《合同法》中规定，自债务人的行为发生之日起(　　)年内没有行使撤销权的，该撤销权消灭。

A. 3　　B. 4　　C. 5　　D. 6

二、多项选择题

1. 下列属于要约邀请的是( )。

   A. 商业广告　　B. 投标书　　C. 招标公告

   D. 拍卖公告　　E. 商品价目表

2. 关于建设工程施工合同一般条款的说法，正确的有( )。

   A. 建设单位的名称应以其营业执照上的名称为准

   B. 履行地点为项目所在地

   C. 违约责任是当事人违反合同义务的责任

   D. 合同标的是财产

   E. 有关施工组织设计的内容即为履行方式条款

3. 根据《合同法》，当事人一方可以解除合同的情形有( )。

   A. 作为当事人一方的公民死亡

   B. 由于不可抗力致使合同不能履行

   C. 当事人一方延迟履行主要债务，经催告后在合理期限内仍未履行

   D. 法院代表人变更

   E. 当事人一方发生合并、分立

4. 下列合同中，( )合同是可撤销合同。

   A. 因重大误解订立的　　B. 一方以欺诈、胁迫手段订立的

   C. 以合法行为掩盖非法目的　　D. 违反法律的强制性规定的

   E. 订立合同时显失公平的

5. 当事人就合同履行地点约定不明确，不能达成补充协议，又不能根据合同有关条款和交易习惯确定的，则( )。

   A. 给付货币的，在接受货币一方所在地履行

   B. 交付不动产的，在不动产所在地履行

   C. 履行义务一方有权选择履行地点

   D. 其他标的，在履行义务一方所在地履行

   E. 接受履行方有权选择履行地点

6. 合同当事人承担违约责任的形式有( )。

   A. 合同继续履行　　B. 支付赔偿金

   C. 支付违约金　　D. 采取补救措施

   E. 返还财产恢复原状

三、简答题

1. 建设工程合同主要有哪些类型？
2. 简述建设工程合同的订立过程。
3. 什么是无效合同？什么是可变更、可撤销合同？
4. 效力待定合同有哪些类型？
5. 建设工程合同承担违约责任的方式主要有哪几种？
6. 简述施工合同发包人、承包人应承担的违约责任。

第 8 章　工程建设监理法律制度

学习目标

- 了解我国工程建设监理的立法概况。
- 掌握工程建设强制监理的范围。
- 掌握工程建设监理的依据和内容。
- 了解工程建设监理合同当事人的权利、义务内容。
- 掌握违反监理法律制度应承担的责任。

本章导读

本章主要介绍我国工程建设监理法规的立法概况，重点介绍工程建设监理强制监理范围，监理的依据和内容，以及工程建设监理合同当事人的权利、义务关系和相关法律责任。

项目案例导入

某工业厂房工程建设项目于 2001 年 2 月 12 日开工，2001 年 10 月 27 日竣工并验收合格。但在 2004 年 3 月，该厂房供热系统出现部分管道漏水。经业主检查发现，原施工单位所用管材与其向监理工程师所报验的不相符。若全部更换供热管道将损失 30 万元，并将造成该厂部分车间停产损失 20 万元。业主就此事件提出以下要求。

(1) 要求施工单位对厂房供热管道进行全部返工更换，并赔偿该厂停产损失的 60%(计 12 万元)。

(2) 要求监理公司对全部返工工程免费进行监理，并对停产损失承担连带赔偿责任，赔偿该厂停产损失的 40%(计 8 万元)。

施工单位的答复：该厂房供热系统已超过国家规定的保修期，因此不予保修，也不同意返工，更不同意赔偿停产损失。

监理单位的答复：监理工程师已对施工单位报验的管材进行过检查，符合质量标准，已履行了监理职责。施工单位擅自更换管材，应由施工单位负责，监理单位不承担任何责任。

问题导入

依据现行法律和行政法规，你认为业主的要求以及施工单位、监理单位的答复中有没有问题，如果有，问题在哪儿？为什么？通过此案例，你认为监理单位的职责是什么？

8.1 工程建设监理概述

8.1.1 工程建设监理的概念

工程建设监理是指具有相应资质的监理单位受工程项目建设单位的委托，依据国家有关工程建设的法律、法规，经建设主管部门批准的工程项目建设文件、建设工程委托监理合同及其他建设工程合同，对工程建设实施的社会化、专业化监督管理。

8.1.2 工程建设监理的性质

1. 服务性

建设工程监理具有服务性，是从它的业务性质方面定性的。建设工程监理的主要方法是规划、控制、协调，主要任务是控制建设工程的投资、进度和质量，最终应达到的基本目的是协助建设单位在计划的目标内将建设工程建成投入使用。这就是建设工程监理的管理服务的内涵。

工程监理企业既不直接进行设计，也不直接进行施工；既不向建设单位承包造价，也不参与承包商的利益分成。在工程建设中，监理人员利用自己的知识、技能和经验、信息以及必要的试验、检测手段，为建设单位提供管理和技术服务。

工程监理企业不能完全取代建设单位的管理活动。它不具有工程建设重大问题的决策权，它只能在授权范围内代表建设单位进行管理。建设工程监理的服务对象是建设单位。监理服务是按照委托监理合同的规定进行的，是受法律约束和保护的。

2. 科学性

科学性是由建设工程监理要达到的基本目的决定的。建设工程监理以协助建设单位实现其投资目的为己任，力求在计划的目标内建成工程。面对工程规模日趋庞大，环境日益复杂，功能、标准要求越来越高，新技术、新工艺、新材料、新设备不断涌现，参加建设的单位越来越多，市场竞争日益激烈，风险日渐增加的情况，只有采用科学的思想、理论、方法和手段才能驾驭工程建设。

科学性主要表现在：工程监理企业应当由组织管理能力强、工程建设经验丰富的人员担任领导；应当有足够数量的、有丰富管理经验和应变能力的监理工程师组成的骨干队伍；要有现代化的管理手段；要有一套健全的管理制度；要掌握先进的管理理论、方法和手段；要积累足够的技术、经济资料和数据；要有科学的工作态度和严谨的工作作风，要实事求是、创造性地开展工作。

3. 独立性

《建筑法》明确指出，工程监理企业应当根据建设单位的委托，客观、公正地执行监理任务。《工程建设监理规定》和《建设工程监理规范》(GB 50319—2012)要求工程监理企业按照“公正、独立、自主”原则开展监理工作。

按照独立性要求，工程监理单位应当严格地按照有关法律、法规、规章、工程建设文件、工程建设技术标准、建设工程委托监理合同、有关的建设工程合同等的规定实施监理；在委托监理的工程中，与承建单位不得有隶属关系和其他利害关系；在开展工程监理的过程中，必须建立自己的组织，按照自己的工作计划、程序、流程、方法、手段，根据自己的判断，独立地开展工作。

4．公正性

公正性是社会公认的职业道德准则，是监理行业能够长期生存和发展的基本职业道德准则。在开展建设工程监理过程中，工程监理企业应当排除各种干扰，客观、公正地对待监理的委托单位和承建单位。特别是当这两方发生利益冲突或者矛盾时，工程监理企业应当以事实为依据，以法律和有关合同为准绳，在维护建设单位的合法权益时，不损害承建单位的合法权益。例如，在调解建设单位和承建单位之间的争议，处理工程索赔和工程延期，进行工程款支付控制及竣工结算时，应当尽量客观、公正地对待建设单位和承建单位。

8.1.3 我国工程建设监理的现状

我国开展工程建设监理自 1988 年起步，目前整体的建筑市场已基本形成了监理、业主和承包商三大平等、独立的工程建设主体。作为监理单位，既要重视“质量、进度、投资”三大控制，又要作为工程建设中最主要的协调者和管理者，协调好与业主、施工单位之间的关系，以确保工程建设预定的“质量、投资、进度目标”的实现。无论从理论上还是实践上，我国建设监理活动都积累了丰富的经验，但工程监理工作中也存在着不少的问题，主要表现在以下几个方面。

1．监理的定位不明确

无论是业主、施工单位还是监理企业内部都普遍存在着对监理工作的定位不明确问题。按照国家的有关法律、法规，监理单位应该是建筑市场中独立的第三方，监理人员应该以独立、客观、公正、科学的态度和方法去处理在工程建设过程中所发生的各类问题，不得依附和偏袒任何一方。而实际工作中会出现以下情况。

(1) 有的业主会认为监理单位是自己花钱委托聘请的，监理人员应该完全按照自己的意愿和要求去开展工作，而且只要是委托了监理的工程，就不应该出问题，工程一旦出问题，就将责任归咎于监理人员。

(2) 有的施工单位会认为监理人员的主要职责就是检查施工现场的工程质量，而对施工单位的其他工作和事情则无权干涉。实际从法律的角度上看，监理人员除了督促施工现场的工程质量问题，还拥有对工程建设有关事项的建议权、认可权和审批权等。如选择总承包人的建议权、选择分包人的认可权、对施工组织设计、施工方案、开工审批的权力等。

(3) 有的监理企业内部人员会认为监理人员应该整天待在现场，把主要精力放在按照规范和设计图纸保证具体的施工操作质量上，而事实上，监理的工作内容不仅仅是质量监督，还应包括与建设项目有关的内容，比如投资控制、合同和信息管理及参建各单位间的关系协调等。

2．监理的工作范围和内容缩小

目前，我国绝大部分工程监理单位从事的都是施工阶段的监理。很多业主不愿授予或部分授予监理投资、进度控制权(尤其是投资控制权)，有些项目监理即使被授予投资控制权，在实际工作过程中也是流于形式，离真正意义上的“控制”还相差甚远。加上前期阶段监理的缺乏，使得前期阶段在功能策划、可行性研究、设计图纸的完善性等方面做得不够，导致施工阶段设计变更较多，工期失控，有的甚至影响工程质量。

3．监理队伍自身建设水平低

(1) 监理人员总体素质较低。

监理工作的性质具有服务性，这就要求监理人员要具备扎实的技术知识并掌握现代管理的方法和手段，这样的复合型人才在我国的监理行业还存在着很大的缺口。国家实行的注册监理工程师制度在一定程度上弥补了这一不足，使得监理从业人员既在实践中加强技能的培养，又从理论上进行学习，提高自身素质。但是，据统计，在我国通过考试并注册上岗的监理人员只占一半左右，另一半通过考试的人员大都有稳定工作，像设计院、学校，他们只是在监理企业注册挂名，而未从事实际监理工作。也就是说，通过考试的人员实际并未从事监理工作，而实际从事监理工作的人并未通过考试，有些甚至未通过培训就上岗，企业注册监理的工程师与实际工作人员脱钩。

还有，监理工程师专业以工民建专业居多，像交通、水利、电力、通信等基础性行业的监理专业较少，力量薄弱。

(2) 监理费的收取过低。

我国目前实行的监理费取值仍执行由建设部和国家物价局于 1992 年联合发布的《工程建设监理收费标准》。但是实际监理收费甚至比国家标准还低。一方面，有些业主把监理费支出看成是一项经济负担，将监理费一压再压，使监理工作处于被动地位，严重影响监理工作的正常开展；另一方面，同行自相减价。有些监理公司由于成本小、费用少，在承接监理项目时自行压低监理费，以低价优势承揽工程。

4．监理企业的内部管理欠缺

(1) 组织机构不健全。部分监理企业虽然管理组织机构框图中各职能部门齐全，但实际工作中为了减少人员开支，除现场驻地工程师外，只有公司经理 1 人统管公司大小事务，往往就会影响企业的管理效能和水平。

(2) 监理工作程序不清。严格按照国家规定及监理程序工作，是搞好项目监理工作的重要原则之一。而目前有些监理公司并无严格的内部管理程序和制度，实际监理工作中也不按监理程序办事。

(3) 旁站监理工作不到位，现场记录不齐全、不真实。要建立科学、严格的监理旁站制度，尤其对施工中涉及结构安全的关键部位、重要工序必须实行现场跟班监督，做好现场记录。建设单位应依据工程重要级别，要求监理单位提交监理旁站的工作范围和旁站部位，并上报旁站方案，监督旁站监理工作的实施，并应为监理单位正常开展旁站监理工作提供必要条件；施工单位应主动接受监理单位的旁站监理，并在旁站监理记录上签字认可；监理单位应建立和完善旁站监理制度，明确总监理工程师和专业监理人员及监理员的职责，定期检查旁站监理人员的到位情况、旁站监理记录和旁站监理工作质量。旁站监理人员对旁站监理工作应承担相应的监理责任。

(4) 监理技术文件(监理规划、监理细则等)照抄照搬。部分监理工程师在编写项目监理技术文件时，不能充分发挥自身主观能动性，不结合项目特点和工程具体情况，照抄照搬监理技术文件范本，起不到编写技术文件的作用和意义。

(5) 监理工作责任制未落实，总监一身多职，难以真正起到总监的作用。总监理工程师(项目总监)是监理单位在工程项目监理活动中的全权代表，是监理项目的责任主体，是实现监理项目的最高责任人，项目总监的作用不是一般专业监理工程师所能替代的。而由于目前我国监理行业中缺乏总监人才，部分监理企业让一个总监担任 4～5 个甚至更多项目的总监，使总监难以发挥总监的作用，不能真正履行总监的职责，进而也影响到项目的监理效果。

总之，我国的工程建设监理是一个正处在发展阶段的产业，它需要政府有关部门在政策、制度、措施上予以扶持，也需要社会各界的广泛理解与支持，才能充分发挥它在工程建设中“三控三管一协调”的作用，才能实现国家在基本建设中大力推行工程建设监理制度的初衷。

【案例 8-1】

2012 年 9 月 13 日 13 时左右，武汉市东湖生态旅游风景区东湖景园正在建设的(以下简称“东湖景园”)C 区 7-1 号楼建筑工地，发生一起施工升降机坠落造成 19 人死亡的重大建筑施工事故，直接经济损失约 1800 万元。东湖景园项目位于东湖风景区东湖村，分为 A、B、C 3 个区，2011 年 5 月 18 日开工建设，总建筑面积约 80 万平方米。C 区地块(60 亩)为东湖村集体土地，至事故发生时尚未办理完成建设用地转用和供地手续。

经调查认定，在该起事故中，有多家单位负有责任。东湖景园的建设是在无《建设工程规划许可证》、《建筑工程施工许可证》、《中标通知书》和《开工通知书》的情况下，违规进场施工，且施工过程中忽视安全管理，现场管理混乱，并存在非法转包等违规现象。

其中，武汉博特建设监理有限责任公司作为东湖景园 C 区监理单位，未与分公司、监理部签订安全生产责任书，安全生产管理制度不健全，落实不到位，在未取得相关手续的情况下违规进场监理；公司内部管理混乱，对分公司管理、指导不到位；在工作中使用非公司人员曾雯的监理资格证书，在投标时将曾雯作为东湖景园项目总监，但并未安排曾雯实际参与项目投标和监理活动；东湖景园项目监理部负责人(总监代表)丁炎明和部分监理人员不具备岗位执业资格；对项目施工和施工升降机安装使用安全生产检查和隐患排查流于形式，未能及时发现和督促整改事故施工升降机存在的重大安全隐患，造成严重后果。

8.1.4 工程建设监理法规立法概况

在我国，实行建设工程监理制度是我国工程建设与国际惯例接轨的一项重要工作，也是我国建设领域中管理体制改革的重大举措。1984 年，云南鲁布革水电站工程建设的成功例证给我国工程项目建设管理体制改革带来了新的冲击，我国是从 1988 年开始提出工程建设监理制度的建立，并逐一展开了试点工作。在此期间，一些相关的部门规章和规范性文件也相继出台，主要有《关于进一步开展建设监理工作的通知》(1992 年)、《工程建设监理规定》(1995 年)、《关于印发〈工程建设监理合同〉示范文本的通知》(1995 年)。

1993 年 7 月，经国家政府民政部门批准，我国成立了中国建设监理协会，使得工程建设监理制度逐步走上正轨。尤其是 1997 年颁布 2011 年修正的《建筑法》中，“建设工程监理”作为独立的一章，正式确定了该制度的法律地位。本章第三十～三十五条，明确了建筑工程监理的性质、含义、作用、范围、任务以及责、权、利等内容。同时，在《建筑法》的第二章“建筑许可”和第七章“法律责任”中，也明确了建筑工程监理单位和监理工程师的执业、法律责任等内容。之后，2000 年国务院颁布的《建设工程质量管理条例》中，对必须实行监理的工程做出了明确规定；2001 年建设部颁布了《工程监理企业资质管理规定》，2007 年又对该规定做了全面修订，对工程监理企业的资质等级、资质标准、申请与审批、业务范围等方面都做了规范；2000 年建设部和国家质量技术监督局联合发布了《建设工程监理规范》(GB 50319—2012)，2013 年又对该规范做了修订，在项目监理机构要求、监理人员要求以及各阶段监理工作实施上都做出了更为详细的标准和要求；2006 年建设部又发布了《注册监理工程师管理规定》，对注册监理工程师的执业资格做出了相应的规定，加强了工程监理行业队伍的建设。

这些法律法规的颁布实施，构成了我国建设工程监理的法规体系，对我国建设工程监理的制度推进和发展，对规范监理工作的行为具有十分重要的意义。

8.2 工程建设监理的实施

8.2.1 工程建设监理的实施原则

工程建设监理服务的实施，应遵循下列基本原则。

1．坚持监理执业资质审核的原则

这是从事监理活动的首要原则。主要包括两层含义。

(1) 从事监理的单位，都要经有关主管部门进行资质审查并取得相关资质等级证书，没有证书的企业不得从事监理业务；取得证书的监理单位，必须依照资质等级规定或批准的监理范围承接监理业务，不得越级或者超范围实施监理活动。

(2) 凡以监理工程师名义从事监理业务的专业人员，必须是经过全国建设监理主管部门考核确认或经过全国统一考试合格取得资格并经注册得到“监理工程师岗位证书”的工程建设技术与管理人员，否则，不可以监理工程师名义从事监理业务。

2．监理单位必须坚持独立、公正、科学性的原则

这是监理单位和监理人员应当遵守的最基本的执业准则，也是对监理活动的基本要求。监理单位必须在保证国家利益的前提下，为业主服务，维护业主的合法权益。监理工程师应遵照其职责，独立、公正地开展工作。为此，我国有关规定中吸收了国际通行的惯例和一些国际组织的公约，指出：“监理单位的各级负责人和监理工程师，不得在政府机关或施工、设备制造、材料供应单位任职，不得是施工、设备制造和材料供应单位的合伙经营者或有经营隶属关系，不得承包施工和建筑材料销售业务。”监理单位根据建设单位的委托，“必须客观、公正地执行监理任务，不得转让工程监理业务。”

3．监理项目实行总监理工程师全权负责的原则

总监理工程师是监理单位派出的履行监理委托合同的全权负责人。他根据监理委托合

同赋予的权限，全权负责整个监理事务，并领导项目监理工作组的其他监理工程师开展工作。监理工作组中的其他监理工程师具体履行监理职责，并向总监理工程师负责。

4. 监理工程师实行有偿服务的原则

监理工程师的服务属于专业技术咨询服务类，其投入或消耗应该得到合理的补偿。我国的监理取费是采取确定最低保护价与最高限价的原则，具体标准由有关双方根据监理工作的深度来确定。监理单位与业主协商确定的监理酬金，应在监理委托合同中加以明确。

5. 权责一致的原则

监理工程师根据建设监理法规和业主的授权履行其职责，他所承担的职责应与业主的授权相一致，业主向监理工程师的授权，应以能保证其正常履行监理的职责为原则。

6. 监理单位应当坚持严格监理、竭诚服务的原则

监理工程师一方面要严格按照有关法律、法规、规范、标准、建设文件和工程建设合同实施监理，严格把关，认真履行职责；另一方面，要运用合理技能，谨慎而努力地工作，为委托者提供满意的服务，同时与被监理单位密切配合、友好合作，共同实现工程项目总目标。

7. 工程建设监理实施过程中应坚持综合效益原则

在实施监理活动时既要考虑业主的经济效益，也要考虑社会效益和环境效益，并使它们有机统一。

8. 监理工程师应坚持实事求是的原则

监理工作中监理工程师应尊重事实，任何指令、判断应有事实依据，有证明、检验、试验资料，以理服人。

8.2.2 工程建设监理的依据和内容

1. 工程建设监理的依据

工程建设监理的依据包括国家批准的工程建设文件、有关的法律法规规章和标准规范、建设工程委托监理合同和有关的建设工程合同。

(1) 工程建设文件，包括批准的可行性研究报告、建设项目选址意见书、建设用地规划许可证、建设工程规划许可证、批准的施工图设计文件和施工许可证等。这既是政府有关部门对工程建设进行审查、控制的结果，是一种许可，也是工程实施的依据。

(2) 有关的法律、法规、规章和标准、规范，包括《建筑法》、《合同法》、《招标投标法》、《建设工程质量管理条例》等法律法规，《工程建设监理规定》等部门规章，以及地方性法规等，也包括《工程建设标准强制性条文》、《建设工程监理规范》(GB 50319—2012)以及有关的工程技术标准、规范、规程等。

(3) 建设工程委托监理合同和有关的建设工程合同。工程监理企业应当根据下述两类合同进行监理：一是工程监理企业与建设单位签订的建设工程委托监理合同；二是建设单位

与承建单位签订的建设工程合同。监理单位必须依据监理委托合同中的授权行事，同时监理工程师应以此为尺度严格监理，并努力达到工程实施的目的。

2．工程建设监理的内容

工程建设监理的主要内容概括为“三控制、三管理、一协调”，即控制工程建设的投资、建设工期和工程质量；进行工程建设合同管理、安全管理和信息管理；协调有关单位之间的关系。

(1) “三控制”。

“三控制”即投资控制、进度控制和质量控制。控制是管理的重要职能之一，工程质量是工程进度的保证，工程进度和质量又必须有资金作为基础，三大目标之间的关系是相互依存、对立统一的。工程投资控制、进度控制和质量控制成功与否，直接影响工程项目建设决策目标的实现。工程建设监理的首要任务就是根据业主的不同侧重要求，尽力控制三大目标达到最佳状态。

(2) “三管理”。

“三管理”即工程建设合同管理、工程建设过程中的安全管理和信息管理。

监理企业在工程建设监理过程中的合同管理主要是根据监理合同的要求对工程承包合同的签订、履行、变更和解除进行监督、检查，对合同双方的争议进行调解和处理，以保证合同的依法签订和全面履行。

安全监理要求工程监理企业对工程建设中的人、机、物、环境及施工过程的安全生产进行监督管理，并采取组织措施、技术措施、经济措施和合同措施，监督管理施工单位的建设行为符合国家安全生产、劳动保护法律、法规和有关政策，将建设工程安全风险有效地控制在允许的范围内，以确保施工安全。

信息管理是指在实施监理的过程中，对所需的信息进行收集、整理、处理、存储、传递、应用等一系列工作的总称。在工程建设过程中，监理工程师开展监理活动的中心任务是目标控制，而进行目标控制的基础是信息。只有掌握大量的、来自各领域的、准确的、及时的信息，监理工程师才能够充满信心，以便做出科学的决策，高效地完成监理工作。不同的工程建设项目，由于情况不同，所需要的信息也有所不同，这完全取决于部门实际工作的需要。

(3) “一协调”。

“一协调”是指协调参与该工程建设项目有关单位之间的关系。通过定期、不定期的会议等方式完成相互之间的沟通，达到意见统一、协调一致的目的。我国也在逐步实现由施工监理过渡到全过程、全方位监理，从而实现真正意义上的项目管理。

8.2.3 工程建设强制监理的范围

2001 年 1 月 17 日建设部颁布的《建设工程监理范围和规模标准规定》对实行强制性监理的工程范围做出了具体规定，要求下列工程必须实行工程监理。

(1) 国家重点建设工程。依据《国家重点建设项目管理办法》所确定的对国民经济和社会发展有重大影响的骨干项目。

(2) 项目总投资额在 3000 万元以上的大中型公用事业工程。供水、供电、供气、供热等市政工程项目；科技、教育、文化等项目；体育、旅游、商业等项目；卫生、社会福利等项目；其他公用事业项目。

(3) 成片开发建设的住宅小区工程。成片开发建设的住宅小区工程，建筑面积在 50000m^2 以上的住宅建设工程必须实行监理；50000m^2 以下的住宅建设工程，可以实行监理，具体范围和规模标准，由省、自治区、直辖市人民政府建设行政主管部门规定；为了保证住宅质量，对高层住宅及地基、结构复杂的多层住宅应当实行监理。

(4) 利用外国政府或者国际组织贷款、援助资金的工程。包括使用世界银行、亚洲开发银行等国际组织贷款资金的项目；使用国外政府及其机构贷款资金的项目；使用国际组织或者外国政府援助资金的项目。

(5) 国家规定必须实行监理的其他项目。项目总投资额在 3000 万元以上关系社会公共利益、公共安全的交通运输、水利建设、城市基础设施、生态环境保护、信息产业、能源等基础设施项目以及学校、影剧院、体育场馆项目。

8.2.4　工程建设监理单位的职责与工作程序

1. 工程建设监理单位的职责

监理单位依据监理合同中建设单位授予的权力行使职责，公正、独立地开展监理工作。

(1) 贯彻设计意图，不得擅自变更设计，但可提出修改意见，设计单位应及时研究答复，如被采纳并产生效益，应根据有关规定予以奖励。

建设单位或施工单位如要变更设计时，需通过监理单位向设计单位提出。设计人员如发现施工中有不符合设计行为时，应及时向监理单位提出，并由监理单位处理，如处理不及时而影响工程质量，监理单位应负相应责任。

(2) 施工总包单位在施工时须接受监理单位的督促和检查，并提供工作方便；监理单位要为施工创造条件，按时、按计划做好监理工作，凡事先未说明又不按时完成监理的，视同已被监理单位认可。分包单位一应签证认可事项，应通过总包单位向监理单位提出。

(3) 施工单位或设计单位与建设单位在执行工程有关合同过程中发生争议，由监理总工程师调解。在接到调解通知书后 20 天内，将处理意见书面通知争议双方，若一方不同意监理总工程师的调解意见，可在 15 天内请政府监理主管部门协调，若仍有不同意见，可请经济合同仲裁机关仲裁，也可直接向法院起诉。

(4) 由于监理单位失职或决策指导错误而造成损失的，监理单位要承担经济责任并赔偿损失费用。其最高赔付额为监理工程的全部监理费。

2. 工程建设监理的工作程序

工程建设监理工作一般按下列程序进行。

(1) 确定项目总监理工程师，成立项目监理机构。

(2) 总监理工程师组织有关专业工程监理工程师编制工程建设监理规划。

(3) 在监理规划的基础上，按工程建设进度、分专业由相关专业监理工程师编制工程建设监理实施细则。

(4) 按照建设监理规划和监理细则，规范化开展监理工作。

(5) 参与工程竣工预验收，签署工程建设监理意见。

(6) 建设监理业务完成后，向建设单位提交工程建设监理档案资料并做出监理工作总结。

8.3 工程建设监理合同

8.3.1 工程建设监理合同的概念

建设工程委托监理合同，简称监理合同，是指工程建设单位聘请监理单位代其对工程项目进行管理，明确双方权利和义务的协议。建设单位(业主)称委托人，监理单位称受托人。

这种委托和被委托的关系具体体现在两方面：一是在业主与承包商签订的合同文件中，详细地规定了被委托的监理工程师的权利和职责，其中包括监理工程师对业主的约束权力和监理工程师独立公正地执行合同条件的权利；二是业主与监理单位签订的监理合同中，这份文件主要对监理人员的数量、素质、服务范围、服务时间、服务费用以及其他有关监理人员生活方面的安排进行了详细的规定。在监理协议中明确监理工程师的权利时应注意到协议中明确的权利要与施工合同中所赋予监理工程师的权利保持一致。

业主不能认为监理工程师是他所委托的雇员而去干预监理工程师的正常工作。这是业主在处理与监理工程师的关系时应该掌握的根本原则。

8.3.2 工程建设监理合同的特征

监理合同与工程建设过程中签订的其他合同的最大区别就是标的性质的差异。委托监理合同的标的是服务，即监理工程师凭借自己的知识、经验、技能受业主委托为其所签订的其他合同的履行实施监督和管理活动。

值得指出的是，监理合同的当事人只有业主和监理单位，而监理单位与承包商之间既没有任何合同，也没有任何协议，其关系主要体现在业主与承包商签订的合同条款中。按照合同规定，监理工程师与承包商之间是监理和被监理的关系，承包商的一切工程活动都必须得到监理工程师的批准。承包商完成的任何工作都必须达到监理工程师满意的程度。承包商必须接受监理工程师的监督和管理。如果承包商认为监理工程师的决定不能接受，他有权提出仲裁，通过法律手段进行解决。

8.3.3 工程建设监理合同当事人权利和义务

1. 委托人(业主)的权利

(1) 授予监理人权限的权利。

(2) 选定工程总承包人以及与其订立合同的权利。

(3) 委托监理工程重大事项的决定权。委托人有对工程规模、设计标准、规划设计、生产工艺设计和设计使用功能要求的认定权，以及对工程设计变更的审批权。

(4) 对监理人履行合同的监督控制权。委托人有权依据监理合同对监理机构和监理业务进行检查和监督。委托人对工程建设中质量、进度、造价方面的重大问题有最终决定权。

委托人对监理单位调换总监理工程师有批准权和否决权。

委托人有权要求监理人按合同附件的约定提交监理工作报告，包括监理月报及监理业务范围内的专项报告。

当委托人发现监理人员不按监理合同履行监理职责，或与承包人串通给委托人或工程造成损失的，委托人有权要求监理人更换监理人员，直到解除合同并要求监理人承担相应的赔偿责任或连带赔偿责任。

2．委托人(业主)的义务

(1) 委托人在监理人开展监理业务之前应向监理人支付预付款。

(2) 委托人应当负责工程建设的所有外部关系的协调，为监理工作提供外部条件。如将部分或全部协调工作委托监理人承担，则应在专用条款中明确委托的工作和相应的报酬。

(3) 委托人应当在双方约定的时间内免费向监理人提供与工程有关的为监理工作所需要的工程资料。

(4) 委托人应当在专用条款约定的时间内就监理人书面提交并要求对一切事宜做出书面决定。

(5) 委托人应当授权一名熟悉工程情况、能在规定时间内做出决定的常驻代表(在专用条款中约定)，负责与监理人联系。更换常驻代表，要提前通知监理人。

(6) 委托人应当将授予监理人的监理权利，以及监理人主要成员的职能分工、监理权限及时书面通知已选定的合同承包人，并在与第三人签订的合同中予以明确。

(7) 委托人应当在不影响监理人开展监理工作的时间内提供以下资料：①与本工程合作的原材料、购配件、设备等生产厂家名录；②提供与本工程有关的协作单位、配合单位的名录。

(8) 委托人应免费向监理人提供办公用房、通信设施、监理人员工地住房及合同专用条件约定的设施。对监理人自备的设施给予合理的经济补偿(补偿金额=设施在工程使用时间占折旧年限的比例×设施原值+管理费)。

(9) 根据情况需要，如果双方约定，由委托人免费向监理人提供其他人员，应在监理合同专用条件中予以明确。

3．监理人的权利

委托监理合同中涉及监理人权利的条款可分为两大类：一类是监理人在委托合同中应享有的权利；另一类是监理人履行委托人与第三方签订的承包合同的监理任务时可行使的权利。

(1) 委托监理合同中赋予监理人的权利，包括：①完成监理任务获得酬金和获得奖励的权利；②终止合同的权利。

(2) 监理人执行监理业务可以行使的权利，包括：①选择工程设计、施工和供货单位的建议权；②用于工程实施的设计文件(包括由设计单位和承建单位提供的设计)的核查确认权，只有经监理机构确认并加盖公章的图纸及文件才成为有效的施工依据；③工程承建合同文件的解释权；④对设计和工程承建单位选择分包单位的确认权与否认权；⑤就工程建设中有关事项向业主提出优化建议权；⑥工程施工措施、计划和技术方案的审批权；⑦工程项目承建各方现场协调的主持权；⑧按合同规定发布开工令、停工令、返工令和复工令；⑨工程中使用的材料和施工质量的检验权、质量否决权、安全生产与施工环境保护监督权；⑩工程施工进度的检查、监督权，以及合同工期的签认权；⑪有独立处理在专用条件中约定金额以下的工程变更的处置权；⑫按工程承建合同有关规定，行使工程量计量和工程款支付凭证的审核和签认权，未经监理机构签字确认，业主不应支付工程款；⑬有权要求承建单位撤换不称职的现场人员。

监理机构收到业主或被监理方对对方的任何意见和要求(包括索赔要求)，应及时核实并评价，再与双方协商。当业主与被监理方发生争议时，监理机构应根据自己的职能以独立的身份判断，公正地进行调解，提出书面处置意见。

4．监理人义务

(1) 监理人按合同约定派出监理工作需要的监理机构及监理人员。向委托人报送委派的总监理工程师及其监理机构的主要成员名单、监理规划，完成监理合同专用条件中约定的监理工程范围内的监理业务。在履行合同义务期间，应按合同约定定期向委托人报告监理工作。

(2) 监理人在履行本合同的义务期间，应认真勤奋地工作，为委托人提供与其水平相适应的咨询意见，公正维护各方面的合法利益。

(3) 监理人使用委托人提供的设施和物品属委托人的财产。在监理工作完成或中止时，应将其设施和剩余的物品按合同约定的时间和方式移交委托人。

(4) 在合同期内和合同终止后，未征得有关方同意，监理人不得泄露与本工程、本合同业务有关的保密资料。

8.4 法 律 责 任

8.4.1 违反资质管理制度的法律责任

《建设工程质量管理条例》中明确规定，工程监理单位应当在其资质等级许可的监理范围内，承担工程监理业务。禁止工程监理单位超越本单位资质许可的范围或者以其他工程监理单位的名义承担监理业务。禁止工程监理单位允许其他工程监理单位或者个人以本单位的名义承担监理业务。

《建筑法》中明确规定，超越本单位资质等级承揽工程的，责令停止违法行为，处以罚款，可以责令停业整顿，降低资质等级；情节严重的，吊销资质证书；有违法所得的，予以没收。

未取得资质证书承揽工程的，予以取缔，并处罚款；有违法所得的，予以没收。

以欺骗手段取得资质证书的，吊销资质证书，处以罚款；构成犯罪的，依法追究刑事责任。

8.4.2 违法转包、分包的法律责任

《建筑法》中明确规定，建筑工程监理单位转让监理业务的，责令改正，没收违法所

得，可以责令停业整顿，降低资质等级；情节严重的，吊销资质证书。

8.4.3　违反安全生产、质量管理制度的法律责任

《建筑法》中明确规定，工程监理单位与建设单位或者建筑施工企业串通，弄虚作假、降低工程质量的，责令改正，处以罚款，降低资质等级或者吊销资质证书；有违法所得的，予以没收；造成损失的，承担连带赔偿责任；构成犯罪的，依法追究刑事责任。

【案例 8-2】

某工程咨询公司，主要从事市政公用工程方面的咨询业务。该公司通过研究《工程监理企业资质管理规定》文件，认为已经具备从事市政公用工程监理的能力，符合丙级资质。为迅速拓展业务，该公司通过某种渠道与某业主签订了一座 20 层框架结构办公大楼监理任务，建筑面积为 40000m^2，该建筑物属于二等房屋建筑工程项目。在签订的监理合同中，咨询公司应业主的要求，大幅度降低监理费取费费率，最终确定标准为每平方米建筑面积的监理费为 5 元。在监理过程中，给承包商提供方便，接受承包商生活补贴 5 万元。

案例评析：首先，工程咨询公司不具备工程监理企业的资质，工程监理企业的资质应通过向相应的建设行政主管部门申请，经过批准后才能具备承揽监理工程的资格，而不是自己对照文件，认为符合规定的要求后，就自然取得资质。工程咨询公司未取得工程监理资质就承揽了监理业务，并在非法承揽监理业务过程中，采取了恶性降价压价的手段，这都违背了工程监理企业的守法经营准则。还有，在监理过程中，给承包商提供方便，接受承包商好处，也违背了工程监理企业的公正经营准则。对此违法行为，应予以取缔，并处以一定的罚款，没收违法所得。

本 章 小 结

本章首先介绍了工程建设监理的概念、监理制度的立法概况以及我国工程建设强制监理的范围；其次介绍了工程监理实施过程中应遵循的原则、依据、内容和程序，之后又介绍了工程监理合同当事人的权利、义务内容；最后介绍了违反工程监理制度应承担的法律责任。

复习思考题

一、单项选择题

1. 按照国家有关规定，下列工程必须实行监理的是(　　)。
   A. 一座总投资 2300 万的桥梁
   B. 一个建筑面积 4.6 万平方米的住宅楼
   C. 一座总投资 6500 万元的污水处理厂
   D. 一个总投资 2800 万元的市民文化中心

2. 依法实施强制监理的工程项目，对以下组织设计中的安全技术措施或者专项施工方案是否符合工程建设强制性标准负有审查责任的是(　　)。

A. 发包人驻工地代表　　B. 工程监理单位

C. 设计单位　　D. 项目技术负责人

3. 现场监理工程师检查发现业主指定分包人施工的防水工程存在质量问题，对此质量问题发出整改指令的正确做法是(　　)。

A. 业主向分包人发出质量问题整改通知单

B. 监理方向分包人发出质量问题联系单

C. 监理方向总承包人发出监理通知单

D. 监理方向业主发出监理工作联系单

4. 根据《建筑法》，有权对建筑工程实施强制监理的范围进行规定的机构是(　　)。

A. 省级建设行政部门

B. 国务院

C. 住房和城乡建设部

D. 国家安全生产监督管理行政主管部门

5. 国家规定必须实行监理的基础设施项目，其项目总投资额在(　　)万元以上。

A. 1000　　B. 2000　　C. 3000　　D. 4000

二、多项选择题

1. 下列选项中，属于必须实行监理的建筑工程包括(　　)。

A. 邮政、电信枢纽、通信、信息网络等项目

B. 使用世界银行、亚洲开发银行等国际组织贷款资金的项目

C. 项目总投资额为 2000 万元的体育场馆项目

D. 项目总投资额在 3000 万元以上的学校项目

E. 建筑面积在 5 万平方米以上的住宅建设工程

2. 工程监理单位和被监理工程的(　　)有隶属关系或其他利害关系的，不得承担该项建设工程的监理业务。

A. 建设单位　　B. 造价咨询单位　　C. 施工企业

D. 建筑材料、构配件供应单位　　E. 设备供应单位

3. 监理工程师对所监理的工程实施监理的依据包括(　　)。

A. 工程监理合同　　B. 工程建设国家强制性标准

C. 工程施工承包合同　　D. 经批准的工程设计文件

E. 有关建设工程的法律、法规

4. 监理工程师施工阶段协调工作的主要内容包括(　　)。

A. 与承包商项目经理关系的协调　　B. 进度问题的协调

C. 质量问题的协调　　D. 注意信息传递的及时性和程序性

E. 处理好人际关系

5. 《建筑法》规定，工程监理单位与建设单位或者建筑施工企业串通，弄虚作假、降低工程质量的，应有以下处罚方式(　　)。

A. 责令改正，处以罚款，降低资质等级或者吊销资质证书
B. 有违法所得的，予以没收
C. 造成损失的，承担连带赔偿责任
D. 构成犯罪的，依法追究刑事责任
E. 及时上报主管单位

三、简答题

1. 简述我国工程建设监理法规的立法概况。
2. 我国工程建设强制监理的范围有哪些？
3. 简述工程建设监理的内容。
4. 简述实施工程建设监理的工作程序。
5. 简述委托人和监理人双方的权利和义务。
6. 简述建设工程监理实施的违约责任。

第9章　工程建设安全生产管理法律制度

学习目标

- 掌握工程建设安全生产的基本概念、原则和方针。
- 熟悉工程建设安全生产责任制度的组成内容。
- 熟悉工程建设安全责任体系的构成。
- 了解工程安全事故的报告、救援及处理程序。

本章导读

本章主要学习工程建设安全生产管理方针、工程建设安全生产责任制度、安全生产责任体系的基本概念、组成，工程建设安全事故的应急救援与处理方法以及相关各方在工程建设安全生产过程中应负的法律责任等内容。

项目案例导入

2008年10月30日6:30左右，霞浦县新城区迪鑫阳光城施工现场的木工班和钢筋班组12名工人擅自开启3号楼施工升降机，准备到25层工作面作业，当施工升降机吊笼上升到第44、45标准节时(高约65m)，第43～46标准节倾倒，施工升降机吊笼坠落，造成吊笼内12名工人全部死亡。经省政府组织调查，查明该起事故是重大生产安全责任事故。

首先房地产开发公司通过虚假招标、挂靠有资质施工企业的方式，非法自行组织项目施工，并在施工中私招滥雇，指派无起重设备安装资格的电工安装包括发生事故的3号楼在内的6台施工升降机，严重违反工程施工安全管理规定。其次，有关施工、监理、安装、检测、劳务分包、招标代理、造价咨询等企业、单位在承揽业务中，严重违反有关建设管理法律法规。最后，行业主管部门的建筑安全生产督察工作不到位，对迪鑫阳光城项目建设中存在的严重违法违规问题没有及时发现和制止。事故发生后，有关人员弄虚作假，逃避责任。

经审定，对该起责任事故的39名责任人、10个责任单位进行责任追究。第一，18名事故责任人被移交司法机关依法追究刑事责任(包括建设局、房地产开发、监理单位的有关负责人、直接责任人)。第二，11名纪检监察对象受到党纪、政纪处分(包括县政府、建设局及施工、监理、安装、检测、造价咨询等单位人员)。第三，10名企事业单位相关责任人员受到行政处罚或处理。第四，对10个责任单位依法实施行政处罚或处理。

问题导入

霞浦“10·30”重大建筑施工生产安全事故性质恶劣、损失惨重，事故暴露出一些地方政府及其部门安全生产监管责任不落实，部分企业安全生产主体责任不落实甚至违法违规经营，那么我国针对建设生产安全制定了哪些制度？工程建设各方主体的安全责任有哪些？事故的调查处理制度有哪些？通过本章的学习将会解答这些问题，具备初步了解工程建设安全生产相关基本知识的能力。

9.1 工程建设安全生产管理的方针

9.1.1 安全生产管理及工程建设安全生产管理的含义

1. 安全生产管理的定义

安全生产管理是指管理者运用行政、经济、法律、法规、技术等各种手段，发挥决策、教育、组织、监察、指挥等各种职能，对人、物、环境等各种被管理对象施加影响和控制，排除不安全因素，以达到安全生产目的的活动。安全管理的中心问题是保护生产活动中劳动者的安全与健康，保证生产顺利进行。

2. 工程建设安全生产管理的定义

建筑安全生产管理是指建设行政主管部门、建筑安全监督管理机构、建筑施工企业及有关单位对建筑生产过程中的安全工作，进行计划、组织、指挥、控制、监督等一系列的管理活动。其目的在于保证建筑工程安全和建筑职工的人身安全。

建筑安全生产管理包括纵向、横向和施工现场三个方面的管理。纵向方面的管理主要是指建设行政主管部门及其授权的建筑安全监督管理机构对建筑安全生产的行业监督管理。横向方面的管理主要是指建筑生产有关各方如建设单位、设计单位、监理单位和建筑施工企业等的安全责任和义务。施工现场管理主要是指控制人的不安全行为和物的不安全状态，是建筑安全生产管理的关键和集中体现。

3. 安全生产管理方针的概念

《中华人民共和国安全生产法》(以下简称《安全生产法》)第三条规定，安全生产管理，要坚持“安全第一、预防为主”的方针。同时，《建筑法》第三十六条规定，建筑工程安全生产管理必须坚持“安全第一、预防为主”的方针，建立健全安全生产的责任制度和群防群治制度。这一方针是我国安全生产长期工作经验的总结，毫不夸张地说，这是用生命和鲜血换来的宝贵经验。

“安全第一”指的是从保护和发展生产力的角度，表明在生产范围内安全与生产的关系，肯定安全在建筑生产活动中的首要位置和重要性。“预防为主”是指在建筑生产活动中，针对建筑生产的特点，对生产要素采取管理措施，有效地控制不安全因素的发展与扩大，把可能发生的事故消灭在萌芽状态，以保证生产活动中人的安全与健康。“安全第一、预防为主”的方针，体现了国家对在建筑工程安全生产过程中“以人为本”，确立了建筑安全生产管理在建筑活动管理中的首要的和重要的地位。

9.1.2　安全生产管理的原则

虽然在《建筑法》中没有明确规定建筑安全生产管理原则，但是在我国长期的安全生产管理中形成的、国务院有关规定中明确的建筑安全生产管理原则主要是“管生产必须管安全”和“谁主管谁负责”两项原则。

1. 管生产必须管安全的原则

管生产必须管安全指的是安全存在于生产中，把安全和生产统一起来。生产中人、物、环境都处于危险状态，则生产无法进行；生产有了安全保障，才能持续、稳定地发展。安全管理是生产管理的重要组成部分，安全与生产在实施过程中，两者存在着密切的联系。

2. 谁主管谁负责的原则

谁主管谁负责指的是主管建筑生产的单位和人员应对建筑生产的安全负责。安全生产第一责任人制度正是这一原则的体现。各级建设行政主管部门的行政一把手是本地区建筑安全生产的第一责任人，对所辖区域建筑安全生产的企业管理负全面责任，企业法定代表人是本企业安全生产的第一责任人，对本企业的建筑安全生产负全面责任；项目经理是本项目的安全生产第一责任人，对项目施工中贯彻落实安全生产的法规、标准负全面责任。

以上这两项原则是建筑安全生产应遵循的基本原则，同时也是建筑安全生产的重要保证。

9.2　工程建设安全生产管理基本制度

为使“安全第一、预防为主”的方针能够贯彻落实，《安全生产法》及《建筑法》等相关法规都对安全生产责任制度、安全生产教育培训制度、安全生产劳动保护制度、安全生产检查监督制度、安全生产市场准入制度、安全生产保险制度、群防群治制度、伤亡事故报告制度及安全生产事故责任追究制度等一系列的基本制度做了具体的规定。

9.2.1　安全生产责任制度

安全生产责任制度是建筑生产中最基本的安全管理制度，是所有安全规章制度的核心。安全生产责任制度是指企业主要负责人应负的安全生产责任，其他各级管理人员、技术人员和各职能部门应负的安全生产责任，它是一种将各种不同的安全责任落实到有安全管理责任的人员和具体岗位人员身上的一种制度。这一制度是“安全第一、预防为主”方针的具体体现，是建筑安全生产的基本制度。在建筑活动中只有明确安全责任，分工负责，才能形成完整、有效的安全管理体系，激发每个人的安全责任感，为建筑工程的生产创造一个良好的环境。安全责任制的主要内容包括：①从事建筑活动主体的负责人的责任制；②从事建筑活动主体的职能机构或职能处室负责人及其工作人员的安全生产责任制；③从业人员的安全生产责任制。从业人员必须对安全负责；从事特种作业的安全人员必须进行培训，经过考试合格后方能上岗作业。

1. 企业主要负责人的责任

《安全生产法》规定，生产经营单位的主要负责人，对本单位应负的安全生产责任有下列六个方面的内容。

(1) 建立、健全本单位安全生产责任制。

(2) 组织制定本单位安全生产规章制度和操作规程。

(3) 保证本单位安全生产投入的有效实施。

(4) 督促检查本单位的安全生产工作，及时消除安全生产事故隐患。

(5) 组织制定并实施本单位安全生产事故应急救援预案。

(6) 及时、如实报告安全生产事故。

2. 各级管理人员的责任

《安全生产法》规定，各级管理人员的主要负责人，对本单位应负的安全生产责任有下列八个方面的内容。

(1) 贯彻执行有关安全技术劳动保护法规。

(2) 做好安全生产的教育宣传和管理工作，总结交流推广先进经验。

(3) 经常深入基层，指导下级安全技术人员的工作，掌握安全生产情况，调查研究其中的不安全问题，提出改进意见和措施。

(4) 组织安全生产活动和定期安全检查。

(5) 参加审查施工组织设计和编制安全技术措施计划，并对贯彻执行情况进行检查。

(6) 与有关部门共同做好新工人、特种工种工人的安全技术训练、考核、发证工作。

(7) 进行工伤事故统计、分析和报告，参加工伤事故的调查和处理。

(8) 禁止违章指挥和违章作业，遇有严重险情，有权暂停生产，并报告领导处理。

3. 从业人员的责任

《安全生产法》规定，从业人员应承担下述主要责任和义务。

(1) 作业过程中，应严格遵守本单位的安全生产规章制度和操作流程，服从管理，正确佩戴和使用劳动防护用品。

(2) 应接受安全生产教育和培训，掌握本职工作所需的安全生产知识，提高安全生产技能，增强事故预防和应急处理能力。

(3) 发现事故隐患或其他不安全因素，应立即向现场安全生产管理人员或本单位负责人报告。

9.2.2 安全生产教育培训制度

安全生产教育培训制度是安全生产管理工作的一个重要环节。《建筑法》第四十六条规定，建筑施工企业应当建立健全安全生产教育培训制度，加强对职工安全生产的教育培训；未经安全生产教育培训的人员，不得上岗作业。安全生产教育培训制度，是安全生产管理的一项重要内容，是保证安全生产的重要手段。通过安全生产教育培训，不仅能提高各级领导和广大职工对“安全第一、预防为主”方针的认识，提高安全责任感，提高自觉遵守各项安全生产和规章制度的自觉性，而且能使建筑企业的各级管理人员和从业人员掌握安全生产的科学知识、操作技能，从而为确保安全生产创造条件。

建筑企业要通过对职工进行有关安全生产方面的法律、法规和政策的教育，使职工能够正确理解和掌握有关安全生产方面的法律、法规和政策，并在建筑生产活动中严格遵守执行。在这方面，尤其要加强对企业的各级领导和安全管理人员的教育，使他们增强安全生产的法律意识，熟悉有关安全生产方面的法律、法规和本行业的安全规章、规程，使其依法做好安全生产管理工作。近几年来，我国建筑业发展较快，从事建筑施工的人员增加较多，其中不少来自农村，他们缺乏有关保证建筑工程施工安全的专门知识，没有经过建筑安全生产技术知识的教育培训，不熟悉安全操作规程，这也是造成建筑工程安全事故时常发生的原因之一。因此，必须加强对建筑企业职工的安全科学技术知识的教育培训，《安全生产法》及相关法规也做出了规定，主要有以下方面。

(1) 从业人员进行安全生产教育和培训。保证从业人员具备必要的安全生产知识，熟悉有关的安全生产规章制度和安全操作规程，掌握本岗位的安全操作技能。未经安全生产教育和培训合格的从业人员，不得上岗作业。

(2) 特殊作业人员培训。特种作业人员必须按照国家有关规定经专门的安全作业培训，取得特种作业操作资格证书，方可上岗作业，如对电工、焊工、架子工、司炉工、爆破工、起重工、打桩工和各种机动车辆的司机等，除进行一般性安全教育外，还要经过本工种的安全技术教育，经考试合格后，方准许独立操作。

(3) 当采用新技术、新工艺、新设备或调换工作岗位时，要对操作人员进行新技术操作和新岗位的安全教育培训，未经教育培训者不得上岗操作。

【案例 9-1】

某 18 层写字楼工程建筑面积 12000m^2，采用箱形基础，框架—剪力墙结构，外墙面装饰 1～2 层采用天然花岗石幕墙，3～18 层采用隐框玻璃幕墙。工程进展到第 10 层室内装修，地板使用的硝基漆散发的大量爆炸性混合气体在室内大量聚集，达到了很高的浓度。此时，一名未取得电工资格证的学徒装配电工点燃喷灯做电线接头的防氧化处理，引起混合气体爆燃起火，造成施工人员 1 人死亡、3 人重伤的安全事故。

经事故调查，该施工单位安全生产管理工作中规章制度不健全、监管不到位，允许未取得资格证的作业人员进行特种作业。对使用的一些特殊建筑材料性能、使用方法，没有明确地进行安全生产教育和培训，施工现场秩序混乱，没有制定有针对性的安全措施(通风设施)，易燃、易爆气体在室内大量聚集，导致事故的发生。此次安全事故施工单位负主要责任。

9.2.3　安全生产劳动保护制度

工程建设的从业人员往往直接面对生产经营活动中的很多非安全因素，所以必须切实加强管理，保证职工在生产过程中的安全和健康，促进生产的发展。《建筑法》规定，建筑施工企业必须为从事危险作业的职工办理意外伤害保险，支付保险费。这就是说，只要是从事危险作业的人员，不论是固定工还是合同工，不论是正式工还是农民工，其所在的建筑施工企业都必须为其办理意外伤害保险，并支付保险费。这种保险是强制性的，它从法律上保障了职工意外伤害经济补偿的权利。

针对女职工的不同生理特点和未成年人的发育情况，要对其进行特殊保护。我国《劳动法》规定，禁止安排女职工从事矿山井下、国家规定的第四级体力劳动强度的劳动和其他禁忌从事的劳动。不得安排女职工在经期从事高处、低温、冷水作业等国家规定的第三级体力劳动强度的劳动。不得安排女职工在怀孕期间从事国家规定的第三级体力劳动强度的劳动和孕期禁忌从事的劳动。对怀孕 7 个月以上的女职工，不得安排其延长工作时间和夜班劳动。女职工生育享受不少于 90 天的产假。不得安排女职工在哺乳未满一周岁的婴儿期间从事国家规定的第三级体力劳动强度的劳动和哺乳期间禁忌从事的其他劳动，不得安排其延长工作时间和夜班劳动。我国法律严禁雇佣未满 16 周岁的童工，对于已满 16 周岁但尚未成年的职工，不得安排其从事矿山井下、有毒有害、国家规定的第四级体力劳动强度的劳动和其他禁忌从事的劳动。用人单位应当对未成年工定期进行健康检查。

建筑施工企业在施工过程中，应遵守相关安全生产的法律、法规和建筑行业安全规章、规程。企业法定代表人、项目经理、生产管理人员和工程技术人员不得违章指挥，强令作业人员违章作业，如因违章指挥、强令职工冒险作业而发生重大伤亡事故或造成其他严重后果的，要依法追究其刑事责任。作业人员有权对影响人身健康的作业程序和作业条件提出改进意见，有权获得安全生产所需的防护用品。作业人员对危及生命安全和人身健康的行为有权提出批评、检举和控告。

9.2.4 安全生产检查监督制度

我国《安全生产法》规定，国务院负责安全生产监督管理的部门对全国安全生产工作实施综合监督管理；县级以上地方各级人民政府负责安全生产监督管理的部门对本行政区域内安全生产工作实施综合监督管理。县级以上地方各级人民政府应当根据本行政区域内的安全生产状况，组织有关部门按照职责分工，对本行政区域内容易发生重大生产安全事故的生产经营单位进行严格检查；发现事故隐患，应当及时处理。

负有安全生产监督管理职责的部门依法对生产经营单位执行有关安全生产的法律、法规和国家标准或者行业标准的情况进行监督检查，行使以下职权。

(1) 进入生产经营单位进行检查，调阅有关资料，向有关单位和人员了解情况。

(2) 对检查中发现的安全生产违法行为，当场予以纠正或者要求限期改正；对依法应当给予行政处罚的行为，依照本法和其他有关法律、行政法规的规定做出行政处罚决定。

(3) 对检查中发现的事故隐患，应当责令立即排除；重大事故隐患排除前或者排除过程中无法保证安全的，应当责令从危险区域内撤出作业人员，责令暂时停产停业或者停止使用；重大事故隐患排除后，经审查同意，方可恢复生产经营和使用。

(4) 对有根据认为不符合保障安全生产的国家标准或者行业标准的设施、设备、器材予以查封或者扣押，并应当在 15 日内依法做出处理决定。

任何单位或者个人对事故隐患或者安全生产违法行为，均有权向负有安全生产监督管理职责的部门报告或者举报。居民委员会、村民委员会发现其所在区域内的生产经营单位存在事故隐患或者安全生产违法行为时，应向当地人民政府或者有关部门报告。县级以上各级人民政府及其有关部门对报告重大事故隐患或者举报安全生产违法行为的有功人员给予奖励。

9.2.5 安全生产市场准入制度

为确保安全生产，国家对生产经营单位及从业人员都实行了严格的市场准入制度。对于任何生产经营单位来说，如果要从事相应的生产经营活动，就必须具备法律、法规及国家标准或行业标准规定的安全生产条件。同样对于承担安全评价、认证、检测和检验的机构也必须取得国家的资质许可，取得相应资质许可后方可从事相应活动。对于未经安全生产教育和培训合格的从业人员，不得上岗作业。特种作业人员须取得特种作业操作资格证书后，方可上岗作业，严禁无证上岗或岗、证不符等情况违法上岗。

9.2.6　伤亡事故报告制度

生产经营单位发生生产安全事故后，事故现场有关人员应当立即报告本单位负责人。单位负责人接到事故报告后，应当迅速采取有效措施，组织抢救，防止事故扩大，减少人员伤亡和财产损失，并按照国家有关规定立即如实报告当地负有安全生产监督管理职责的部门，不得隐瞒不报、谎报或者拖延不报，不得故意破坏事故现场、毁灭有关证据。

负有安全生产监督管理职责的部门接到事故报告后，应当立即按照国家有关规定上报事故情况。负有安全生产监督管理职责的部门和有关地方人民政府对事故情况不得隐瞒不报、谎报或者拖延不报。

有关地方人民政府和负有安全生产监督管理职责部门的负责人接到重大生产安全事故报告后，应当立即赶到事故现场，组织事故抢救。任何单位和个人都应当支持、配合事故抢救，并提供一切便利条件。

9.2.7　安全生产事故责任追究制度

《建筑法》第七章以及《安全生产法》第十三条对安全生产事故的责任追究都做出了明确规定，对于建设单位、设计单位、施工单位、监理单位，由于没有履行职责造成人员伤亡和事故损失的，视情节给予相应处理。情节严重的，责令停业整顿，降低资质等级或吊销资质证书；构成犯罪的，依法追究刑事责任。

9.3　工程建设安全责任体系

建设单位是建筑市场的一方主体，《建筑法》和《建筑工程安全生产管理条例》规定：在建筑生产过程中，除了按合同的约定为建筑安全生产提供必需的作业环境和安全措施所需的费用外，为保障工程建设安全生产的有序进行，参与工程建设生产活动的各方还必须依法承担提供必要的资料和办理有关审批手续，承担相应的安全生产责任和义务。

9.3.1　建设单位的安全责任

1．建设单位应当向施工单位提供有关资料

建设单位应当向施工单位提供施工现场及毗邻区域内供水、排水、供电、供气、供热、通信、广播电视等地下管线资料，气象和水文观测资料，相邻建筑物和构筑物、地下工程的有关资料，并保证资料的真实、准确、完整。

2．建设单位应依法履行建设合同责任

建设单位与勘察、设计、施工、监理单位之间都是完全平等的合同关系，因为建设单位不是这些单位的上级主管部门，所以建设单位对这些单位的要求必须要以合同为根据，不得触犯相关的法律、法规。其中《建筑工程安全生产管理条例》第七条规定，建设单位不得对勘察、设计、施工、工程监理等单位提出不符合建设工程安全生产法律、法规和强制性标准规定的要求，不得压缩合同约定的工期。

3．建设单位应当提供保证安全生产的费用

施工单位用来保证安全生产的资金来源于建设单位，只有建设单位提供了安全生产费用，施工单位才能保证安全生产，所以《建筑工程安全生产管理条例》第八条规定，建设单位在编制工程概算时，应当确定建设工程安全作业环境及安全施工措施所需费用。

4．建设单位不得要求使用不符合安全施工要求的设备、材料

《建筑工程安全生产管理条例》第九条规定，建设单位不得明示或者暗示施工单位购买、租赁、使用不符合安全施工要求的安全防护用具、机械设备、施工机具及配件、消防设施和器材。

5．建设单位办理施工许可证或开工报告时应当报送安全施工措施资料

《建筑工程安全生产管理条例》第十条规定，建设单位在申请领取施工许可证时，应当提供与建设工程有关的安全施工措施的资料。依法批准开工报告的建设工程，建设单位应当自开工报告批准之日起15日内，将保证安全施工的措施报送建设工程所在地的县级以上人民政府建设行政主管部门或者其他有关部门备案。

6．建设单位应当将拆除工程发包给具有相应资质的施工单位

《建筑工程安全生产管理条例》第十一条规定，建设单位应当将拆除工程发包给具有相应资质等级的施工单位。建设单位应当在拆除工程施工15日前，将下列资料报送建设工程所在地的县级以上地方人民政府建设行政主管部门或者其他有关部门备案：①施工单位资质等级证明；②拟拆除建筑物、构筑物及可能危及毗邻建筑的说明；③拆除施工组织方案；④堆放、清除废弃物的措施。实施爆破作业的，应当遵守国家有关民用爆炸物品管理的规定。

7．建设单位应按规定办理特殊作业的申请批准手续

场地的占用，公共设施的保护，水、电、交通的畅通，爆破作业等，涉及物质生产和人民生活的正常进行以及国家财产和公民生命财产的安全。因此，国家制定了相应的法律、法规和规章制度，对此严加保护或严格规范，不得随意占用、损坏、中断或擅自进行作业。根据《建筑法》第四十二条的规定，当施工现场确实需要进行以下这些特殊作业时，建设单位应当按照国家有关规定办理申请批准手续：①需要临时占用规划批准范围以外场地的；②可能损坏道路、管线、电力、邮电通信等公共设施的；③需要临时停水、停电、中断道路交通的；④需要进行爆破作业的；⑤法律、法规规定需要办理报批手续的其他情况。

9.3.2 施工单位的安全责任

施工单位是建筑活动的主体之一，在安全生产过程中处于核心地位，所以施工单位对建筑安全生产负有重大的责任和义务。为此，《建筑工程安全生产管理条例》明确规定了施工单位的安全责任。

1．施工单位应当具备的安全生产资质条件

《安全生产法》第十六条规定，生产经营单位应当具备《安全生产法》和有关法律、法规和国家标准或者行业标准所规定的安全生产条件；不具备安全生产条件的，不得从事生产经营活动。

《建筑工程安全生产管理条例》第二十条规定，施工单位从事建设工程的新建、扩建和拆除等活动，应当具备国家规定的注册资本、专业技术人员、技术装备和安全生产等条件，依法取得相应等级的资质证书，并在其资质等级许可的范围内承揽工程。

2．施工总承包单位与分包单位的安全责任

《建筑工程安全生产管理条例》第二十四条规定，建设工程实行施工总承包的，由总承包单位对施工现场的安全生产负总责。总承包单位应当自行完成建设工程主体结构的施工。总承包单位依法将建设工程分包给其他单位的，分包合同中应当明确各自的安全生产方面的权利、义务。总承包单位和分包单位对分包工程的安全生产承担连带责任。分包单位应当服从总承包单位的安全生产管理，分包单位不服从管理导致生产安全事故的，由分包单位承担主要责任。

3．施工单位保证安全生产的基本措施

《建筑工程安全生产管理条例》第二十二条规定，施工单位对列入建设工程概算的安全作业环境及安全施工措施所需费用，应当用于施工安全防护用具及设施的采购和更新、安全施工措施的落实、安全生产条件的改善，不得挪作他用。

《建筑工程安全生产管理条例》第二十三条规定，施工单位应当设立安全生产管理机构，配备专职安全生产管理人员。专职安全生产管理人员负责对安全生产进行现场监督检查。发现安全事故隐患，应当及时向项目负责人和安全生产管理机构报告；对违章指挥、违章操作的，应当立即制止。

《建筑工程安全生产管理条例》第二十六条规定，施工单位应当在施工组织设计中编制安全技术措施和施工现场临时用电方案，对下列达到一定规模的危险性较大的分部分项工程编制专项施工方案，并附具安全验算结果，经施工单位技术负责人、总监理工程师签字后实施，由专职安全生产管理人员进行现场监督：①基坑支护与降水工程；②土方开挖工程；③模板工程；④起重吊装工程；⑤脚手架工程；⑥拆除、爆破工程；⑦国务院建设行政主管部门或者其他有关部门规定的其他危险性较大的工程。对上述工程中涉及深基坑、地下暗挖工程、高大模板工程的专项施工方案，施工单位还应当组织专家进行论证、审查。施工单位还应当根据施工阶段和周围环境及季节、气候的变化，在施工现场采取相应的安全施工措施。施工现场暂时停止施工的，施工单位应当做好现场防护，所需费用由责任方承担，或按照合同约定执行。

《建筑工程安全生产管理条例》第二十七条规定，建设工程施工前，施工单位负责项目管理的技术人员应当对有关安全施工的技术要求向施工作业班组、作业人员做出详细说明，并由双方签字确认。

4．施工单位应在危险部位设置安全警示标志

《建筑工程安全生产管理条例》第二十八条规定，施工单位应当在施工现场入口处、施工起重机械、临时用电设施、脚手架、出入通道口、楼梯口、电梯井口、孔洞口、桥梁口、隧道口、基坑边沿、爆破物及有害危险气体和液体存放处等危险部位，设置明显的安全警示标志。安全警示标志必须符合国家标准。

5．施工单位应提供消防安全保障措施

《建筑工程安全生产管理条例》第三十一条规定，施工单位应当在施工现场建立消防安全责任制度，确定消防安全责任人，制定用火、用电、使用易燃易爆材料等各项消防安全管理制度和操作规程，设置消防通道、消防水源，配备消防设施和灭火器材，并在施工现场入口处设置明显标志。

6．施工单位应对施工现场生活区、作业区提供安全生产环境

《建筑工程安全生产管理条例》第二十九条规定，施工单位应当将施工现场的办公、生活区与作业区分开设置，并保持安全距离；办公、生活区的选址应当符合安全性要求。职工的膳食、饮水、休息场所等应当符合卫生标准。施工单位不得在尚未竣工的建筑物内设置员工集体宿舍。《建筑工程安全生产管理条例》第三十条规定，施工单位因建设工程施工对可能造成损害的毗邻建筑物、构筑物和地下管线等，应当采取专项防护措施。施工单位应当遵守有关环境保护法律、法规的规定，在施工现场采取措施，防止或减少粉尘、废气、废水、固体废物、噪声、振动和施工照明对人和环境的危害和污染。

7．施工单位应严格管理施工现场的机具设备

《建筑工程安全生产管理条例》第三十四条规定，施工单位采购、租赁的安全防护用具、机械设备、施工机具及配件，应当具有生产(制造)许可证、产品合格证，并在进入施工现场前进行查验。施工现场的安全防护用具、机械设备、施工机具及配件必须由专人管理，定期进行检查、维修和保养，建立相应的资料档案，并按照国家有关规定及时报废。

【案例 9-2】

某单层工业厂房工程施工，拆除顶层钢模板时，将拆下的 18 根钢管(每根长 4m)和扣件运到井字架的吊盘上，5 名工人随吊盘一起从屋顶高处下落。此时恰好操作该机器的人员去厕所未归，一名刚刚招来两天的合同工开动了卷扬机。在卷扬机下降过程中，钢丝绳突然折断，人随吊盘下落坠地，造成 2 人死亡，3 人重伤。

经查明，造成这起事故的原因是：①对卷扬机缺乏日常检查、维修和保养，致使钢丝绳的隐患没有发现；②违反了卷扬机应由经过专门培训且合格的人员操作的规定；③违反了货运升降机严禁载人上下的安全规定。应当依法追究施工单位的责任。

《建筑工程安全生产管理条例》第三十五条规定，施工单位在使用施工起重机械和整体提升脚手架、模板等自升式架设设施前，应当组织有关单位进行验收，也可以委托具有相应资质的检验检测机构进行验收；使用承租的机械设备和施工机具及配件的，由施工总承包单位、分包单位、出租单位和安装单位共同进行验收。验收合格的方可使用。

8. 施工单位应保证施工人员的安全合法权益

《建筑工程安全生产管理条例》第三十二条规定，施工单位应当向作业人员提供安全防护用具和安全防护服装，并书面告知危险岗位的操作规程和违章操作的危害。作业人员有权对施工现场的作业条件、作业程序和作业方式中存在的安全问题提出批评、检举和控告，有权拒绝违章指挥和强令冒险作业。在施工中发生危及人身安全的紧急情况时，作业人员有权立即停止作业或者在采取必要的应急措施后撤离危险区域。

《建筑工程安全生产管理条例》第三十三条规定，作业人员应当遵守安全施工的强制性标准、规章制度和操作规程，正确使用安全防护用具、机械设备等。

《建筑工程安全生产管理条例》第三十八条规定，施工单位应当为施工现场从事危险作业的人员办理意外伤害保险。意外伤害保险费由施工单位支付。实行施工总承包的，由总承包单位支付意外伤害保险费。意外伤害保险期限自建设工程开工之日起至竣工验收合格止。

9.3.3　勘察、设计、监理单位的安全责任

1. 勘察单位的安全生产责任

根据《建筑工程安全生产管理条例》第十二条的规定，勘察单位应当按照法律、法规和工程建设强制性标准进行勘察，提供的勘察文件应当真实、准确，满足建设工程安全生产的需要。勘察单位在进行勘察作业时，应当严格执行操作规程，采取措施保证各类管线、设施和周边建筑物、构筑物的安全。

2. 设计单位的安全生产责任

建筑工程设计是工程建设的重要环节，工程设计质量的优劣直接影响建设活动和建筑产品的安全。这里所说的建筑工程设计，是指各类建筑物、构筑物及其附属设施、线路管道、设备等的设计活动。一般应根据建设工程项目的功能性要求，考虑投资、材料、环境、气候、水文地质结构等提供图纸等设计文件。《建筑法》第三十七条对设计单位的安全责任有明确规定，建筑工程设计应符合按照国家规定制定的建筑安全规程和技术规范，保证工程的安全性能。

根据《建设工程安全生产管理条例》第十三条的规定，设计单位应当按照法律、法规和工程建设强制性标准进行设计，防止因设计不合理导致安全生产事故的发生。设计单位应当考虑施工安全操作和防护的需要，对涉及施工安全的重点部位和环节在设计文件中注明，并对防范安全生产事故提出指导意见。采用新结构、新材料、新工艺的建设工程和特殊结构的建设工程，设计单位应当在设计中提出保障施工作业人员安全和预防生产安全事故的措施建议。按照“谁设计谁负责”的原则，设计单位和注册建筑师等注册执业人员应当对其设计负责。

3. 工程监理单位的安全生产责任

《建筑工程安全生产管理条例》第十四条规定，工程监理单位应当审查施工组织设计

中的安全技术措施或者专项施工方案是否符合工程建设强制性标准。

工程监理单位在实施监理过程中，发现存在安全事故隐患的，应当要求施工单位整改；情况严重的，应当要求施工单位暂时停止施工，并及时报告建设单位。施工单位拒不整改或者不停止施工的，工程监理单位应当及时向有关主管部门报告。

工程监理单位和监理工程师应当按照法律、法规和工程建设强制性标准实施监理，并对建设工程安全生产承担监理责任。

9.4 工程建设安全事故的应急救援和调查处理

9.4.1 工程建设安全事故的概念

工程建设安全事故，指的是在工程建设的过程中，由于责任过失引发工程倒塌或报废、机械设备毁坏和安全设施失当，造成人身伤亡或者重大经济损失的事故。

根据国务院颁布的《生产安全事故报告和调查处理条例》，生产安全事故依据造成的人员伤亡或者直接经济损失划分成以下四个等级。

(1) 特别重大事故：造成 30 人以上死亡，或者 100 人上重伤(包括急性工业中毒，下同)，或者 1 亿元以上直接经济损失的事故。

(2) 重大事故：造成 10 人以上 30 人以下死亡，或者 50 人以上 100 人以下重伤，或者 5000 万元以上 1 亿元以下直接经济损失的事故。

(3) 较大事故：造成 3 人以上 10 人以下死亡，或者 10 人以上 50 人以下重伤，或者 1000 万元以上 5000 万元以下直接经济损失的事故。

(4) 一般事故：造成 3 人以下死亡，或者 10 人以下重伤，或者 1000 万元以下直接经济损失的事故。

9.4.2 工程建设安全事故的应急救援

《建筑法》第五十一条规定，施工中发生事故时，建筑施工企业应当采取紧急措施减少人员伤亡和事故损失，并按照国家有关规定及时向有关部门报告。

1. 建筑工程事故的报告程序

事故报告应当及时、准确、完整，任何单位和个人对事故不得迟报、漏报、谎报或者瞒报，任何单位和个人不得阻挠和干涉对事故的报告和调查处理。

《安全生产法》规定，事故发生后，事故现场有关人员应当立即向本单位负责人报告。《生产安全事故报告和调查处理条例》进一步规定，单位负责人接到报告后，应当于 1 小时内向事故发生地县级以上人民政府安全生产监督管理部门和负有安全生产监督管理职责的有关部门报告。情况紧急时，事故现场有关人员可以直接向事故发生地县级以上人民政府安全生产监督管理部门和负有安全生产监督管理职责的有关部门报告。

安全生产监督管理部门和负有安全生产监督管理职责的有关部门接到事故报告后，应当依照下列规定上报事故情况并通知公安机关、劳动保障行政部门、工会和人民检察院：特别重大事故、重大事故逐级上报至国务院安全生产监督管理部门和负有安全生产监督管理职责的有关部门；较大事故逐级上报至省、自治区、直辖市人民政府安全生产监督管理部门和负有安全生产监督管理职责的有关部门；一般事故上报至地区的市级人民政府安全生产监督管理部门和负有安全生产监督管理职责的有关部门。安全生产监督管理部门和负有安全生产监督管理职责的有关部门逐级上报事故情况，每级上报的时间不得超过 2 小时。

2．工程事故报告的内容

工程事故报告的内容包括以下几个方面。

(1) 事故发生单位概况。

(2) 事故发生的时间、地点以及事故现场情况。

(3) 事故的简要经过。

(4) 事故已经造成或者可能造成的伤亡人数(包括下落不明的人数)和初步估计的直接经济损失。

(5) 已经采取的措施。

(6) 其他应当报告的情况。

3．生产安全事故的应急救援

《建设工程安全生产管理条例》第四十七条规定，县级以上地方人民政府建设行政主管部门应当根据本级人民政府的要求，制定本行政区域内建设工程特大生产安全事故应急救援预案。《建设工程安全生产管理条例》第四十八条规定，施工单位应当制定本单位生产安全事故应急救援预案，建立应急救援组织或者配备应急救援人员，配备必要的应急救援器材、设备，并定期组织演练。《建设工程安全生产管理条例》第四十九条规定，施工单位应当根据建设工程施工的特点、范围，对施工现场易发生重大事故的部位、环节进行监控，制定施工现场生产安全事故应急救援预案。实行施工总承包的，由总承包单位统一组织编制建设工程生产安全事故应急救援预案，工程总承包单位和分包单位按照应急救援预案，各自建立应急救援组织或者配备应急救援人员，配备救援器材、设备，并定期组织演练。

事故发生单位负责人接到事故报告后，应当立即启动事故应急预案，或者采取有效措施，组织抢救，防止事故扩大，减少人员伤亡和财产损失。事故发生后，有关单位和人员应当妥善保护事故现场以及相关证据，任何单位和个人不得破坏事故现场、毁灭相关证据；因抢救人员、防止事故扩大及疏通交通等，需要移动事故现场物件的，应当做出标志，绘制现场简图并做出书面记录，妥善保存现场重要痕迹、物证。

9.4.3　工程建设安全事故的调查

1．安全事故调查的职权范围

特别重大事故由国务院或者国务院授权有关部门组织事故调查组进行调查。重大事故、较大事故、一般事故分别由事故发生地省级人民政府、地区的市级人民政府、县级人民政府负责调查；未造成人员伤亡的一般事故，县级人民政府也可以委托事故发生单位组织事故调查组进行调查。

2．事故调查组的组成与职责

根据事故的具体情况，事故调查组由有关人民政府、安全生产监督管理部门、负有安全生产监督管理职责的有关部门、监察机关、公安机关及工会派人组成，并应当邀请人民检察院派人参加；事故调查组可以聘请有关专家参与调查。

事故调查组的职责是：①查明事故发生的经过、原因、人员伤亡情况及直接经济损失；②认定事故的性质和事故责任；③提出对事故责任者的处理建议；④总结事故教训，提出防范和整改措施；⑤提交事故调查报告。

3. 事故调查的实施过程

事故调查组有权向有关单位和个人了解与事故有关的情况，并要求其提供相关文件、资料，有关单位和个人不得拒绝事故调查；发生事故单位的负责人和有关人员在事故调查期间不得擅离职守，并应当随时接受事故调查组的询问，如实提供有关情况；事故调查中发现涉嫌犯罪的，事故调查组应当及时将有关材料或者其复印件移交司法机关处理。

调查组成员在事故调查工作中应当诚信公正、恪尽职守，遵守事故调查组的纪律，保守事故调查的秘密。未经事故调查组组长允许，事故调查组成员不得擅自发布有关事故的信息。

事故调查中需要进行技术鉴定的，事故调查组应当委托具有国家规定资质的单位进行技术鉴定，必要时可以组织专家进行技术鉴定，其花费时间不计入事故调查期限。

4. 事故调查的时间要求及内容

事故调查组应当自事故发生之日起 60 日内提交事故调查报告；特殊情况下，经负责事故调查的人民政府批准，提交事故调查报告的期限可以适当延长，但延长的期限最长不超过 60 日。调查组在调查工作结束后 10 日内，应当将调查报告报送批准组成调查组的人民政府和建设行政主管部门以及调查组其他成员部门。经组织调查的部门同意，调查工作即告结束。

调查报告应包括下列内容：①事故发生单位概况；②事故发生经过和事故救援情况；③事故造成的人员伤亡和直接经济损失；④事故发生的原因和事故性质，事故的责任认定以及事故责任者的处理建议；⑤事故的防范和整改措施。

9.4.4 工程建设安全事故的处理

对重大事故的处理，坚持“四不放过”的原则。“四不放过”是指原因不查清楚不放过，不采取改正措施不放过，责任人和广大群众不受到教育不放过，与事故有关的领导和责任人不受到查处不放过。建设行政主管部门应当对重大事故的处理和拟采取的防范措施做出批复或者提出意见。对造成重大事故的责任者，由其所在单位或上级主管部门给予行政处分；构成犯罪的，由司法机关依法追究刑事责任。对造成重大事故承担直接责任的建设单位、勘察设计单位、施工单位、构配件生产单位及其他单位，由其上级主管部门或当地建设行政主管部门，根据调查组的建议，令其限期改善工程建设技术安全措施，并依据有关法规予以处罚。工程建设重大事故中属于特别重大事故者，其报告、调查程序，执行国务院发布的《特别重大事故调查程序暂行规定》及有关规定。

负责重大事故、较大事故、一般事故调查的人民政府应当自收到事故调查报告之日起 15 日内做出批复；特别重大事故，30 日内做出批复，特殊情况下，批复时间可以适当延长，但延长的时间最长不超过 30 日。

有关机关应当按照人民政府的批复，依照法律、行政法规规定的权限和程序，对事故发生单位和有关人员进行行政处罚，对负有事故责任的国家工作人员进行处分。事故发生单位应当按照负责事故调查的人民政府的批复，对本单位负有事故责任的人员进行处理。负有事故责任的人员涉嫌犯罪的，依法追究刑事责任。

事故处理的情况由负责事故调查的人民政府或者其授权的有关部门、机构向社会公布，依法应当保密的除外。事故发生单位应当认真吸取事故教训，落实防范和整改措施，防止事故的发生。防范和整改措施的落实情况应当接受工会和职工的监督。安全生产监督管理部门和负责安全生产监督管理职责的有关部门应当对事故发生单位落实防范和整改措施的情况进行监督检查。

9.5　法 律 责 任

《建设工程安全生产管理条例》对建设工程中各方的法律责任做出了明确规定。

9.5.1　建设单位的法律责任

《建筑工程安全生产管理条例》第五十五条规定，建设单位在安全生产中违反规定，有以下行为之一的，责令限期改正，处 20 万元以上 50 万元以下的罚款；造成重大安全事故，构成犯罪的，对直接责任人员，依照刑法有关规定追究刑事责任；造成损失的，依法承担赔偿责任。

(1) 对勘察、设计、施工、工程监理等单位提出不符合安全生产法律、法规和强制性标准规定的要求的。

(2) 要求施工单位压缩合同约定的工期的。

(3) 将拆除工程发包给不具有相应资质等级的施工单位的。

9.5.2　施工单位的法律责任

《建筑工程安全生产管理条例》第六十三条规定，施工单位违反规定，挪用列入建设工程概算的安全生产作业环境及安全施工措施所需费用的，责令限期改正，处挪用费用 20%以上 50%以下的罚款；造成损失的，依法承担赔偿责任。

根据《建筑工程安全生产管理条例》第六十四条，施工单位违反规定，有下列行为之一的，责令限期改正；逾期未改正的，责令停业整顿，并处以 5 万元以上 10 万元以下的罚款；造成重大安全事故，构成犯罪的，对直接责任人员，依照刑法有关规定追究刑事责任。

(1) 施工前未对有关安全施工的技术要求做出详细说明的。

(2) 未根据不同施工阶段和周围环境及季节、气候的变化，在施工现场采取相应的安全施工措施，或者在城市市区的建设工程的施工现场未实施封闭围挡的。

(3) 在尚未竣工的建筑物内设置员工集体宿舍的。

(4) 施工现场临时搭建的建筑物不符合安全使用要求的。

(5) 未对因建设工程施工可能造成损害的毗邻建筑物、构筑物和地下管线等采取专项防护措施的。

施工单位有上述规定第(4)项、(5)项行为，造成损失的，依法承担赔偿责任。

《建筑工程安全生产管理条例》第六十五条规定，施工单位在施工过程中违反规定，有下列行为之一的，责令限期改正；逾期未改正的，责令停业整顿，并处 10 万元以上 30 万元以下的罚款；情节严重的，降低资质等级，直至吊销资质证书；造成重大安全事故，构成犯罪的，对直接责任人员，依照刑法有关规定追究刑事责任；造成损失的，依法承担赔偿责任。

(1) 安全防护用具、机械设备、施工机具及配件在进入施工现场前未经查验或者查验不合格即投入使用的。

(2) 使用未经验收或者验收不合格的施工起重机械和整体提升脚手架、模板等自升式架设设施的。

(3) 委托不具有相应资质的单位承担施工现场安装、拆卸施工起重机械和整体提升脚手架、模板等自升式架设设施的。

(4) 在施工组织设计中未编制安全技术措施、施工现场临时用电方案或者专项施工方案的。

9.5.3 工程监理单位的法律责任

《建筑工程安全生产管理条例》第五十七条规定，工程监理单位在实施监理工作中违反规定，有下列行为之一的，责令限期改正；逾期未改正的，责令停业整顿，并处 10 万元以上 30 万元以下的罚款；情节严重的，降低资质等级，直至吊销资质证书；造成重大安全事故，构成犯罪的，对直接责任人员，依照刑法有关规定追究刑事责任；造成损失的，依法承担赔偿责任。

(1) 未对施工组织设计中的安全技术措施或者专项施工方案进行审查的。

(2) 发现安全隐患未及时要求施工单位整改或者暂时停止施工的。

(3) 施工单位拒不整改或者不停止施工，未及时向有关主管部门报告的。

(4) 未依照法律、法规和工程建设强制性标准实施监理的。

9.5.4 勘察、设计单位的法律责任

《建筑工程安全生产管理条例》第五十六条规定，勘察单位、设计单位在勘察、设计中违反规定的，有下列行为之一的，责令限期改正，并处以 10 万元以上 30 万元以下的罚款；情节严重的，责令停业整顿，降低资质等级，直至吊销资质证书；造成重大安全事故，构成犯罪的，对直接责任人员，依照刑法有关规定追究刑事责任；造成经济损失的，依法承担赔偿责任。

(1) 未按照法律、法规和工程建设强制性标准进行勘察、设计的。

(2) 采用新结构、新材料、新工艺的建设工程和特殊结构的建设工程，设计单位未在设计中提出保障施工作业人员安全和预防生产安全事故的措施建议的。

9.5.5 出租机械设备和施工机具及配件单位的法律责任

《建筑工程安全生产管理条例》第六十条规定，出租单位违反规定，出租未经安全性

能检测或者经检测不合格的机械设备和施工机具及配件的，责令停业整顿，并处 5 万元以上 10 万元以下的罚款；造成损失的，依法承担赔偿责任。

《建筑工程安全生产管理条例》第六十一条规定，施工起重机械和整体提升脚手架、模板等自升式架设设施安装、拆卸单位，有下列行为之一的，责令限期改正，处 5 万元以上 10 万元以下的罚款；情节严重的，责令停业改正，降低资质等级，直至吊销资质证书；造成损失的，依法承担赔偿责任。

(1) 未编制拆装方案、制定安全施工措施的。

(2) 未有专业技术人员现场监督的。

(3) 未出具自检合格证明或者出具虚假证明的。

(4) 未向施工单位进行安全使用说明，办理移交手续的。

施工起重机械和整体提升脚手架、模板等自升式架设设施安装、拆卸单位有上述规定的第(1)、(3)项行为，经有关部门或者单位职工提出后，对事故隐患仍不采取措施，因而发生重大伤亡事故或者造成其他严重后果，构成犯罪的，对直接责任人员，依照刑法有关规范追究刑事责任。

本 章 小 结

本章首先介绍了工程建设安全生产管理的基本方针的概念、原则及其重要性，其次介绍了工程建设安全生产管理制度的基本组成，之后介绍了工程建设安全生产管理各方的责任和义务，最后对工程安全事故的应急救援处理及相关各方在安全事故发生后应负的责任进行了简要的介绍。

复习思考题

一、单项选择题

1. 施工企业的项目负责人应当对(　　)负责。

A. 本单位的安全生产　　B. 建设工程项目的安全施工

C. 本单位安全生产所需资金　　D. 危险性较大的专项施工方案确定

2. 《安全生产许可证条例》规定，除中央管理的建筑施工企业外，建筑施工企业安全生产许可证由(　　)颁发和管理。

A. 县级以上人民政府

B. 县级以上人民政府建设主管部门

C. 省、自治区、直辖市人民政府

D. 省、自治区、直辖市人民政府建设主管部门

3. 根据《安全生产法》的规定，当发现直接危及人身安全的紧急情况时，从业人员停止作业或者在采取可能的应急措施后撤离作业场所的权利是(　　)。

A. 拒绝权　　B. 建议权　　C. 紧急避险权　　D. 知情权

4. 根据《安全生产法》的规定，从业人员的知情权是指(　　)。

A. 掌握本职工作所需的安全生产知识，增强事故预防和应急处理能力

B. 获得符合国家标准或者行业标准的劳动防护用品的权利

C. 了解其作业场所和工作岗位存在的危险因素、防范措施和事故应急措施

D. 熟悉有关安全生产规章制度和安全操作规程，掌握本岗位安全操作技能

5. 根据《建设工程安全生产管理条例》规定，工程监理单位应当审查施工组织设计中的安全技术措施或专项施工方案是否符合工程建设强制性标准和(　　)标准。

A. 建设单位要求适用的　　B. 监理单位制定的

C. 工程建设推荐的　　D. 工程建设行业

6. 工程实行总承包的，分包单位作业人员的意外伤害保险费由(　　)支付。

A. 建设单位　　B. 总承包单位

C. 分包单位　　D. 总承包和分包单位共同

7. 在施工现场安装、拆卸施工起重机械，整体提升脚手架、模板等自升式架设设施，必须由(　　)承担。

A. 总承包单位　　B. 使用设备的分包单位

C. 具有相应资质的单位　　D. 设备出租单位

8. 下列选项中，属于建筑施工企业取得安全生产许可证应当具备的安全生产条件是(　　)。

A. 在城市规划区的建筑工程已经取得建设工程规划许可证

B. 依法参加工伤保险，依法为施工现场从事危险作业人员办理意外伤害保险，为从业人员缴纳保险费

C. 施工场地已基本具备施工条件，需要拆迁的，其拆迁进度符合施工要求

D. 有保证工程质量和安全的具体措施

9. 某工地发生了安全事故，造成 3 人死亡，按照生产安全事故报告和调查处理条例的规定，该事故属于(　　)。

A. 特别重大　　B. 重大　　C. 较大　　D. 一般

10. 工程监理单位在实施监理过程中，发现存在安全事故隐患，情况严重的，应当要求施工单位(　　)。

A. 暂停施工，并及时报告建设单位

B. 暂停施工，并及时报告有关主管部门

C. 整改，并及时报告建设单位

D. 整改，并及时报告有关主管部门

二、多项选择题

1. 生产安全事故的处理必须遵循一定的程序，做到(　　)的原则。

A. 整改措施不落实不放过　　B. 事故原因不清不放过

C. 周围群众没受到教育不放过　　D. 安全生产责任制不完善不放过

E. 事故责任者没受到教育不放过

2. 建设单位的安全责任包括(　　)。

A. 向施工单位提供地下管线资料　　B. 依法履行合同

C. 提供安全生产费用　　D. 不推销劣质材料设备

E. 对分包单位安全生产全面负责

3. 建设工程监理企业安全生产管理的责任和义务包括(　　)。

A. 安全技术措施的审查

B. 专项施工方案的审查

C. 设计文件是否符合工程建设强制性标准的审查

D. 安全生产事故隐患的报告　　E. 对建设工程安全生产承担监理责任

4. 根据《建设工程安全生产管理条例》，施工企业的项目负责人在安全生产方面的主要职责有(　　)。

A. 对建设工程项目的安全施工负责

B. 落实安全生产责任制

C. 制定安全生产规章制度和操作规程

D. 确保安全生产费用的有效使用

E. 根据工程特点组织制定安全施工措施

5. 根据《建设工程安全生产管理条例》，施工单位应当在(　　)等危险部位设置明显的安全警示标志。

A. 脚手架　　B. 基坑边沿　　C. 楼梯口

D. 工人食堂　　E. 施工现场入口处

三、简答题

1. 何谓工程建设安全生产？安全生产的方针是什么？
2. 安全生产责任制度包括哪些方面的内容？
3. 施工单位的安全生产责任包括哪些内容？
4. 工程生产安全事故报告的内容有哪些？
5. 建设单位、施工单位、监理单位在安全生产过程中所承担的法律责任分别是什么？

第 10 章　工程建设质量管理法律制度

学习目标

- 了解工程建设质量管理体系认证制度。
- 掌握工程建设中建设单位、勘察、设计、施工、监理单位相应的质量责任。
- 了解工程建设质量监督管理和竣工验收制度。
- 熟悉工程建设质量保修制度，了解相关法律责任。

本章导读

本章主要学习工程建设质量管理体系认证制度、工程建设质量责任制度、工程建设质量监督管理制度、工程建设竣工验收制度、工程建设质量保修制度和相关法律责任等内容。

项目案例导入

2005 年 7 月 21 日中午 12 时，位于广东省广州市海珠区江南大道中海珠城广场工地基坑南端约 100m 长挡土墙发生倒塌，造成一段 6m 长的水泥路面下陷，同时造成位于工地旁的砖木结构平房倒塌，事故中共造成 3 人死亡、3 人受伤。

经初步调查，在事故发生时，施工单位正进行地下室底板施工，位于基坑南边的支护结构倒塌，位于东南角的斜撑脱落。支护结构倒塌范围为 104.55m，面积约 2007m^2。在上报设计方案时，广州市建设科技委员会已提出，基坑深度达 16.2m，超过安全标准，要求做出修改，然而施工单位并没有理会，更加挖 4.1m，使基坑深度加深至 20.3m，造成支护桩失去功用；另外，根据相关规定，基坑支护结构安全期为 1 年，工地早在 2002 年 10 月 31 日起就开始基坑方面的施工，事故发生时已经超过有效期；最后，基坑边缘在施工时有多部机械运作，重达 140t，严重超载，导致基坑滑坡，引起事故。2005 年 9 月 12 日，广州市政府常务会议通过《海珠城广场“7·21”重大安全事故调查报告书》，对涉嫌的广州市南谊房地产开发有限公司、广东省机施公司等 7 家工程公司及 20 名责任人做出行政处罚及处分，对于工程监管的 14 名执法人员做出降级或降级以下的处分并做出检讨，7 家公司共罚款 280.38 万元。

问题导入

工程案例中，为了确保建设工程的质量和安全，我国有哪些工程建设质量管理制度？怎样才能完成工程的竣工验收？如果出现质量问题，相关单位应当承担哪些法律责任？通过本章的学习将会解答这些问题，并可以初步了解工程建设质量和安全的相关基本知识。

10.1 工程建设质量管理体系认证制度

10.1.1 质量体系认证概述

《建筑法》第五十三条规定：国家对从事建筑活动的单位推行质量体系认证制度。从事建筑活动的单位根据自愿原则可以向国务院产品质量监督管理部门或其授权部门认可的认证机构申请企业质量体系认证。经认证合格的，由认证机构向该企业颁发企业质量体系认证书。

1．质量体系认证的概念

质量体系是指为实施质量管理所需的组织机构、职责、程序、过程和资源。从事建筑活动的企业为实施质量管理，生产出满足规定和潜在要求的产品，实现企业的质量目标，就必须通过建立和健全质量体系来实现。

企业质量体系认证是认证机构根据企业申请，对企业的产品质量保证能力和质量管理水平所进行的综合性检查和评定，并对符合质量体系认证标准的企业颁发认证证书的活动。

2．企业质量体系认证制度推行的意义

推行企业质量体系认证制度，有利于在管理和技术等方面改进有效措施，在企业内部建立起完善、可靠的质量保证体系，以确保产品质量。推行企业质量体系认证制度，有利于提高企业的质量信誉，提升企业的竞争优势。目前，参与国际工程招投标的要求是需经过 GB/T 19000 标准认证，因此，企业只有取得质量体系认证，才有利于企业在国际中的交往。

10.1.2 质量体系认证的标准

20 世纪 70 年代，随着经济全球化的发展，市场竞争日益激烈，人们对产品质量的期望也越来越高，各组织为了在竞争中取得良好的经济效益，都在努力提高自身的竞争能力，以适应新环境下市场的需求。然而，各国质量保证标准的差异又形成了新贸易的壁垒。为切实解决这一问题，1987 年 3 月，国际标准化组织(ISO)正式发布《质量管理和质量保证》(ISO 9000)系列标准，并受到世界各国的认可和广泛采用。

1992 年，我国也发布了等同采用国际标准的《质量管理和质量保证》(GB/T 19000－ISO 9000)系列标准。这次发布的标准不仅可以作为生产企业质量保证工作的依据，也是企业申请质量体系认证的标准。如果供需双方同意，它还可以作为双方对产品质量的认证标准。

我国发布的等同采用国际标准的《质量管理和质量保证》(GB/T19000－ISO9000)系列标准主要由五个标准组成。

《质量管理和质量保证——选择和使用指南》(GB/T 19000—ISO 9000)。

《质量体系——设计、开发、生产、安装和服务的质量保证模式》(GB/T 19001—ISO 9001)。

《质量体系——生产和安装的质量保证模式》(GB/T 19002—ISO 9002)。

《质量体系——最终检验和试验的质量保证模式》(GB/T 19003—ISO 9003)。

《质量管理和质量体系要素——指南》(GB/T 19004—ISO 9004)。

我国发布的《质量管理和质量保证》(GB/T 19000－ISO 9000)系列标准是在总结国际标准化组织(ISO)成功的基础上，从质量管理的共性出发，阐明了质量体系的基本组成要素和基本规律以及质量管理工作的基本原则，它适用于各个体制、行业、服务业所开展的质量管理工作，同样也适用于建筑企业活动的质量管理工作。与以往质量标准不同的是，《质量管理和质量保证》系列标准不再是以技术规范来明确产品和服务的质量标准，对最终结果进行认证，而是明确了企业管理工作的体系和工作程序，严格控制产品的形成过程，确保产品质量的稳定。也就是说，这一系列标准是对技术规范的补充，是实现技术规范全面稳定的另一标准。贯彻落实这一系列标准有利于建立健全企业的质量体系，有利于提高企业在市场经济中的竞争能力。因此，为了使企业的质量体系逐步进入国际标准化的轨道，我国住建部提出要求：从事建筑业企业要从建立现代企业制度和促进企业发展的高度做好贯彻这一系列标准的工作，积极申请质量体系认证，并将贯彻标准工作纳入企业质量管理考核指标之内。

GB/T 19000 系列标准只是一套推荐性标准，编号中的“T”是指“推荐”的意思。但是，这些系列标准一旦被法规或合同确定采用后就是“强制性标准”。如果供需双方或第三方选择某一质量保证模式作为产品认证标准，那么，该质量保证模式在合同约定范围内就具有法律效力。

10.1.3　质量体系系列标准内容

1. 《质量管理和质量保证——选择和使用指南》(GB/T 19000—ISO 9000)

阐明了质量方针、质量管理、质量体系、质量控制和质量保证五个重要质量术语的含义及其相互关系；阐述了企业应力求达到的质量目标及质量体系环境特点和质量体系标准的类型；规定了标准的应用范围、标准的应用程序；规定了证实文件应包括的内容以及供需双方签订合同前应做的准备。

2. GB/T 19001 至 GB/T 19003(质量保证模式)

质量保证模式是为了满足供需双方考虑产品特性、保证能力等多种因素的需求后选择的用以签订合同的质量保证要求。但是，这些要求并不包含企业质量体系的所有内容，它们只针对企业生产某项产品过程中质量管理体系的要求。只有在严格控制这些工作的前提下，顾客才能相信企业生产者会生产出有质量保证的合格产品。质量保证模式有三个不同的水平，分别如下。

(1) 《质量体系——设计、开发、生产、安装和服务的质量保证模式》(GB/T 19001—ISO 9001)。

该标准阐述了从产品设计、产品开发到售后服务全过程的质量体系要素的要求，是三个质量保证模式中质量水平最高、覆盖环节(过程)最多，而且质量体系要素最多的质量保证标准。遵照标准，企业产品质量体系提供从合同评审、设计、生产到安装过程(服务)各个阶段和环节的严格控制，防止发生不合格情况，该标准与其他两个标准相比增加了对设计质量控制条款和售后服务条款的质量体系要素。

(2) 《质量体系——生产和安装的质量保证模式》(GB/T 190002—ISO 9002)。

该标准阐述了从原材料采购至产品交付使用全过程的质量体系要求，是三个模式中应用率较高的模式标准，适用于生产工序复杂、价格昂贵或设计已经定型的产品。它要求生产企业质量体系提供产品在生产过程中能够保证质量的证据，及时解决生产过程中所遇到的问题，达到产品在生产和安装各个环节所需要求。减少或避免不合格产品的发生。该标准强调预防控制与检验相结合，并依此范围规定了 18 项质量体系要素的内容和工作程序。

(3) 《质量体系——最终检验和试验的质量保证模式》(GB/T 19003—ISO 9003)。

该标准明确了产品形成过程检验工作、成品检验和实验的质量体系要求，对相关检验人员、检验设备和程序都提出严格要求，突出检验工作的力度，采取有效的检验系统。它适用于相对简单和比较成熟的产品。该标准的质量体系要素由 12 项构成，是三个模式标准中质量体系要素较少的模式标准。

3. 《质量管理和质量体系要素——指南》(GB/T 19004—ISO 9004)

该标准是企业建立质量体系的指导标准。它在总结了不同行业、不同企业的基本要求后，提出了企业建立质量体系一般应包括的基本要素。该标准对基本质量要素的含义、要素的目标、要素间的关系以及各项工作的内容、要求、方法、人员和所要求文件、记录都要有明确的要求。该标准从建立质量体系的组织结构、责任、程序、过程和资源五个方面对人、技术、管理诸要素提出要求。明确企业质量体系的基本出发点是：应设计出有效的质量体系，以满足顾客的需要和期望，并保护公司的利益。完善的质量体系应是在考虑风险、成本和利益的基础上使质量最佳化，并具有对质量加以控制的重要管理手段。

10.1.4 质量体系标准的选择

虽然经济市场的条件、产品状况、企业素质、管理机制、消费者需要等各方面条件千变万化，但是，各行生产企业工作的基本原则、基本原理和基本规律大体相同。因此，《质量管理和质量保证》(GB/T 19000－ISO 9000)系列标准适用于各行各业。一个企业要想建立和完善质量体系，应该对质量体系的标准进行合理的选择。首先，企业要针对环境特点和主观因素影响，对照标准开展质量工作，对标准规定的要素及采用要素的程度进行研究，确定企业自身质量体系的构成。其次，通过要素的选择，组合出既符合质量管理原理，又适用于本企业条件的最佳状态质量体系。最后，制定自己企业的质量方针、程序文件、操作手册、质量记录等一套管理体系。

对于我国的建筑业所涉及的设计、科研、房地产开发、市政、施工、试验、质量监督、建设监理等企事业单位，建立企业质量管理体系，应选择《质量管理和质量体系要素——指南》(GB/T 19004—ISO 9004)标准。房地产开发、总承包(集团)公司等单位可以选择《质量体系——设计、开发、生产、安装和服务的质量保证模式》(GB/T 19001—ISO 9001)标准；市政、施工(土建、安装机械化施工、装饰、防腐、防水)等企业可以选择《质量体系——生产和安装的质量保证模式》(GB/T 19002—ISO 9002)标准。

对不同单位的标准选用，要灵活掌握，如《质量体系——设计、开发、生产、安装和服务的质量保证模式》(GB/T 19001—ISO 9001)标准中包括了设计，因此对设计院、研究院和房地产开发公司等单位也适用；《质量体系——生产和安装的质量保证模式》(GB/T 19002—

ISO 9002)标准中只包括生产和安装，因此，只对施工企业适用；《质量体系——最终检验和试验的质量保证模式》(GB/T 19003—ISO 9003)标准涉及试验和检验，适用于实验室、质监站和监理公司等单位。对一些单位，如施工企业下设实验室，可以选择《质量体系——生产和安装的质量保证模式》(GB/T 19002—ISO 9002)和《质量体系——设计、开发、生产、安装和服务的质量保证模式》(GB/T 19003—ISO 9003)用于外部的质量保证。

10.2　工程建设质量责任制度

10.2.1　建设单位的质量责任

建设单位(国外称业主)是建设工程的投资者，并拥有工程项目的所有权，在整个建设活动中处于主导地位。在我国，建设单位有其特殊的背景。在固定资产投资中，国有投资约占 70%，作为国有投资主体的特殊身份，应该最关心建设工程质量，但是，代表建设单位直接参与工程管理的人并不是工程项目的最后拥有者和使用者，建设工程质量的好坏与他们自身的利益并无密切的关系，他们虽享有建设单位的权利，却不承担工程质量低劣的后果。此外，随着我国经济的快速发展，建筑领域内的竞争日趋激烈，有些建设单位为获得更多的利益而提出压低造价、缩短工期等不合理要求，建设工程质量问题由此产生。鉴于此，国务院颁布了《建设工程质量管理条例》(2000 年 1 月 10 日国务院第 25 次常务会议通过 2000 年 1 月 30 日中华人民共和国国务院令第 279 号)，针对建设单位的质量责任做出了明确规定，加大了对工程建设的管理力度。

该条例对建设单位的规定主要有以下几方面。

1. 依法发包工程的责任

建设单位应当将工程发包给具有相应资质等级的单位。建设单位不得将建设工程肢解发包。肢解发包是指建设单位将应当由一个承包单位完成的建设工程分解成若干部分发包给不同的承包单位的行为。通过工程发包，可以选取具有技术和经济实力、享有良好信誉的承包商来承包工程建设，达到确保工程质量的目的。发包单位及其工作人员在建设工程发包过程中不得收受贿赂、回扣或索取其他好处。

建设单位还应当依法对工程建设项目的勘察、设计、施工、监理以及与工程建设有关的重要设备、材料等的采购进行招标。通过招标方式，选取最优方案，保证工程质量。

2. 委托监理的责任

实行监理的建设工程，建设单位应当委托具有相应资质等级的工程监理单位进行监理，也可以委托具有工程监理相应资质等级并与被监理工程的施工承包单位没有隶属关系或者其他利害关系的该工程的设计单位进行监理。

下列建设工程必须实行监理。

(1) 国家重点建设工程。

(2) 大中型公用事业工程。

(3) 成片开发建设的住宅小区工程。

(4) 利用外国政府或者国际组织贷款、援助资金的工程。

(5) 国家规定必须实行监理的其他工程。

3. 依法报批、接受政府监督的责任

建设单位应当将施工图设计文件报县级以上人民政府建设行政主管部门或者其他有关部门审查。施工图设计文件审查的具体办法，由国务院建设行政主管部门会同国务院其他有关部门制定。施工图设计文件未经审查批准的不得使用。

建设单位在领取施工许可证或者开工报告前，应当按照国家有关规定办理工程质量监督手续。

4. 遵守国家规定及技术标准的责任

建立工程建设的技术标准及相关规定，是保证建设工程质量的重要措施，任何单位和个人都必须严格遵守，不得随意更改和破坏。建设工程发包单位不得迫使承包方以低于成本的价格竞标，不得任意压缩合理工期。建设单位不得明示或者暗示设计单位或者施工单位违反工程建设强制性标准，降低建设工程质量。

【案例 10-1】

某工程，建设单位与甲施工单位按照《建设工程施工合同(示范文本)》签订了施工合同。经建设单位同意，甲施工单位选择了乙施工单位作为分包单位。甲施工单位向建设单位提交了工程竣工验收报告后，建设单位于 2003 年 9 月 20 日组织勘察、设计、施工、监理等单位竣工验收，工程竣工验收通过，各单位分别签署了质量合格文件。建设单位于 2004 年 3 月办理了工程竣工备案。因使用需要，建设单位于 2003 年 10 月初要求乙施工单位按其示意图在已验收合格的承重墙上开车库门洞，并于 2003 年 10 月底正式将该工程投入使用。2005 年 2 月该工程给排水管道大量漏水，经监理单位组织检查，确认是因开车库门洞施工时破坏了承重结构所致。建设单位认为工程还在保修期，要求甲施工单位无偿修理。

案例评析：针对上述案例，根据《建设工程质量管理条例》，建设单位开车库门洞应经原设计单位或具有相应资质等级的设计单位提出设计方案后才可修改，擅自要求乙施工单位在承重墙上按示意图开车库门洞是不合理的，应给予处罚。对乙施工单位无设计方案施工的行为应给予处罚。

按照合同约定，由建设单位采购建筑材料、建筑构配件和设备的，建设单位应当保证建筑材料、建筑构配件和设备符合设计文件和合同要求。建设单位不得明示或者暗示施工单位使用不合格的建筑材料、建筑构配件和设备。

5. 提供资料、组织验收的责任

建设单位必须向有关的勘察、设计、施工、工程监理等单位提供与建设工程有关的原始资料。原始资料必须真实、准确、齐全。建设单位收到建设工程竣工报告后，应当组织设计、施工、工程监理等有关单位进行竣工验收。同时，应当严格按照国家有关档案管理的规定，及时收集、整理建设项目各环节的文件资料，建立、健全建设项目档案，并在建设工程竣工验收后，及时向建设行政主管部门或者其他有关部门移交建设项目档案。

如果建设单位没有按照上述规定行使其责任，将会受到限期改正、责令停工、处以罚

款等处罚；构成犯罪的，还将追究单位、直接责任人及直接负责的主管人员的刑事责任。如果建设单位是房屋建设开发公司，在承担一般建设单位的有关责任、义务下，还应建立健全质量保证体系，加强对工程建设过程中的质量管理；其开发经营的工程质量应符合国家现行的有关法律、法规，技术标准和设计文件的要求；其出售的房屋，应符合使用要求，并应提供有关使用、保养和维护的说明，如发生质量问题，应在保修期内负责保修。房屋建设开发公司如违反上述规定，将依其情节轻重，处以降低资质等级、吊销资质证书和罚款的处罚。

10.2.2　施工单位的质量责任

1. 遵守执业资质等级制度的责任

施工单位应当依法取得相应等级的资质证书，并在其资质等级许可的范围内承揽工程。禁止施工单位超越本单位资质等级许可的业务范围或者以其他施工单位的名义承揽工程。禁止施工单位允许其他单位或者个人以本单位的名义承揽工程。施工单位不得转包或者违法分包工程。转包是指承包单位承包建设工程，不履行合同约定的责任和义务，将其承包的全部建设工程转给他人或者将其承包的全部建设工程肢解以后，以分包的名义分别转给其他单位承包的行为。

违法分包是指下列行为。

(1) 总承包单位将建设工程分包给不具备相应资质条件的单位的。

(2) 建设工程总承包合同中未有约定，又未经建设单位认可，承包单位将其承包的部分建设工程交由其他单位完成的。

(3) 施工总承包单位将建设工程主体结构的施工分包给其他单位的。

(4) 分包单位将其承包的建设工程再分包的。

2. 建立质量保证体系的责任

施工单位对建设工程的施工质量负责。因此，施工单位应当建立质量责任制，确定工程项目的项目经理、技术负责人和施工管理负责人。必须建立、健全施工质量的检验制度，严格工序管理，做好隐蔽工程的质量检查和记录。隐蔽工程在隐蔽前，施工单位应当通知建设单位和建设工程质量监督机构。

此外，施工单位应当建立、健全教育培训制度，加强对职工的教育培训；未经教育培训或者考核不合格的人员，不得上岗作业。施工单位还应加强计量、检测等基础工作。施工单位对施工中出现质量问题的建设工程或者竣工验收不合格的建设工程，应当负责返修。

【案例 10-2】

某建筑工程的主体建筑为 8 层现浇钢筋混凝土框架结构。在主体工程施工到第二层时，该层的钢筋混凝土柱已浇筑完成。拆模后监理工程师发现，柱混凝土外观质量不良，表面酥松麻面，怀疑其混凝土强度不够，设计要求柱混凝土抗压强度达到 C25 的等级。于是，监理工程师要求施工单位出示对该柱子施工时混凝土抽样检验和试验结果。试验结果表明，柱混凝土抗压强度值(28 天强度)全部达到或超过 C25 的设计要求，其中最大值达到 C30 等级。

分析与思考：

如果施工单位承认其所提交的混凝土检验和试验结果不是按照混凝土检验和试验规程及规定在现场抽取试样进行试验的，而是在试验室内按照设计提出的最优配合比进行配制和制取试件后进行试验的结果。那么，对于这起质量事故，施工单位应承担什么责任？

如果查明该混凝土质量事故是由于业主提供的水泥质量问题导致的混凝土强度不足，但施工单位按规定对业主提供的材料进行了进货抽样检验，并根据检验结果确认其合格而接受。请问在此情况下，施工单位应承担什么责任？

3. 遵守技术标准、严格按图施工的责任

施工单位必须按照工程设计图纸和施工技术标准施工，不得擅自修改工程设计，不得偷工减料。施工单位在施工过程中发现设计文件和图纸有差错的，应当及时提出意见和建议，不得擅自更改、处理。

施工单位必须按照工程设计要求、施工技术标准和合同约定，对建筑材料、建筑构配件、设备和商品混凝土进行检验，检验应当有书面记录和专人签字；未经检验或者检验不合格的，不得使用。

施工人员对涉及结构安全的试块、试件以及有关材料，应当在建设单位或者工程监理单位监督下现场取样，并送具有相应资质等级的质量检测单位进行检测。

【案例 10-3】

某装饰公司承接了寒冷地区某商场的室内外装饰工程。其中，室内地面采用地面砖镶贴，吊顶工程部分采用木龙骨，室外部分墙面为铝塑幕墙，采用进口硅酮结构密封胶、铝塑复合板，其余外墙为加气混凝土外镶贴陶瓷砖。施工过程中，因木龙骨为甲方提供的材料，施工单位未对木龙骨进行检验和处理就用到了工程上。施工单位对新进场外墙陶瓷砖和内墙砖的吸水率进行了复验。在送检时，为赶工期，施工单位未经监理工程师许可就进行了外墙饰面砖镶贴施工，待复验报告出来，部分指标未能达到要求。

案例分析：本工程中，施工单位的做法存在不妥之处。施工单位对甲方提供的材料应该进行检查验收，合格后方可使用；没有监理工程师的许可施工单位不得擅自赶工，要按照之前编制的进度计划实施项目。

4. 总包单位与分包单位之间的质量责任

建设工程实行总承包的，总承包单位应当对全部建设工程质量负责；建设工程勘察、设计、施工、设备采购的一项或者多项实行总承包的，总承包单位应当对其承包的建设工程或者采购的设备的质量负责。

总承包单位依法将建设工程分包给其他单位的，分包单位应当按照分包合同的约定对其分包工程的质量向总承包单位负责，总承包单位与分包单位对分包工程的质量承担连带责任。分包单位应当接受总承包单位的质量管理。

施工单位未尽到上述质量责任时，根据其违法行为的严重程度，将受到责令改正、罚款、降低资质等级、责令停业整顿、吊销资质证书等处罚。对不符合质量标准的工程，要负责返工、修理，并赔偿因此造成的损失；对降低工程质量标准，造成重大安全事故，构成犯罪的，要追究直接负责人的刑事责任。

10.2.3　工程建设监理单位的质量责任

1. 遵守执业资质等级制度的责任

工程监理单位应当依法取得相应等级的资质证书，并在其资质等级许可的范围内承揽工程监理业务。禁止工程监理单位超越本单位资质等级许可的范围或者以其他工程监理单位的名义承揽工程监理业务。禁止工程监理单位允许其他单位或者个人以本单位的名义承揽工程监理业务。工程监理单位不得转让工程监理业务。

2. 回避责任

工程监理单位与被监理工程的施工承包单位以及建筑材料、建筑构配件和设备供应单位有隶属关系或者其他利害关系的，不得承担该项建设工程的监理业务。保证监理活动的公平、公正。

3. 坚持质量标准及现场监理的责任

工程监理单位应当依照法律、法规以及有关技术标准、设计文件和建设工程承包合同，代表建设单位对施工质量实施监理，并对施工质量承担监理责任。

工程监理单位应当选派具备相应资格的总监理工程师和监理工程师进驻施工现场。未经监理工程师签字，建筑材料、建筑构配件和设备不得在工程上使用或者安装，施工单位不得进行下一道工序的施工。未经总监理工程师签字，建设单位不拨付工程款，不进行竣工验收。

监理工程师应当按照工程监理规范的要求，采取旁站、巡视和平行检验等形式，对建设工程实施监理。

工程监理单位未尽上述责任影响工程质量的，将根据其违法行为的严重程度，给予责令改正、没收非法所得、罚款、降低资质等级、吊销资质证书等处罚。造成重大安全事故、构成犯罪的，要追究直接责任人员的刑事责任。

10.2.4　工程勘察设计单位的质量责任

工程勘察设计单位的质量责任包括以下内容。

1. 遵守执业资质等级制度的责任

从事建设工程勘察设计的单位应当依法取得相应等级的资质证书，并在其资质等级许可的范围内承揽工程。禁止勘察设计单位超越其资质等级许可的范围或者以其他勘察、设计单位的名义承揽工程。禁止勘察设计单位允许其他单位或者个人以本单位的名义承揽工程。勘察设计单位不得转包或者违法分包所承揽的工程。

2. 建立质量保证体系的责任

勘察设计单位要建立、健全质量保证体系，在工程勘察过程中，项目负责人应该组织相关人员做好现场踏勘、调查，按规定要求编写《勘察纲要》，及时对勘察过程中的材料和信息进行整理、核对，确保记录的真实性和准确性，严禁离开现场后再追记和补记。

勘察设计单位必须按照工程建设强制性标准进行勘察、设计，并对其勘察、设计的质量负责。其相关责任为：企业法定代表人对勘察质量负全面责任；项目负责人对项目的勘察文件负主要质量责任；项目审核人、审定人对其审核、审定项目的勘察文件负审核、审定的质量责任。同时，勘察设计单位还应建立健全设计文件的审核会签制度。注册建筑师、注册结构工程师等注册执业人员应当在设计文件上签字，对设计文件负责。

3. 遵守国家工程建设强制性标准及有关规定的责任

勘察设计单位必须严格按照工程建设的强制性标准和相关规定进行勘察设计，所提供的地质、测量、水文等勘察成果必须真实、准确。

设计单位应当根据勘察成果文件进行建设工程设计。设计文件应当符合国家规定的设计深度要求，注明工程合理使用年限。

设计单位在设计文件中选用的建筑材料、建筑构配件和设备，应当注明规格、型号、性能等技术指标，其质量要求必须符合国家规定的标准。除有特殊要求的建筑材料、专用设备、工艺生产线等外，设计单位不得指定生产厂家或供应商。

4. 施工验槽、技术交底和事故处理的责任

工程勘察企业应当参与施工验槽，及时解决工程设计和施工中与勘察工作有关的问题。设计单位所完成的施工图应该配套，细部节点要交代清楚，标注说明要清晰、完整，对审查合格的施工图设计文件要向施工单位做出详细说明，做好设计文件的技术交底工作。对大中型建设工程、超高层建筑以及采用新技术、新结构的工程，设计单位还应向施工现场派驻设计代表。此外，设计单位应当参与建设工程质量事故分析，并对因设计造成的质量事故，提出相应的技术处理方案。

勘察设计单位应对本单位编制的勘察设计文件的质量负责。当其违反国家的法律、法规及相关规定，没有尽到上述质量责任时，根据情节轻重，将会受到责令改正、没收违法所得、罚款、责令停业整顿、降低资质等级、吊销资质证书等处罚；造成损失的，依法承担赔偿责任。注册建筑师、注册结构工程师等注册执业人员因过错造成质量事故的，责令停止执业 1 年；造成重大事故的，吊销职业资格证书，5 年内不予注册；情节特别恶劣的，终身不予注册。勘察设计单位违反国家规定，降低工程质量标准，造成重大安全事故、构成犯罪的，要依法追究直接责任人员的刑事责任。

10.2.5 材料、设备供应单位的质量责任

建筑材料、构配件生产及设备供应单位必须具备相应的生产条件、技术装备和质量保证体系，并对其生产或供应的产品质量负责。建筑材料及设备的质量及包装的要求如下。

建筑材料、构配件及产品质量应当符合下列要求：①符合国家或行业现行有关技术标准规定的合格标准和设计要求；②符合在建筑材料、构配件及设备或其包装上注明采用的标准。

建筑材料、构配件及设备包装上的标识应当符合下列要求：①有产品质量检验合格证明；②有中文标明的产品名称、生产厂厂名和厂址；③产品包装和商标样式符合国家有关规定和标准要求；④设备应有产品详细的使用说明书，电气设备还应附有线路图；⑤实施

生产许可证或使用产品质量认证标志的产品，应有生产许可证或质量认证的编号、批准日期和有效期限。

10.3　工程建设质量监督管理制度

根据《建筑法》的规定：国家推行建筑工程监理制度。建筑工程监理应当依照法律、行政法规及有关的技术标准、设计文件和建筑工程合同，对承包单位在施工质量、建设工期和建设资金使用等方面，代表建设单位实施监督。

工程质量监督是建设行政主管部门或其委托的工程质量监督机构(统称监督机构)根据国家的法律、法规和工程建设强制性标准，对责任主体和有关机构履行质量责任的行为以及对工程实体质量进行监督检查、维护公众利益的行政执法行为。

10.3.1　工程建设主体的监督管理制度概述

工程建设主体是指建设工程的参与者，包括建设单位、勘察设计单位、监理单位、构配件生产单位及施工单位等单位及其相关人员。政府对工程建设主体的监督管理主要体现在以下几个方面。

(1) 对建设单位的能力进行审查。审查建设单位是否具备与发包工程项目相适应的技术、经济管理能力，编制招标文件及组织开标、评标、定标的能力。如其不具备上述能力，则要求其委托招标代理机构代为办理招标事宜。

(2) 对工程参与单位的监督管理。对勘察设计单位，施工、监理、构配件生产、房地产开发单位实行资格(质)等级认证、生产许可证和业务范围的监督管理。上述单位必须按照法定程序申请并取得相应的资格证书后，才能在其资格(质)等级允许范围内从事监督管理活动。

(3) 实行执业工程师的注册制。目前，我国法规规定从事建筑设计、结构设计、工程监理的工程技术人员，须经过考试取得资格证书并经注册后方能获得相应执业资格。各级建设行政主管部门将负责考试、注册及执业活动的监督管理。

在我国，实行工程建设监督管理制度，根据《建设工程质量监督管理规定》，凡新建、扩建、改建的工业、交通和民用、市政公用工程(含实施监理的工程)及构配件生产，均应接受建设工程质量监督机构的监督。

1. 工程建设质量监督体制

根据《建设工程质量管理条例》，国务院建设行政主管部门对全国的建设工程质量实施统一监督管理。国务院铁路、交通、水利等有关部门按照国务院规定的职责分工，负责对全国的有关专业建设工程质量的监督管理。

县级以上地方人民政府建设行政主管部门对本行政区域内的建设工程质量实施监督管理。县级以上地方人民政府交通、水利等有关部门在各自的职责范围内，负责对本行政区域内的专业建设工程质量的监督管理。

国务院建设行政主管部门和国务院铁路、交通、水利等有关部门应当加强对有关建设工程质量的法律、法规和强制性标准执行情况的监督检查。

国务院发展计划部门按照国务院规定的职责，组织稽查特派员，对国家出资的重大建设项目实施监督检查。国务院经济贸易主管部门按照国务院规定的职责，对国家重大技术改造项目实施监督检查。

2. 工程建设质量监督机构

根据《建设工程质量管理条例》，建设工程质量监督管理，可以由建设行政主管部门或者其他有关部门委托的建设工程质量监督机构具体实施。建设工程质量监督工作的主管部门，在国家为住建部、在地方为各级人民政府的建设主管部门。

从事房屋建筑工程和市政基础设施工程质量监督的机构，必须按照国家有关规定经国务院建设行政主管部门或者省、自治区、直辖市人民政府建设行政主管部门考核；从事专业建设工程质量监督的机构，必须按照国家有关规定经国务院有关部门或者省、自治区、直辖市人民政府有关部门考核。经考核合格后，方可实施质量监督。

工程建设质量监督机构的性质是经省级以上建设行业行政主管部门或者有关专业部门考核认定的独立法人，依法受托，依法监督，并对委托部门负责。

3. 工程建设质量监督的工作程序

(1) 工程开工前一个月，建设单位应到监督站办理监督手续，提交勘察设计资料等有关文件。监督站在接到文件资料后两周内，应确定该工程的监督员，通知建设、勘察、设计、施工单位，并提出监督计划。

(2) 工程开工前，监督员应核查受监工程的勘察、设计和施工单位的资质等级，凡不符合规定要求的不许开工；监督员还要审查施工图中的建筑结构、安全、防火和卫生等方面，以确保其符合相应标准的要求。

(3) 工程施工中，监督员将按监督计划对工程质量进行抽查。房屋建筑和构筑物工程的抽查重点是地基基础、主体结构和决定使用功能及安全性能的重要部位。其他工程的监督重点视工程性质决定。

(4) 工程完工后，监督站在施工单位验收的基础上对工程质量等级进行核验。建筑构件质量的监督，重点是核查生产单位的生产许可证、检测手段和构件质量。

4. 监督站的权限与责任

监督站的权限有：①不按技术标准和有关文件要求进行设计和施工的单位，给予警告或通报批评；②对发生严重工程质量问题的单位可令其及时妥善处理，对情节严重的，可按有关规定进行罚款，如果在施工工程，则应令其停工整顿；③对于核验不合格的工程，可做出返修加固的决定，直至达到合格方准交付使用；④对造成重大质量事故的单位，可参加有关部门组成的调查组，提出调查处理意见；⑤对工程质量优良的单位，可提请当地建设主管部门给予奖励。

因监督人员失误、失职、渎职而使工程建设出现重大质量事故或在核验中弄虚作假的，主管部门视其情节轻重，对其给予批评、警告、记过直至撤职的处分，触及刑律的将由司法机关追究刑事责任。

5. 工程建设质量监督的手段和方式

根据《建设工程质量管理条例》，县级以上地方人民政府建设行政主管部门和其他有关部门履行检查职责时，有权实施以下措施。

(1) 要求被检查的单位提供与工程质量有关的文件和资料。

(2) 进入被检查单位的施工现场进行有关检查。

(3) 发现有影响工程质量问题的，责令改正。

有关单位和个人对县级以上人民政府建设行政主管部门和其他有关部门进行的监督检查应当支持与配合，不得拒绝或者阻碍建设工程质量监督检查人员依法执行公务。

常见的监督手段还有见证取样、监督检测、施工图设计文件审查、工程竣工验收监督、工程质量监督报告、不良报告等。

10.3.2　工程建设质量的检测制度

工程建设质量检测是指工程质量检测机构接受委托，依据国家有关法律、法规和工程建设强制性的标准，对涉及结构安全项目的抽样检测和对进入施工现场的建筑材料、构配件的见证取样进行检测。所出具的检测报告具有法定效力。国家级检测机构出具的检测报告，在国内为最终裁定；在国外具有代表国家的性质。

1. 工程建设质量检测机构与任务

建设工程质量检测机构，分为国家、省、市(地区)、县四级。建设工程质量国家检测中心是国家级的工程质量检测机构。其主要任务如下。

(1) 承担重大工程建设质量的监测和试验任务。

(2) 负责工程建设所用的构件、制品及有关材料、设备的质量认证和仲裁监测工作。

(3) 负责对结构安全、建筑功能的鉴定，参加重大工程质量事故的处理和仲裁监测工作等。

各省、自治区、直辖市的建设工程质量检测中心和市(地区)、县级的建设工程质量检测站则主要是承担本地区工程建设和建筑构件、制品以及建设现场所用材料质量的检测工作和参加本地区工程质量事故的处理和仲裁检测工作。此外，还可参与本地区建筑新结构、新技术、新产品的科技成果鉴定等工作。

2. 工程建设质量检测机构的权限

国家级检测机构受国务院建设行政主管部门的委托，有权对指定的国家重点工程进行检测复核，并向国务院建设行政主管部门提出检测复核报告和建议。各地检测机构有权对本地区正在施工的工程建设所用的建筑材料、混凝土、砂浆和建筑构件等进行随机抽样检测，并向本地建设工程质量主管部门和质量监督部门提出检测报告和建议。

受国家建设主管部门和国家标准部门委托，国家级检测机构有权对建筑构件、制品及有关的材料、设备等产品进行抽样检验。省、市(地区)、县级检测机构，受同级建设主管部门和标准部门委托，有权对本省、市、县的建筑构件、制品进行抽样检测。对违反技术标准、失去质量控制的产品，检测单位有权提请主管部门做出责令其停止生产、不合格产品不准出厂、已出厂的不得使用的决定。

10.3.3　工程建设质量的奖励制度

为了让从事建筑活动企业加强管理，提高工程质量，争创国际先进水平，促进全行业工程质量的发展，我国推行了工程建设质量奖励制度。目前，我国设有鲁班奖、优秀工程设计奖、优秀工程勘察奖、詹天佑奖等奖项。此外，还定期进行工程设计计算机优秀软件、工程建设优秀标准设计的评选。

1. 鲁班奖

鲁班奖全称为“建筑工程鲁班奖”。1987 年由中国建筑业联合会设立，1993 年移交中国建筑业协会。目前，它标志着中国建筑业工程质量的最高荣誉。1996 年 7 月，根据建设部“两奖合一”的决定，将 1981 年政府设立并组织实施的“国家优质工程奖”与“建筑工程鲁班奖”合并，奖名定为“中国建筑工程鲁班奖”，每年评选一次，奖励数额为每年不超过 30 个。

申报鲁班奖的条件：①已列入国家或省、自治区、直辖市、计划单列市及国务院各部门建设计划，达到一定规模，并已形成生产能力和使用功能的新建的大型公共建筑和市政工程；②大中型工业交通建设项目中的主要建筑工程或设备安装工程；③个别工程达不到规模要求，但建筑风格独特，工程质量特别优良，且具有代表性的工程，也可申报参评，但应从严掌握。

鲁班奖有严格的评选办法和申报、评审程序，并有严格的评审纪律。评审由评审委员会负责，协会只负责受理申报、组织初审和工程复查，不干预评选工作。评委由国务院有关部门和各地区的专家组成，以无记名投票方式选定。

2. 优秀工程设计奖

优秀工程设计奖设金质奖、银质奖、铜质奖三种，每两年评选一次，如遇特殊情况则可提前或推后进行。

申报优秀工程奖的条件：①已竣工投产、验收并经一年以上时间检验的完整的工业与民用工程建设项目或单项工程的设计；②只限于近两年内竣工投产的工程建设项目，如有特殊原因的，可放宽至 5 年内。

优秀工程设计奖按地区、部门评选和全国评选两步进行。所有参评项目都必须先参加省、部级优秀工程设计的评选，再由各省、部从获奖项目中选出名列前茅者排好名次后，向建设部推荐参加全国评选。全国优秀工程设计奖的评选，由住建部邀请有关专家组成的评审委员会负责，有关具体事务，委托中国勘察设计协会办理。

3. 优秀工程勘察奖

由中国勘察设计协会组织实施，优秀工程勘察奖设立金质奖、银质奖、铜质奖三种。无特殊原因，每两年评选一次。

申报优秀工程勘察奖的条件：①在工程竣工验收后经一年以上实际检验的新建、扩建、改建及技术改造的工业与民用建设项目的勘察；②经一年以上时间检验的工程地质与岩土工程项目；③投产后的工程测量与城市测量项目；④经过开采性抽水，或低于设计水平，但有一年以上长期观测资料，或经国家储量委员会检验，抽水能力大于设计水量的 50%，或经国家储量委员会认可的水资源评估与钻井工程项目。

优秀工程勘察奖按地区、部门评选和全国评选两步进行。所有参评项目都必须先参加省、部级优秀工程勘察奖的评选，再由省、部有关部门从获奖项目中选择成效突出者，按获奖名次推荐上报，参加全国优秀工程勘察奖的评选。全国优秀工程勘察奖的评选由“全国优秀工程勘察设计评选委员会”负责，有关的具体事务和协调工作，则由中国工程勘察协会负责。

4. 詹天佑奖

詹天佑奖于 1999 年由中国土木工程学会、詹天佑土木工程科技发展基金会联合设立，全称为“中国土木工程詹天佑大奖”，是中国土木工程设立的最大奖项。

申报詹天佑奖的条件：①必须是列入国家或省、自治区、直辖市(含香港特区)、计划单列市和国务院有关部委的建设计划，经验收和投入使用的工程，并竣工后经过 1 年以上使用核验没有工程问题，使用良好；②必须是省、部范围内施工质量最佳工程，为同类工程的先进水平；③设计中有所创新和发展，施工中创造和运用先进的施工技术和方法，整体工程突出体现应用先进的科学技术成果，并达到国内同类工程中的一流水平。

詹天佑奖公布后，中国土木工程学会、中国科学技术发展基金会、詹天佑土木工程科技发展基金会将向获奖单位颁发“詹天佑奖”金像和奖牌、荣誉证书。该奖每两年评选一次。评选体现了创新性、标志性和权威性。

10.3.4　产品质量认证制度和企业质量体系认证制度

1. 产品质量认证制度

根据《产品认证质量条例》规定：产品质量认证是依据产品标准和相应技术要求，经认证机构确认并通过学习颁发认证证书和认证标志来证明某一产品销售符合相应标准和相应技术要求的活动。

通过对符合认证标准的产品颁发认证标志推行产品质量认证制度，有利于帮助消费者识别合格产品，更有利于提高经认证合格的企业和产品的市场信誉，增强产品的市场竞争能力，从而激励企业加强质量管理，提高产品质量水平。同时，由作为第三方的认证机构对产品质量进行认证，已成为许多国家保证产品质量的一种普遍做法。经过质量认证的产品可以方便地进入国际市场，有利于进一步促进我国对外经济贸易的发展。

2. 企业质量体系认证制度

根据《建设工程质量管理办法》的规定，建筑业也和其他行业一样，按国家规定推行企业质量体系认证制度和产品质量认证制度。有关企业根据自愿原则可以向国务院建设行政主管部门或其授权的认证机构申请企业质量体系认证。经认证合格的，由认证机构向该企业颁发企业质量体系认证证书。

10.3.5　工程建设建材使用许可制度

为保证建设工程中使用的建筑材料性能符合规定标准，从而确保建设工程质量，我国规定了建材使用许可制。这一制度包括建材生产许可制、建材产品质量认证制、建材产品推荐使用制及建材进场检验制等制度。

1. 建材生产许可证制

国家规定对于一些十分重要的建材产品，如钢材、水泥等，实行生产许可证制。生产这些建材产品的生产企业必须具备相应的生产条件、技术装备、技术人员和质量保证体系，经有关部门审核批准取得相应资质等级并获得生产许可证后，才能进行这些建材产品的生产。其生产销售的建材产品或产品包装上，除应标有产品质量检验合格证明外，还应标明生产许可证的编号、批准日期和有效日期。未获生产许可证的任何其他企业，都不得生产这类建材产品。

2. 建材产品质量认证制

国家有关部门规定，对重要的建筑材料和设备，推行产品质量认证制度。经认证合格的由认证机构颁发质量认证证书，准许企业在产品或其包装上使用质量认证标志。使用单位经检验发现认证的产品质量不合格，有权向产品质量认证机构投诉。同时规定，销售的已经过质量认证的建材产品，在产品或其包装上除标有产品质量检验合格证明外，还应标明质量认证的编号、批准日期和有效期限。

3. 建材产品推荐使用制

住建部规定，对尚未经过产品质量认证的建筑材料，各省、自治区、直辖市建设行政主管部门可以推荐使用。为此，各省、自治区、直辖市都颁行了一些地方性规章，对建材产品质量认证和推荐做了相应规定。为解决屋面渗漏这一房屋建筑中十分突出的质量问题，建设部还规定，各省、自治区、直辖市的建设行政主管部门应按地区选定1～2个检测单位，对进入本地区市场的石油沥青油毡等主要防水材料质量进行使用认证抽样检验，并将检验结果及时提供给本地区的建设单位和施工单位，防止不合格的材料使用到工程中。住建部也将选定全国防水材料质量使用认证检测中心，除负责防水材料质量抽检工作外，对尚没有国家标准或行业标准的防水材料，组织制定暂行检测标准，并定期向全国公布防水材料质量的抽检结果。

4. 建筑材料进场检验制

为保证建筑的结构安全及其质量，住建部还规定，建筑施工企业必须加强对进场的建筑材料、构配件及设备的质量检查、检测。各类建筑材料、构配件等都必须按规定进行检查或复试。凡影响结构安全的主要建筑材料、构配件及设备的采购与使用必须经同级技术负责人同意。质量不合格的建筑材料、构配件及设备，不得使用在工程上，并进一步规定，对进入施工现场的屋面防水材料，不仅要有出厂合格证，还必须要有进场试验报告，确保其符合标准和设计要求。未经检验而直接使用了质量不合格的建材、设备及构配件的施工企业将承担相应责任。

10.3.6 工程质量事故报告及调查制度

当工程建设发生质量事故时，应根据事故的严重程度，由相关单位进行质量事故报告及调查。对重大质量事故，事故发生地的建设行政主管部门和其他有关部门应当按照事故类别和等级向当地人民政府和上级建设行政主管部门和其他有关部门报告。特别重大质量事故的调查程序按照国务院有关规定办理。任何单位和个人对建设工程的质量事故、质量缺陷都有权检举、控告、投诉。对事故上报不及时或隐瞒不报的，要追究有关人员的责任。

我国根据相关法律法规制定出如图 10.1 所示的流程解决工程质量的纠纷。

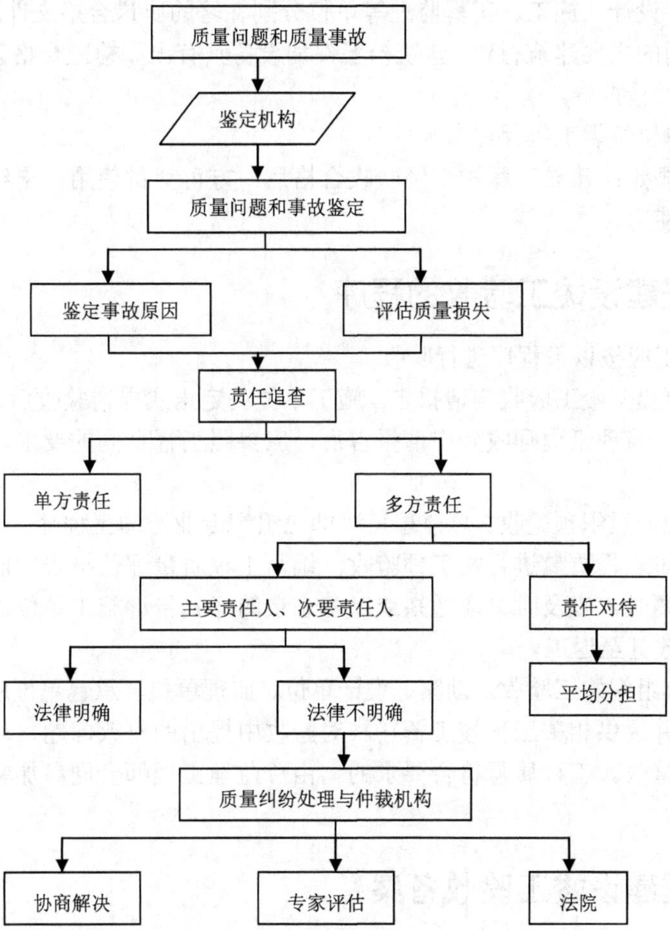

图 10.1　工程建设质量责任认定流程

10.4　工程建设竣工验收制度

工程建设在投入生产或使用前，必须进行工程的竣工验收。竣工验收是全面考核基本建设成果、检验设计和工程质量的步骤，是保证项目能按照设计要求进行正常生产和使用的重要保障。目前，我国现行的工程建设质量分为优良、合格和不合格三级，先由施工单位自行检验评定等级，再由监督站进行核验。

10.4.1　工程建设竣工验收条件

建设工程质量应按现行的国家标准、行业标准进行验评。根据《建设工程质量管理条例》第十六条规定：建设单位收到建设工程竣工报告后，应当组织设计、施工、工程监理等有关单位进行竣工验收。工程建设竣工验收，应符合下列条件。

(1) 完成工程建设设计和合同中约定的各项内容。

(2) 有完整的技术档案和施工管理资料。

(3) 有勘察、设计、施工、工程监理等单位分别签署的质量合格文件。

(4) 工程所用的主要建筑材料、建筑构配件和设备具有出厂检验合格证明和技术标准规定的必要的进场试验报告。

(5) 有施工单位签署工程保修书。

《建筑法》规定：建设工程竣工经验收合格后，方可交付使用；未经验收或验收不合格的，不得交付使用。

10.4.2 工程建设竣工验收的程序

工程建设竣工应按以下程序进行验收。

(1) 施工单位提交竣工验收申请报告。施工单位决定正式提请验收后，应向监理单位送交验收申请报告，监理工程师收到申请报告后，应参照工程合同的要求、验收标准等进行仔细的审查。

(2) 监理工程师组织预验收。总监理工程师应组织专业监理工程师，审查承包单位报送的竣工资料，并对工程质量进行竣工预验收，编写工程质量评估报告。监理工程师在预验收中发现质量问题时，应及时书面通知或以备忘录的形式告诉施工单位，并令其按有关的质量要求进行整改甚至返工。

(3) 建设单位组织竣工验收。勘察、设计单位、监理单位、承包单位应参加建设单位组织的竣工验收，并提供相关工程竣工资料。对验收中提出的整改问题，项目监理机构应要求承包单位进行整改。工程质量符合要求的，由总监理工程师会同参加验收的各方签署竣工验收报告。

10.4.3 工程建设竣工验收备案

《建设工程质量管理条例》确立了建设工程竣工验收备案制度。该制度的确立加强了政府对工程建设质量的管理，防止不合格工程流向社会。根据《建设工程质量管理条例》和《房屋建筑和市政基础设施工程竣工验收备案管理办法》(2000 年 4 月 4 日原建设部令第 78 号发布，2009 年 10 月 19 日修改)的有关规定，建设单位应当在工程竣工验收合格后的 15 天内到县级以上人民政府建设行政主管部门或其他有关部门备案。

建设单位办理工程竣工验收备案应提交以下资料。

(1) 工程竣工验收备案表。

(2) 工程竣工验收报告。

竣工验收报告的内容应当包括：工程报建的日期，施工许可证号，施工图设计文件审查意见，勘察、设计、施工、工程监理等单位分别签署的质量合格文件及验收人员签署的竣工验收原始文件，市政基础设施的有关质量检测和功能性试验资料，以及备案机关认为需要提供的有关资料。

(3) 法律、行政法规规定应当由规划、公安消防、环保等部门出具的认可文件或者准许使用文件。

(4) 施工单位签署的工程质量保修书。

(5) 法规、规章规定必须提供的其他文件。

(6) 商品住宅还应当提交《住宅质量保证书》和《住宅使用说明书》。

备案机关收到建设单位报送的竣工验收备案文件，且验证文件齐全后，应当在工程竣工验收备案表上签署文件收讫。工程竣工验收备案表一式两份，一份由建设单位保存，另一份留备案机关存档。

建设单位有以下违法行为的，按有关规定进行行政处罚。

(1) 在工程竣工验收合格之日起 15 日内未办理工程竣工验收备案。

(2) 在重新组织竣工验收前擅自使用工程。

(3) 采用虚假证明文件办理竣工验收备案。

10.4.4　验收不合格的处理

如果收到的竣工验收备案文件中有违反国家有关建设工程质量管理规定行为的，视问题的严重程度分别处理。

(1) 若在验收过程中发现问题严重，不满足竣工验收标准，责令其停止使用，重新组织竣工验收后，再办理竣工验收备案。

(2) 若发现一般质量问题时，验收小组可形成初步验收意见，填写有关表格，有关人员签字，但建设单位不加盖公章。验收小组责成有关责任单位整改，并可委托建设单位项目负责人组织复查，整改完毕符合要求后，加盖建设单位公章。

(3) 当验收小组各方不能形成一致竣工验收意见时，应当协商提出解决办法，待意见统一后，重新组织竣工验收。当协商不成时，应报建设行政主管部门或质量监督机构进行协调裁决。

10.5　工程建设质量保修制度

工程建设质量保修制度是指对工程建设在交付使用后的一定期限内发现的质量缺陷，由施工单位承担维修责任的一种制度。建设工程承包单位在向建设单位提交工程竣工验收报告时，应当向建设单位出具质量保修书。质量保修书中应当明确建设工程的保修范围、保修期限和保修责任等。

10.5.1　工程建设质量的保修期限和保修范围

1. 工程建设质量的保修期限

建设工程的保修期，自竣工验收合格之日起计算。在正常使用条件下，建设工程的最低保修期限如下。

(1) 基础设施工程、房屋建筑的地基基础工程和主体结构工程，为设计文件规定的该工程的合理使用年限。

(2) 屋面防水工程、有防水要求的卫生间、房间和外墙面的防渗漏，为 5 年。

(3) 供热与供冷系统，为 2 个采暖期、供冷期。

(4) 电气管线、给排水管道、设备安装和装修工程，为 2 年。

其他项目的保修期限由发包方与承包方约定。

2. 工程建设质量的保修范围

工程建设自办理交工验收手续后，只要在保修期内，无论是施工造成的质量缺陷，还是因为勘察、设计、施工、材料等造成的质量缺陷，都应由施工单位负责维修。这里的质量缺陷是指工程不符合国家或行业的有关技术标准、设计文件及合同中对质量的要求。

10.5.2 返修的程序及经济责任

1. 工程建设的返修程序

(1) 发出保修通知。工程建设在保修期内出现质量缺陷，建设单位或者建筑物所有者向施工单位发出保修通知。

(2) 保修时间。施工在收到保修通知后，应到达现场核查情况，在保修书约定的时间内进行维修。发生涉及结构安全或者严重影响使用功能的紧急抢修事故，在收到保修通知后要立即到达现场，进行抢修。

(3) 安全防范。发生涉及结构安全的质量缺陷，建设单位或者建筑物所有人应当立即向当地建设行政主管部门报告，采取安全防范措施；由原设计单位或者具有相应资质等级的设计单位提出保修方案，施工单位实施保修，原工程质量监督机构负责监督。

(4) 保修完成后，由建设单位或者建筑物所有人组织验收。涉及结构安全的，应当报当地建设行政主管部门备案。

2. 工程建设返修的经济责任

施工单位依照本办法规定对工程负责维修的，其维修的经济责任由责任方承担。

(1) 由于施工单位未按国家有关的规范、标准和设计要求施工所造成的质量缺陷，由施工单位负责返修并承担经济责任。

(2) 由于设计原因造成的质量缺陷，由设计单位承担经济责任，由施工单位维修，其费用按有关规定通过建设单位向设计单位索赔，不足部分由建设单位负责。

(3) 因建设材料、构配件和设备质量不合格引起的质量缺陷，属于施工单位采购的或经其验收同意的，由施工单位承担经济责任，属于建设单位采购的，由建设单位承担经济责任。

(4) 因使用单位使用不当造成的质量问题，由使用单位自行负责；因地震、洪水、台风等不可抗力造成的质量问题，施工单位、设计单位不承担经济责任。

(5) 施工单位自接到保修通知书之日起，必须在两周内到达现场与建设单位共同明确责任方，商议返修内容。属施工单位负责的，施工单位应按约定的日期到达现场，如施工单位未能按期到达现场，建设单位应再次通知施工单位；施工单位自接到通知书起一周内仍不能到达时，建设单位有权自行返修，所发生的费用由原施工单位承担。不属施工单位责任的，建设单位应与施工单位联系，商议维修的具体期限。

10.5.3　保修责任承担与损害赔偿

1．保修责任承担

根据《房屋建筑工程质量保修办法》规定：房屋建筑工程在保修范围和保修期限内出现质量缺陷，施工单位应当履行保修义务。但是，最终承担保修责任及损害赔偿的不一定是施工单位，而是根据工程质量缺陷的实际情况，确定质量缺陷的责任主体。因此，质量缺陷的责任主体可能是勘察设计单位、施工单位、建设单位或者监理单位。

2．损害赔偿

根据《中华人民共和国消费者权益保护法》规定：使用商品者及接受服务者受到人身、财产损害的，享有依法获得赔偿的权利。《建设工程质量管理办法》也规定：因建设工程质量缺陷造成人身、缺陷工程以外的其他财产损害的，侵害人应按有关规定，给予受害者赔偿。

根据《民法通则》和《中华人民共和国产品质量法》的精神，因建设工程质量缺陷造成受害人人身伤害的，侵害人应当赔偿医疗费、因误工减少的收入、残废者生活补助费等费用；造成受害人死亡的，并应支付丧葬费、抚恤费、死者生前抚养的人必要的生活费用等。因建设工程质量缺陷造成受害人财产损失的，侵害人除承担返修责任外，对其他财产损失，应予以赔偿。

因工程建设质量存在缺陷造成损害，要求赔偿的诉讼时效期限为一年，自当事人知道或应当知道其权益受到损害时起计算。

10.6　法 律 责 任

根据《建设工程质量管理条例》，在工程建设过程中违反该条例的，将承担相应的法律责任和处罚。以下列举了部分违反本条例的所要承担的法律责任。

(1) 建设单位将建设工程发包给不具有相应资质等级的勘察、设计、施工单位或者委托给不具有相应资质等级的工程监理单位的，责令改正，处 50 万元以上 100 万元以下的罚款。

(2) 建设单位有下列行为之一的，责令改正，处 20 万元以上 50 万元以下的罚款。

① 迫使承包方以低于成本的价格竞标的。

② 任意压缩合理工期的。

③ 明示或者暗示设计单位或者施工单位违反工程建设强制性标准，降低工程质量的。

④ 施工图设计文件未经审查或者审查不合格，擅自施工的。

⑤ 建设项目必须实行工程监理而未实行工程监理的。

⑥ 未按照国家规定办理工程质量监督手续的。

⑦ 明示或者暗示施工单位使用不合格的建筑材料、建筑构配件和设备的。

⑧ 未按照国家规定将竣工验收报告、有关认可文件或者准许使用文件报送备案的。

(3) 勘察、设计、施工、工程监理单位超越本单位资质等级承揽工程的，责令停止违法行为，对勘察、设计单位或者工程监理单位处合同约定的勘察费、设计费或者监理酬金 1

倍以上 2 倍以下的罚款；对施工单位处工程合同价款 2%以上 4%以下的罚款，可以责令其停业整顿，降低资质等级；情节严重的，吊销资质证书；有违法所得的，予以没收。未取得资质证书承揽工程的，予以取缔，依照前款规定处以罚款；有违法所得的，予以没收。以欺骗手段取得资质证书承揽工程的，吊销资质证书，依照本条例第一款规定处以罚款；有违法所得的，予以没收。

(4) 施工单位在施工中偷工减料的，使用不合格的建筑材料、建筑构配件和设备的，或者有不按照工程设计图纸或者施工技术标准施工的其他行为的，责令改正，处工程合同价款 2%以上 4%以下的罚款；造成建设工程质量不符合规定的质量标准的，负责返工、修理，并赔偿因此造成的损失；情节严重的，责令停业整顿，降低资质等级或者吊销资质证书。

(5) 施工单位不履行保修义务或者拖延履行保修义务的，责令改正，处 10 万元以上 20 万元以下的罚款，并对在保修期内因质量缺陷造成的损失承担赔偿责任。

(6) 工程监理单位有下列行为之一的，责令改正，处 50 万元以上 100 万元以下的罚款，降低资质等级或者吊销资质证书；有违法所得的，予以没收；造成损失的，承担连带赔偿责任。

① 与建设单位或者施工单位串通，弄虚作假，降低工程质量的。

② 将不合格的建设工程、建筑材料、建筑构配件和设备按照合格签字的。

(7) 涉及建筑主体或者承重结构变动的装修工程，没有设计方案擅自施工的，责令改正，处 50 万元以上 100 万元以下的罚款；房屋建筑使用者在装修过程中擅自变动房屋建筑主体和承重结构的，责令改正，处 5 万元以上 10 万元以下的罚款。有前款所列行为，造成损失的，依法承担赔偿责任。

(8) 注册建筑师、注册结构工程师、监理工程师等注册执业人员因过错造成质量事故的，责令停止执业 1 年；造成重大质量事故的，吊销执业资格证书，5 年以内不予注册；情节特别恶劣的，终身不予注册。

(9) 国家机关工作人员在建设工程质量监督管理工作中玩忽职守、滥用职权、徇私舞弊，构成犯罪的，依法追究刑事责任；尚不构成犯罪的，依法给予行政处分。

(10) 建设、勘察、设计、施工、工程监理单位的工作人员因调动工作、退休等离开该单位后，被发现在该单位工作期间违反国家有关建设工程质量管理规定，造成重大工程质量事故的，仍应当依法追究法律责任。

本 章 总 结

本章通过对工程建设质量管理体系认证、工程建设质量责任、工程建设质量监督管理、工程建设竣工验收和质量保修制度以及相关法律责任的介绍，使读者可以对工程建设质量管理有更加系统、全面的认识和掌握。

复习思考题

一、单项选择题

1. 下列关于建设单位质量责任和义务的表述中，错误的是(　　)。
   A. 建设单位不得将建设工程肢解发包
   B. 建设工程发包方不得迫使承包方以低于成本的价格竞标
   C. 建设单位不得任意压缩合同工期
   D. 涉及承重结构变动的装修工程施工期前，只能委托原设计单位提交设计方案

2. 施工人员对涉及结构安全的试块、试件以及有关材料，应当在(　　)的监督下现场取样，并送具有相应资质等级的质量检测单位进行检测。
   A. 建设单位或工程监理单位　　B. 施工项目技术负责人
   C. 施工企业质量管理人员　　D. 质量监督部门

3. 根据相关法律规定，建设工程总承包单位完工后向建设单位出具质量保修书的时间为(　　)。
   A. 竣工验收合格后　　B. 提交竣工验收报告时
   C. 竣工验收时　　D. 交付使用时

4. 依据《建设工程质量管理条例》，工程承包单位在(　　)时，应当向建设单位出具质量保修书。
   A. 工程价款结算完毕　　B. 施工完毕
   C. 提交工程竣工验收报告　　D. 竣工验收合格

5. 某办公大楼在保修期间出现外墙裂缝，经查是由于设计缺陷造成。原施工单位进行了维修，之后应向(　　)主张维修费用。
   A. 设计单位　　B. 物业管理单位
   C. 大楼使用者　　D. 建设单位

二、多项选择题

1. 根据《建设工程质量管理条例》，最低保修期限不低于 2 年的工程有(　　)。
   A. 外墙防渗漏　　B. 设备安装
   C. 给排水管道　　D. 防水工程
   E. 装修工程

2. 下列质量问题中，不属于施工单位在保修期内承担保修责任的有(　　)。
   A. 因使用不当造成的质量问题　　B. 质量监督机构没有发现的质量问题
   C. 第三方造成的质量问题　　D. 监理单位没有发现的质量问题
   E. 不可抗力造成的质量问题

3. 根据《建设工程质量管理条例》，下列分包情形中，属于违法分包的有(　　)。
   A. 施工总承包单位将建设工程的土方工程分包给其他单位
   B. 总承包单位将建设工程分包给不具备相应资质条件的单位

C. 未经建设单位许可，承包单位将其承包的部分建设工程交由其他单位完成

D. 施工总承包单位将建设工程主体结构的施工分包给其他单位

E. 分包单位将其承包的建设工程再分包

4. 关于工程竣工验收的说法，正确的有( )。

A. 工程竣工验收合格的，以承包人送交竣工验收报告之日为竣工日期

B. 承包人送交竣工验收报告，当事人对工程质量发生争议，工程质量经鉴定合格，以承包人送交竣工验收报告之日为竣工之日

C. 工程按发包人要求修改后经竣工验收合格的以承包人首次送交竣工验收报告之日为竣工日期

D. 承包人送交竣工验收报告后，发包人拖延验收的，以承包人送交竣收报告之日为竣工日期

E. 建设工程未经验收，发包人擅自使用的，以建设工程转移占有之日为竣工验收日期

三、简答题

1. 我国现行的《质量管理和质量保证》体系系列标准有哪些？
2. 为提高工程建设质量，我国目前设立的优秀工程奖有哪些？
3. 工程建设单位的质量责任有哪些？有何意义？
4. 工程建设竣工验收应符合什么条件？
5. 工程建设的保修期限从何时起算？在正常使用条件下，最低保修期限是多长？
6. 总承包单位和分包单位的质量责任是如何规定的？

第 11 章　工程建设争议解决制度

学习目标

- 掌握解决工程建设纠纷的途径。
- 理解和解、调解、仲裁和诉讼四种方式的概念和特征。
- 理解行政复议和行政诉讼的联系与区别。
- 了解证据的种类、证据的保全和应用以及注意事项。

本章导读

本章主要介绍工程建设争议解决基本制度的概念、特点及其当事人在维权过程中所必须遵循的程序和注意的问题。

项目案例导入

某县新建一个污水处理厂项目，通过公开招标，中标人为一家具有一级资质的施工总承包单位(以下简称“甲承包单位”)；建设单位为该县的归属于建设行政主管部门成立的污水处理厂(以下简称“建设单位”)。中标后，双方签订了《建设工程施工承发包合同》。在建设单位未完善施工手续、施工水电等施工条件下，甲承包单位应建设单位请求于2006年3月进入施工现场开始施工，合同规定开工后7日内建设单位应支付工程预付款为合同总价款的15%，建设单位也一直未支付，基于以上两种情况，造成甲承包单位的施工人员窝工、机械设备闲置，经多次与建设单位交涉未果，被迫于同年 7 月全面停工。停工后建设单位未书面及口头通知，重新选定了另一家施工单位，强行进入建筑工地施工。在此期间由于民工讨要工资，政府部门出面以政府名义垫付了160万元，而甲承包单位已完成的工程量、现场临建、临电和部分变更项目等工程费一直未予支付。

综合以上情况，甲承包单位提出诉讼，要求建设单位赔付临时设施费、误工、窝工损失及违约赔偿共计254万元，并由建设单位承担仲裁费用。同时提交了中标通知书、合同、进场通知书、规划许可、施工许可、招标文件及其他施工过程中的发生的来往函件等证据。

问题导入

工程建设争议解决有几种途径？每种方式的概念、特点、适用情况分别是什么？民事诉讼主体的资格如何确定？证据在诉讼过程中有哪些重要性？如何收集、保全和运用证据？

11.1 工程建设争议解决的基本制度

11.1.1 和解

1. 和解的概念

和解是指建设工程争议当事人在自愿友好的基础上，依据有关法律规定和合同约定，互相沟通、互相谅解，就已发生的争议进行协商并达成协议，从而自行解决合同争议的一种方式。

双方通过和解达成的协议应作为原合同的补充内容，但是不具有强制执行的效力。如果一方当事人不按照和解协议内容执行时，另一方当事人可以追究其违约责任，却不可以申请强制执行。

2. 和解的特点

通常建设工程发生争议时，当事人为了维护自身的利益，应首先考虑通过和解的方式来解决争议。这种合同争议解决方式的优点在于无须第三人介入，既可以节约争议解决费用，及时解决问题，又可以使得双方继续保持友好合作的关系，使合同能够更好地履行。唯一不足的就是，双方当事人签署的和解协议不具有强制执行的效力，和解内容的履行主要依靠当事人的自觉。

3. 和解的适用

诉讼前的和解，是指发生诉讼以前，双方当事人互相协商达成协议，解决双方的争执。这是一种民事法律行为，是当事人依法处分自己民事实体权利的表现。如果已经申请了仲裁的，可以请求仲裁庭根据和解协议做出裁决书，也可以撤回仲裁申请。

诉讼中的和解，是指当事人在诉讼过程中互相协商，达成协议，解决双方的争执。这种和解不问诉讼程序进行如何，凡在法院做出判决前，当事人都可进行。双方可以就整个诉讼标的达成协议，也可就诉讼上的个别问题达成协议。诉讼中的和解协议经法院审查批准，当事人签名盖章，即发生效力，结束诉讼程序的全部或一部分。结束全部程序的，即视为当事人撤销诉讼。

11.1.2 调解

1. 调解的概念

调解是指在第三方的主持或参与下，通过对当事人双方进行疏导、劝说，促使他们相互谅解，进行协商，双方做出适当的让步，自愿达成协议，解决建设工程合同争议的方法。

2. 调解的特点

合同争议的调解往往是当事人经过协商仍不能解决争议时采取的方式，因此，与协商和解相比，它面临的争议要大一些。但与仲裁、诉讼相比，调解仍具有能够及时、经济地解决争议，节省时间和费用，不伤害双方的感情，有利于维护长期合作关系的优点。调解的本质特征是始终尊重当事人的意愿，使当事人在自愿的前提下参加调解过程。在互相理解的基础上达成共识，从而使调解得到圆满解决。同时，由于调解有第三人的介入，便于当事人双方冷静、理智地思考问题，有利于消除彼此的对立情绪，公平、客观地解决争议。

3. 调解的类型

因调解的主体不同，具有法律概念的调解包括民间调解、行政调解、仲裁机构调解和法庭调解四种类型。民间调解是由当事人临时选择的社会组织或者个人作为第三人介入，对合同争议进行的调解，调解协议书对当事人不具有法律强制约束力，但与合同具有同等法律效力；行政调解是在有关行政机关的主持下，依据有关法律、行政法规和政策进行的合同争议调解，行政调解达成的协议也不具有法律强制约束力；仲裁机构调解是在仲裁机构主持下进行的调解，调解书与仲裁书具有同等效力；法庭调解是在法院主持下进行的调解，调解书与判决书具有同等效力。在这几种调解中，法庭调解属于诉讼内调解，其他都属于诉讼外调解。

11.1.3 仲裁

1. 仲裁的概念

仲裁亦称“公断”，是指发生争议的双方当事人在合同争议发生前或争议发生后达成的协议，自愿将该争议提交中立的第三者(仲裁机构)做出裁决，并负有自觉履行义务的一种解决争议的方式。在实践中，仲裁通常作为审判系统的替代方式，尤其是当人们认为审判过程会太慢、太消耗时间、金钱和精力或是存在偏见时，人们会选择仲裁来解决争议。

2. 仲裁的特点

(1) 仲裁的发生是以双方当事人自愿为前提的。即当事人之间的纠纷是否提交仲裁，交与谁仲裁，仲裁庭如何组成，由谁组成，以及仲裁的审理方式、开庭形式等都是在当事人自愿的基础上，由双方当事人协商确定的，集中体现在仲裁协议中。因此，仲裁是最能充分体现当事人意思自治原则的争议解决方式。

(2) 仲裁的内容是当事人之间发生的一定范围的争议，往往具有专业性特点。内容涉及特殊的知识领域，会遇到许多复杂的法律、经济贸易和有关的技术性问题，故专家裁判更能体现专业权威性。因此，由具有一定专业水平和能力的专家担任仲裁员对当事人之间的纠纷进行裁决是仲裁公正性的重要保障。根据我国仲裁法的规定，仲裁机构都备有不同专业的、由专家组成的仲裁员名册供当事人进行选择，专家仲裁由此成为民商事仲裁的重要特点之一。

(3) 仲裁以不公开审理为原则。有关的仲裁法律和仲裁规则也同时规定了仲裁员及仲裁秘书人员的保密义务。因此，当事人的商业秘密和贸易活动不会因仲裁活动而泄露，仲裁表现出极强的保密性。

(4) 裁决具有强制性。当事人一旦选择了仲裁解决争议，仲裁者所做的裁决对双方都有约束力，双方都要认真履行；否则，权利人可以向法院申请强制执行。

3．仲裁协议

仲裁协议，是指双方当事人自愿将他们之间已经发生或者可能发生的争议提交仲裁解决的协议。一份完整、有效的仲裁协议必须具备法定的内容。根据我国《仲裁法》第十六条的规定，仲裁协议应当包括当事人请求仲裁的明确意思表示、仲裁的事项和所选定的仲裁委员会。

仲裁协议是仲裁的前提，是仲裁委员会受理仲裁案件的基础，是仲裁庭审理和裁决仲裁案件的依据。没有仲裁协议就没有仲裁机构对仲裁案件的仲裁管辖权。我国《仲裁法》第四条规定，没有仲裁协议，一方申请仲裁的，仲裁委员会不予受理。同时，仲裁机构的管辖权又受到仲裁协议的严格限制，即仲裁庭只能对当事人在仲裁协议中约定的争议事项进行仲裁，而对仲裁协议约定范围以外的其他争议无权仲裁。

4．仲裁程序

仲裁的具体程序，是指当事人从提出仲裁申请直至仲裁庭做出裁决的程序，包括以下内容。

(1) 提出仲裁申请。

这是仲裁程序开始的首要手续。各国法律对申请书的规定不一致。我国规定：当事人一方申请仲裁时，应向该委员会提交包括下列内容的签名申请书：①申诉人和被诉人的名称、地址；②申诉人所依据的仲裁协议；③申诉人的要求及所依据的事实和证据。

申诉人向仲裁委员会提交仲裁申请书时，应附具本人要求所依据事实的证明文件，指定一名仲裁员，预交一定数额的仲裁费。如果委托代理人办理仲裁事项或参与仲裁的，应提交书面委托书。

(2) 组织仲裁庭。

根据我国仲裁法规定，申诉人和被申诉人各自在仲裁委员会仲裁员名册中指定一名仲裁员，并由仲裁委员会主席指定一名仲裁员为首席仲裁员，共同组成仲裁庭审理案件；双方当事人亦可在仲裁委员名册共同指定或委托仲裁委员会主席指定一名仲裁员为独任仲裁员，成立仲裁庭，单独审理案件。

(3) 审理案件。

仲裁庭审理案件的形式有两种：一是不开庭审理，这种审理一般是经当事人申请，或由仲裁庭征得双方当事人同意，只依据书面文件进行审理并做出裁决；二是开庭审理，这种审理应按照仲裁规则的规定，采取不公开审理，如果双方当事人要求公开进行审理时，则由仲裁庭做出决定。

(4) 做出裁决。

裁决是仲裁程序的最后一个环节。裁决做出后，审理案件的程序即告终结，因而这种裁决被称为最终裁决。根据我国仲裁规则，在仲裁过程中，仲裁庭根据对当事人的合理提议可就案件的任何问题做出中间裁决或者部分裁决。中间裁决是指对审理清楚的争议所做的暂时性裁决，以利于对案件的进一步审理；部分裁决是指仲裁庭对整个争议中的一些问题已经审理清楚，而先行做出的部分性裁决。这种裁决是构成最终裁决的组成部分。仲裁裁决必须在案件审理终结之日起 45 天内以书面形式做出，仲裁裁决除由于调解达成和解而做出的裁决书外，应当写明仲裁请求、争议事实、裁决理由、裁决结果、裁决日期以及裁决员的署名等。

根据法律规定，仲裁裁决自做出之日起发生法律效力。任何一方当事人不履行仲裁裁决的，另一方当事人可以向人民法院申请强制执行，受申请的人民法院应当执行。

11.1.4　诉讼

1. 民事诉讼

(1) 民事诉讼的概念。

民事诉讼即老百姓俗称的“打官司”，是指人民法院在当事人和全体诉讼参与人的参加下，依法审理和解决民事纠纷的活动。

建设工程活动中的纠纷主要表现为合同纠纷。由于合同争议往往具有法律性质，涉及当事人的切身利益，通过诉讼，当事人的权利可以得到法律的保护，尤其是当事人发生争议后，在缺少或达不成仲裁协议的情况下，诉讼也就成了必不可少的补救手段了，因此，《中华人民共和国民事诉讼法》(以下简称《民事诉讼法》)是解决这些争议的基本法律。但是，建设工程合同履行过程中的大量纠纷案件，由于其特殊性，往往现有的法律条款中不适宜解决这些争议，针对这些特殊的纠纷，我国先后颁发了相关批复和司法解释，为解决一些特殊的建设工程合同纠纷提供了可供遵循的原则性规定。2002 年 6 月 11 日，最高人民法院审判委员会第 1225 次会议通过了《最高人民法院关于建设工程价款优先受偿权问题的批复》，2004 年 9 月 29 日由最高人民法院审判委员会第 1327 次会议通过了《最高人民法院关于审理建设工程施工合同纠纷案件适用法律问题的解释》。

(2) 民事诉讼的特点。

民事诉讼与调解、仲裁这些非诉讼解决争议的方式相比，具有以下特点。

① 公权性。民事诉讼不同于其他解决纠纷方式，它是在国家审判权力介入之下，对民事纠纷通过国家的司法程序进行解决。

② 规范性。民事诉讼活动必须依法进行。依法的含义一是依照民事实体法，二是依照程序法。

③ 阶段性。民事诉讼活动是分阶段向纵深推进的一种活动。民事诉讼活动是不能一蹴而就的。根据民事诉讼法的规定，民事诉讼活动分为一审阶段、二审阶段、执行阶段和审判监督阶段。在每一个审理阶段里又细分为起诉阶段、法庭准备阶段、开庭审理阶段、制作和宣告判决阶段等。无论是法院还是当事人或者其他诉讼参加人，都应按照《民事诉讼法》设定的程序实施诉讼行为，违反诉讼程序常常会引起一定的法律后果。

④ 强制性。民事诉讼的强制性表现在案件的受理上，又反映在裁判的执行上。民事诉讼中，只要原告起诉符合民事诉讼法规定的条件，无论被告是否愿意，诉讼均会发生。同时，若当事人不自动履行生效裁判内容，法院可以依法强制执行。

(3) 诉讼参加人。

诉讼参加人是民事诉讼活动中重要的主体，既包括了当事人，也包括诉讼代理人。

① 当事人。民事诉讼当事人主要包括原告和被告。根据《民事诉讼法》第四十九条的规定，公民、法人和其他组织可以作为民事诉讼的当事人。法人由其法定代表人进行诉讼，其他组织由其主要负责人进行诉讼。

建设工程在发包的过程中有时会存在转包的现象，针对这一情况，依据《最高人民法院关于审理建设工程施工合同纠纷案件适用法律问题的解释》，因建设工程质量发生争议的，发包人可以以总承包人、分包人和实际施工人为共同被告提起诉讼。

实际施工人以转包人、违法分包人为被告起诉的，人民法院应当依法受理。实际施工人以发包人为被告主张权利的，人民法院可以追加转包人或者违法分包人为本案当事人。发包人只在欠付工程价款范围内对实际施工人承担责任。

民事诉讼当事人必须依法行使诉讼权利，遵守诉讼秩序，履行发生法律效力的判决书、裁定书和调解书。

② 诉讼代理人。民事诉讼代理人可分为法定诉讼代理人和委托诉讼代理人。法定诉讼代理人是依照法律规定代无民事行为能力的当事人行使诉讼权利、承担诉讼义务的人；委托诉讼代理人既可以是律师，也可以是当事人的近亲属、有关社会团体或所在单位推荐的人。委托他人代为诉讼，必须向人民法院提交由委托人签名或者盖章的授权委托书，授权委托书必须记明委托事项和权限。诉讼代理人代为承认、放弃、变更诉讼请求，进行和解，提起反诉或者上诉，必须有委托人的特别授权。诉讼代理人的权限如果变更或者解除，当事人应当书面告知人民法院，并由人民法院通知对方当事人。

【案例 11-1】

2009 年 7 月 6 日，云南省华宁县人民法院受理了原告王某、杨某诉被告云南省华宁县 X 小组、Z 小组的起诉状。原告王某、杨某 2008 年 5 月与两村民小组签订施工合同，原告为两被告分别修建两条公路。公路修好后被告支付了部分款项，剩余款项迟迟未付，故诉至法院。就该案件而言案情较为简单，但存在争议的是村民小组在民事诉讼中有无主体资格，它能否成为本案被告？

案例解答：

本案例中，村民小组具备诉讼主体的资格，应当成为本案被告，理由如下。

首先，从法律层面上，我国的《村民委员会组织法》第十条中明确了“村民小组”存在的合法性，同时“村民小组”符合民事诉讼主体的定义，即公民、法人和其他组织可以作为民事诉讼的当事人。可见，“村民小组”属于“其他组织”的范围。

其次，赋予村民小组诉讼主体资格是必要的。“村民小组”是由过去的“生产队”演变而来的，从经济上而言，村民小组拥有自己的土地，经济上是可以独立的，义务也可自行承受，所以具备了诉讼的主体资格。从保护村民利益而言，村民小组需要主体资格来保障自己的权利。抛开本案而言，村民小组在更多的情况下是被侵害的对象。在土地征收涉及村民小组的土地时，问题就出现了，首先补偿合同的签订者是村委会，村民小组无此项权利，再则所得的补偿款项首先纳入村委会的统筹规划，再由其决定如何分配。一旦出现问题后，村委会可以将问题推脱给村民小组，理由是款项已经分配，而具体分配数额多少、如何分配，多是由村委会来决定。这导致村民小组以及该组成员的合法权益无法保障。在审判实践中，也常常会出现属于村民小组集体所有的土地等财产被他人侵害时，村民小组以自己的名义提起诉讼的情况，为了保护村民集体的合法权益，赋予村民小组的合法诉讼主体资格也在情理当中。

综上所述，在民事诉讼案件的审判中，“村民小组”应当有资格成为本案的诉讼主体。

2. 行政复议和行政诉讼

行政复议与行政诉讼是两种不同的权利救济手段，但这并不影响它们之间存在的密切联系。行政复议和行政诉讼都是解决行政争议，对行政机关的行政管理进行监督，对行政相对人遭到违法和不当行政行为侵害给予救济的法律制度。

行政复议与行政诉讼的基本关系是：除法律、法规规定必须先申请行政复议的以外，行政纠纷当事人可以自由选择申请行政复议还是提起行政诉讼。

(1) 行政复议。

① 行政复议的概念。行政复议是指公民、法人或者其他组织不服行政主体做出的具体行政行为，认为行政主体的具体行政行为侵犯了其合法权益，依法向法定的行政复议机关提出复议申请，行政复议机关依法对该具体行政行为进行合法性、适当性审查，并做出行政复议决定的行政行为。这是公民、法人或其他组织通过行政救济途径解决行政争议的一种方法。

② 可以申请行政复议的事项。根据《中华人民共和国行政复议法》规定，当事人可以申请行政复议的情形如下。

a. 行政处罚。即当事人对行政机关做出的警告、罚款、没收违法所得、没收非法财物、责令停产停业、暂扣或者吊销许可证、暂扣或者吊销执照、行政拘留等行政处罚决定不服的。

b. 行政强制措施。即对行政机关做出的限制人身自由或者查封、扣押、冻结财产等行政强制措施决定不服的。

c. 行政许可。即对行政机关做出的有关许可证、执照、资质证、资格证等证书变更、中止、撤销的决定不服的，以及当事人认为符合法定条件，但是在申请办理这些许可证书时，行政机关没有依法办理的。

d. 认为行政机关侵犯合法的经营自主权的。

e. 认为行政机关违法集资、征收财物、摊派费用或者违法要求履行其他义务的，等等。

③ 不可申请复议的事项。下列事项应按规定的纠纷处理方式解决，而不能提起行政复议。

a. 行政机关的行政处分或者其他人事处理决定。这种处分和决定属内部行政行为，当事人不服行政机关做出的行政处分的，不能申请复议，但可以向有关国家机关提出申诉，由有关国家机关依照法律、行政法规的有关规定处理。

b. 行政机关对民事纠纷做出的调解或者其他处理。当事人不服行政机关对民事纠纷做出的调解或者处理的，可以向人民法院提起诉讼或者向仲裁机关申请仲裁，但不能申请行政复议。

(2) 行政诉讼。

① 行政诉讼的概念。行政诉讼是法院应公民、法人或其他组织的请求，通过审查具体行政行为合法性，从而解决特定范围内行政争议的活动。

行政诉讼和民事诉讼、刑事诉讼构成我国基本诉讼制度。

② 建筑行政诉讼的情况。有关建筑行政诉讼的适用情况有三种：①当事人对建设行政主管部门等机关做出的行政处罚不服，向人民法院起诉，被告是做出行政处罚的机关；②当事人对建设行政主管部门等机关拒绝颁发许可证、资质证书和营业执照的不作为行为不服，向人民法院起诉，被告是不作为的行政机关；③当事人申请复议后，对复议机关做

出的行政复议决定不服，向人民法院起诉。复议机关维持原行政处罚决定的，被告是做出行政处罚的机关；复议机关变更原行政处罚决定的，被告是复议机关。

③ 行政诉讼予以受理的范围。人民法院予以受理的具体行政行为诉讼如下。

a. 对拘留、罚款、吊销许可证和执照。责令停产停业。没收财物等行政处罚不服的。

b. 对限制人身自由或者对财产的查封、扣押、冻结等行政强制措施不服的。

c. 认为行政机关侵犯法律规定的经营自主权的。

d. 认为符合法定条件申请行政机关颁发许可证和执照。行政机关拒绝颁发或者不予答复的。

e. 申请行政机关履行保护人身权、财产权的法定职责，行政机关拒绝履行或者不予答复的。

f. 认为行政机关没有依法发给抚恤金的。

g. 认为行政机关违法要求履行义务的。

h. 认为行政机关侵犯其他人身权、财产权的。

④ 行政诉讼不予受理的范围。人民法院不予受理的具体行政行为诉讼如下。

a. 国防、外交等国家行为。

b. 行政法规、规章或者行政机关制定、发布的具有普遍约束力的决定、命令。

c. 行政机关对行政机关内部工作人员的奖惩、任免等人事管理行为。

d. 法律规定由行政机关最终裁决的具体行政行为。

(3) 行政复议与行政诉讼的区别。

行政复议与行政诉讼虽有诸多共同点，但毕竟是解决行政争议的两种不同方式，相互间存在明显区别，这主要体现在以下几个方面。

① 处理机关不同。行政复议与行政诉讼的处理机关是不同的，前者是行政机关，后者是人民法院，即司法机关。

② 性质不同。处理机关的不同决定了它们行为性质上的区别：行政复议机关的复议行为属于行政行为，它是一种行政机关内部的层级监督制度，对相对人来说，这是一种行政救济的手段；而人民法院审理行政案件的活动属于司法活动，是人民法院对行政机关的监督活动，是人民法院行使司法权对行政行为的司法审查，对行政相对人来说这是一种诉讼救济的手段。前者受行政程序法即行政复议法调整，后者则受诉讼法即行政诉讼法支配。

③ 受案范围不同。行政复议范围大于行政诉讼范围。行政诉讼的受案范围仅限于人身权和财产权方面：行政复议的受案范围除行政行为对人身权、财产权的侵犯外，还包括对受教育权和其他权利的侵犯。

④ 审查标准不同。行政复议与行政诉讼都以具体行政行为为审查对象，但其审查标准是不同的。行政复议对具体行政行为是否合法与适当进行审查；行政诉讼原则上只对具体行政行为是否合法进行审查，对不适当的具体行政行为不予审查。此外，行政复议法对复议的申请范围做了扩大的规定，公民、法人或其他组织的合法权益受到更全面的保护。

⑤ 审理方式和审理制度不同。行政复议一般实行书面复议制度，也就是说，复议机关在审理复议案件时，仅就行政案件的书面材料进行审查，不传唤申请人、被申请人、证人或其他复议参加人到庭，这样可以节省时间、精力和费用；而行政诉讼一般不实行书面审理制度，当事人双方必须到庭，相互答辩。

11.2　工程建设活动中的证据

11.2.1　证据的概念

证据是指在诉讼中能够证明案件真实情况的一切资料。当事人要证明自己提出的主张，需要向法院提供相应的证据资料，同时证据必须经过查证属实，才能作为判案的依据。

在工程建设主体维护自身权利的过程中，其根本的目的就是要明确对方的责任和自身的权利，减轻自身的责任和减少、甚至消除对方的权利。但这些活动都要求必须依法进行。因为我国的法律中都明确规定了当事人所实施的活动应承担的后果，因此，确定自己和对方实施了什么事实行为，就成为保护自身权利的核心问题，而这些事实行为就是要依靠当事人所提供的真实证据来进行界定。因此，证据是工程建设主体维护权利的基础，而证据制度也在我国的诉讼法中占有重要的地位。

在诉讼过程中，证据是认定案情的根据。只有正确认定案情，才能正确适用法律，从而正确处理案件。因此，证据问题历来是诉讼中的关键问题。对证据制度的研究已经形成一门学科，称为证据学或证据法学。

11.2.2　证据的种类

根据我国刑事诉讼法、民事诉讼法和行政诉讼法的规定，证据按照来源表现形式可以分为以下七种。

(1) 书证。书证是指能够证明案件真实情况的文件或其他文字材料，如工程建设合同文本、财务账册、欠据、收据、往来信函以及确定有关权利的判决书、法律文件等。

(2) 物证。物证是指以其存在、存放的地点、外部特征及物质特性来证明案件事实真相的证据。如购销过程中封存的样品，被损坏的机械、设备，有质量争议的建筑产品等。

(3) 证人证言。证人证言是指知道案件真实情况的人，就其所了解的案件情况，向司法机关或有关人员做的陈述。行政处罚法规定，在行政机关对行政处罚案件进行调查时，“被调查人应当如实回答询问”。这是因为，行政机关在处理行政处罚案件时，必须以事实为根据。因此，在行政机关调查时，被调查人必须据实陈述所了解的真实情况，不作伪证。如工程造价咨询单位相关负责人就某一工程建设争议价款或工程量出庭陈述。

(4) 视听资料。视听资料是指能够作为证据的录音、录像、计算机储存的数据等，是一种被固定、被保全的证据。它比较可靠，更接近于真实情况。但是视听资料必须经过审查，才能认定作为证据。

(5) 当事人陈述。当事人陈述是指当事人在诉讼中向执法人员所做的关于案件真实情况的叙述和承认。当事人的陈述与申辩，行政机关必须认真听取，并制作询问笔录；同时，行政机关对于当事人提出的事实、理由和证据，应当进行复核，成立的才能作为行政处罚的证据。

(6) 鉴定结论。鉴定结论是指专业人员运用自己具有的专门知识对案件中专门性问题所进行的分析、鉴别和判断，最终形成的书面鉴定意见。它是一种独立的证据，如损伤鉴定、痕迹鉴定、工程质量责任鉴定等。

(7) 勘验、检验笔录。勘验、检验笔录是指行政机关的执法人员或者专门人员对事实发生的现场或者物品进行勘察、试验、测量、实验或检查的文字记载，包括绘图、照相、录像、模型等材料。勘验笔录是对客观事实的反映，能够证明案件的真实情况，是一种独立的证据。

11.2.3 证据的收集与保全

1. 证据收集与保全的含义

证据收集是指证明主体及特定的国家专门机关，为了证明自己的诉讼主张或者查明特定的案件事实，运用法律许可的方法和手段，发现、获取、汇集或固定各种证据材料的活动。在现实生活中，有很多证据是不易收集的。或者由于自身原因，或者由于人为的因素，这些证据往往一闪即逝，所以，在工程建设活动中更应该留意保存各种与工程相关的原始证据。

证据保全是指人民法院在起诉前或在对证据进行调查前，依据申请人的申请或当事人的请求，以及依职权对可能灭失或今后难以取得的证据，予以固定和保存的行为。包括对书证的拍照、复制，对物证的勘验、绘图、拍照、录像和保存，对证人证言的笔录、文书、录音等措施。

2. 工程建设主体收集和保全证据的方法

在工程建设活动中，收集和保全证据的最佳方法就是加强管理，建立、健全文书流转制度，及时、全面、准确记载有关情况。最重要的有以下方面。

(1) 加强以合同为代表的文书档案管理。

一方面要加强合同文本管理。在合同签订时，要双方明确合同的主要内容，彼此的权利和义务，对于具体的操作细节也应当予以明确；对于难以确定的内容，应当在合同中载明以双方代表临时确认的签字为依据。另一方面，在合同的执行过程中，要注意保存与业务相关的往来信函、文书、会议记录、签字等直接证据，同时对合同变更的内容加以完善保存，对单位的公章、法定代表人名章和合同专用章等加强管理，不得乱扔、乱放，随便授之以人。

(2) 加强以收支票据为代表的财务管理。

对于每一项收支必须要有完整的账目记录，详细记载资金来源及使用目的，资金去向及用途，并附之以有关票据，特别是对于暂付、暂借等款项，绝不能简单地凭借信誉或感情用事而不开收据或欠据。

(3) 加强施工中的证据固定工作。

对于施工的进度情况、停工原因、租赁设备的使用情况，应当坚持日记制度，而且每一项日记都应坚持甲、乙双方代表签字。对施工中发现的质量问题应当及时进行现场拍照，必要时可及时聘请有关技术监督部门迅速做出技术鉴定和勘验检查笔录，或者将有关情况详细记录在日记中，并由甲、乙双方签字。

3. 工程建设主体在收集和保全证据时需要注意的几个问题

对重要的文件、书证，要注意留有备份，以防止遗失；对遗失的有关文件、书证要根据情况分别处理：对可能涉及对方不承认情况时，要注意保密，防止对方篡改有关证据或否认事实而侵犯自身的权利；在可能的情况下，应从对方重新复制、索取有关文件，或找到有关知情人及时回忆，形成书面证言予以保留；对涉及隐蔽工程，现场已遭破坏等情况，应及时聘请有关专业人员重新勘验，确定原因。对涉及的重要知情人，要记载清楚其下落、联系方式，以便随时请其出证。在开始诉讼时，对于那些对自己有利而对方不愿意提供的证据，要及时请求法院采取强制性证据保全措施。

11.2.4　证据的运用

1．举证责任

举证责任是指当事人对自己提出的主张有收集或提供证据的义务，并有运用该证据证明主张的案件事实成立或有利于自己的主张的责任。如果负有举证责任的人不能够提供足够证据来证明案件事实时，则其所阐述的事实不能被法院所认可，当然其权利也不可能得到保护。

在刑事诉讼中，检察机关负有举证责任。它负责对犯罪嫌疑人的犯罪事实提供证据。对犯罪嫌疑人的辩解，必须提出肯定或否定的证据。

在民事和经济诉讼中，主张权利者负有举证责任。原告人在起诉时必须提供其权利受到侵犯的证据；被告人在答辩或提出反诉时也必须提供自己不应承担责任或对方应承担责任的证据。

在行政诉讼中，作为被告人的行政机关负有举证责任。它必须提供做出具体行政行为时所依据的事实和法律文件等有关证据。

2．运用证据的基本原则

工程建设主体在运用证据时，由于法律规定得较为笼统而客观事实又较为复杂，常常会出现案件事实与客观事实存在着一定的误差。所以，运用证据的核心目的就是排除或削减对方的权利，形成对自己有利的案件事实。这样，在运用证据时，就必须结合具体案情和涉及该案的有关法律，充分地利用各种证据对案件定性提出意见。

在使用证据时，必须紧紧围绕着证据的特点进行，即提供的证据必须是真实的，不能提供伪证；提供的证据应当全面，能够互相印证，而不是互相矛盾；提供的证据必须是经合法手段取得的。

具体使用证据时，则应提供出涉及案件客观事实的证据，事实与对方的关系，事实与自己的关系等证据，将其组合成一个证据体系来证明事实，明确责任。比如，若要起诉对方产品质量不合格给乙方造成损失而请求赔偿时，则首先应提供购货证据，如购销合同、协议、付款凭证，以此来证明产品从对方处购买或是对方生产的；其次应提供产品质量瑕疵的证据，如产品和损坏部位的照片、录像带，被封存的损坏的产品，关于质量问题的技术鉴定结论等；然后，应提供造成损坏情况的证据，如对现场破坏情况的照片、录像带，恢复原状时的支付明细，对造成人身伤亡的医疗证明，延误工期的施工日记等。

3．运用证据时需要注意的几个问题

由于在民事、经济和行政诉讼中，往往要互相质证，各自提供有利于自己的证据，因

此经常出现双方之间证据的矛盾，此时需要注意以下几点问题。

(1) 要设法否定对方的证据效力，使对方的证据不能够作为证据使用。一是注意对方的证据是否是伪证；二是注意对方所提供的证据之间是否存在矛盾，相互间能否印证；三是注意对方的主要证据能否证明完整的事实，对于各具体情节间的联系，是否存在着漏洞；四是注意对方所提供的证据是否是通过合法手段取得的，有无真正法律效力。

(2) 证人证言带有较大的主观性，视听证据具有模糊、不准确的一面，鉴定结论、勘察记录也有疏漏的时候。针对这些情况，结合具体案情，当发现自己的权利因错误的证据而受到侵犯时，可以采取请证人出庭，当庭质证，对视听证据请求鉴定其真伪，要求重新鉴定或重新勘验等。

(3) 在认定事实时，应将双方的证据同时考虑，以便去伪存真，特别是要注意对方提供的对自己有利的证据，将其结合到自己的证据体系中。

(4) 注意与此案相关的他案事实，或者相关政策、法规，这些往往也可以成为此案的证据。如因甲方违约造成了乙方对第三方的违约，则第三方向乙方主张权利的诉讼文书就成为了乙方向甲方索赔的证据之一。再如，国家有关具体法规和政策的调整，也可以成为违约方免责的证据。

【案例 11-2】

某挖掘有限公司(以下简称 A 公司)与张某于 2008 年 1 月 1 日签订一份《挖掘机租用合同》。合同约定：A 公司将 3 台重型挖掘机租给刘某使用。租用期限一年半，即从 2008 年 1 月 1 日至 2009 年 6 月 30 日。租金每月共计 16000 元。付款时间为每月 1 日。若张某每月不能在 1 日给付租金，A 公司有权随时将 3 台挖掘机收回。租用期间 3 台挖掘机的维修费、用油等所有费用均由张某承担。

合同签订的当天，A 公司将 3 台挖掘机交给张某，张某分别试车后将 3 台挖掘机全部开往某一建筑工地。自 2008 年 1 月至 2009 年 1 月，双方合作顺利。张某按约定每月 1 日将 16000 元付给公司。公司财务也分别按月出具收款凭据给张某。从 2009 年 2 月开始，张某未能按约定时间给付租金。A 公司每月派人多次催款，张某均以无款为由拒付。直至合同期满，张某仍有 5 个月的租金共计 90000 元未付。A 公司无奈于 2009 年 7 月持《挖掘机租用合同》向法院起诉，要求被告张某给付所欠租金 90000 元，并承担本案诉讼费用。

被告张某辩称：“租用 A 公司 3 台挖掘机和每月应付租金数额，以及租用时间一年半属实，但所有租金均已付清。事实合同中已明确约定：‘若张某每月不能在 1 日给付租金，A 公司有权随时将 3 台挖掘机收回。’直至合同期满，A 公司既然未收回挖掘机，也充分说明租金已付清。现 A 公司起诉我仍欠租金 90000 元，按照民事诉讼‘谁主张，谁举证’的基本原则，即举证责任的规定，A 公司理应向法院提交我欠款的欠条，否则，法院应依法驳回原告公司的诉讼请求。”

分析与思考：

本案中，张某的庭辩是否合理？A 公司起诉被告欠款是否必须提交被告出具的欠条？此案的举证责任该由谁承担？

本章小结

本章首先介绍了工程建设争议解决中和解与调解两种方式的概念和特征，其次介绍了工程建设民事诉讼的概念及特点，之后又介绍了行政复议和行政诉讼的内容和两者的区别，最后介绍了解决工程建设纠纷中不可缺少的证据的保全和应用，便于读者对工程建设争议解决途径的基本内容有所了解，并对工程建设相关司法知识有所认识，能够在实际工作中运用合理的法律手段保护自身权利。

复习思考题

一、单项选择题

1. 关于和解的说法，错误的是(　　)。

A. 当事人和解后可以请求法院调解，制作调解书

B. 当事人在申请仲裁或提起民事诉讼后仍然可以和解

C. 和解协议具有强制执行的效力

D. 和解可以发生在民事诉讼的任何阶段

2. 工程建设纠纷诉讼的特点之一是(　　)。

A. 判决的终局性　　B. 体现当事人的意思自治

C. 公正性　　D. 程序和实体判决严格依法

3. 甲与乙因施工合同纠纷诉至人民法院。在法庭调查时，乙出示了双方订立的有效仲裁协议，此时人民法院应当(　　)。

A. 驳回起诉　　B. 继续审理

C. 终止诉讼　　D. 将案件移交合同约定的仲裁机构

4. 某工程质量纠纷经仲裁庭开庭审理后，在赔偿数额上形成两种意见，甲、乙、丙仲裁员分别认为应赔偿 15 万元、16 万元、20 万元，其中丙仲裁员是由当审人双方共同选定的。此案中，应当裁决赔偿(　　)万元。

A. 15　　B. 16　　C. 17　　D. 20

5. 北方建筑公司是甲省的施工企业，2006 年 8 月，由于所修建的工程发生了重大质量事故，被省建设厅罚款 200 万元。对此，北方建筑公司可以采取的维权途径有(　　)。

A. 只能申请行政复议

B. 只能进行行政诉讼

C. 可以自由选择行政复议或行政诉讼

D. 只能提起民事诉讼

6. 建设工程项目实施过程中发生的下列情形，不能申请行政复议的是(　　)。

A. 甲施工企业参与串通投标被没收违法所得

B. 乙工程监理单位转让工程监理业务被吊销资质证书

C. 丙建设单位压缩合理工期被处以罚款

D. 国家机关工作人员丁在建设工程质量监督工作中玩忽职守

7. 建设行政管理部门对建设工程合同争议进行调解，施工单位不服。施工单位可以采取的行为是( )。

A. 申请行政复议或提起行政诉讼

B. 申请仲裁或提起民事诉讼

C. 申请行政复议后提起行政诉讼

D. 申请仲裁后提起民事诉讼

8. 施工单位对建设行政管理部门的下列行为提起行政诉讼，人民法院应当受理的是( )。

A. 对施工现场侵权赔偿纠纷进行的调解

B. 撤销施工单位资质证书的决定

C. 因工作人员违法颁发资质证书而给予的行政处分

D. 关于资质证书颁发的条件不符合法律规定

9. 建设单位与施工单位的合同中约定："双方在履行过程中发生的争议，由双方当事人协商解决，协商不成立的，可以向有关仲裁委员会申请仲裁。"后双方发生纠纷，建设单位要求向甲仲裁委员会申请仲裁，施工单位要求向乙仲裁委员会申请仲裁，双方争执不下。关于纠纷解决方式选择的说法，正确的是( )。

A. 只能向不动产所在地的仲裁委员会申请仲裁

B. 应由甲仲裁委员会进行仲裁

C. 只能向有管辖权的人民法院起诉

D. 建设单位与施工单位选择的仲裁委员会谁先收到仲裁申请，就由谁进行仲裁

二、多项选择题

1. 下列纠纷中，当事人可以申请仲裁的有( )。

A. 孙某与建设集团公司之间的争议

B. 张某与村民委员会之间的土地经营承包合同纠纷

C. 王某的房屋被李某倒车撞坏的侵权纠纷

D. 王某与家人的遗产纠纷

E. 甲乙之间的运输合同纠纷

2. 行政复议与行政诉讼是解决行政纠纷的基本方式，对于两者关系说法错误的是( )。

A. 除规定必须先申请行政复议的以外，当事人可以选择申请行政复议或是提起行政诉讼

B. 行政复议是提起行政诉讼的必经程序

C. 当事人对行政复议决定不服的，可以向人民法院提起行政诉讼

D. 行政复议决定不具备强制执行力

E. 对人民法院判决不服的，可以申请行政复议

3. 下列关于仲裁与诉讼特点的表述，正确的有( )。

A. 仲裁的程序相对灵活，诉讼的程序较严格

B. 仲裁以不公开审理为原则，诉讼则以不公开审理为例外

C. 仲裁实行一裁终局制，诉讼实行两审终审制

D. 仲裁机构由双方协商确定，管辖人民法院则不能由双方约定

E. 仲裁和诉讼是两种不同的争议解决方式

4. 建设单位将其工程发包给甲总承包单位，甲依法将某专业工程分包给乙施工单位，乙又将该专业工程分包给丙个体承包人。后因该专业工程质量发生争议，建设单位诉至人民法院。下列关于建设单位起诉对象的说法，正确的有(　　)。

A. 仅可起诉甲　　B. 不能起诉丙

C. 仅可起诉乙　　D. 可单独起诉甲

E. 可起诉甲、乙、丙

5. 根据《民事诉讼法》及相关规定，下列在建设工程施工合同纠纷的诉讼中，能作为证据的有(　　)。

A. 律师代理意见　　B. 施工单位偷录的谈判录音

C. 工程设计图纸　　D. 工程质量鉴定报告

E. 报告法定代表人的陈述

三、简答题

1. 建设工程合同争议解决的基本途径有哪些？
2. 简述仲裁的特点、范围和程序。
3. 民事诉讼有哪些特点？
4. 行政复议和行政诉讼的概念是什么？两者的区别是什么？
5. 证据有哪些种类？
6. 工程建设主体在收集和保全证据时需要注意哪些问题？

第 12 章　工程建设其他相关法律制度

学习目标

- 了解环境保护“三同时”制度及相关法律责任。
- 了解工程建设中节约能源管理和消防安全措施。
- 了解工程建设中档案的种类。

本章导读

本章主要学习工程建设其他相关法律制度，包括与环境保护法规中的相关工程建设、节约能源法规中的相关工程建设、消防法规中的相关工程建设和工程建设的档案管理等内容。

项目案例导入

2000 年左右，圆明园管理部门为恢复圆明园山形水系，开始斥资上亿元进行名为西部工程的建设活动，圆明园湖底防渗工程就是这个工程中的一部分。之所以要进行防渗工程，是因为环境用水涨到了每立方米 1.3 元，按圆明园管理部门“圆明园开放区湖底年渗漏量近 700 万立方米”的算法，圆明园一年就得多花 700 万元。如果不加强用水等方面的管理，整个园区的运作都成了问题。2004 年年底，圆明园将水排干为铺膜做准备，此时了解圆明园湖底即将铺膜的只有圆明园管理部门、水利和圆明园的上级管理单位，圆明园管理部门并没有按照《环境影响评价法》的规定做环境评价。2005 年兰州大学生命科学院教授张正春在圆明园春游时的一次偶然发现，引发了圆明园湖底铺膜事件的激烈争论。

这次铺膜事件事发后即被叫停，之后召开了防渗工程听证会并由清华大学出具了环境评价报告。根据报告，环保总局要求圆明园防渗工程进行全面整改，其中包括：第一，对圆明园东部尚未实施湖底防渗工程的区域，不再铺设防渗膜，全面采取天然黏土防渗；第二，漪春园除入水口外，已铺的防渗膜应全部拆除，回填黏土和原湖底的底泥。湖岸边不能再铺设侧防渗膜；第三，长春园湖底高于 40.7m 的区域要立即拆除防渗膜，回填黏土，湖岸边也不能再铺设侧防渗膜；第四，对福海已经铺设的防渗膜进行全面改造。以砂石为主的回填区域，要去除掉表层的砂土，铺设上天然黏土，原湖底的淤泥土要全部回填。除码头周边 10m 区域外，其余区域的驳岸应拆除侧防渗膜以保证充分的侧渗补给。圆明园管理部门最终依据这份迟到的环境评价报告于 2006 年 7 月底开始圆明园整改工程。

问题导入

工程案例中，湖底铺膜事件违反了与环境保护法相关的法律法规，那么与工程建设相关的环境保护制度有哪些呢？与工程建设相关的其他法律制度中有哪些内容我们应该了解呢？通过本章的学习将会有所了解。

12.1 环境保护法规中的相关工程建设内容

为了防止工程建设过程中产生新的污染、破坏生态环境，必须依靠法律的手段来约束建设单位。工程建设产生污染的项目，必须遵守污染物排放的国家标准和地方标准；在实施重点污染物排放总量控制的区域内，还必须符合重点污染物排放总量控制的要求。

12.1.1 与工程建设相关的环境保护制度

1. 环境保护的“三同时”制度

“三同时”制度是指各种建设工程项目中对环境有影响的一切基本建设项目、技术改造项目和区域开发项目，其中的环境保护设施，必须与主体工程同时设计、同时施工、同时投产的制度。它是我国环境管理的重要组成部分。《建设项目环境保护管理条例》中，对环境保护“三同时”制度进行了详细规定。

(1) 设计阶段。建设项目的初步设计，应当按照环境保护设计规范的要求，编制环境保护篇章，并依据经批准的建设项目环境影响报告书或者环境影响报告表，在环境保护篇章中落实防治环境污染和生态破坏的措施以及环境保护设施投资概算。

(2) 试生产阶段。建设项目的主体工程完工后，需要进行试生产的，其配套建设的环境保护设施必须与主体工程同时投入试运行。建设项目试生产期间，建设单位应当对环境保护设施运行情况和建设项目对环境的影响进行监测。

(3) 竣工验收和投产使用阶段。建设项目竣工后，建设单位应当向审批该建设项目环境影响报告书、环境影响报告表或者环境影响登记表的环境保护行政主管部门申请该建设项目需要配套建设的环境保护设施的竣工验收。环境保护设施的竣工验收，应当与主体工程竣工验收同时进行。需要进行试生产的建设项目，建设单位应当自建设项目投入试生产之日起 3 个月内，向审批该建设项目环境影响报告书、环境影响报告表或者环境影响登记表的环境保护行政主管部门申请该建设项目需要配套建设的环境保护设施的竣工验收。分期建设、分期投入生产或者使用的建设项目，其相应的环境保护设施应当分期验收。环境保护行政主管部门应当自收到环境保护设施竣工验收申请之日起 30 日内，完成验收。建设项目需要配套建设的环境保护设施经验收合格，该建设项目方可正式投入生产或者使用。

2. 环境影响评价制度

国家实行建设项目环境影响评价制度。建设项目的环境影响评价工作，由取得相应资格证书的单位承担。

国家根据建设项目对环境的影响程度，按照下列规定对建设项目的环境保护实行分类管理。

(1) 建设项目对环境可能造成重大影响的，应当编制环境影响报告书，对建设项目产生的污染和对环境的影响进行全面、详细的评价。

(2) 建设项目对环境可能造成轻度影响的，应当编制环境影响报告表，对建设项目产生的污染和对环境的影响进行分析或者专项评价。

(3) 建设项目对环境影响很小，不需要进行环境影响评价的，应当填报环境影响登记表。建设项目环境保护分类管理名录，由国务院环境保护行政主管部门制定并公布。

此外，我国对环境保护的制度还有环境规划制度、环境标准制度、环境监测制度、环境许可制度和排污收费制度。

12.1.2　法律责任

根据《建设项目环境保护管理条例》，在工程建设过程中：

(1) 未报批建设项目环境影响报告书、环境影响报告表或者环境影响登记表的。

(2) 建设项目的性质、规模、地点或者采用的生产工艺发生重大变化，未重新报批建设项目环境影响报告书、环境影响报告表或者环境影响登记表的。

(3) 建设项目环境影响报告书、环境影响报告表或者环境影响登记表自批准之日起满 5 年，建设项目方开工建设，其环境影响报告书、环境影响报告表或者环境影响登记表未报原审批机关重新审核的。由负责审批建设项目环境影响报告书、环境影响报告表或者环境影响登记表的环境保护行政主管部门责令限期补办手续；逾期不补办手续，擅自开工建设的，责令停止建设，可以处 10 万元以下的罚款。

试生产建设项目配套建设的环境保护设施未与主体工程同时投入试运行的，由审批该建设项目环境影响报告书、环境影响报告表或者环境影响登记表的环境保护行政主管部门责令限期改正；逾期不改正的，责令停止试生产，可以处 5 万元以下的罚款。

建设项目需要配套建设的环境保护设施未建成、未经验收或者经验收不合格，主体工程正式投入生产或者使用的，由审批该建设项目环境影响报告书、环境影响报告表或者环境影响登记表的环境保护行政主管部门责令停止生产或者使用，可以处 10 万元以下的罚款。

从事建设项目环境影响评价工作的单位，在环境影响评价工作中弄虚作假的，由国务院环境保护行政主管部门吊销资格证书，并处所收费用 1 倍以上 3 倍以下的罚款。

环境保护行政主管部门的工作人员徇私舞弊、滥用职权、玩忽职守，构成犯罪的，依法追究刑事责任；尚不构成犯罪的，依法给予行政处分。

12.2　节约能源法规中的相关工程建设内容

12.2.1　工程建设节能规划的编制与监督管理

国务院建设行政主管部门根据国家节能规划，制订国家建筑节能专项规划；省、自治区、直辖市以及设区城市人民政府建设行政主管部门应当根据本地节能规划，制订本地建筑节能专项规划，并组织实施。县级以上地方各级人民政府建设主管部门会同同级管理节能工作的部门编制本行政区域内的建筑节能规划。建筑节能规划应当包括既有建筑节能改造计划。编制城乡规划应当充分考虑能源、资源的综合利用和节约，对城镇布局、功能区设置、建筑特征、基础设施配置的影响进行研究论证。

国务院建设主管部门负责全国建筑节能的监督管理工作。县级以上地方各级人民政府建设主管部门负责本行政区域内建筑节能的监督管理工作。各级人民政府应当加强对建筑节能工作的领导，积极培育建筑节能服务市场，健全建筑节能服务体系，推动建筑节能技术的开发和应用，做好建筑节能知识的宣传教育工作。

12.2.2 建筑节能的执行

建筑工程的建设、设计、施工和监理单位应当遵守建筑节能标准。

(1) 建设单位应当按照建筑节能政策要求和建筑节能标准委托工程项目的设计。建设单位不得以任何理由要求设计单位、施工单位擅自修改经审查合格的节能设计文件，降低建筑节能标准。不符合建筑节能标准的建筑工程，建设主管部门不得批准开工建设；已经开工建设的，应当责令停止施工、限期改正；已经建成的，不得销售或者使用。

(2) 设计单位应当依据建筑节能标准的要求进行设计，保证建筑节能设计质量。审查机构在对施工图设计文件进行审查时，应当审查节能设计的内容，在审查报告中单列节能审查章节；不符合建筑节能强制性标准的，施工图设计文件审查结论应当定为不合格。

(3) 施工单位应当按照审查合格的设计文件和建筑节能施工标准的要求进行施工，保证工程施工质量。

(4) 监理单位应当依照法律、法规以及建筑节能标准、节能设计文件、建设工程承包合同及监理合同对节能工程建设实施监理。

12.2.3 法律责任

(1) 建设单位未按照建筑节能强制性标准委托设计，擅自修改节能设计文件，明示或暗示设计单位、施工单位违反建筑节能设计强制性标准，降低工程建设质量的，处 20 万元以上 50 万元以下的罚款。

(2) 设计单位未按照建筑节能强制性标准进行设计的，应当修改设计。未进行修改的，给予警告，处 10 万元以上 30 万元以下罚款；造成损失的，依法承担赔偿责任；两年内，累计三项工程未按照建筑节能强制性标准设计的，责令停业整顿，降低资质等级或者吊销资质证书。

(3) 对未按照节能设计进行施工的单位，责令改正；整改所发生的工程费用，由施工单位负责；可以给予警告，情节严重的，处工程合同价款 2%以上 4%以下的罚款；两年内，累计三项工程未按照符合节能标准要求的设计进行施工的，责令停业整顿，降低资质等级或者吊销资质证书。

12.3 消防法规中的相关工程建设内容

12.3.1 工程建设消防设计审核与验收

按照国家工程建设消防技术标准需要进行消防设计的建设工程，建设单位应当将消防设计文件报送公安机关消防机构审核。公安机关消防机构依法对审核的结果负责。未经依法审核或者审核不合格的，负责审批该工程施工许可的部门不得给予施工许可，建设单位、施工单位不得施工；其他建设工程取得施工许可后经依法抽查不合格的，应当停止施工。

按照国家工程建设消防技术标准需要进行消防设计的建设工程竣工时，必须经过公安消防机构进行消防验收；未经验收或经验收不合格的，不得投入使用。其他建设工程经依法抽查不合格的，应当停止使用。

12.3.2　工程建设中应当采用的消防安全措施

(1) 根据《中华人民共和国消防法》(以下简称《消防法》)第二十一条规定：禁止在具有火灾、爆炸危险的场所吸烟、使用明火。因施工等特殊情况需要使用明火作业的，应当按照规定事先办理审批手续，采取相应的消防安全措施；作业人员应当遵守消防安全规定。进行电焊、气焊等具有火灾危险作业的人员和自动消防系统的操作人员，必须持证上岗，并遵守消防安全操作规程。

(2) 根据《消防法》第二十三条规定：生产、储存、运输、销售、使用、销毁易燃易爆危险品，必须执行消防技术标准和管理规定。进入生产、储存易燃易爆危险品的场所，必须执行消防安全规定。储存可燃物资仓库的管理，必须执行消防技术标准和管理规定。

(3) 根据《消防法》第二十六条规定：建筑构件、建筑材料和室内装修、装饰材料的防火性能必须符合国家标准；没有国家标准的，必须符合行业标准。人员密集场所室内装修、装饰，应当按照消防技术标准的要求，使用不燃、难燃材料。

(4) 根据《消防法》第二十七条规定：电器产品、燃气用具的产品标准，应当符合消防安全的要求。电器产品、燃气用具的安装、使用及其线路、管路的设计、敷设、维护保养、检测，必须符合消防技术标准和管理规定。

(5) 根据《消防法》第二十八条规定：任何单位、个人不得损坏、挪用或者擅自拆除、停用消防设施、器材，不得埋压、圈占、遮挡消火栓或者占用防火间距，不得占用、堵塞、封闭疏散通道、安全出口、消防车通道。人员密集场所的门窗不得设置影响逃生和灭火救援的障碍物。

(6) 根据《消防法》第二十九条规定：负责公共消防设施维护管理的单位，应当保持消防供水、消防通信、消防车通道等公共消防设施的完好有效。在修建道路以及停电、停水、截断通信线路时有可能影响消防队灭火救援的，有关单位必须事先通知当地公安机关消防机构。

12.4　档案法规中的相关工程建设内容

建设工程档案资料的管理涉及建设单位、监理单位、施工单位等以及地方城建档案管理部门。对于一个建设工程而言，归档有三方面含义：①建设、勘察、设计、施工、监理等单位将本单位在工程建设过程中形成的文件向本单位档案管理机构移交；②勘察、设计、施工、监理等单位将本单位在工程建设过程中形成的文件向建设单位档案管理机构移交；③建设单位按照现行《建设工程文件归档整理规范》(GB/T 50328—2001)的要求，将汇总的该建设工程文件档案向地方城建档案管理部门移交。

工程建设档案有四大类：①工程准备阶段文件。包括立项文件，建设用地、征地、拆迁文件，勘察、测绘、设计文件，招投标文件，开工审批文件，账务文件，建设、施工、监理机构及负责人名单；②监理文件；③施工文件；④竣工图和竣工验收文件。

本章小结

本章主要介绍了与工程建设相关的环境保护、能源节约、消防安全和工程档案的法律法规。通过本章的学习，便于让读者更加全面地了解与工程建设的法律规定。在工作中，保证工程建设中工程的合法性、合理性。

复习思考题

1. 国家投资的某项工程项目2005年3月1日开始试运行。建设单位申请该工程项目配套建设的环境保护设施竣工验收的最后期限为(　　)。

A. 2005年4月1日　　B. 2005年6月1日
C. 2005年9月1日　　D. 2005年12月1日

2. 建设单位拟修建一座造纸厂，为了尽量减少对环境的污染，应当采取的措施是(　　)。

A. 污水处理设施要设计、施工、生产同时进行
B. 造纸厂投入运营后3个月内必须建设污水处理设施
C. 建设单位对造纸厂污染环境进行检测后决定何时修建污水处理设施
D. 污水处理设施与造纸厂主体工程同时设计、同时施工、同时投产使用

3. 施工单位的下列行为中，违反《中华人民共和国消防法》规定的是(　　)。

A. 为节约资金，未购买公安消防机构指定的灭火器材
B. 施工人员从附近消火栓取水用于混凝土养护
C. 为材料周转方便，将少量水泥堆放在现场通道附近
D. 在道路两旁施工时使用明火作业

4. 某建设项目实行施工总承包，总承包单位将该建设项目依法分包，则关于工程档案的整理、移交，下列说法中正确的是(　　)。

A. 总承包单位负责汇总各分包单位形成的工程档案，整理无误后向城建档案馆移交
B. 分包单位自行整理本单位形成的工程文件，并向总承包单位移交
C. 建设单位负责对档案文件的审查，审查合格后向城建档案馆移交
D. 勘察、设计等单位立卷归档后，向总承包单位移交
E. 分包单位自行整理的工程文件由本单位档案管理部门保存，不移交

5. 下列行为中，违反国家节能管理规定的有(　　)。

A. 设计单位对改建工程的设计中未考虑节能改造
B. 施工图设计文件审查机构对节能设计进行了重点审查
C. 项目开工后，建设单位经节约投资为由要求设计单位降低建筑节能标准
D. 监理单位将建筑节能标准纳入了工程监理依据
E. 施工单位为赶工期，未对其施工人员进行建筑节能标准培训

附录：建设工程施工合同(示范文本)
(GF—2013—0201)

第一部分　合同协议书

发包人(全称)： ________________________________

承包人(全称)： ________________________________

根据《中华人民共和国合同法》、《中华人民共和国建筑法》及有关法律规定，遵循平等、自愿、公平和诚实信用的原则，双方就__________________工程施工及有关事项协商一致，共同达成如下协议：

一、工程概况

1. 工程名称：________________________________。
2. 工程地点：________________________________。
3. 工程立项批准文号：__________________________。
4. 资金来源：________________________________。
5. 工程内容：________________________________。

群体工程应附《承包人承揽工程项目一览表》(附件 1)。

6. 工程承包范围：

____

____________________________________。

二、合同工期

计划开工日期：________________________________日。

计划竣工日期：________________________________日。

工期总日历天数：______天。工期总日历天数与根据前述计划开竣工日期计算的工期天数不一致的，以工期总日历天数为准。

三、质量标准

工程质量符合________________________________标准。

四、签约合同价与合同价格形式

1. 签约合同价为：

人民币(大写)________________(¥____________元)。

其中：

(1) 安全文明施工费：

人民币(大写)______________(¥__________元)。

(2) 材料和工程设备暂估价金额：

人民币(大写)______________(¥__________元)。

(3) 专业工程暂估价金额：

人民币(大写)______________(¥__________元)。

(4) 暂列金额：

人民币(大写)______________(¥__________元)。

2. 合同价格形式：____。

五、项目经理

承包人项目经理：____。

六、合同文件构成

本协议书与下列文件一起构成合同文件：

(1) 中标通知书(如果有)。

(2) 投标函及其附录(如果有)。

(3) 专用合同条款及其附件。

(4) 通用合同条款。

(5) 技术标准和要求。

(6) 图纸。

(7) 已标价工程量清单或预算书。

(8) 其他合同文件。

在合同订立及履行过程中形成的与合同有关的文件均构成合同文件组成部分。

上述各项合同文件包括合同当事人就该项合同文件所做出的补充和修改，属于同一类内容的文件，应以最新签署的为准。专用合同条款及其附件须经合同当事人签字或盖章。

七、承诺

1. 发包人承诺按照法律规定履行项目审批手续、筹集工程建设资金并按照合同约定的期限和方式支付合同价款。

2. 承包人承诺按照法律规定及合同约定组织完成工程施工，确保工程质量和安全，不进行转包及违法分包，并在缺陷责任期及保修期内承担相应的工程维修责任。

3. 发包人和承包人通过招投标形式签订合同的，双方理解并承诺不再就同一工程另行签订与合同实质性内容相背离的协议。

八、词语含义

本协议书中词语含义与第二部分通用合同条款中赋予的含义相同。

九、签订时间

本合同于_________年____月____日签订。

十、签订地点

本合同在_____________________________________签订。

十一、补充协议

合同未尽事宜，合同当事人另行签订补充协议，补充协议是合同的组成部分。

十二、合同生效

本合同自____________________________________生效。

十三、合同份数

本合同一式____份，均具有同等法律效力，发包人执____份，承包人执____份。

发包人：(公章)	承包人：(公章)
法定代表人或其委托代理人：(签字)	法定代表人或其委托代理人：(签字)
组织机构代码：__________	组织机构代码：__________
地　址：__________	地　址：__________
邮政编码：__________	邮政编码：__________
法定代表人：__________	法定代表人：__________
委托代理人：__________	委托代理人：__________
电　话：__________	电　话：__________
传　真：__________	传　真：__________
电子信箱：__________	电子信箱：__________
开户银行：__________	开户银行：__________
账　号：__________	账　号：__________

第二部分　通用合同条款

1　一般约定

1.1　词语定义与解释

合同协议书、通用合同条款、专用合同条款中的下列词语具有本款所赋予的含义。

1.1.1　合同

1.1.1.1　合同：是指根据法律规定和合同当事人约定具有约束力的文件，构成合同的文件包括合同协议书、中标通知书(如果有)、投标函及其附录(如果有)、专用合同条款及其附件、通用合同条款、技术标准和要求、图纸、已标价工程量清单或预算书以及其他合同文件。

1.1.1.2　合同协议书：是指构成合同的由发包人和承包人共同签署的称为“合同协议书”的书面文件。

1.1.1.3　中标通知书：是指构成合同的由发包人通知承包人中标的书面文件。

1.1.1.4　投标函：是指构成合同的由承包人填写并签署的用于投标的称为“投标函”的文件。

1.1.1.5　投标函附录：是指构成合同的附在投标函后的称为“投标函附录”的文件。

1.1.1.6　技术标准和要求：是指构成合同的施工应当遵守的或指导施工的国家、行业或地方的技术标准和要求，以及合同约定的技术标准和要求。

1.1.1.7　图纸：是指构成合同的图纸，包括由发包人按照合同约定提供或经发包人批准的设计文件、施工图、鸟瞰图及模型等，以及在合同履行过程中形成的图纸文件。图纸应当按照法律规定审查合格。

1.1.1.8　已标价工程量清单：是指构成合同的由承包人按照规定的格式和要求填写并标明价格的工程量清单，包括说明和表格。

1.1.1.9　预算书：是指构成合同的由承包人按照发包人规定的格式和要求编制的工程预算文件。

1.1.1.10　其他合同文件：是指经合同当事人约定的与工程施工有关的具有合同约束力的文件或书面协议。合同当事人可以在专用合同条款中进行约定。

1.1.2　合同当事人及其他相关方

1.1.2.1　合同当事人：是指发包人和(或)承包人。

1.1.2.2　发包人：是指与承包人签订合同协议书的当事人及取得该当事人资格的合法继承人。

1.1.2.3　承包人：是指与发包人签订合同协议书的，具有相应工程施工承包资质的当事人及取得该当事人资格的合法继承人。

1.1.2.4　监理人：是指在专用合同条款中指明的，受发包人委托按照法律规定进行工程监督管理的法人或其他组织。

1.1.2.5　设计人：是指在专用合同条款中指明的，受发包人委托负责工程设计并具备相应工程设计资质的法人或其他组织。

1.1.2.6　分包人：是指按照法律规定和合同约定，分包部分工程或工作，并与承包人签订分包合同的具有相应资质的法人。

1.1.2.7　发包人代表：是指由发包人任命并派驻施工现场在发包人授权范围内行使发包人权利的人。

1.1.2.8　项目经理：是指由承包人任命并派驻施工现场，在承包人授权范围内负责合同履行，且按照法律规定具有相应资格的项目负责人。

1.1.2.9　总监理工程师：是指由监理人任命并派驻施工现场进行工程监理的总负责人。

1.1.3　工程和设备

1.1.3.1　工程：是指与合同协议书中工程承包范围对应的永久工程和(或)临时工程。

1.1.3.2　永久工程：是指按合同约定建造并移交给发包人的工程，包括工程设备。

1.1.3.3　临时工程：是指为完成合同约定的永久工程所修建的各类临时性工程，不包括施工设备。

1.1.3.4　单位工程：是指在合同协议书中指明的，具备独立施工条件并能形成独立使用功能的永久工程。

1.1.3.5　工程设备：是指构成永久工程的机电设备、金属结构设备、仪器及其他类似的设备和装置。

1.1.3.6　施工设备：是指为完成合同约定的各项工作所需的设备、器具和其他物品，但不包括工程设备、临时工程和材料。

1.1.3.7　施工现场：是指用于工程施工的场所，以及在专用合同条款中指明作为施工场所组成部分的其他场所，包括永久占地和临时占地。

1.1.3.8　临时设施：是指为完成合同约定的各项工作所服务的临时性生产和生活设施。

1.1.3.9　永久占地：是指专用合同条款中指明为实施工程需永久占用的土地。

1.1.3.10　临时占地：是指专用合同条款中指明为实施工程需要临时占用的土地。

1.1.4　日期和期限

1.1.4.1　开工日期：包括计划开工日期和实际开工日期。计划开工日期是指合同协议书约定的开工日期；实际开工日期是指监理人按照第 7.3.2 项〔开工通知〕约定发出的符合法律规定的开工通知中载明的开工日期。

1.1.4.2　竣工日期：包括计划竣工日期和实际竣工日期。计划竣工日期是指合同协议书约定的竣工日期；实际竣工日期按照第 13.2.3 项〔竣工日期〕的约定确定。

1.1.4.3　工期：是指在合同协议书约定的承包人完成工程所需的期限，包括按照合同约定所做的期限变更。

1.1.4.4　缺陷责任期：是指承包人按照合同约定承担缺陷修复义务，且发包人预留质量保证金的期限，自工程实际竣工日期起计算。

1.1.4.5　保修期：是指承包人按照合同约定对工程承担保修责任的期限，从工程竣工验收合格之日起计算。

1.1.4.6　基准日期：招标发包的工程以投标截至日前 28 天的日期为基准日期，直接发包的工程以合同签订日前 28 天的日期为基准日期。

1.1.4.7　天：除特别指明外，均指日历天。合同中按天计算时间的，开始当天不计入，从次日开始计算，期限最后一天的截止时间为当天 24:00 时。

1.1.5 合同价格和费用

1.1.5.1 签约合同价：是指发包人和承包人在合同协议书中确定的总金额，包括安全文明施工费、暂估价及暂列金额等。

1.1.5.2 合同价格：是指发包人用于支付承包人按照合同约定完成承包范围内全部工作的金额，包括合同履行过程中按合同约定发生的价格变化。

1.1.5.3 费用：是指为履行合同所发生的或将要发生的所有必需的开支，包括管理费和应分摊的其他费用，但不包括利润。

1.1.5.4 暂估价：是指发包人在工程量清单或预算书中提供的用于支付必然发生但暂时不能确定价格的材料、工程设备的单价、专业工程以及服务工作的金额。

1.1.5.5 暂列金额：是指发包人在工程量清单或预算书中暂定并包括在合同价格中的一笔款项，用于工程合同签订时尚未确定或者不可预见的所需材料、工程设备、服务的采购，施工中可能发生的工程变更、合同约定调整因素出现时的合同价格调整以及发生的索赔、现场签证确认等的费用。

1.1.5.6 计日工：是指合同履行过程中，承包人完成发包人提出的零星工作或需要采用计日工计价的变更工作时，按合同中约定的单价计价的一种方式。

1.1.5.7 质量保证金：是指按照第 15.3 款〔质量保证金〕约定承包人用于保证其在缺陷责任期内履行缺陷修补义务的担保。

1.1.5.8 总价项目：是指在现行国家、行业以及地方的计量规则中无工程量计算规则，在已标价工程量清单或预算书中以总价或以费率形式计算的项目。

1.1.6 其他

1.1.6.1 书面形式：是指合同文件、信函、电报、传真等可以有形地表现所载内容的形式。

1.2 语言文字

合同以中国的汉语简体文字编写、解释和说明。合同当事人在专用合同条款中约定使用两种以上语言时，汉语为优先解释和说明合同的语言。

1.3 法律

合同所称法律是指中华人民共和国法律、行政法规、部门规章，以及工程所在地的地方性法规、自治条例、单行条例和地方政府规章等。

合同当事人可以在专用合同条款中约定合同适用的其他规范性文件。

1.4 标准和规范

1.4.1 适用于工程的国家标准、行业标准、工程所在地的地方性标准，以及相应的规范、规程等，合同当事人有特别要求的，应在专用合同条款中约定。

1.4.2 发包人要求使用国外标准、规范的，发包人负责提供原文版本和中文译本，并在专用合同条款中约定提供标准规范的名称、份数和时间。

1.4.3 发包人对工程的技术标准、功能要求高于或严于现行国家、行业或地方标准的，应当在专用合同条款中予以明确。除专用合同条款另有约定外，应视为承包人在签订合同前已充分预见前述技术标准和功能要求的复杂程度，签约合同价中已包含由此产生的费用。

1.5 合同文件的优先顺序

组成合同的各项文件应互相解释，互为说明。除专用合同条款另有约定外，解释合同文件的优先顺序如下。

(1) 合同协议书。

(2) 中标通知书(如果有)。

(3) 投标函及其附录(如果有)。

(4) 专用合同条款及其附件。

(5) 通用合同条款。

(6) 技术标准和要求。

(7) 图纸。

(8) 已标价工程量清单或预算书。

(9) 其他合同文件。

上述各项合同文件包括合同当事人就该项合同文件所做出的补充和修改，属于同一类内容的文件，应以最新签署的为准。

在合同订立及履行过程中形成的与合同有关的文件均构成合同文件组成部分，并根据其性质确定优先解释顺序。

1.6 图纸和承包人文件

1.6.1 图纸的提供和交底

发包人应按照专用合同条款约定的期限、数量和内容向承包人免费提供图纸，并组织承包人、监理人和设计人进行图纸会审和设计交底。发包人至迟不得晚于第 7.3.2 项〔开工通知〕载明的开工日期前 14 天向承包人提供图纸。

因发包人未按合同约定提供图纸导致承包人费用增加和(或)工期延误的，按照第 7.5.1 项〔因发包人原因导致工期延误〕约定办理。

1.6.2 图纸的错误

承包人在收到发包人提供的图纸后，发现图纸存在差错、遗漏或缺陷的，应及时通知监理人。监理人接到该通知后，应附具相关意见并立即报送发包人，发包人应在收到监理人报送的通知后的合理时间内做出决定。合理时间是指发包人在收到监理人的报送通知后，尽其努力且不懈怠地完成图纸修改补充所需的时间。

1.6.3 图纸的修改和补充

图纸需要修改和补充的，应经图纸原设计人及审批部门同意，并由监理人在工程或工程相应部位施工前将修改后的图纸或补充图纸提交给承包人，承包人应按修改或补充后的图纸施工。

1.6.4 承包人文件

承包人应按照专用合同条款的约定提供应当由其编制的与工程施工有关的文件，并按照专用合同条款约定的期限、数量和形式提交监理人，并由监理人报送发包人。

除专用合同条款另有约定外，监理人应在收到承包人文件后 7 天内审查完毕，监理人对承包人文件有异议的，承包人应予以修改，并重新报送监理人。监理人的审查并不减轻或免除承包人根据合同约定应当承担的责任。

1.6.5 图纸和承包人文件的保管

除专用合同条款另有约定外，承包人应在施工现场另外保存一套完整的图纸和承包人文件，供发包人、监理人及有关人员进行工程检查时使用。

1.7 联络

1.7.1 与合同有关的通知、批准、证明、证书、指示、指令、要求、请求、同意、意见、确定和决定等，均应采用书面形式，并应在合同约定的期限内送达接收人和送达地点。

1.7.2 发包人和承包人应在专用合同条款中约定各自的送达接收人和送达地点。任何一方合同当事人指定的接收人或送达地点发生变动的，应提前 3 天以书面形式通知对方。

1.7.3 发包人和承包人应当及时签收另一方送达至送达地点和指定接收人的来往信函。拒不签收的，由此增加的费用和(或)延误的工期由拒绝接收一方承担。

1.8 严禁贿赂

合同当事人不得以贿赂或变相贿赂的方式，谋取非法利益或损害对方权益。因一方合同当事人的贿赂造成对方损失的，应赔偿损失，并承担相应的法律责任。

承包人不得与监理人或发包人聘请的第三方串通损害发包人利益。未经发包人书面同意，承包人不得为监理人提供合同约定以外的通信设备、交通工具及其他任何形式的利益，不得向监理人支付报酬。

1.9 化石、文物

在施工现场发掘的所有文物、古迹以及具有地质研究或考古价值的其他遗迹、化石、钱币或物品属于国家所有。一旦发现上述文物，承包人应采取合理有效的保护措施，防止任何人员移动或损坏上述物品，并立即报告有关政府行政管理部门，同时通知监理人。

发包人、监理人和承包人应按有关政府行政管理部门要求采取妥善的保护措施，由此增加的费用和(或)延误的工期由发包人承担。

承包人发现文物后不及时报告或隐瞒不报，致使文物丢失或损坏的，应赔偿损失，并承担相应的法律责任。

1.10 交通运输

1.10.1 出入现场的权利

除专用合同条款另有约定外，发包人应根据施工需要，负责取得出入施工现场所需的批准手续和全部权利，以及取得因施工所需修建道路、桥梁以及其他基础设施的权利，并承担相关手续费用和建设费用。承包人应协助发包人办理修建场内外道路、桥梁以及其他基础设施的手续。

承包人应在订立合同前查勘施工现场，并根据工程规模及技术参数合理预见工程施工所需的进出施工现场的方式、手段、路径等。因承包人未合理预见所增加的费用和(或)延误的工期由承包人承担。

1.10.2 场外交通

发包人应提供场外交通设施的技术参数和具体条件，承包人应遵守有关交通法规，严格按照道路和桥梁的限制荷载行驶，执行有关道路限速、限行、禁止超载的规定，并配合交通管理部门的监督和检查。场外交通设施无法满足工程施工需要的，由发包人负责完善并承担相关费用。

1.10.3 场内交通

发包人应提供场内交通设施的技术参数和具体条件，并应按照专用合同条款的约定向承包人免费提供满足工程施工所需的场内道路和交通设施。因承包人原因造成上述道路或交通设施损坏的，承包人负责修复并承担由此增加的费用。

除发包人按照合同约定提供的场内道路和交通设施外，承包人负责修建、维修、养护和管理施工所需的其他场内临时道路和交通设施。发包人和监理人可以为实现合同目的使用承包人修建的场内临时道路和交通设施。

场外交通和场内交通的边界由合同当事人在专用合同条款中约定。

1.10.4 超大件和超重件的运输

由承包人负责运输的超大件或超重件，应由承包人负责向交通管理部门办理申请手续，发包人给予协助。运输超大件或超重件所需的道路和桥梁临时加固改造费用和其他有关费用，由承包人承担，但专用合同条款另有约定的除外。

1.10.5 道路和桥梁的损坏责任

因承包人运输造成施工场地内外公共道路和桥梁损坏的，由承包人承担修复损坏的全部费用和可能引起的赔偿。

1.10.6 水路和航空运输

本款前述各项的内容适用于水路运输和航空运输，其中“道路”一词的含义包括河道、航线、船闸、机场、码头、堤防以及水路或航空运输中其他相似结构物；“车辆”一词的含义包括船舶和飞机等。

1.11 知识产权

1.11.1 除专用合同条款另有约定外，发包人提供给承包人的图纸、发包人为实施工程自行编制或委托编制的技术规范以及反映发包人要求的或其他类似性质的文件的著作权属于发包人，承包人可以为实现合同目的而复制、使用此类文件，但不能用于与合同无关的其他事项。未经发包人书面同意，承包人不得为了合同以外的目的而复制、使用上述文件或将之提供给任何第三方。

1.11.2 除专用合同条款另有约定外，承包人为实施工程所编制的文件，除署名权以外的著作权属于发包人，承包人可因实施工程的运行、调试、维修、改造等目的而复制、使用此类文件，但不能用于与合同无关的其他事项。未经发包人书面同意，承包人不得为了合同以外的目的而复制、使用上述文件或将之提供给任何第三方。

1.11.3 合同当事人保证在履行合同过程中不侵犯对方及第三方的知识产权。承包人在使用材料、施工设备、工程设备或采用施工工艺时，因侵犯他人的专利权或其他知识产权所引起的责任，由承包人承担；因发包人提供的材料、施工设备、工程设备或施工工艺导致侵权的，由发包人承担责任。

1.11.4 除专用合同条款另有约定外，承包人在合同签订前和签订时已确定采用的专利、专有技术、技术秘密的使用费已包含在签约合同价中。

1.12 保密

除法律规定或合同另有约定外，未经发包人同意，承包人不得将发包人提供的图纸、文件以及声明需要保密的资料信息等商业秘密泄露给第三方。

除法律规定或合同另有约定外，未经承包人同意，发包人不得将承包人提供的技术秘密及声明需要保密的资料信息等商业秘密泄露给第三方。

1.13 工程量清单错误的修正

除专用合同条款另有约定外，发包人提供的工程量清单，应被认为是准确的和完整的。出现下列情形之一时，发包人应予以修正，并相应调整合同价格。

(1) 工程量清单存在缺项、漏项的。

(2) 工程量清单偏差超出专用合同条款约定的工程量偏差范围的。

(3) 未按照国家现行计量规范强制性规定计量的。

2 发包人

2.1 许可或批准

发包人应遵守法律，并办理法律规定由其办理的许可、批准或备案，包括但不限于建设用地规划许可证、建设工程规划许可证、建设工程施工许可证、施工所需临时用水、临时用电、中断道路交通、临时占用土地等许可和批准。发包人应协助承包人办理法律规定的有关施工证件和批件。

因发包人原因未能及时办理完毕前述许可、批准或备案，由发包人承担由此增加的费用和(或)延误的工期，并支付承包人合理的利润。

2.2 发包人代表

发包人应在专用合同条款中明确其派驻施工现场的发包人代表的姓名、职务、联系方式及授权范围等事项。发包人代表在发包人的授权范围内，负责处理合同履行过程中与发包人有关的具体事宜。发包人代表在授权范围内的行为由发包人承担法律责任。发包人更换发包人代表的，应提前7天书面通知承包人。

发包人代表不能按照合同约定履行其职责及义务，并导致合同无法继续正常履行的，承包人可以要求发包人撤换发包人代表。

不属于法定必须监理的工程，监理人的职权可以由发包人代表或发包人指定的其他人员行使。

2.3 发包人人员

发包人应要求在施工现场的发包人人员遵守法律及有关安全、质量、环境保护、文明施工等规定，并保障承包人免于承受因发包人人员未遵守上述要求给承包人造成的损失和责任。

发包人人员包括发包人代表及其他由发包人派驻施工现场的人员。

2.4 施工现场、施工条件和基础资料的提供

2.4.1 提供施工现场

除专用合同条款另有约定外，发包人应最迟于开工日期7天前向承包人移交施工现场。

2.4.2 提供施工条件

除专用合同条款另有约定外，发包人应负责提供施工所需要的条件，包括：

(1) 将施工用水、电力、通信线路等施工所必需的条件接至施工现场内。

(2) 保证向承包人提供正常施工所需要的进入施工现场的交通条件。

(3) 协调处理施工现场周围地下管线和邻近建筑物、构筑物、古树名木的保护工作，并承担相关费用。

(4) 按照专用合同条款约定应提供的其他设施和条件。

2.4.3 提供基础资料

发包人应当在移交施工现场前向承包人提供施工现场及工程施工所必需的毗邻区域内供水、排水、供电、供气、供热、通信、广播电视等地下管线资料，气象和水文观测资料，

地质勘查资料，相邻建筑物、构筑物和地下工程等有关基础资料，并对所提供资料的真实性、准确性和完整性负责。

按照法律规定确需在开工后方能提供的基础资料，发包人应尽其努力及时地在相应工程施工前的合理期限内提供，合理期限应以不影响承包人的正常施工为限。

2.4.4　逾期提供的责任

因发包人原因未能按合同约定及时向承包人提供施工现场、施工条件、基础资料的，由发包人承担由此增加的费用和(或)延误的工期。

2.5　资金来源证明及支付担保

除专用合同条款另有约定外，发包人应在收到承包人要求提供资金来源证明的书面通知后 28 天内，向承包人提供能够按照合同约定支付合同价款的相应资金来源证明。

除专用合同条款另有约定外，发包人要求承包人提供履约担保的，发包人应当向承包人提供支付担保。支付担保可以采用银行保函或担保公司担保等形式，具体由合同当事人在专用合同条款中约定。

2.6　支付合同价款

发包人应按合同约定向承包人及时支付合同价款。

2.7　组织竣工验收

发包人应按合同约定及时组织竣工验收。

2.8　现场统一管理协议

发包人应与承包人、由发包人直接发包的专业工程的承包人签订施工现场统一管理协议，明确各方的权利义务。施工现场统一管理协议作为专用合同条款的附件。

3　**承包人**

3.1　承包人的一般义务

承包人在履行合同过程中应遵守法律和工程建设标准规范，并履行以下义务。

(1) 办理法律规定应由承包人办理的许可和批准，并将办理结果书面报送发包人留存。

(2) 按法律规定和合同约定完成工程，并在保修期内承担保修义务。

(3) 按法律规定和合同约定采取施工安全和环境保护措施，办理工伤保险，确保工程及人员、材料、设备和设施的安全。

(4) 按合同约定的工作内容和施工进度要求，编制施工组织设计和施工措施计划，并对所有施工作业和施工方法的完备性和安全可靠性负责。

(5) 在进行合同约定的各项工作时，不得侵害发包人与他人使用公用道路、水源、市政管网等公共设施的权利，避免对邻近的公共设施产生干扰。承包人占用或使用他人的施工场地，影响他人作业或生活的，应承担相应责任。

(6) 按照第 6.3 款〔环境保护〕约定负责施工场地及其周边环境与生态的保护工作。

(7) 按第 6.1 款〔安全文明施工〕约定采取施工安全措施，确保工程及其人员、材料、设备和设施的安全，防止因工程施工造成的人身伤害和财产损失。

(8) 将发包人按合同约定支付的各项价款专用于合同工程，且应及时支付其雇用人员工资，并及时向分包人支付合同价款。

(9) 按照法律规定和合同约定编制竣工资料，完成竣工资料立卷及归档，并按专用合同条款约定的竣工资料的套数、内容、时间等要求移交发包人。

(10) 应履行的其他义务。

3.2 项目经理

3.2.1 项目经理应为合同当事人所确认的人选，并在专用合同条款中明确项目经理的姓名、职称、注册执业证书编号、联系方式及授权范围等事项，项目经理经承包人授权后代表承包人负责履行合同。项目经理应是承包人正式聘用的员工，承包人应向发包人提交项目经理与承包人之间的劳动合同，以及承包人为项目经理缴纳社会保险的有效证明。承包人不提交上述文件的，项目经理无权履行职责，发包人有权要求更换项目经理，由此增加的费用和(或)延误的工期由承包人承担。

项目经理应常驻施工现场，且每月在施工现场时间不得少于专用合同条款约定的天数。项目经理不得同时担任其他项目的项目经理。项目经理确需离开施工现场时，应事先通知监理人，并取得发包人的书面同意。项目经理的通知中应当载明临时代行其职责的人员的注册执业资格、管理经验等资料，该人员应具备履行相应职责的能力。

承包人违反上述约定的，应按照专用合同条款的约定，承担违约责任。

3.2.2 项目经理按合同约定组织工程实施。在紧急情况下为确保施工安全和人员安全，在无法与发包人代表和总监理工程师及时取得联系时，项目经理有权采取必要的措施保证与工程有关的人身、财产和工程的安全，但应在 48 小时内向发包人代表和总监理工程师提交书面报告。

3.2.3 承包人需要更换项目经理的，应提前 14 天书面通知发包人和监理人，并征得发包人书面同意。通知中应当载明继任项目经理的注册执业资格、管理经验等资料，继任项目经理继续履行第 3.2.1 项约定的职责。未经发包人书面同意，承包人不得擅自更换项目经理。承包人擅自更换项目经理的，应按照专用合同条款的约定承担违约责任。

3.2.4 发包人有权书面通知承包人更换其认为不称职的项目经理，通知中应当载明要求更换的理由。承包人应在接到更换通知后 14 天内向发包人提出书面的改进报告。发包人收到改进报告后仍要求更换的，承包人应在接到第二次更换通知的 28 天内进行更换，并将新任命的项目经理的注册执业资格、管理经验等资料书面通知发包人。继任项目经理继续履行第 3.2.1 项约定的职责。承包人无正当理由拒绝更换项目经理的，应按照专用合同条款的约定承担违约责任。

3.2.5 项目经理因特殊情况授权其下属人员履行其某项工作职责的，该下属人员应具备履行相应职责的能力，并应提前 7 天将上述人员的姓名和授权范围书面通知监理人，并征得发包人书面同意。

3.3 承包人人员

3.3.1 除专用合同条款另有约定外，承包人应在接到开工通知后 7 天内，向监理人提交承包人项目管理机构及施工现场人员安排的报告，其内容应包括合同管理、施工、技术、材料、质量、安全、财务等主要施工管理人员名单及其岗位、注册执业资格等，以及各工种技术工人的安排情况，并同时提交主要施工管理人员与承包人之间的劳动关系证明和缴纳社会保险的有效证明。

3.3.2 承包人派驻到施工现场的主要施工管理人员应相对稳定。施工过程中如有变动，承包人应及时向监理人提交施工现场人员变动情况的报告。承包人更换主要施工管理人员时，应提前 7 天书面通知监理人，并征得发包人书面同意。通知中应当载明继任人员的注册执业资格、管理经验等资料。

特殊工种作业人员均应持有相应的资格证明，监理人可以随时检查。

3.3.3 发包人对于承包人主要施工管理人员的资格或能力有异议的，承包人应提供资料证明被质疑人员有能力完成其岗位工作或不存在发包人所质疑的情形。发包人要求撤换不能按照合同约定履行职责及义务的主要施工管理人员的，承包人应当撤换。承包人无正当理由拒绝撤换的，应按照专用合同条款的约定承担违约责任。

3.3.4 除专用合同条款另有约定外，承包人的主要施工管理人员离开施工现场每月累计不超过 5 天的，应报监理人同意；离开施工现场每月累计超过 5 天的，应通知监理人，并征得发包人书面同意。主要施工管理人员离开施工现场前应指定一名有经验的人员临时代行其职责，该人员应具备履行相应职责的资格和能力，且应征得监理人或发包人的同意。

3.3.5 承包人擅自更换主要施工管理人员，或前述人员未经监理人或发包人同意擅自离开施工现场的，应按照专用合同条款约定承担违约责任。

3.4 承包人现场查勘

承包人应对基于发包人按照第 2.4.3 项〔提供基础资料〕提交的基础资料所做出的解释和推断负责，但因基础资料存在错误、遗漏导致承包人解释或推断失实的，由发包人承担责任。

承包人应对施工现场和施工条件进行查勘，并充分了解工程所在地的气象条件、交通条件、风俗习惯以及其他与完成合同工作有关的其他资料。因承包人未能充分查勘、了解前述情况或未能充分估计前述情况所可能产生后果的，承包人承担由此增加的费用和(或)延误的工期。

3.5 分包

3.5.1 分包的一般约定

承包人不得将其承包的全部工程转包给第三人，或将其承包的全部工程肢解后以分包的名义转包给第三人。承包人不得将工程主体结构、关键性工作及专用合同条款中禁止分包的专业工程分包给第三人，主体结构、关键性工作的范围由合同当事人按照法律规定在专用合同条款中予以明确。

承包人不得以劳务分包的名义转包或违法分包工程。

3.5.2 分包的确定

承包人应按专用合同条款的约定进行分包，确定分包人。已标价工程量清单或预算书中给定暂估价的专业工程，按照第 10.7 款〔暂估价〕确定分包人。按照合同约定进行分包的，承包人应确保分包人具有相应的资质和能力。工程分包不减轻或免除承包人的责任和义务，承包人和分包人就分包工程向发包人承担连带责任。除合同另有约定外，承包人应在分包合同签订后 7 天内向发包人和监理人提交分包合同副本。

3.5.3 分包管理

承包人应向监理人提交分包人的主要施工管理人员表，并对分包人的施工人员进行实名制管理，包括但不限于进出场管理、登记造册以及各种证照的办理。

3.5.4 分包合同价款

(1) 除本项第(2)目约定的情况或专用合同条款另有约定外，分包合同价款由承包人与分包人结算，未经承包人同意，发包人不得向分包人支付分包工程价款。

(2) 生效法律文书要求发包人向分包人支付分包合同价款的，发包人有权从应付承包人工程款中扣除该部分款项。

3.5.5 分包合同权益的转让

分包人在分包合同项下的义务持续到缺陷责任期届满以后的，发包人有权在缺陷责任期届满前，要求承包人将其在分包合同项下的权益转让给发包人，承包人应当转让。除转让合同另有约定外，转让合同生效后，由分包人向发包人履行义务。

3.6 工程照管与成品、半成品保护

(1) 除专用合同条款另有约定外，自发包人向承包人移交施工现场之日起，承包人应负责照管工程及工程相关的材料、工程设备，直到颁发工程接收证书之日止。

(2) 在承包人负责照管期间，因承包人原因造成工程、材料、工程设备损坏的，由承包人负责修复或更换，并承担由此增加的费用和(或)延误的工期。

(3) 对合同内分期完成的成品和半成品，在工程接收证书颁发前，由承包人承担保护责任。因承包人原因造成成品或半成品损坏的，由承包人负责修复或更换，并承担由此增加的费用和(或)延误的工期。

3.7 履约担保

发包人需要承包人提供履约担保的，由合同当事人在专用合同条款中约定履约担保的方式、金额及期限等。履约担保可以采用银行保函或担保公司担保等形式，具体由合同当事人在专用合同条款中约定。

因承包人原因导致工期延长的，继续提供履约担保所增加的费用由承包人承担；非因承包人原因导致工期延长的，继续提供履约担保所增加的费用由发包人承担。

3.8 联合体

3.8.1 联合体各方应共同与发包人签订合同协议书。联合体各方应为履行合同向发包人承担连带责任。

3.8.2 联合体协议经发包人确认后作为合同附件。在履行合同过程中，未经发包人同意，不得修改联合体协议。

3.8.3 联合体牵头人负责与发包人和监理人联系，并接受指示，负责组织联合体各成员全面履行合同。

4 监理人

4.1 监理人的一般规定

工程实行监理的，发包人和承包人应在专用合同条款中明确监理人的监理内容及监理权限等事项。监理人应当根据发包人授权及法律规定，代表发包人对工程施工相关事项进行检查、查验、审核、验收，并签发相关指示，但监理人无权修改合同，且无权减轻或免除合同约定的承包人的任何责任与义务。

除专用合同条款另有约定外，监理人在施工现场的办公场所、生活场所由承包人提供，所发生的费用由发包人承担。

4.2 监理人员

发包人授予监理人对工程实施监理的权利由监理人派驻施工现场的监理人员行使，监理人员包括总监理工程师及监理工程师。监理人应将授权的总监理工程师和监理工程师的姓名及授权范围以书面形式提前通知承包人。更换总监理工程师的，监理人应提前 7 天书面通知承包人；更换其他监理人员，监理人应提前 48 小时书面通知承包人。

4.3 监理人的指示

监理人应按照发包人的授权发出监理指示。监理人的指示应采用书面形式，并经其授权的监理人员签字。紧急情况下，为了保证施工人员的安全或避免工程受损，监理人员可以口头形式发出指示，该指示与书面形式的指示具有同等法律效力，但必须在发出口头指示后 24 小时内补发书面监理指示，补发的书面监理指示应与口头指示一致。

监理人发出的指示应送达承包人项目经理或经项目经理授权接收的人员。因监理人未能按合同约定发出指示、指示延误或发出了错误指示而导致承包人费用增加和(或)工期延误的，由发包人承担相应责任。除专用合同条款另有约定外，总监理工程师不应将第 4.4 款〔商定或确定〕约定应由总监理工程师做出确定的权力授权或委托给其他监理人员。

承包人对监理人发出的指示有疑问的，应向监理人提出书面异议，监理人应在 48 小时内对该指示予以确认、更改或撤销，监理人逾期未回复的，承包人有权拒绝执行上述指示。

监理人对承包人的任何工作、工程或其采用的材料和工程设备未在约定的或合理期限内提出意见的，视为批准，但不免除或减轻承包人对该工作、工程、材料、工程设备等应承担的责任和义务。

4.4 商定或确定

合同当事人进行商定或确定时，总监理工程师应当会同合同当事人尽量通过协商达成一致，不能达成一致的，由总监理工程师按照合同约定审慎做出公正的确定。

总监理工程师应将确定以书面形式通知发包人和承包人，并附详细依据。合同当事人对总监理工程师的确定没有异议的，按照总监理工程师的确定执行。任何一方合同当事人有异议，按照第 20 条〔争议解决〕约定处理。争议解决前，合同当事人暂按总监理工程师的确定执行；争议解决后，争议解决的结果与总监理工程师的确定不一致的，按照争议解决的结果执行，由此造成的损失由责任人承担。

5 工程质量

5.1 质量要求

5.1.1 工程质量标准必须符合现行国家有关工程施工质量验收规范和标准的要求。有关工程质量的特殊标准或要求由合同当事人在专用合同条款中约定。

5.1.2 因发包人原因造成工程质量未达到合同约定标准的，由发包人承担由此增加的费用和(或)延误的工期，并支付承包人合理的利润。

5.1.3 因承包人原因造成工程质量未达到合同约定标准的，发包人有权要求承包人返工直至工程质量达到合同约定的标准为止，并由承包人承担由此增加的费用和(或)延误的工期。

5.2 质量保证措施

5.2.1 发包人的质量管理

发包人应按照法律规定及合同约定完成与工程质量有关的各项工作。

5.2.2 承包人的质量管理

承包人按照第 7.1 款〔施工组织设计〕约定向发包人和监理人提交工程质量保证体系及措施文件，建立完善的质量检查制度，并提交相应的工程质量文件。对于发包人和监理人违反法律规定和合同约定的错误指示，承包人有权拒绝实施。

承包人应对施工人员进行质量教育和技术培训，定期考核施工人员的劳动技能，严格执行施工规范和操作规程。

承包人应按照法律规定和发包人的要求，对材料、工程设备以及工程的所有部位及其施工工艺进行全过程的质量检查和检验，并做详细记录，编制工程质量报表，报送监理人审查。此外，承包人还应按照法律规定和发包人的要求，进行施工现场取样试验、工程复核测量和设备性能检测，提供试验样品、提交试验报告和测量成果以及其他工作。

5.2.3　监理人的质量检查和检验

监理人按照法律规定和发包人授权对工程的所有部位及其施工工艺、材料和工程设备进行检查和检验。承包人应为监理人的检查和检验提供方便，包括监理人到施工现场，或制造、加工地点，或合同约定的其他地方进行查看和查阅施工原始记录。监理人为此进行的检查和检验，不免除或减轻承包人按照合同约定应当承担的责任。

监理人的检查和检验不应影响施工正常进行。监理人的检查和检验影响施工正常进行的，且经检查检验不合格的，影响正常施工的费用由承包人承担，工期不予顺延；经检查检验合格的，由此增加的费用和(或)延误的工期由发包人承担。

5.3　隐蔽工程检查

5.3.1　承包人自检

承包人应当对工程隐蔽部位进行自检，并经自检确认是否具备覆盖条件。

5.3.2　检查程序

除专用合同条款另有约定外，工程隐蔽部位经承包人自检确认具备覆盖条件的，承包人应在共同检查前 48 小时书面通知监理人检查，通知中应载明隐蔽检查的内容、时间和地点，并应附有自检记录和必要的检查资料。

监理人应按时到场并对隐蔽工程及其施工工艺、材料和工程设备进行检查。经监理人检查确认质量符合隐蔽要求，并在验收记录上签字后，承包人才能进行覆盖。经监理人检查质量不合格的，承包人应在监理人指示的时间内完成修复，并由监理人重新检查，由此增加的费用和(或)延误的工期由承包人承担。

除专用合同条款另有约定外，监理人不能按时进行检查的，应在检查前 24 小时向承包人提交书面延期要求，但延期不能超过 48 小时，由此导致工期延误的，工期应予以顺延。监理人未按时进行检查，也未提出延期要求的，视为隐蔽工程检查合格，承包人可自行完成覆盖工作，并做相应记录报送监理人，监理人应签字确认。监理人事后对检查记录有疑问的，可按第 5.3.3 项〔重新检查〕的约定重新检查。

5.3.3　重新检查

承包人覆盖工程隐蔽部位后，发包人或监理人对质量有疑问的，可要求承包人对已覆盖的部位进行钻孔探测或揭开重新检查，承包人应遵照执行，并在检查后重新覆盖恢复原状。经检查证明工程质量符合合同要求的，由发包人承担由此增加的费用和(或)延误的工期，并支付承包人合理的利润；经检查证明工程质量不符合合同要求的，由此增加的费用和(或)延误的工期由承包人承担。

5.3.4　承包人私自覆盖

承包人未通知监理人到场检查，私自将工程隐蔽部位覆盖的，监理人有权指示承包人钻孔探测或揭开检查，无论工程隐蔽部位质量是否合格，由此增加的费用和(或)延误的工期均由承包人承担。

5.4　不合格工程的处理

5.4.1　因承包人原因造成工程不合格的，发包人有权随时要求承包人采取补救措施，直至达到合同要求的质量标准，由此增加的费用和(或)延误的工期由承包人承担。无法补救的，按照第13.2.4项〔拒绝接收全部或部分工程〕约定执行。

5.4.2　因发包人原因造成工程不合格的，由此增加的费用和(或)延误的工期由发包人承担，并支付承包人合理的利润。

5.5　质量争议检测

合同当事人对工程质量有争议的，由双方协商确定的工程质量检测机构鉴定，由此产生的费用及因此造成的损失，由责任方承担。

合同当事人均有责任的，由双方根据其责任分别承担。合同当事人无法达成一致的，按照第4.4款〔商定或确定〕执行。

6　安全文明施工与环境保护

6.1　安全文明施工

6.1.1　安全生产要求

合同履行期间，合同当事人均应当遵守国家和工程所在地有关安全生产的要求，合同当事人有特别要求的，应在专用合同条款中明确施工项目安全生产标准化达标目标及相应事项。承包人有权拒绝发包人及监理人强令承包人违章作业、冒险施工的任何指示。

在施工过程中，如遇到突发的地质变动、事先未知的地下施工障碍等影响施工安全的紧急情况，承包人应及时报告监理人和发包人，发包人应当及时下令停工并报政府有关行政管理部门采取应急措施。

因安全生产需要暂停施工的，按照第7.8款〔暂停施工〕的约定执行。

6.1.2　安全生产保证措施

承包人应当按照有关规定编制安全技术措施或者专项施工方案，建立安全生产责任制度、治安保卫制度及安全生产教育培训制度，并按安全生产法律规定及合同约定履行安全职责，如实编制工程安全生产的有关记录，接受发包人、监理人及政府安全监督部门的检查与监督。

6.1.3　特别安全生产事项

承包人应按照法律规定进行施工，开工前做好安全技术交底工作，施工过程中做好各项安全防护措施。承包人为实施合同而雇用的特殊工种的人员应受过专门的培训并已取得政府有关管理机构颁发的上岗证书。

承包人在动力设备、输电线路、地下管道、密封防震车间、易燃易爆地段以及临街交通要道附近施工时，施工开始前应向发包人和监理人提出安全防护措施，经发包人认可后实施。

实施爆破作业，在放射、毒害性环境中施工(含储存、运输、使用)及使用毒害性、腐蚀性物品施工时，承包人应在施工前 7 天以书面通知发包人和监理人，并报送相应的安全防护措施，经发包人认可后实施。

需单独编制危险性较大分部分项专项工程施工方案的，及要求进行专家论证的超过一定规模的危险性较大的分部分项工程，承包人应及时编制和组织论证。

6.1.4 治安保卫

除专用合同条款另有约定外，发包人应与当地公安部门协商，在现场建立治安管理机构或联防组织，统一管理施工场地的治安保卫事项，履行合同工程的治安保卫职责。

发包人和承包人除应协助现场治安管理机构或联防组织维护施工场地的社会治安外，还应做好包括生活区在内的各自管辖区的治安保卫工作。

除专用合同条款另有约定外，发包人和承包人应在工程开工后 7 天内共同编制施工场地治安管理计划，并制定应对突发治安事件的紧急预案。在工程施工过程中，发生暴乱、爆炸等恐怖事件，以及群殴、械斗等群体性突发治安事件的，发包人和承包人应立即向当地政府报告。发包人和承包人应积极协助当地有关部门采取措施平息事态，防止事态扩大，尽量避免人员伤亡和财产损失。

6.1.5 文明施工

承包人在工程施工期间，应当采取措施保持施工现场平整，物料堆放整齐。工程所在地有关政府行政管理部门有特殊要求的，按照其要求执行。合同当事人对文明施工有其他要求的，可以在专用合同条款中明确。

在工程移交之前，承包人应当从施工现场清除承包人的全部工程设备、多余材料、垃圾和各种临时工程，并保持施工现场清洁整齐。经发包人书面同意，承包人可在发包人指定的地点保留承包人履行保修期内的各项义务所需要的材料、施工设备和临时工程。

6.1.6 安全文明施工费

安全文明施工费由发包人承担，发包人不得以任何形式扣减该部分费用。因基准日期后合同所适用的法律或政府有关规定发生变化，增加的安全文明施工费由发包人承担。

承包人经发包人同意采取合同约定以外的安全措施所产生的费用，由发包人承担。未经发包人同意的，如果该措施避免了发包人的损失，则发包人在避免损失的额度内承担该措施费。如果该措施避免了承包人的损失，由承包人承担该措施费。

除专用合同条款另有约定外，发包人应在开工后 28 天内预付安全文明施工费总额的 50%，其余部分与进度款同期支付。发包人逾期支付安全文明施工费超过 7 天的，承包人有权向发包人发出要求预付的催告通知，发包人收到通知后 7 天内仍未支付的，承包人有权暂停施工，并按第 16.1.1 项〔发包人违约的情形〕执行。

承包人对安全文明施工费应专款专用，承包人应在财务账目中单独列项备查，不得挪作他用，否则发包人有权责令其限期改正；逾期未改正的，可以责令其暂停施工，由此增加的费用和(或)延误的工期由承包人承担。

6.1.7 紧急情况处理

在工程实施期间或缺陷责任期内发生危及工程安全的事件，监理人通知承包人进行抢救，承包人声明无能力或不愿立即执行的，发包人有权雇佣其他人员进行抢救。此类抢救按合同约定属于承包人义务的，由此增加的费用和(或)延误的工期由承包人承担。

6.1.8　事故处理

工程施工过程中发生事故的，承包人应立即通知监理人，监理人应立即通知发包人。发包人和承包人应立即组织人员和设备进行紧急抢救和抢修，减少人员伤亡和财产损失，防止事故扩大，并保护事故现场。需要移动现场物品时，应做出标记和书面记录，妥善保管有关证据。发包人和承包人应按国家有关规定，及时如实地向有关部门报告事故发生的情况，以及正在采取的紧急措施等。

6.1.9　安全生产责任

6.1.9.1　发包人的安全责任

发包人应负责赔偿以下各种情况造成的损失。

(1) 工程或工程的任何部分对土地的占用所造成的第三者财产损失。

(2) 由于发包人原因在施工场地及其毗邻地带造成的第三者人身伤亡和财产损失。

(3) 由于发包人原因对承包人、监理人造成的人员人身伤亡和财产损失。

(4) 由于发包人原因造成的发包人自身人员的人身伤害和财产损失。

6.1.9.2　承包人的安全责任

由于承包人原因在施工场地内及其毗邻地带造成的发包人、监理人以及第三者人员伤亡和财产损失，由承包人负责赔偿。

6.2　职业健康

6.2.1　劳动保护

承包人应按照法律规定安排现场施工人员的劳动和休息时间，保障劳动者的休息时间，并支付合理的报酬和费用。承包人应依法为其履行合同所雇用的人员办理必要的证件、许可、保险和注册等，承包人应督促其分包人为分包人所雇佣的人员办理必要的证件、许可、保险和注册等。

承包人应按照法律规定保障现场施工人员的劳动安全，并提供劳动保护,并应按国家有关劳动保护的规定，采取有效的防止粉尘、降低噪声、控制有害气体和保障高温、高寒、高空作业安全等劳动保护措施。承包人雇佣人员在施工中受到伤害的，承包人应立即采取有效措施进行抢救和治疗。

承包人应按法律规定安排工作时间，保证其雇佣人员享有休息和休假的权利。因工程施工的特殊需要占用休假日或延长工作时间的，应不超过法律规定的限度，并按法律规定给予补休或付酬。

6.2.2　生活条件

承包人应为其履行合同所雇用的人员提供必要的膳宿条件和生活环境；承包人应采取有效措施预防传染病，保证施工人员的健康，并定期对施工现场、施工人员生活基地和工程进行防疫和卫生的专业检查和处理，在远离城镇的施工场地，还应配备必要的伤病防治和急救的医务人员与医疗设施。

6.3　环境保护

承包人应在施工组织设计中列明环境保护的具体措施。在合同履行期间，承包人应采取合理措施保护施工现场环境。对施工作业过程中可能引起的大气、水、噪声以及固体废物污染采取具体可行的防范措施。

承包人应当承担因其原因引起的环境污染侵权损害赔偿责任，因上述环境污染引起纠纷而导致暂停施工的，由此增加的费用和(或)延误的工期由承包人承担。

7 工期和进度

7.1 施工组织设计

7.1.1 施工组织设计的内容

施工组织设计应包含以下内容。

(1) 施工方案。

(2) 施工现场平面布置图。

(3) 施工进度计划和保证措施。

(4) 劳动力及材料供应计划。

(5) 施工机械设备的选用。

(6) 质量保证体系及措施。

(7) 安全生产、文明施工措施。

(8) 环境保护、成本控制措施。

(9) 合同当事人约定的其他内容。

7.1.2 施工组织设计的提交和修改

除专用合同条款另有约定外，承包人应在合同签订后 14 天内，但至迟不得晚于第 7.3.2 项〔开工通知〕载明的开工日期前 7 天，向监理人提交详细的施工组织设计，并由监理人报送发包人。除专用合同条款另有约定外，发包人和监理人应在监理人收到施工组织设计后 7 天内确认或提出修改意见。对发包人和监理人提出的合理意见和要求，承包人应自费修改完善。根据工程实际情况需要修改施工组织设计的，承包人应向发包人和监理人提交修改后的施工组织设计。

施工进度计划的编制和修改按照第 7.2 款〔施工进度计划〕执行。

7.2 施工进度计划

7.2.1 施工进度计划的编制

承包人应按照第 7.1 款〔施工组织设计〕约定提交详细的施工进度计划，施工进度计划的编制应当符合国家法律规定和一般工程实践惯例，施工进度计划经发包人批准后实施。施工进度计划是控制工程进度的依据，发包人和监理人有权按照施工进度计划检查工程进度情况。

7.2.2 施工进度计划的修订

施工进度计划不符合合同要求或与工程的实际进度不一致的，承包人应向监理人提交修订的施工进度计划，并附具有关措施和相关资料，由监理人报送发包人。除专用合同条款另有约定外，发包人和监理人应在收到修订的施工进度计划后 7 天内完成审核和批准或提出修改意见。发包人和监理人对承包人提交的施工进度计划的确认，不能减轻或免除承包人根据法律规定和合同约定应承担的任何责任或义务。

7.3 开工

7.3.1 开工准备

除专用合同条款另有约定外，承包人应按照第 7.1 款〔施工组织设计〕约定的期限，向监理人提交工程开工报审表，经监理人报发包人批准后执行。开工报审表应详细说明按施工进度计划正常施工所需的施工道路、临时设施、材料、工程设备、施工设备、施工人员等落实情况以及工程的进度安排。

除专用合同条款另有约定外，合同当事人应按约定完成开工准备工作。

7.3.2　开工通知

发包人应按照法律规定获得工程施工所需的许可。经发包人同意后，监理人发出的开工通知应符合法律规定。监理人应在计划开工日期 7 天前向承包人发出开工通知，工期自开工通知中载明的开工日期起算。

除专用合同条款另有约定外，因发包人原因造成监理人未能在计划开工日期之日起 90 天内发出开工通知的，承包人有权提出价格调整要求，或者解除合同。发包人应当承担由此增加的费用和(或)延误的工期，并向承包人支付合理利润。

7.4　测量放线

7.4.1　除专用合同条款另有约定外，发包人应在至迟不得晚于第 7.3.2 项〔开工通知〕载明的开工日期前 7 天通过监理人向承包人提供测量基准点、基准线和水准点及其书面资料。发包人应对其提供的测量基准点、基准线和水准点及其书面资料的真实性、准确性和完整性负责。

承包人发现发包人提供的测量基准点、基准线和水准点及其书面资料存在错误或疏漏的，应及时通知监理人。监理人应及时报告发包人，并会同发包人和承包人予以核实。发包人应就如何处理和是否继续施工做出决定，并通知监理人和承包人。

7.4.2　承包人负责施工过程中的全部施工测量放线工作，并配置具有相应资质的人员、合格的仪器、设备和其他物品。承包人应矫正工程的位置、标高、尺寸或准线中出现的任何差错，并对工程各部分的定位负责。

施工过程中对施工现场内水准点等测量标志物的保护工作由承包人负责。

7.5　工期延误

7.5.1　因发包人原因导致工期延误

在合同履行过程中，因下列情况导致工期延误和(或)费用增加的，由发包人承担由此延误的工期和(或)增加的费用，且发包人应支付承包人合理的利润。

(1) 发包人未能按合同约定提供图纸或所提供图纸不符合合同约定的。

(2) 发包人未能按合同约定提供施工现场、施工条件、基础资料、许可、批准等开工条件的。

(3) 发包人提供的测量基准点、基准线和水准点及其书面资料存在错误或疏漏的。

(4) 发包人未能在计划开工日期之日起 7 天内同意下达开工通知的。

(5) 发包人未能按合同约定日期支付工程预付款、进度款或竣工结算款的。

(6) 监理人未按合同约定发出指示、批准等文件的。

(7) 专用合同条款中约定的其他情形。

因发包人原因未按计划开工日期开工的，发包人应按实际开工日期顺延竣工日期，确保实际工期不低于合同约定的工期总日历天数。因发包人原因导致工期延误需要修订施工进度计划的，按照第 7.2.2 项〔施工进度计划的修订〕执行。

7.5.2　因承包人原因导致工期延误

因承包人原因造成工期延误的，可以在专用合同条款中约定逾期竣工违约金的计算方法和逾期竣工违约金的上限。承包人支付逾期竣工违约金后，不免除承包人继续完成工程及修补缺陷的义务。

7.6　不利物质条件

不利物质条件是指有经验的承包人在施工现场遇到的不可预见的自然物质条件、非自然的物质障碍和污染物，包括地表以下物质条件和水文条件以及专用合同条款约定的其他情形，但不包括气候条件。

承包人遇到不利物质条件时，应采取克服不利物质条件的合理措施继续施工，并及时通知发包人和监理人。通知应载明不利物质条件的内容以及承包人认为不可预见的理由。监理人经发包人同意后应当及时发出指示，指示构成变更的，按第 10 条〔变更〕约定执行。承包人因采取合理措施而增加的费用和(或)延误的工期由发包人承担。

7.7　异常恶劣的气候条件

异常恶劣的气候条件是指在施工过程中遇到的，有经验的承包人在签订合同时不可预见的，对合同履行造成实质性影响的，但尚未构成不可抗力事件的恶劣气候条件。合同当事人可以在专用合同条款中约定异常恶劣的气候条件的具体情形。

承包人应采取克服异常恶劣的气候条件的合理措施继续施工，并及时通知发包人和监理人。监理人经发包人同意后应当及时发出指示，指示构成变更的，按第 10 条〔变更〕约定办理。承包人因采取合理措施而增加的费用和(或)延误的工期由发包人承担。

7.8　暂停施工

7.8.1　发包人原因引起的暂停施工

因发包人原因引起暂停施工的，监理人经发包人同意后，应及时下达暂停施工指示。情况紧急且监理人未及时下达暂停施工指示的，按照第 7.8.4 项〔紧急情况下的暂停施工〕执行。

因发包人原因引起的暂停施工，发包人应承担由此增加的费用和(或)延误的工期，并支付承包人合理的利润。

7.8.2　承包人原因引起的暂停施工

因承包人原因引起的暂停施工，承包人应承担由此增加的费用和(或)延误的工期，且承包人在收到监理人复工指示后 84 天内仍未复工的，视为第 16.2.1 项〔承包人违约的情形〕第(7)目约定的承包人无法继续履行合同的情形。

7.8.3　指示暂停施工

监理人认为有必要时，并经发包人批准后，可向承包人做出暂停施工的指示，承包人应按监理人指示暂停施工。

7.8.4　紧急情况下的暂停施工

因紧急情况需暂停施工，且监理人未及时下达暂停施工指示的，承包人可先暂停施工，并及时通知监理人。监理人应在接到通知后 24 小时内发出指示，逾期未发出指示，视为同意承包人暂停施工。监理人不同意承包人暂停施工的，应说明理由，承包人对监理人的答复有异议，按照第 20 条〔争议解决〕约定处理。

7.8.5　暂停施工后的复工

暂停施工后，发包人和承包人应采取有效措施积极消除暂停施工的影响。在工程复工前，监理人会同发包人和承包人确定因暂停施工造成的损失，并确定工程复工条件。当工程具备复工条件时，监理人应经发包人批准后向承包人发出复工通知，承包人应按照复工通知要求复工。

承包人无故拖延和拒绝复工的，承包人承担由此增加的费用和(或)延误的工期；因发包人原因无法按时复工的，按照第 7.5.1 项〔因发包人原因导致工期延误〕约定办理。

7.8.6　暂停施工持续 56 天以上

监理人发出暂停施工指示后 56 天内未向承包人发出复工通知，除该项停工属于第 7.8.2 项〔承包人原因引起的暂停施工〕及第 17 条〔不可抗力〕约定的情形外，承包人可向发包人提交书面通知，要求发包人在收到书面通知后 28 天内准许已暂停施工的部分或全部工程继续施工。发包人逾期不予批准的，则承包人可以通知发包人，将工程受影响的部分视为按第 10.1 款〔变更的范围〕第(2)项的可取消工作。

暂停施工持续 84 天以上不复工的，且不属于第 7.8.2 项〔承包人原因引起的暂停施工〕及第 17 条〔不可抗力〕约定的情形，并影响到整个工程以及合同目的实现的，承包人有权提出价格调整要求，或者解除合同。解除合同的，按照第 16.1.3 项〔因发包人违约解除合同〕执行。

7.8.7　暂停施工期间的工程照管

暂停施工期间，承包人应负责妥善照管工程并提供安全保障，由此增加的费用由责任方承担。

7.8.8　暂停施工的措施

暂停施工期间，发包人和承包人均应采取必要的措施确保工程质量及安全，防止因暂停施工扩大损失。

7.9　提前竣工

7.9.1　发包人要求承包人提前竣工的，发包人应通过监理人向承包人下达提前竣工指示，承包人应向发包人和监理人提交提前竣工建议书，提前竣工建议书应包括实施的方案、缩短的时间、增加的合同价格等内容。发包人接受该提前竣工建议书的，监理人应与发包人和承包人协商采取加快工程进度的措施，并修订施工进度计划，由此增加的费用由发包人承担。承包人认为提前竣工指示无法执行的，应向监理人和发包人提出书面异议，发包人和监理人应在收到异议后 7 天内予以答复。任何情况下，发包人不得压缩合理工期。

7.9.2　发包人要求承包人提前竣工，或承包人提出提前竣工的建议能够给发包人带来效益的，合同当事人可以在专用合同条款中约定提前竣工的奖励。

8　材料与设备

8.1　发包人供应材料与工程设备

发包人自行供应材料、工程设备的，应在签订合同时在专用合同条款的附件《发包人供应材料设备一览表》中明确材料、工程设备的品种、规格、型号、数量、单价、质量等级和送达地点。

承包人应提前 30 天通过监理人以书面形式通知发包人供应材料与工程设备进场。承包人按照第 7.2.2 项〔施工进度计划的修订〕约定修订施工进度计划时，需同时提交经修订后的发包人供应材料与工程设备的进场计划。

8.2 承包人采购材料与工程设备

承包人负责采购材料、工程设备的，应按照设计和有关标准要求采购，并提供产品合格证明及出厂证明，对材料、工程设备质量负责。合同约定由承包人采购的材料、工程设备，发包人不得指定生产厂家或供应商，发包人违反本款约定指定生产厂家或供应商的，承包人有权拒绝，并由发包人承担相应责任。

8.3 材料与工程设备的接收与拒收

8.3.1 发包人应按《发包人供应材料设备一览表》约定的内容提供材料和工程设备，并向承包人提供产品合格证明及出厂证明，对其质量负责。发包人应提前 24 小时以书面形式通知承包人、监理人材料和工程设备到货时间，承包人负责材料和工程设备的清点、检验和接收。

发包人提供的材料和工程设备的规格、数量或质量不符合合同约定的，或因发包人原因导致交货日期延误或交货地点变更等情况的，按照第 16.1 款〔发包人违约〕约定办理。

8.3.2 承包人采购的材料和工程设备，应保证产品质量合格，承包人应在材料和工程设备到货前 24 小时通知监理人检验。承包人进行永久设备、材料的制造和生产的，应符合相关质量标准，并向监理人提交材料的样本及有关资料，并应在使用该材料或工程设备之前获得监理人同意。

承包人采购的材料和工程设备不符合设计或有关标准要求时，承包人应在监理人要求的合理期限内将不符合设计或有关标准要求的材料、工程设备运出施工现场，并重新采购符合要求的材料、工程设备，由此增加的费用和(或)延误的工期，由承包人承担。

8.4 材料与工程设备的保管与使用

8.4.1 发包人供应材料与工程设备的保管与使用

发包人供应的材料和工程设备，承包人清点后由承包人妥善保管，保管费用由发包人承担，但已标价工程量清单或预算书已经列支或专用合同条款另有约定除外。因承包人原因发生丢失毁损的，由承包人负责赔偿；监理人未通知承包人清点的，承包人不负责材料和工程设备的保管，由此导致丢失毁损的由发包人负责。

发包人供应的材料和工程设备使用前，由承包人负责检验，检验费用由发包人承担，不合格的不得使用。

8.4.2 承包人采购材料与工程设备的保管与使用

承包人采购的材料和工程设备由承包人妥善保管，保管费用由承包人承担。法律规定材料和工程设备使用前必须进行检验或试验的，承包人应按监理人的要求进行检验或试验，检验或试验费用由承包人承担，不合格的不得使用。

发包人或监理人发现承包人使用不符合设计或有关标准要求的材料和工程设备时，有权要求承包人进行修复、拆除或重新采购，由此增加的费用和(或)延误的工期，由承包人承担。

8.5 禁止使用不合格的材料和工程设备

8.5.1 监理人有权拒绝承包人提供的不合格材料或工程设备，并要求承包人立即进行更换。监理人应在更换后再次进行检查和检验，由此增加的费用和(或)延误的工期由承包人承担。

8.5.2 监理人发现承包人使用了不合格的材料和工程设备，承包人应按照监理人的指示立即改正，并禁止在工程中继续使用不合格的材料和工程设备。

8.5.3　发包人提供的材料或工程设备不符合合同要求的，承包人有权拒绝，并可要求发包人更换，由此增加的费用和(或)延误的工期由发包人承担，并支付承包人合理的利润。

8.6　样品

8.6.1　样品的报送与封存

需要承包人报送样品的材料或工程设备，样品的种类、名称、规格、数量等要求均应在专用合同条款中约定。样品的报送程序如下。

(1) 承包人应在计划采购前 28 天向监理人报送样品。承包人报送的样品均应来自供应材料的实际生产地，且提供的样品的规格、数量足以表明材料或工程设备的质量、型号、颜色、表面处理、质地、误差和其他要求的特征。

(2) 承包人每次报送样品时应随附申报单，申报单应载明报送样品的相关数据和资料，并标明每件样品对应的图纸号，预留监理人批复意见栏。监理人应在收到承包人报送的样品后 7 天向承包人回复经发包人签认的样品审批意见。

(3) 经发包人和监理人审批确认的样品应按约定的方法封样，封存的样品作为检验工程相关部分的标准之一。承包人在施工过程中不得使用与样品不符的材料或工程设备。

(4) 发包人和监理人对样品的审批确认仅为确认相关材料或工程设备的特征或用途，不得被理解为对合同的修改或改变，也并不减轻或免除承包人任何的责任和义务。如果封存的样品修改或改变了合同约定，合同当事人应当以书面协议予以确认。

8.6.2　样品的保管

经批准的样品应由监理人负责封存于现场，承包人应在现场为保存样品提供适当和固定的场所并保持适当和良好的存储环境条件。

8.7　材料与工程设备的替代

8.7.1　出现下列情况需要使用替代材料和工程设备的，承包人应按照第 8.7.2 项约定的程序执行。

(1) 基准日期后生效的法律规定禁止使用的。

(2) 发包人要求使用替代品的。

(3) 因其他原因必须使用替代品的。

8.7.2　承包人应在使用替代材料和工程设备 28 天前书面通知监理人，并附下列文件。

(1) 被替代的材料和工程设备的名称、数量、规格、型号、品牌、性能、价格及其他相关资料。

(2) 替代品的名称、数量、规格、型号、品牌、性能、价格及其他相关资料。

(3) 替代品与被替代产品之间的差异以及使用替代品可能对工程产生的影响。

(4) 替代品与被替代产品的价格差异。

(5) 使用替代品的理由和原因说明。

(6) 监理人要求的其他文件。

监理人应在收到通知后 14 天内向承包人发出经发包人签认的书面指示；监理人逾期发出书面指示的，视为发包人和监理人同意使用替代品。

8.7.3　发包人认可使用替代材料和工程设备的，替代材料和工程设备的价格，按照已标价工程量清单或预算书相同项目的价格认定；无相同项目的，参考相似项目价格认定；

既无相同项目也无相似项目的，按照合理的成本与利润构成的原则，由合同当事人按照第4.4款〔商定或确定〕确定价格。

8.8 施工设备和临时设施

8.8.1 承包人提供的施工设备和临时设施

承包人应按合同进度计划的要求，及时配置施工设备和修建临时设施。进入施工场地的承包人设备需经监理人核查后才能投入使用。承包人更换合同约定的承包人设备的，应报监理人批准。

除专用合同条款另有约定外，承包人应自行承担修建临时设施的费用，需要临时占地的，应由发包人办理申请手续并承担相应费用。

8.8.2 发包人提供的施工设备和临时设施

发包人提供的施工设备或临时设施在专用合同条款中约定。

8.8.3 要求承包人增加或更换施工设备

承包人使用的施工设备不能满足合同进度计划和(或)质量要求时，监理人有权要求承包人增加或更换施工设备，承包人应及时增加或更换，由此增加的费用和(或)延误的工期由承包人承担。

8.9 材料与设备专用要求

承包人运入施工现场的材料、工程设备、施工设备以及在施工场地建设的临时设施，包括备品备件、安装工具与资料，必须专用于工程。未经发包人批准，承包人不得运出施工现场或挪作他用；经发包人批准，承包人可以根据施工进度计划撤走闲置的施工设备和其他物品。

9 试验与检验

9.1 试验设备与试验人员

9.1.1 承包人根据合同约定或监理人指示进行的现场材料试验，应由承包人提供试验场所、试验人员、试验设备以及其他必要的试验条件。监理人在必要时可以使用承包人提供的试验场所、试验设备以及其他试验条件，进行以工程质量检查为目的的材料复核试验，承包人应予以协助。

9.1.2 承包人应按专用合同条款的约定提供试验设备、取样装置、试验场所和试验条件，并向监理人提交相应进场计划表。

承包人配置的试验设备要符合相应试验规程的要求并经过具有资质的检测单位检测，且在正式使用该试验设备前，需要经过监理人与承包人共同校定。

9.1.3 承包人应向监理人提交试验人员的名单及其岗位、资格等证明资料，试验人员必须能够熟练进行相应的检测试验，承包人对试验人员的试验程序和试验结果的正确性负责。

9.2 取样

试验属于自检性质的，承包人可以单独取样。试验属于监理人抽检性质的，可由监理人取样，也可由承包人的试验人员在监理人的监督下取样。

9.3 材料、工程设备和工程的试验和检验

9.3.1 承包人应按合同约定进行材料、工程设备和工程的试验和检验，并为监理人对上述材料、工程设备和工程的质量检查提供必要的试验资料和原始记录。按合同约定应由监理人与承包人共同进行试验和检验的，由承包人负责提供必要的试验资料和原始记录。

9.3.2 试验属于自检性质的，承包人可以单独进行试验。试验属于监理人抽检性质的，监理人可以单独进行试验，也可由承包人与监理人共同进行。承包人对由监理人单独进行的试验结果有异议的，可以申请重新共同进行试验。约定共同进行试验的，监理人未按照约定参加试验的，承包人可自行试验，并将试验结果报送监理人，监理人应承认该试验结果。

9.3.3 监理人对承包人的试验和检验结果有异议的，或为查清承包人试验和检验成果的可靠性要求承包人重新试验和检验的，可由监理人与承包人共同进行。重新试验和检验的结果证明该项材料、工程设备或工程的质量不符合合同要求的，由此增加的费用和(或)延误的工期由承包人承担；重新试验和检验结果证明该项材料、工程设备和工程符合合同要求的，由此增加的费用和(或)延误的工期由发包人承担。

9.4 现场工艺试验

承包人应按合同约定或监理人指示进行现场工艺试验。对大型的现场工艺试验，监理人认为必要时，承包人应根据监理人提出的工艺试验要求，编制工艺试验措施计划，报送监理人审查。

10 变更

10.1 变更的范围

除专用合同条款另有约定外，合同履行过程中发生以下情形的，应按照本条约定进行变更。

(1) 增加或减少合同中任何工作，或追加额外的工作。

(2) 取消合同中任何工作，但转由他人实施的工作除外。

(3) 改变合同中任何工作的质量标准或其他特性。

(4) 改变工程的基线、标高、位置和尺寸。

(5) 改变工程的时间安排或实施顺序。

10.2 变更权

发包人和监理人均可以提出变更。变更指示均通过监理人发出，监理人发出变更指示前应征得发包人同意。承包人收到经发包人签认的变更指示后，方可实施变更。未经许可，承包人不得擅自对工程的任何部分进行变更。

涉及设计变更的，应由设计人提供变更后的图纸和说明。如变更超过原设计标准或批准的建设规模时，发包人应及时办理规划、设计变更等审批手续。

10.3 变更程序

10.3.1 发包人提出变更

发包人提出变更的，应通过监理人向承包人发出变更指示，变更指示应说明计划变更的工程范围和变更的内容。

10.3.2 监理人提出变更建议

监理人提出变更建议的，需要向发包人以书面形式提出变更计划，说明计划变更工程范围和变更的内容、理由，以及实施该变更对合同价格和工期的影响。发包人同意变更的，由监理人向承包人发出变更指示。发包人不同意变更的，监理人无权擅自发出变更指示。

10.3.3　变更执行

承包人收到监理人下达的变更指示后，认为不能执行，应立即提出不能执行该变更指示的理由。承包人认为可以执行变更的，应当书面说明实施该变更指示对合同价格和工期的影响，且合同当事人应当按照第 10.4 款〔变更估价〕约定确定变更估价。

10.4　变更估价

10.4.1　变更估价原则

除专用合同条款另有约定外，变更估价按照本款约定处理。

(1) 已标价工程量清单或预算书有相同项目的，按照相同项目单价认定。

(2) 已标价工程量清单或预算书中无相同项目，但有类似项目的，参照类似项目的单价认定。

(3) 变更导致实际完成的变更工程量与已标价工程量清单或预算书中列明的该项目工程量的变化幅度超过 15%的，或已标价工程量清单或预算书中无相同项目及类似项目单价的，按照合理的成本与利润构成的原则，由合同当事人按照第 4.4 款〔商定或确定〕确定变更工作的单价。

10.4.2　变更估价程序

承包人应在收到变更指示后 14 天内，向监理人提交变更估价申请。监理人应在收到承包人提交的变更估价申请后 7 天内审查完毕并报送发包人，监理人对变更估价申请有异议，通知承包人修改后重新提交。发包人应在承包人提交变更估价申请后 14 天内审批完毕。发包人逾期未完成审批或未提出异议的，视为认可承包人提交的变更估价申请。

因变更引起的价格调整应计入最近一期的进度款中支付。

10.5　承包人的合理化建议

承包人提出合理化建议的，应向监理人提交合理化建议说明，说明建议的内容和理由，以及实施该建议对合同价格和工期的影响。

除专用合同条款另有约定外，监理人应在收到承包人提交的合理化建议后 7 天内审查完毕并报送发包人，发现其中存在技术上的缺陷，应通知承包人修改。发包人应在收到监理人报送的合理化建议后 7 天内审批完毕。合理化建议经发包人批准的，监理人应及时发出变更指示，由此引起的合同价格调整按照第 10.4 款〔变更估价〕约定执行。发包人不同意变更的，监理人应书面通知承包人。

合理化建议降低了合同价格或者提高了工程经济效益的，发包人可对承包人给予奖励，奖励的方法和金额在专用合同条款中约定。

10.6　变更引起的工期调整

因变更引起工期变化的，合同当事人均可要求调整合同工期，由合同当事人按照第 4.4 款〔商定或确定〕并参考工程所在地的工期定额标准确定增减工期天数。

10.7　暂估价

暂估价专业分包工程、服务、材料和工程设备的明细由合同当事人在专用合同条款中约定。

10.7.1　依法必须招标的暂估价项目

对于依法必须招标的暂估价项目，采取以下第 1 种方式确定。合同当事人也可以在专用合同条款中选择其他招标方式。

第 1 种方式：对于依法必须招标的暂估价项目，由承包人招标，对该暂估价项目的确认和批准按照以下约定执行。

(1) 承包人应当根据施工进度计划，在招标工作启动前 14 天将招标方案通过监理人报送发包人审查，发包人应当在收到承包人报送的招标方案后 7 天内批准或提出修改意见。承包人应当按照经过发包人批准的招标方案开展招标工作。

(2) 承包人应当根据施工进度计划，提前 14 天将招标文件通过监理人报送发包人审批，发包人应当在收到承包人报送的相关文件后 7 天内完成审批或提出修改意见；发包人有权确定招标控制价并按照法律规定参加评标。

(3) 承包人与供应商、分包人在签订暂估价合同前，应当提前 7 天将确定的中标候选供应商或中标候选分包人的资料报送发包人，发包人应在收到资料后 3 天内与承包人共同确定中标人；承包人应当在签订合同后 7 天内，将暂估价合同副本报送发包人留存。

第 2 种方式：对于依法必须招标的暂估价项目，由发包人和承包人共同招标确定暂估价供应商或分包人的，承包人应按照施工进度计划，在招标工作启动前 14 天通知发包人，并提交暂估价招标方案和工作分工。发包人应在收到后 7 天内确认。确定中标人后，由发包人、承包人与中标人共同签订暂估价合同。

10.7.2　不属于依法必须招标的暂估价项目

除专用合同条款另有约定外，对于不属于依法必须招标的暂估价项目，采取以下第 1 种方式确定。

第 1 种方式：对于不属于依法必须招标的暂估价项目，按本项约定确认和批准。

(1) 承包人应根据施工进度计划，在签订暂估价项目的采购合同、分包合同前 28 天向监理人提出书面申请。监理人应当在收到申请后 3 天内报送发包人，发包人应当在收到申请后 14 天内给予批准或提出修改意见，发包人逾期未予批准或提出修改意见的，视为该书面申请已获得同意。

(2) 发包人认为承包人确定的供应商、分包人无法满足工程质量或合同要求的，发包人可以要求承包人重新确定暂估价项目的供应商、分包人。

(3) 承包人应当在签订暂估价合同后 7 天内，将暂估价合同副本报送发包人留存。

第 2 种方式：承包人按照第 10.7.1 项〔依法必须招标的暂估价项目〕约定的第 1 种方式确定暂估价项目。

第 3 种方式：承包人直接实施的暂估价项目。

承包人具备实施暂估价项目的资格和条件的，经发包人和承包人协商一致后，可由承包人自行实施暂估价项目，合同当事人可以在专用合同条款约定具体事项。

10.7.3　因发包人原因导致暂估价合同订立和履行迟延的，由此增加的费用和(或)延误的工期由发包人承担，并支付承包人合理的利润。因承包人原因导致暂估价合同订立和履行迟延的，由此增加的费用和(或)延误的工期由承包人承担。

10.8　暂列金额

暂列金额应按照发包人的要求使用，发包人的要求应通过监理人发出。合同当事人可以在专用合同条款中协商确定有关事项。

10.9　计日工

需要采用计日工方式的，经发包人同意后，由监理人通知承包人以计日工计价方式实施相应的工作，其价款按列入已标价工程量清单或预算书中的计日工计价项目及其单价进行计算；已标价工程量清单或预算书中无相应的计日工单价的，按照合理的成本与利润构成的原则，由合同当事人按照第 4.4 款〔商定或确定〕确定变更工作的单价。

采用计日工计价的任何一项工作，承包人应在该项工作实施过程中，每天提交以下报表和有关凭证报送监理人审查。

(1) 工作名称、内容和数量。

(2) 投入该工作的所有人员的姓名、专业、工种、级别和耗用工时。

(3) 投入该工作的材料类别和数量。

(4) 投入该工作的施工设备型号、台数和耗用台时。

(5) 其他有关资料和凭证。

计日工由承包人汇总后，列入最近一期进度付款申请单，由监理人审查并经发包人批准后列入进度付款。

11 价格调整

11.1 市场价格波动引起的调整

除专用合同条款另有约定外，市场价格波动超过合同当事人约定的范围，合同价格应当调整。合同当事人可以在专用合同条款中约定选择以下一种方式对合同价格进行调整。

第 1 种方式：采用价格指数进行价格调整。

(1) 价格调整公式。因人工、材料和设备等价格波动影响合同价格时，根据专用合同条款中约定的数据，按以下公式计算差额并调整合同价格：

$$\Delta P = P_0\left[A+\left(B_1\times\frac{F_{t1}}{F_{01}}+B_2\times\frac{F_{t2}}{F_{02}}+B_3\times\frac{F_{t3}}{F_{03}}+\cdots+B_n\times\frac{F_{tn}}{F_{0n}}\right)-1\right]$$

式中 ΔP——需调整的价格差额；

P_0——约定的付款证书中承包人应得到的已完成工程量的金额。此项金额应不包括价格调整、不计质量保证金的扣留和支付、预付款的支付和扣回。约定的变更及其他金额已按现行价格计价的，也不计在内；

A——定值权重(即不调部分的权重)；

$B_1,B_2,B_3,\cdots,B_n$——各可调因子的变值权重(即可调部分的权重)，为各可调因子在签约合同价中所占的比例；

$F_{t1},F_{t2},F_{t3},\cdots,F_{tn}$——各可调因子的现行价格指数，指约定的付款证书相关周期最后一天的前 42 天的各可调因子的价格指数；

$F_{01},F_{02},F_{03},\cdots,F_{0n}$——各可调因子的基本价格指数，指基准日期的各可调因子的价格指数。

以上价格调整公式中的各可调因子、定值和变值权重，以及基本价格指数及其来源在投标函附录价格指数和权重表中约定，非招标订立的合同，由合同当事人在专用合同条款中约定。价格指数应首先采用工程造价管理机构发布的价格指数，无前述价格指数时，可采用工程造价管理机构发布的价格代替。

(2) 暂时确定调整差额。在计算调整差额时无现行价格指数的，合同当事人同意暂用前次价格指数计算。实际价格指数有调整的，合同当事人进行相应调整。

(3) 权重的调整。因变更导致合同约定的权重不合理时，按照第 4.4 款〔商定或确定〕执行。

(4) 因承包人原因工期延误后的价格调整。因承包人原因未按期竣工的，对合同约定的竣工日期后继续施工的工程，在使用价格调整公式时，应采用计划竣工日期与实际竣工日期的两个价格指数中较低的一个作为现行价格指数。

第 2 种方式：采用造价信息进行价格调整。

合同履行期间，因人工、材料、工程设备和机械台班价格波动影响合同价格时，人工、机械使用费按照国家或省、自治区、直辖市建设行政管理部门、行业建设管理部门或其授权的工程造价管理机构发布的人工、机械使用费系数进行调整；需要进行价格调整的材料，其单价和采购数量应由发包人审批，发包人确认需调整的材料单价及数量，作为调整合同价格的依据。

(1) 人工单价发生变化且符合省级或行业建设主管部门发布的人工费调整规定，合同当事人应按省级或行业建设主管部门或其授权的工程造价管理机构发布的人工费等文件调整合同价格，但承包人对人工费或人工单价的报价高于发布价格的除外。

(2) 材料、工程设备价格变化的价款调整按照发包人提供的基准价格，按以下风险范围规定执行。

① 承包人在已标价工程量清单或预算书中载明材料单价低于基准价格的：除专用合同条款另有约定外，合同履行期间材料单价涨幅以基准价格为基础超过 5%时，或材料单价跌幅以在已标价工程量清单或预算书中载明材料单价为基础超过 5%时，其超过部分据实调整。

② 承包人在已标价工程量清单或预算书中载明材料单价高于基准价格的：除专用合同条款另有约定外，合同履行期间材料单价跌幅以基准价格为基础超过 5%时，材料单价涨幅以在已标价工程量清单或预算书中载明材料单价为基础超过 5%时，其超过部分据实调整。

③ 承包人在已标价工程量清单或预算书中载明材料单价等于基准价格的：除专用合同条款另有约定外，合同履行期间材料单价涨跌幅以基准价格为基础超过±5%时，其超过部分据实调整。

④ 承包人应在采购材料前将采购数量和新的材料单价报发包人核对，发包人确认用于工程时，发包人应确认采购材料的数量和单价。发包人在收到承包人报送的确认资料后 5 天内不予答复的视为认可，作为调整合同价格的依据。未经发包人事先核对，承包人自行采购材料的，发包人有权不予调整合同价格。发包人同意的，可以调整合同价格。

前述基准价格是指由发包人在招标文件或专用合同条款中给定的材料、工程设备的价格，该价格原则上应当按照省级或行业建设主管部门或其授权的工程造价管理机构发布的信息价编制。

(3) 施工机械台班单价或施工机械使用费发生变化超过省级或行业建设主管部门或其授权的工程造价管理机构规定的范围时，按规定调整合同价格。

第 3 种方式：专用合同条款约定的其他方式。

11.2　法律变化引起的调整

基准日期后，法律变化导致承包人在合同履行过程中所需要的费用发生除第 11.1 款〔市场价格波动引起的调整〕约定以外的增加时，由发包人承担由此增加的费用；减少时，应从合同价格中予以扣减。基准日期后，因法律变化造成工期延误时，工期应予以顺延。

因法律变化引起的合同价格和工期调整，合同当事人无法达成一致的，由总监理工程师按第 4.4 款〔商定或确定〕的约定处理。

因承包人原因造成工期延误，在工期延误期间出现法律变化的，由此增加的费用和(或)延误的工期由承包人承担。

12 合同价格、计量与支付

12.1 合同价格形式

发包人和承包人应在合同协议书中选择下列一种合同价格形式。

1. 单价合同

单价合同是指合同当事人约定以工程量清单及其综合单价进行合同价格计算、调整和确认的建设工程施工合同，在约定的范围内合同单价不作调整。合同当事人应在专用合同条款中约定综合单价包含的风险范围和风险费用的计算方法，并约定风险范围以外的合同价格的调整方法，其中因市场价格波动引起的调整按第 11.1 款〔市场价格波动引起的调整〕约定执行。

2. 总价合同

总价合同是指合同当事人约定以施工图、已标价工程量清单或预算书及有关条件进行合同价格计算、调整和确认的建设工程施工合同，在约定的范围内合同总价不作调整。合同当事人应在专用合同条款中约定总价包含的风险范围和风险费用的计算方法，并约定风险范围以外的合同价格的调整方法，其中因市场价格波动引起的调整按第 11.1 款〔市场价格波动引起的调整〕、因法律变化引起的调整按第 11.2 款〔法律变化引起的调整〕约定执行。

3. 其他价格形式

合同当事人可在专用合同条款中约定其他合同价格形式。

12.2 预付款

12.2.1 预付款的支付

预付款的支付按照专用合同条款约定执行，但至迟应在开工通知载明的开工日期 7 天前支付。预付款应当用于材料、工程设备、施工设备的采购及修建临时工程、组织施工队伍进场等。

除专用合同条款另有约定外，预付款在进度付款中同比例扣回。在颁发工程接收证书前，提前解除合同的，尚未扣完的预付款应与合同价款一并结算。

发包人逾期支付预付款超过 7 天的，承包人有权向发包人发出要求预付的催告通知，发包人收到通知后 7 天内仍未支付的，承包人有权暂停施工，并按第 16.1.1 项〔发包人违约的情形〕执行。

12.2.2 预付款担保

发包人要求承包人提供预付款担保的，承包人应在发包人支付预付款 7 天前提供预付款担保，专用合同条款另有约定除外。预付款担保可采用银行保函、担保公司担保等形式，具体由合同当事人在专用合同条款中约定。在预付款完全扣回之前，承包人应保证预付款担保持续有效。

发包人在工程款中逐期扣回预付款后，预付款担保额度应相应减少，但剩余的预付款担保金额不得低于未被扣回的预付款金额。

12.3 计量

12.3.1 计量原则

工程量计量按照合同约定的工程量计算规则、图纸及变更指示等进行计量。工程量计算规则应以相关的国家标准、行业标准等为依据，由合同当事人在专用合同条款中约定。

12.3.2 计量周期

除专用合同条款另有约定外，工程量的计量按月进行。

12.3.3 单价合同的计量

除专用合同条款另有约定外，单价合同的计量按照本项约定执行：

(1) 承包人应于每月 25 日向监理人报送上月 20 日至当月 19 日已完成的工程量报告，并附具进度付款申请单、已完成工程量报表和有关资料。

(2) 监理人应在收到承包人提交的工程量报告后7天内完成对承包人提交的工程量报表的审核并报送发包人，以确定当月实际完成的工程量。监理人对工程量有异议的，有权要求承包人进行共同复核或抽样复测。承包人应协助监理人进行复核或抽样复测，并按监理人要求提供补充计量资料。承包人未按监理人要求参加复核或抽样复测的，监理人复核或修正的工程量视为承包人实际完成的工程量。

(3) 监理人未在收到承包人提交的工程量报表后的 7 天内完成审核的，承包人报送的工程量报告中的工程量视为承包人实际完成的工程量，据此计算工程价款。

12.3.4 总价合同的计量

除专用合同条款另有约定外，按月计量支付的总价合同，按照本项约定执行。

(1) 承包人应于每月 25 日向监理人报送上月 20 日至当月 19 日已完成的工程量报告，并附具进度付款申请单、已完成工程量报表和有关资料。

(2) 监理人应在收到承包人提交的工程量报告后7天内完成对承包人提交的工程量报表的审核并报送发包人，以确定当月实际完成的工程量。监理人对工程量有异议的，有权要求承包人进行共同复核或抽样复测。承包人应协助监理人进行复核或抽样复测并按监理人要求提供补充计量资料。承包人未按监理人要求参加复核或抽样复测的，监理人审核或修正的工程量视为承包人实际完成的工程量。

(3) 监理人未在收到承包人提交的工程量报表后的 7 天内完成复核的，承包人提交的工程量报告中的工程量视为承包人实际完成的工程量。

12.3.5 总价合同采用支付分解表计量支付的，可以按照第 12.3.4 项〔总价合同的计量〕约定进行计量，但合同价款按照支付分解表进行支付。

12.3.6 其他价格形式合同的计量

合同当事人可在专用合同条款中约定其他价格形式合同的计量方式和程序。

12.4 工程进度款支付

12.4.1 付款周期

除专用合同条款另有约定外，付款周期应按照第 12.3.2 项〔计量周期〕的约定与计量周期保持一致。

12.4.2　进度付款申请单的编制

除专用合同条款另有约定外，进度付款申请单应包括下列内容。

(1) 截至本次付款周期已完成工作对应的金额。

(2) 根据第 10 条〔变更〕应增加和扣减的变更金额。

(3) 根据第 12.2 款〔预付款〕约定应支付的预付款和扣减的返还预付款。

(4) 根据第 15.3 款〔质量保证金〕约定应扣减的质量保证金。

(5) 根据第 19 条〔索赔〕应增加和扣减的索赔金额。

(6) 对已签发的进度款支付证书中出现错误的修正，应在本次进度付款中支付或扣除的金额。

(7) 根据合同约定应增加和扣减的其他金额。

12.4.3　进度付款申请单的提交

(1) 单价合同进度付款申请单的提交。单价合同的进度付款申请单，按照第 12.3.3 项〔单价合同的计量〕约定的时间按月向监理人提交，并附上已完成工程量报表和有关资料。单价合同中的总价项目按月进行支付分解，并汇总列入当期进度付款申请单。

(2) 总价合同进度付款申请单的提交。总价合同按月计量支付的，承包人按照第 12.3.4 项〔总价合同的计量〕约定的时间按月向监理人提交进度付款申请单，并附上已完成工程量报表和有关资料。

总价合同按支付分解表支付的，承包人应按照第 12.4.6 项〔支付分解表〕及第 12.4.2 项〔进度付款申请单的编制〕的约定向监理人提交进度付款申请单。

(3) 其他价格形式合同的进度付款申请单的提交。合同当事人可在专用合同条款中约定其他价格形式合同的进度付款申请单的编制和提交程序。

12.4.4　进度款审核和支付

(1) 除专用合同条款另有约定外，监理人应在收到承包人进度付款申请单以及相关资料后 7 天内完成审查并报送发包人，发包人应在收到后 7 天内完成审批并签发进度款支付证书。发包人逾期未完成审批且未提出异议的，视为已签发进度款支付证书。

发包人和监理人对承包人的进度付款申请单有异议的，有权要求承包人修正和提供补充资料，承包人应提交修正后的进度付款申请单。监理人应在收到承包人修正后的进度付款申请单及相关资料后 7 天内完成审查并报送发包人，发包人应在收到监理人报送的进度付款申请单及相关资料后 7 天内，向承包人签发无异议部分的临时进度款支付证书。存在争议的部分，按照第 20 条〔争议解决〕的约定处理。

(2) 除专用合同条款另有约定外，发包人应在进度款支付证书或临时进度款支付证书签发后 14 天内完成支付，发包人逾期支付进度款的，应按照中国人民银行发布的同期同类贷款基准利率支付违约金。

(3) 发包人签发进度款支付证书或临时进度款支付证书，不表明发包人已同意、批准或接受了承包人完成的相应部分的工作。

12.4.5　进度付款的修正

在对已签发的进度款支付证书进行阶段汇总和复核中发现错误、遗漏或重复的，发包人和承包人均有权提出修正申请。经发包人和承包人同意的修正，应在下期进度付款中支付或扣除。

12.4.6　支付分解表

1. 支付分解表的编制要求

(1) 支付分解表中所列的每期付款金额，应为第 12.4.2 项〔进度付款申请单的编制〕第(1)目的估算金额。

(2) 实际进度与施工进度计划不一致的，合同当事人可按照第 4.4 款〔商定或确定〕修改支付分解表。

(3) 不采用支付分解表的，承包人应向发包人和监理人提交按季度编制的支付估算分解表，用于支付参考。

2. 总价合同支付分解表的编制与审批

(1) 除专用合同条款另有约定外，承包人应根据第 7.2 款〔施工进度计划〕约定的施工进度计划、签约合同价和工程量等因素对总价合同按月进行分解，编制支付分解表。承包人应当在收到监理人和发包人批准的施工进度计划后 7 天内，将支付分解表及编制支付分解表的支持性资料报送监理人。

(2) 监理人应在收到支付分解表后 7 天内完成审核并报送发包人。发包人应在收到经监理人审核的支付分解表后 7 天内完成审批，经发包人批准的支付分解表为有约束力的支付分解表。

(3) 发包人逾期未完成支付分解表审批的，也未及时要求承包人进行修正和提供补充资料的，则承包人提交的支付分解表视为已经获得发包人批准。

3. 单价合同的总价项目支付分解表的编制与审批

除专用合同条款另有约定外，单价合同的总价项目，由承包人根据施工进度计划和总价项目的总价构成、费用性质、计划发生时间和相应工程量等因素按月进行分解，形成支付分解表，其编制与审批参照总价合同支付分解表的编制与审批执行。

12.5　支付账户

发包人应将合同价款支付至合同协议书中约定的承包人账户。

13　验收和工程试车

13.1　分部分项工程验收

13.1.1　分部分项工程质量应符合国家有关工程施工验收规范、标准及合同约定，承包人应按照施工组织设计的要求完成分部分项工程施工。

13.1.2　除专用合同条款另有约定外，分部分项工程经承包人自检合格并具备验收条件的，承包人应提前 48 小时通知监理人进行验收。监理人不能按时进行验收的，应在验收前 24 小时向承包人提交书面延期要求，但延期不能超过 48 小时。监理人未按时进行验收，也未提出延期要求的，承包人有权自行验收，监理人应认可验收结果。分部分项工程未经验收的，不得进入下一道工序施工。

分部分项工程的验收资料应当作为竣工资料的组成部分。

13.2　竣工验收

13.2.1　竣工验收条件

工程具备以下条件的，承包人可以申请竣工验收。

(1) 除发包人同意的甩项工作和缺陷修补工作外，合同范围内的全部工程以及有关工作，包括合同要求的试验、试运行以及检验均已完成，并符合合同要求。

(2) 已按合同约定编制了甩项工作和缺陷修补工作清单以及相应的施工计划。

(3) 已按合同约定的内容和份数备齐竣工资料。

13.2.2 竣工验收程序

除专用合同条款另有约定外，承包人申请竣工验收的，应当按照以下程序进行。

(1) 承包人向监理人报送竣工验收申请报告，监理人应在收到竣工验收申请报告后 14 天内完成审查并报送发包人。监理人审查后认为尚不具备验收条件的，应通知承包人在竣工验收前承包人还需完成的工作内容，承包人应在完成监理人通知的全部工作内容后，再次提交竣工验收申请报告。

(2) 监理人审查后认为已具备竣工验收条件的，应将竣工验收申请报告提交发包人，发包人应在收到经监理人审核的竣工验收申请报告后28天内审批完毕并组织监理人、承包人、设计人等相关单位完成竣工验收。

(3) 竣工验收合格的，发包人应在验收合格后 14 天内向承包人签发工程接收证书。发包人无正当理由逾期不颁发工程接收证书的，自验收合格后第 15 天起视为已颁发工程接收证书。

(4) 竣工验收不合格的，监理人应按照验收意见发出指示，要求承包人对不合格工程返工、修复或采取其他补救措施，由此增加的费用和(或)延误的工期由承包人承担。承包人在完成不合格工程的返工、修复或采取其他补救措施后，应重新提交竣工验收申请报告，并按本项约定的程序重新进行验收。

(5) 工程未经验收或验收不合格，发包人擅自使用的，应在转移占有工程后 7 天内向承包人颁发工程接收证书；发包人无正当理由逾期不颁发工程接收证书的，自转移占有后第 15 天起视为已颁发工程接收证书。

除专用合同条款另有约定外，发包人不按照本项约定组织竣工验收、颁发工程接收证书的，每逾期一天，应以签约合同价为基数，按照中国人民银行发布的同期同类贷款基准利率支付违约金。

13.2.3 竣工日期

工程经竣工验收合格的，以承包人提交竣工验收申请报告之日为实际竣工日期，并在工程接收证书中载明；因发包人原因，未在监理人收到承包人提交的竣工验收申请报告 42 天内完成竣工验收，或完成竣工验收不予签发工程接收证书的，以提交竣工验收申请报告的日期为实际竣工日期；工程未经竣工验收，发包人擅自使用的，以转移占有工程之日为实际竣工日期。

13.2.4 拒绝接收全部或部分工程

对于竣工验收不合格的工程，承包人完成整改后，应当重新进行竣工验收，经重新组织验收仍不合格的且无法采取措施补救的，则发包人可以拒绝接收不合格工程，因不合格工程导致其他工程不能正常使用的，承包人应采取措施确保相关工程的正常使用，由此增加的费用和(或)延误的工期由承包人承担。

13.2.5 移交、接收全部与部分工程

除专用合同条款另有约定外，合同当事人应当在颁发工程接收证书后 7 天内完成工程的移交。

发包人无正当理由不接收工程的，发包人自应当接收工程之日起，承担工程照管、成品保护、保管等与工程有关的各项费用，合同当事人可以在专用合同条款中另行约定发包人逾期接收工程的违约责任。

承包人无正当理由不移交工程的，承包人应承担工程照管、成品保护、保管等与工程有关的各项费用，合同当事人可以在专用合同条款中另行约定承包人无正当理由不移交工程的违约责任。

13.3 工程试车

13.3.1 试车程序

工程需要试车的，除专用合同条款另有约定外，试车内容应与承包人承包范围相一致，试车费用由承包人承担。工程试车应按如下程序进行。

(1) 具备单机无负荷试车条件，承包人组织试车，并在试车前 48 小时书面通知监理人，通知中应载明试车内容、时间、地点。承包人准备试车记录，发包人根据承包人要求为试车提供必要条件。试车合格的，监理人在试车记录上签字。监理人在试车合格后不在试车记录上签字，自试车结束满 24 小时后视为监理人已经认可试车记录，承包人可继续施工或办理竣工验收手续。

监理人不能按时参加试车，应在试车前 24 小时以书面形式向承包人提出延期要求，但延期不能超过 48 小时，由此导致工期延误的，工期应予以顺延。监理人未能在前述期限内提出延期要求，又不参加试车的，视为认可试车记录。

(2) 具备无负荷联动试车条件，发包人组织试车，并在试车前 48 小时以书面形式通知承包人。通知中应载明试车内容、时间、地点和对承包人的要求，承包人按要求做好准备工作。试车合格，合同当事人在试车记录上签字。承包人无正当理由不参加试车的，视为认可试车记录。

13.3.2 试车中的责任

因设计原因导致试车达不到验收要求，发包人应要求设计人修改设计，承包人按修改后的设计重新安装。发包人承担修改设计、拆除及重新安装的全部费用，工期相应顺延。因承包人原因导致试车达不到验收要求，承包人按监理人要求重新安装和试车，并承担重新安装和试车的费用，工期不予顺延。

因工程设备制造原因导致试车达不到验收要求的，由采购该工程设备的合同当事人负责重新购置或修理，承包人负责拆除和重新安装，由此增加的修理、重新购置、拆除及重新安装的费用及延误的工期由采购该工程设备的合同当事人承担。

13.3.3 投料试车

如需进行投料试车的，发包人应在工程竣工验收后组织投料试车。发包人要求在工程竣工验收前进行或需要承包人配合时，应征得承包人同意，并在专用合同条款中约定有关事项。

投料试车合格的，费用由发包人承担；因承包人原因造成投料试车不合格的，承包人应按照发包人要求进行整改，由此产生的整改费用由承包人承担；非因承包人原因导致投料试车不合格的，如发包人要求承包人进行整改的，由此产生的费用由发包人承担。

13.4 提前交付单位工程的验收

13.4.1 发包人需要在工程竣工前使用单位工程的，或承包人提出提前交付已经竣工的单位工程且经发包人同意的，可进行单位工程验收，验收的程序按照第 13.2 款〔竣工验收〕的约定进行。

验收合格后，由监理人向承包人出具经发包人签认的单位工程接收证书。已签发单位工程接收证书的单位工程由发包人负责照管。单位工程的验收成果和结论作为整体工程竣工验收申请报告的附件。

13.4.2　发包人要求在工程竣工前交付单位工程，由此导致承包人费用增加和(或)工期延误的，由发包人承担由此增加的费用和(或)延误的工期，并支付承包人合理的利润。

13.5　施工期运行

13.5.1　施工期运行是指合同工程尚未全部竣工，其中某项或某几项单位工程或工程设备安装已竣工，根据专用合同条款约定，需要投入施工期运行的，经发包人按第 13.4 款〔提前交付单位工程的验收〕的约定验收合格，证明能确保安全后，才能在施工期投入运行。

13.5.2　在施工期运行中发现工程或工程设备损坏或存在缺陷的，由承包人按第 15.2 款〔缺陷责任期〕约定进行修复。

13.6　竣工退场

13.6.1　竣工退场

颁发工程接收证书后，承包人应按以下要求对施工现场进行清理。

(1) 施工现场内残留的垃圾已全部清除出场。

(2) 临时工程已拆除，场地已进行清理、平整或复原。

(3) 按合同约定应撤离的人员、承包人施工设备和剩余的材料，包括废弃的施工设备和材料，已按计划撤离施工现场。

(4) 施工现场周边及其附近道路、河道的施工堆积物，已全部清理。

(5) 施工现场其他场地清理工作已全部完成。

施工现场的竣工退场费用由承包人承担。承包人应在专用合同条款约定的期限内完成竣工退场，逾期未完成的，发包人有权出售或另行处理承包人遗留的物品，由此支出的费用由承包人承担，发包人出售承包人遗留物品所得款项在扣除必要费用后应返还承包人。

13.6.2　地表还原

承包人应按发包人要求恢复临时占地及清理场地，承包人未按发包人的要求恢复临时占地，或者场地清理未达到合同约定要求的，发包人有权委托其他人恢复或清理，所发生的费用由承包人承担。

14　竣工结算

14.1　竣工结算申请

除专用合同条款另有约定外，承包人应在工程竣工验收合格后 28 天内向发包人和监理人提交竣工结算申请单，并提交完整的结算资料，有关竣工结算申请单的资料清单和份数等要求由合同当事人在专用合同条款中约定。

除专用合同条款另有约定外，竣工结算申请单应包括以下内容。

(1) 竣工结算合同价格。

(2) 发包人已支付承包人的款项。

(3) 应扣留的质量保证金。

(4) 发包人应支付承包人的合同价款。

14.2　竣工结算审核

(1) 除专用合同条款另有约定外，监理人应在收到竣工结算申请单后 14 天内完成核查并报送发包人。发包人应在收到监理人提交的经审核的竣工结算申请单后 14 天内完成审批，并由监理人向承包人签发经发包人签认的竣工付款证书。监理人或发包人对竣工结算申请单有异议的，有权要求承包人进行修正和提供补充资料，承包人应提交修正后的竣工结算申请单。

发包人在收到承包人提交竣工结算申请书后 28 天内未完成审批且未提出异议的，视为发包人认可承包人提交的竣工结算申请单，并自发包人收到承包人提交的竣工结算申请单后第 29 天起视为已签发竣工付款证书。

(2) 除专用合同条款另有约定外，发包人应在签发竣工付款证书后的 14 天内，完成对承包人的竣工付款。发包人逾期支付的，按照中国人民银行发布的同期同类贷款基准利率支付违约金；逾期支付超过 56 天的，按照中国人民银行发布的同期同类贷款基准利率的两倍支付违约金。

(3) 承包人对发包人签认的竣工付款证书有异议的，对于有异议部分应在收到发包人签认的竣工付款证书后 7 天内提出异议，并由合同当事人按照专用合同条款约定的方式和程序进行复核，或按照第 20 条〔争议解决〕约定处理。对于无异议部分，发包人应签发临时竣工付款证书，并按本款第(2)项完成付款。承包人逾期未提出异议的，视为认可发包人的审批结果。

14.3　甩项竣工协议

发包人要求甩项竣工的，合同当事人应签订甩项竣工协议。在甩项竣工协议中应明确，合同当事人按照第 14.1 款〔竣工结算申请〕及 14.2 款〔竣工结算审核〕的约定，对已完合格工程进行结算，并支付相应合同价款。

14.4　最终结清

14.4.1　最终结清申请单

(1) 除专用合同条款另有约定外，承包人应在缺陷责任期终止证书颁发后 7 天内，按专用合同条款约定的份数向发包人提交最终结清申请单，并提供相关证明材料。

除专用合同条款另有约定外，最终结清申请单应列明质量保证金、应扣除的质量保证金、缺陷责任期内发生的增减费用。

(2) 发包人对最终结清申请单内容有异议的，有权要求承包人进行修正和提供补充资料，承包人应向发包人提交修正后的最终结清申请单。

14.4.2　最终结清证书和支付

(1) 除专用合同条款另有约定外，发包人应在收到承包人提交的最终结清申请单后 14 天内完成审批并向承包人颁发最终结清证书。发包人逾期未完成审批，又未提出修改意见的，视为发包人同意承包人提交的最终结清申请单，且自发包人收到承包人提交的最终结清申请单后 15 天起视为已颁发最终结清证书。

(2) 除专用合同条款另有约定外，发包人应在颁发最终结清证书后 7 天内完成支付。发包人逾期支付的，按照中国人民银行发布的同期同类贷款基准利率支付违约金；逾期支付超过 56 天的，按照中国人民银行发布的同期同类贷款基准利率的两倍支付违约金。

(3) 承包人对发包人颁发的最终结清证书有异议的，按第 20 条〔争议解决〕的约定办理。

15 缺陷责任与保修

15.1 工程保修的原则

在工程移交发包人后，因承包人原因产生的质量缺陷，承包人应承担质量缺陷责任和保修义务。缺陷责任期届满，承包人仍应按合同约定的工程各部位保修年限承担保修义务。

15.2 缺陷责任期

15.2.1 缺陷责任期自实际竣工日期起计算，合同当事人应在专用合同条款约定缺陷责任期的具体期限，但该期限最长不超过 24 个月。

单位工程先于全部工程进行验收，经验收合格并交付使用的，该单位工程缺陷责任期自单位工程验收合格之日起算。因发包人原因导致工程无法按合同约定期限进行竣工验收的，缺陷责任期自承包人提交竣工验收申请报告之日起开始计算；发包人未经竣工验收擅自使用工程的，缺陷责任期自工程转移占有之日起开始计算。

15.2.2 工程竣工验收合格后，因承包人原因导致的缺陷或损坏致使工程、单位工程或某项主要设备不能按原定目的使用的，则发包人有权要求承包人延长缺陷责任期，并应在原缺陷责任期届满前发出延长通知，但缺陷责任期最长不能超过 24 个月。

15.2.3 任何一项缺陷或损坏修复后，经检查证明其影响了工程或工程设备的使用性能，承包人应重新进行合同约定的试验和试运行，试验和试运行的全部费用应由责任方承担。

15.2.4 除专用合同条款另有约定外，承包人应于缺陷责任期届满后 7 天内向发包人发出缺陷责任期届满通知，发包人应在收到缺陷责任期满通知后 14 天内核实承包人是否履行缺陷修复义务，承包人未能履行缺陷修复义务的，发包人有权扣除相应金额的维修费用。发包人应在收到缺陷责任期届满通知后 14 天内，向承包人颁发缺陷责任期终止证书。

15.3 质量保证金

经合同当事人协商一致扣留质量保证金的，应在专用合同条款中予以明确。

15.3.1 承包人提供质量保证金的方式

承包人提供质量保证金有以下三种方式。

(1) 质量保证金保函。

(2) 相应比例的工程款。

(3) 双方约定的其他方式。

除专用合同条款另有约定外，质量保证金原则上采用上述第(1)种方式。

15.3.2 质量保证金的扣留

质量保证金的扣留有以下三种方式。

(1) 在支付工程进度款时逐次扣留，在此情形下，质量保证金的计算基数不包括预付款的支付、扣回以及价格调整的金额。

(2) 工程竣工结算时一次性扣留质量保证金。

(3) 双方约定的其他扣留方式。

除专用合同条款另有约定外，质量保证金的扣留原则上采用上述第(1)种方式。

发包人累计扣留的质量保证金不得超过结算合同价格的 5%，如承包人在发包人签发竣工付款证书后 28 天内提交质量保证金保函，发包人应同时退还扣留的作为质量保证金的工程价款。

15.3.3　质量保证金的退还

发包人应按 14.4 款〔最终结清〕的约定退还质量保证金。

15.4　保修

15.4.1　保修责任

工程保修期从工程竣工验收合格之日起算，具体分部分项工程的保修期由合同当事人在专用合同条款中约定，但不得低于法定最低保修年限。在工程保修期内，承包人应当根据有关法律规定以及合同约定承担保修责任。

发包人未经竣工验收擅自使用工程的，保修期自转移占有之日起算。

15.4.2　修复费用

保修期内，修复的费用按照以下约定处理。

(1) 保修期内，因承包人原因造成工程的缺陷、损坏，承包人应负责修复，并承担修复的费用以及因工程的缺陷、损坏造成的人身伤害和财产损失。

(2) 保修期内，因发包人使用不当造成工程的缺陷、损坏，可以委托承包人修复，但发包人应承担修复的费用，并支付承包人合理利润。

(3) 因其他原因造成工程的缺陷、损坏，可以委托承包人修复，发包人应承担修复的费用，并支付承包人合理的利润，因工程的缺陷、损坏造成的人身伤害和财产损失由责任方承担。

15.4.3　修复通知

在保修期内，发包人在使用过程中，发现已接收的工程存在缺陷或损坏的，应书面通知承包人予以修复，但情况紧急必须立即修复缺陷或损坏的，发包人可以口头通知承包人并在口头通知后 48 小时内书面确认，承包人应在专用合同条款约定的合理期限内到达工程现场并修复缺陷或损坏。

15.4.4　未能修复

因承包人原因造成工程的缺陷或损坏，承包人拒绝维修或未能在合理期限内修复缺陷或损坏，且经发包人书面催告后仍未修复的，发包人有权自行修复或委托第三方修复，所需费用由承包人承担。但修复范围超出缺陷或损坏范围的，超出范围部分的修复费用由发包人承担。

15.4.5　承包人出入权

在保修期内，为了修复缺陷或损坏，承包人有权出入工程现场，除情况紧急必须立即修复缺陷或损坏外，承包人应提前 24 小时通知发包人进场修复的时间。承包人进入工程现场前应获得发包人同意，且不应影响发包人正常的生产经营，并应遵守发包人有关保安和保密等规定。

16　违约

16.1　发包人违约

16.1.1　发包人违约的情形

在合同履行过程中发生的下列情形，属于发包人违约。

(1) 因发包人原因未能在计划开工日期前 7 天内下达开工通知的。

(2) 因发包人原因未能按合同约定支付合同价款的。

(3) 发包人违反第 10.1 款〔变更的范围〕第(2)项约定，自行实施被取消的工作或转由他人实施的。

(4) 发包人提供的材料、工程设备的规格、数量或质量不符合合同约定，或因发包人原因导致交货日期延误或交货地点变更等情况的。

(5) 因发包人违反合同约定造成暂停施工的。

(6) 发包人无正当理由没有在约定期限内发出复工指示，导致承包人无法复工的。

(7) 发包人明确表示或者以其行为表明不履行合同主要义务的。

(8) 发包人未能按照合同约定履行其他义务的。

发包人发生除本项第(7)目以外的违约情况时，承包人可向发包人发出通知，要求发包人采取有效措施纠正违约行为。发包人收到承包人通知后 28 天内仍不纠正违约行为的，承包人有权暂停相应部位工程施工，并通知监理人。

16.1.2 发包人违约的责任

发包人应承担因其违约给承包人增加的费用和(或)延误的工期，并支付承包人合理的利润。此外，合同当事人可在专用合同条款中另行约定发包人违约责任的承担方式和计算方法。

16.1.3 因发包人违约解除合同

除专用合同条款另有约定外，承包人按第 16.1.1 项〔发包人违约的情形〕约定暂停施工满 28 天后，发包人仍不纠正其违约行为并致使合同目的不能实现的，或出现第 16.1.1 项〔发包人违约的情形〕第(7)目约定的违约情况，承包人有权解除合同，发包人应承担由此增加的费用，并支付承包人合理的利润。

16.1.4 因发包人违约解除合同后的付款

承包人按照本款约定解除合同的，发包人应在解除合同后 28 天内支付下列款项，并解除履约担保。

(1) 合同解除前所完成工作的价款。

(2) 承包人为工程施工订购并已付款的材料、工程设备和其他物品的价款。

(3) 承包人撤离施工现场以及遣散承包人人员的款项。

(4) 按照合同约定在合同解除前应支付的违约金。

(5) 按照合同约定应当支付给承包人的其他款项。

(6) 按照合同约定应退还的质量保证金。

(7) 因解除合同给承包人造成的损失。

合同当事人未能就解除合同后的结清达成一致的，按照第 20 条〔争议解决〕的约定处理。

承包人应妥善做好已完工程和与工程有关的已购材料、工程设备的保护和移交工作，并将施工设备和人员撤出施工现场，发包人应为承包人撤出提供必要条件。

16.2 承包人违约

16.2.1 承包人违约的情形

在合同履行过程中发生的下列情形，属于承包人违约。

(1) 承包人违反合同约定进行转包或违法分包的。

(2) 承包人违反合同约定采购和使用不合格的材料和工程设备的。

(3) 因承包人原因导致工程质量不符合合同要求的。

(4) 承包人违反第 8.9 款〔材料与设备专用要求〕的约定，未经批准，私自将已按照合同约定进入施工现场的材料或设备撤离施工现场的。

(5) 承包人未能按施工进度计划及时完成合同约定的工作，造成工期延误的。

(6) 承包人在缺陷责任期及保修期内，未能在合理期限对工程缺陷进行修复，或拒绝按发包人要求进行修复的。

(7) 承包人明确表示或者以其行为表明不履行合同主要义务的。

(8) 承包人未能按照合同约定履行其他义务的。

承包人发生除本项第(7)目约定以外的其他违约情况时，监理人可向承包人发出整改通知，要求其在指定的期限内改正。

16.2.2 承包人违约的责任

承包人应承担因其违约行为而增加的费用和(或)延误的工期。此外，合同当事人可在专用合同条款中另行约定承包人违约责任的承担方式和计算方法。

16.2.3 因承包人违约解除合同

除专用合同条款另有约定外，出现第 16.2.1 项〔承包人违约的情形〕第(7)目约定的违约情况时，或监理人发出整改通知后，承包人在指定的合理期限内仍不纠正违约行为并致使合同目的不能实现的，发包人有权解除合同。合同解除后，因继续完成工程的需要，发包人有权使用承包人在施工现场的材料、设备、临时工程、承包人文件和由承包人或以其名义编制的其他文件，合同当事人应在专用合同条款约定相应费用的承担方式。发包人继续使用的行为不免除或减轻承包人应承担的违约责任。

16.2.4 因承包人违约解除合同后的处理

因承包人原因导致合同解除的，则合同当事人应在合同解除后 28 天内完成估价、付款和清算，并按以下约定执行。

(1) 合同解除后，按第 4.4 款〔商定或确定〕商定或确定承包人实际完成工作对应的合同价款，以及承包人已提供的材料、工程设备、施工设备和临时工程等的价值。

(2) 合同解除后，承包人应支付的违约金。

(3) 合同解除后，因解除合同给发包人造成的损失。

(4) 合同解除后，承包人应按照发包人要求和监理人的指示完成现场的清理和撤离。

(5) 发包人和承包人应在合同解除后进行清算，出具最终结清付款证书，结清全部款项。

因承包人违约解除合同的，发包人有权暂停对承包人的付款，查清各项付款和已扣款项。发包人和承包人未能就合同解除后的清算和款项支付达成一致的，按照第 20 条〔争议解决〕的约定处理。

16.2.5 采购合同权益转让

因承包人违约解除合同的，发包人有权要求承包人将其为实施合同而签订的材料和设备的采购合同的权益转让给发包人，承包人应在收到解除合同通知后 14 天内，协助发包人与采购合同的供应商达成相关的转让协议。

16.3 第三人造成的违约

在履行合同过程中，一方当事人因第三人的原因造成违约的，应当向对方当事人承担违约责任。一方当事人和第三人之间的纠纷，依照法律规定或者按照约定解决。

17 不可抗力

17.1 不可抗力的确认

不可抗力是指合同当事人在签订合同时不可预见，在合同履行过程中不可避免且不能克服的自然灾害和社会性突发事件，如地震、海啸、瘟疫、骚乱、戒严、暴动、战争和专用合同条款中约定的其他情形。

不可抗力发生后，发包人和承包人应收集证明不可抗力发生及不可抗力造成损失的证据，并及时认真统计所造成的损失。合同当事人对是否属于不可抗力或其损失的意见不一致的，由监理人按第 4.4 款〔商定或确定〕的约定处理。发生争议时，按第 20 条〔争议解决〕的约定处理。

17.2 不可抗力的通知

合同一方当事人遇到不可抗力事件，使其履行合同义务受到阻碍时，应立即通知合同另一方当事人和监理人，书面说明不可抗力和受阻碍的详细情况，并提供必要的证明。

不可抗力持续发生的，合同一方当事人应及时向合同另一方当事人和监理人提交中间报告，说明不可抗力和履行合同受阻的情况，并于不可抗力事件结束后 28 天内提交最终报告及有关资料。

17.3 不可抗力后果的承担

17.3.1 不可抗力引起的后果及造成的损失由合同当事人按照法律规定及合同约定各自承担。不可抗力发生前已完成的工程应当按照合同约定进行计量支付。

17.3.2 不可抗力导致的人员伤亡、财产损失、费用增加和(或)工期延误等后果，由合同当事人按以下原则承担。

(1) 永久工程、已运至施工现场的材料和工程设备的损坏，以及因工程损坏造成的第三人人员伤亡和财产损失由发包人承担。

(2) 承包人施工设备的损坏由承包人承担。

(3) 发包人和承包人承担各自人员伤亡和财产的损失。

(4) 因不可抗力影响承包人履行合同约定的义务，已经引起或将引起工期延误的，应当顺延工期，由此导致承包人停工的费用损失由发包人和承包人合理分担，停工期间必须支付的工人工资由发包人承担。

(5) 因不可抗力引起或将引起工期延误，发包人要求赶工的，由此增加的赶工费用由发包人承担。

(6) 承包人在停工期间按照发包人要求照管、清理和修复工程的费用由发包人承担。

不可抗力发生后，合同当事人均应采取措施尽量避免和减少损失的扩大，任何一方当事人没有采取有效措施导致损失扩大的，应对扩大的损失承担责任。

因合同一方迟延履行合同义务，在迟延履行期间遭遇不可抗力的，不免除其违约责任。

17.4 因不可抗力解除合同

因不可抗力导致合同无法履行连续超过 84 天或累计超过 140 天的，发包人和承包人均有权解除合同。合同解除后，由双方当事人按照第 4.4 款〔商定或确定〕商定或确定发包人应支付的款项，该款项包括：

(1) 合同解除前承包人已完成工作的价款。

(2) 承包人为工程订购的并已交付给承包人，或承包人有责任接受交付的材料、工程设备和其他物品的价款。

(3) 发包人要求承包人退货或解除订货合同而产生的费用，或因不能退货或解除合同而产生的损失。

(4) 承包人撤离施工现场以及遣散承包人人员的费用。

(5) 按照合同约定在合同解除前应支付给承包人的其他款项。

(6) 扣减承包人按照合同约定应向发包人支付的款项。

(7) 双方商定或确定的其他款项。

除专用合同条款另有约定外，合同解除后，发包人应在商定或确定上述款项后 28 天内完成上述款项的支付。

18 保险

18.1 工程保险

除专用合同条款另有约定外，发包人应投保建筑工程一切险或安装工程一切险；发包人委托承包人投保的，因投保产生的保险费和其他相关费用由发包人承担。

18.2 工伤保险

18.2.1 发包人应依照法律规定参加工伤保险，并为在施工现场的全部员工办理工伤保险，缴纳工伤保险费，并要求监理人及由发包人为履行合同聘请的第三方依法参加工伤保险。

18.2.2 承包人应依照法律规定参加工伤保险，并为其履行合同的全部员工办理工伤保险，缴纳工伤保险费，并要求分包人及由承包人为履行合同聘请的第三方依法参加工伤保险。

18.3 其他保险

发包人和承包人可以为其施工现场的全部人员办理意外伤害保险并支付保险费，包括其员工及为履行合同聘请的第三方的人员，具体事项由合同当事人在专用合同条款约定。

除专用合同条款另有约定外，承包人应为其施工设备等办理财产保险。

18.4 持续保险

合同当事人应与保险人保持联系，使保险人能够随时了解工程实施中的变动，并确保按保险合同条款要求持续保险。

18.5 保险凭证

合同当事人应及时向另一方当事人提交其已投保的各项保险的凭证和保险单复印件。

18.6 未按约定投保的补救

18.6.1 发包人未按合同约定办理保险，或未能使保险持续有效的，则承包人可代为办理，所需费用由发包人承担。发包人未按合同约定办理保险，导致未能得到足额赔偿的，由发包人负责补足。

18.6.2 承包人未按合同约定办理保险，或未能使保险持续有效的，则发包人可代为办理，所需费用由承包人承担。承包人未按合同约定办理保险，导致未能得到足额赔偿的，由承包人负责补足。

18.7 通知义务

除专用合同条款另有约定外，发包人变更除工伤保险之外的保险合同时，应事先征得承包人同意，并通知监理人；承包人变更除工伤保险之外的保险合同时，应事先征得发包人同意，并通知监理人。

保险事故发生时，投保人应按照保险合同规定的条件和期限及时向保险人报告。发包人和承包人应当在知道保险事故发生后及时通知对方。

19 索赔

19.1 承包人的索赔

根据合同约定，承包人认为有权得到追加付款和(或)延长工期的，应按以下程序向发包人提出索赔。

(1) 承包人应在知道或应当知道索赔事件发生后 28 天内，向监理人递交索赔意向通知书，并说明发生索赔事件的事由；承包人未在前述 28 天内发出索赔意向通知书的，丧失要求追加付款和(或)延长工期的权利。

(2) 承包人应在发出索赔意向通知书后 28 天内，向监理人正式递交索赔报告；索赔报告应详细说明索赔理由以及要求追加的付款金额和(或)延长的工期，并附必要的记录和证明材料。

(3) 索赔事件具有持续影响的，承包人应按合理时间间隔继续递交延续索赔通知，说明持续影响的实际情况和记录，列出累计的追加付款金额和(或)工期延长天数。

(4) 在索赔事件影响结束后 28 天内，承包人应向监理人递交最终索赔报告，说明最终要求索赔的追加付款金额和(或)延长的工期，并附必要的记录和证明材料。

19.2 对承包人索赔的处理

对承包人索赔的处理如下。

(1) 监理人应在收到索赔报告后 14 天内完成审查并报送发包人。监理人对索赔报告存在异议的，有权要求承包人提交全部原始记录副本。

(2) 发包人应在监理人收到索赔报告或有关索赔的进一步证明材料后的 28 天内，由监理人向承包人出具经发包人签认的索赔处理结果。发包人逾期答复的，则视为认可承包人的索赔要求。

(3) 承包人接受索赔处理结果的，索赔款项在当期进度款中进行支付；承包人不接受索赔处理结果的，按照第 20 条〔争议解决〕约定处理。

19.3 发包人的索赔

根据合同约定，发包人认为有权得到赔付金额和(或)延长缺陷责任期的，监理人应向承包人发出通知并附有详细的证明。

发包人应在知道或应当知道索赔事件发生后 28 天内通过监理人向承包人提出索赔意向通知书，发包人未在前述 28 天内发出索赔意向通知书的，丧失要求赔付金额和(或)延长缺陷责任期的权利。发包人应在发出索赔意向通知书后 28 天内，通过监理人向承包人正式递交索赔报告。

19.4 对发包人索赔的处理

对发包人索赔的处理如下。

(1) 承包人收到发包人提交的索赔报告后，应及时审查索赔报告的内容、查验发包人证明材料。

(2) 承包人应在收到索赔报告或有关索赔的进一步证明材料后 28 天内，将索赔处理结果答复发包人。如果承包人未在上述期限内做出答复的，则视为对发包人索赔要求的认可。

(3) 承包人接受索赔处理结果的，发包人可从应支付给承包人的合同价款中扣除赔付的金额或延长缺陷责任期；发包人不接受索赔处理结果的，按第 20 条〔争议解决〕约定处理。

19.5　提出索赔的期限

(1) 承包人按第 14.2 款〔竣工结算审核〕约定接收竣工付款证书后，应被视为已无权再提出在工程接收证书颁发前所发生的任何索赔。

(2) 承包人按第 14.4 款〔最终结清〕提交的最终结清申请单中，只限于提出工程接收证书颁发后发生的索赔。提出索赔的期限自接受最终结清证书时终止。

20　争议解决

20.1　和解

合同当事人可以就争议自行和解，自行和解达成协议的经双方签字并盖章后作为合同补充文件，双方均应遵照执行。

20.2　调解

合同当事人可以就争议请求建设行政主管部门、行业协会或其他第三方进行调解，调解达成协议的，经双方签字并盖章后作为合同补充文件，双方均应遵照执行。

20.3　争议评审

合同当事人在专用合同条款中约定采取争议评审方式解决争议以及评审规则，并按下列约定执行。

20.3.1　争议评审小组的确定

合同当事人可以共同选择一名或 3 名争议评审员，组成争议评审小组。除专用合同条款另有约定外，合同当事人应当自合同签订后 28 天内，或者争议发生后 14 天内，选定争议评审员。

选择一名争议评审员的，由合同当事人共同确定；选择 3 名争议评审员的，各自选定一名，第三名成员为首席争议评审员，由合同当事人共同确定或由合同当事人委托已选定的争议评审员共同确定，或由专用合同条款约定的评审机构指定第三名首席争议评审员。

除专用合同条款另有约定外，评审员报酬由发包人和承包人各承担一半。

20.3.2　争议评审小组的决定

合同当事人可在任何时间将与合同有关的任何争议共同提请争议评审小组进行评审。争议评审小组应秉持客观、公正原则，充分听取合同当事人的意见，依据相关法律、规范、标准、案例经验及商业惯例等，自收到争议评审申请报告后 14 天内做出书面决定，并说明理由。合同当事人可以在专用合同条款中对本项事项另行约定。

20.3.3　争议评审小组决定的效力

争议评审小组做出的书面决定经合同当事人签字确认后，对双方具有约束力，双方应遵照执行。

任何一方当事人不接受争议评审小组决定或不履行争议评审小组决定的，双方可选择采用其他争议解决方式。

20.4　仲裁或诉讼

因合同及合同有关事项产生的争议，合同当事人可以在专用合同条款中约定以下一种方式解决争议。

(1) 向约定的仲裁委员会申请仲裁。

(2) 向有管辖权的人民法院起诉。

20.5　争议解决条款效力

合同有关争议解决的条款独立存在，合同的变更、解除、终止、无效或者被撤销均不影响其效力。

第三部分　专用合同条款(节选)

1　一般约定

1.1　词语定义

1.1.1　合同

1.1.1.10　其他合同文件包括：______________________________
____
__________________________。

1.1.2　合同当事人及其他相关方

1.1.2.4　监理人：

名　　称：__________________________。

资质类别和等级：______________________。

联系电话：__________________________。

电子信箱：__________________________。

通信地址：__________________________。

1.1.2.5　设计人：

名　　称：__________________________。

资质类别和等级：______________________。

联系电话：__________________________。

电子信箱：__________________________。

通信地址：__________________________。

1.1.3　工程和设备

1.1.3.7　作为施工现场组成部分的其他场所包括：__________________
__________________________。

1.1.3.9　永久占地包括：__________________________。

1.1.3.10　临时占地包括：__________________________。

1.3　法律

适用于合同的其他规范性文件：______________________________
__________________________。

1.4　标准和规范

1.4.1　适用于工程的标准规范包括：__________________________
__________________________。

1.4.2　发包人提供国外标准、规范的名称：______________________
__________________________。

发包人提供国外标准、规范的份数：______________。

发包人提供国外标准、规范的名称：______________。

1.4.3　发包人对工程的技术标准和功能要求的特殊要求：

____

____。

1.5　合同文件的优先顺序

合同文件组成及优先顺序为：____

____

____________________________________。

1.6　图纸和承包人文件

1.6.1　图纸的提供

发包人向承包人提供图纸的期限：__________________________。

发包人向承包人提供图纸的数量：__________________________。

发包人向承包人提供图纸的内容：__________________________。

1.6.4　承包人文件

需要由承包人提供的文件，包括：____

____。

承包人提供的文件的期限为：__________________________。

承包人提供的文件的数量为：__________________________。

承包人提供的文件的形式为：__________________________。

发包人审批承包人文件的期限：__________________________。

1.6.5　现场图纸准备

关于现场图纸准备的约定：__________________________。

1.7　联络

1.7.1　发包人和承包人应当在____天内将与合同有关的通知、批准、证明、证书、指示、指令、要求、请求、同意、意见、确定和决定等书面函件送达对方当事人。

1.7.2　发包人接收文件的地点：__________________________。

发包人指定的接收人为：________________________________。

承包人接收文件的地点：________________________________。

承包人指定的接收人为：________________________________。

监理人接收文件的地点：________________________________。

监理人指定的接收人为：________________________________。

1.10　交通运输

1.10.1　出入现场的权利

关于出入现场的权利的约定：____

____。

1.10.3　场内交通

关于场外交通和场内交通的边界的约定：____

____。

关于发包人向承包人免费提供满足工程施工需要的场内道路和交通设施的约定：

____

____。

1.10.4 超大件和超重件的运输

运输超大件或超重件所需的道路和桥梁临时加固改造费用和其他有关费用由________________________承担。

1.11 知识产权

1.11.1 关于发包人提供给承包人的图纸、发包人为实施工程自行编制或委托编制的技术规范以及反映发包人关于合同要求或其他类似性质的文件的著作权的归属：____。

关于发包人提供的上述文件的使用限制的要求：____。

1.11.2 关于承包人为实施工程所编制文件的著作权的归属：________________________________。

关于承包人提供的上述文件的使用限制的要求：____。

1.11.4 承包人在施工过程中所采用的专利、专有技术、技术秘密的使用费的承担方式：________________________________。

1.13 工程量清单错误的修正

出现工程量清单错误时，是否调整合同价格：________________________。

允许调整合同价格的工程量偏差范围：____。

2 发包人

2.2 发包人代表

发包人代表：

姓　　名：________________________________。

身份证号：________________________________。

职　　务：________________________________。

联系电话：________________________________。

电子信箱：________________________________。

通信地址：________________________________。

发包人对发包人代表的授权范围如下：____。

2.4 施工现场、施工条件和基础资料的提供

2.4.1 提供施工现场

关于发包人移交施工现场的期限要求：____。

2.4.2 提供施工条件

关于发包人应负责提供施工所需要的条件，包括：________________________

____。

2.5　资金来源证明及支付担保

发包人提供资金来源证明的期限要求：________________。

发包人是否提供支付担保：________________________。

发包人提供支付担保的形式：______________________。

3　承包人

3.1　承包人的一般义务

(5) 承包人提交的竣工资料的内容：______________________________________

____。

承包人需要提交的竣工资料套数：________________________。

承包人提交的竣工资料的费用承担：________________________。

承包人提交的竣工资料移交时间：________________________。

承包人提交的竣工资料形式要求：________________________。

(6)承包人应履行的其他义务：____

____。

3.2　项目经理

3.2.1　项目经理：

姓　　名：______________________________。

身份证号：______________________________。

建造师执业资格等级：____________________。

建造师注册证书号：______________________。

建造师执业印章号：______________________。

安全生产考核合格证书号：________________。

联系电话：______________________________。

电子信箱：______________________________。

通信地址：______________________________。

承包人对项目经理的授权范围如下：__________________________________

____。

关于项目经理每月在施工现场的时间要求：____________________________

____。

承包人未提交劳动合同，以及没有为项目经理缴纳社会保险证明的违约责任：______

____。

项目经理未经批准，擅自离开施工现场的违约责任：______________________

____。

3.2.3　承包人擅自更换项目经理的违约责任：______________________________

____。

3.2.4　承包人无正当理由拒绝更换项目经理的违约责任：____________________

____。

3.3 承包人人员

3.3.1 承包人提交项目管理机构及施工现场管理人员安排报告的期限：____________
____。

3.3.3 承包人无正当理由拒绝撤换主要施工管理人员的违约责任：____________
____。

3.3.4 承包人主要施工管理人员离开施工现场的批准要求：____________
____。

3.3.5 承包人擅自更换主要施工管理人员的违约责任：____________
____。

承包人主要施工管理人员擅自离开施工现场的违约责任：____________
____。

3.5 分包

3.5.1 分包的一般约定

禁止分包的工程包括：____________________________。

主体结构、关键性工作的范围：____
____。

3.5.2 分包的确定

允许分包的专业工程包括：____________________________。

其他关于分包的约定：____
____。

3.5.4 分包合同价款

关于分包合同价款支付的约定：____________________________。

3.6 工程照管与成品、半成品保护

承包人负责照管工程及工程相关的材料、工程设备的起始时间：____________
____。

3.7 履约担保

承包人是否提供履约担保：____________________________。

承包人提供履约担保的形式、金额及期限的：____________________________
____。

4 监理人

4.1 监理人的一般规定

关于监理人的监理内容：____________________________。

关于监理人的监理权限：____________________________。

关于监理人在施工现场的办公场所、生活场所的提供和费用承担的约定：__________
____。

4.2 监理人员

总监理工程师：

姓　　名：______________________________。

职　　务：______________________________。

监理工程师执业资格证书号：______________。

联系电话：______________________________。

电子信箱：______________________________。

通信地址：______________________________。

关于监理人的其他约定：__________________。

4.4 商定或确定

在发包人和承包人不能通过协商达成一致意见时，发包人授权监理人对以下事项进行确定：

(1) _________________________________。

(2) _________________________________。

(3) _________________________________。

5 工程质量

5.1 质量要求

5.1.1 特殊质量标准和要求：____。

关于工程奖项的约定：____。

5.3 隐蔽工程检查

5.3.2 承包人提前通知监理人隐蔽工程检查的期限的约定：____。

监理人不能按时进行检查时，应提前_______小时提交书面延期要求。

关于延期最长不得超过：_________小时。

6 安全文明施工与环境保护

6.1 安全文明施工

6.1.1 项目安全生产的达标目标及相应事项的约定：____。

6.1.4 关于治安保卫的特别约定：____。

关于编制施工场地治安管理计划的约定：____。

6.1.5 文明施工

合同当事人对文明施工的要求：____。

6.1.6　关于安全文明施工费支付比例和支付期限的约定：______________________________。

7　工期和进度

7.1　施工组织设计

7.1.1　合同当事人约定的施工组织设计应包括的其他内容：______________________________。

7.1.2　施工组织设计的提交和修改

承包人提交详细施工组织设计的期限的约定：______________________________。

发包人和监理人在收到详细的施工组织设计后确认或提出修改意见的期限：______________________________。

7.2　施工进度计划

7.2.2　施工进度计划的修订

发包人和监理人在收到修订的施工进度计划后确认或提出修改意见的期限：______________________________。

7.3　开工

7.3.1　开工准备

关于承包人提交工程开工报审表的期限：______________。

关于发包人应完成的其他开工准备工作及期限：______________________________。

关于承包人应完成的其他开工准备工作及期限：______________________________。

7.3.2　开工通知

因发包人原因造成监理人未能在计划开工日期之日起_____天内发出开工通知的，承包人有权提出价格调整要求，或者解除合同。

7.4　测量放线

7.4.1　发包人通过监理人向承包人提供测量基准点、基准线和水准点及其书面资料的期限：______________。

7.5　工期延误

7.5.1　因发包人原因导致工期延误

(7) 因发包人原因导致工期延误的其他情形：______________________________。

7.5.2　因承包人原因导致工期延误

因承包人原因造成工期延误，逾期竣工违约金的计算方法为：______________________________。

因承包人原因造成工期延误，逾期竣工违约金的上限：______________________________。

7.6 不利物质条件

不利物质条件的其他情形和有关约定：____。

7.7 异常恶劣的气候条件

发包人和承包人同意以下情形视为异常恶劣的气候条件：

(1) ____。

(2) ____。

(3) ____。

7.9 提前竣工的奖励

7.9.2 提前竣工的奖励：______________________________。

8 材料与设备

8.4 材料与工程设备的保管与使用

8.4.1 发包人供应的材料设备的保管费用的承担：____。

8.6 样品

8.6.1 样品的报送与封存

需要承包人报送样品的材料或工程设备，样品的种类、名称、规格、数量要求：____。

8.8 施工设备和临时设施

8.8.1 承包人提供的施工设备和临时设施

关于修建临时设施费用承担的约定：____。

9 试验与检验

9.1 试验设备与试验人员

9.1.2 试验设备

施工现场需要配置的试验场所：____。

施工现场需要配备的试验设备：____。

施工现场需要具备的其他试验条件：____。

9.4 现场工艺试验

现场工艺试验的有关约定：____。

10 变更

10.1 变更的范围

关于变更的范围的约定：____

____。

10.4 变更估价

10.4.1 变更估价原则

关于变更估价的约定: ____

____。

10.5 承包人的合理化建议

监理人审查承包人合理化建议的期限：____________________。

发包人审批承包人合理化建议的期限：____________________。

承包人提出的合理化建议降低了合同价格或者提高了工程经济效益的奖励的方法和金额为：____________________

____。

10.7 暂估价

暂估价材料和工程设备的明细详见附件 11：《暂估价一览表》。

10.7.1 依法必须招标的暂估价项目

对于依法必须招标的暂估价项目的确认和批准采取第__________种方式确定。

10.7.2 不属于依法必须招标的暂估价项目

对于不属于依法必须招标的暂估价项目的确认和批准采取第______________ 种方式确定。

第 3 种方式：承包人直接实施的暂估价项目

承包人直接实施的暂估价项目的约定：____

____。

10.8 暂列金额

合同当事人关于暂列金额使用的约定：____

____。

11 价格调整

11.1 市场价格波动引起的调整

市场价格波动是否调整合同价格的约定：______________。

因市场价格波动调整合同价格，采用以下第____种方式对合同价格进行调整：

第 1 种方式：采用价格指数进行价格调整。

关于各可调因子、定值和变值权重，以及基本价格指数及其来源的约定：__________

____；

第 2 种方式：采用造价信息进行价格调整。

(2) 关于基准价格的约定：____________________。

专用合同条款①承包人在已标价工程量清单或预算书中载明的材料单价低于基准价格的：专用合同条款合同履行期间材料单价涨幅以基准价格为基础超过____%时，或材料单价跌幅以已标价工程量清单或预算书中载明材料单价为基础超过____%时，其超过部分据实调整。

② 承包人在已标价工程量清单或预算书中载明的材料单价高于基准价格的：专用合同

条款合同履行期间材料单价跌幅以基准价格为基础超过___%时，材料单价涨幅以已标价工程量清单或预算书中载明材料单价为基础超过___%时，其超过部分据实调整。

③ 承包人在已标价工程量清单或预算书中载明的材料单价等于基准单价的：专用合同条款合同履行期间材料单价涨跌幅以基准单价为基础超过±___%时，其超过部分据实调整。

第 3 种方式：其他价格调整方式：____

____。

12 合同价格、计量与支付

12.1 合同价格形式

1. 单价合同。

综合单价包含的风险范围：____

____。

风险费用的计算方法：____

____。

风险范围以外合同价格的调整方法：____

____。

2. 总价合同。

总价包含的风险范围：____

____。

风险费用的计算方法：____

____。

风险范围以外合同价格的调整方法：____

____。

3. 其他价格方式：____

____

____。

12.2 预付款

12.2.1 预付款的支付

预付款支付比例或金额：______________________________。

预付款支付期限：______________________________。

预付款扣回的方式：______________________________。

12.2.2 预付款担保

承包人提交预付款担保的期限：______________________________。

预付款担保的形式为：______________________________。

12.3 计量

12.3.1 计量原则

工程量计算规则：______________________________。

12.3.2 计量周期

关于计量周期的约定：______________________________。

12.3.3　单价合同的计量

关于单价合同计量的约定：________________________。

12.3.4　总价合同的计量

关于总价合同计量的约定：________________________。

12.3.5　总价合同采用支付分解表计量支付的，是否适用第 12.3.4 项〔总价合同的计量〕约定进行计量：__________________________。

12.3.6　其他价格形式合同的计量

其他价格形式的计量方式和程序：____。

12.4　工程进度款支付

12.4.1　付款周期

关于付款周期的约定：____________________________________。

12.4.2　进度付款申请单的编制

关于进度付款申请单编制的约定：____。

12.4.3　进度付款申请单的提交

(1) 单价合同进度付款申请单提交的约定：________________________。

(2) 总价合同进度付款申请单提交的约定：________________________。

(3) 其他价格形式合同进度付款申请单提交的约定：____。

12.4.4　进度款审核和支付

(1) 监理人审查并报送发包人的期限：______________________________。

发包人完成审批并签发进度款支付证书的期限：____。

(2)发包人支付进度款的期限：____。

发包人逾期支付进度款的违约金的计算方式：____。

12.4.6　支付分解表的编制

2. 总价合同支付分解表的编制与审批：____。

3. 单价合同的总价项目支付分解表的编制与审批：____。

13　验收和工程试车

13.1　分部分项工程验收

13.1.2　监理人不能按时进行验收时，应提前______小时提交书面延期要求。

关于延期最长不得超过：________小时。

13.2　竣工验收

13.2.2　竣工验收程序

关于竣工验收程序的约定：____
________________________________。

发包人不按照本项约定组织竣工验收、颁发工程接收证书的违约金的计算方法：____
____。

13.2.5　移交、接收全部与部分工程

承包人向发包人移交工程的期限：__________________。

发包人未按本合同约定接收全部或部分工程的，违约金的计算方法为：__________
____________________________________。

承包人未按时移交工程的，违约金的计算方法为：____________________________
____________________________________。

13.3　工程试车

13.3.1　试车程序

工程试车内容：____
____
____。

(1) 单机无负荷试车费用由__________________承担；

(2) 无负荷联动试车费用由__________________承担。

13.3.3　投料试车

关于投料试车相关事项的约定：____
____。

13.6　竣工退场

13.6.1　竣工退场

承包人完成竣工退场的期限：____________________________________。

14　竣工结算

14.1　竣工付款申请

承包人提交竣工付款申请单的期限：__________________。

竣工付款申请单应包括的内容：____
____________________________________。

14.2　竣工结算审核

发包人审批竣工付款申请单的期限：__________________。

发包人完成竣工付款的期限：____________________________________。

关于竣工付款证书异议部分复核的方式和程序：______________________________
____________________________________。

14.4　最终结清

14.4.1　最终结清申请单

承包人提交最终结清申请单的份数：______________________________。

承包人提交最终结算申请单的期限：________________________________。

14.4.2　最终结清证书和支付

(1) 发包人完成最终结清申请单的审批并颁发最终结清证书的期限：______________ ____。

(2) 发包人完成支付的期限：__________________。

15　缺陷责任期与保修

15.2　缺陷责任期

缺陷责任期的具体期限：____ ____________________________________。

15.3　质量保证金

关于是否扣留质量保证金的约定：____ ____________________________________。

15.3.1　承包人提供质量保证金的方式

质量保证金采用以下第_____种方式：

(1) 质量保证金保函，保证金额为：__________________；

(2) ______%的工程款；

(3) 其他方式：____。

15.3.2　质量保证金的扣留

质量保证金的扣留采取以下第_____种方式：

(1) 在支付工程进度款时逐次扣留，在此情形下，质量保证金的计算基数不包括预付款的支付、扣回以及价格调整的金额；

(2) 工程竣工结算时一次性扣留质量保证金；

(3) 其他扣留方式：______________________________________。

关于质量保证金的补充约定：____ ____。

15.4　保修

15.4.1　保修责任

工程保修期为：____ ____________________________________。

15.4.3　修复通知

承包人收到保修通知并到达工程现场的合理时间：____________________________ ____________________________________。

16　违约

16.1　发包人违约

16.1.1　发包人违约的情形

发包人违约的其他情形：____ ____________________________________。

16.1.2 发包人违约的责任

发包人违约责任的承担方式和计算方法：

(1) 因发包人原因未能在计划开工日期前 7 天内下达开工通知的违约责任：__________。

(2) 因发包人原因未能按合同约定支付合同价款的违约责任：__________。

(3) 发包人违反第 10.1 款〔变更的范围〕第(2)项约定，自行实施被取消的工作或转由他人实施的违约责任：__________。

(4) 发包人提供的材料、工程设备的规格、数量或质量不符合合同约定，或因发包人原因导致交货日期延误或交货地点变更等情况的违约责任：__________。

(5) 因发包人违反合同约定造成暂停施工的违约责任：__________。

(6) 发包人无正当理由没有在约定期限内发出复工指示，导致承包人无法复工的违约责任：__________。

(7) 其他：__________。

16.1.3 因发包人违约解除合同

承包人按 16.1.1 项〔发包人违约的情形〕约定暂停施工满____天后发包人仍不纠正其违约行为并致使合同目的不能实现的，承包人有权解除合同。

16.2 承包人违约

16.2.1 承包人违约的情形

承包人违约的其他情形：__________。

16.2.2 承包人违约的责任

承包人违约责任的承担方式和计算方法：__________。

16.2.3 因承包人违约解除合同

关于承包人违约解除合同的特别约定：__________。

发包人继续使用承包人在施工现场的材料、设备、临时工程、承包人文件和由承包人或以其名义编制的其他文件的费用承担方式：__________。

17 不可抗力

17.1 不可抗力的确认

除通用合同条款约定的不可抗力事件之外，视为不可抗力的其他情形：__________。

17.4 因不可抗力解除合同

合同解除后，发包人应在商定或确定发包人应支付款项后____天内完成款项的支付。

18 保险

18.1 工程保险

关于工程保险的特别约定：____。

18.3 其他保险

关于其他保险的约定：____。

承包人是否应为其施工设备等办理财产保险：____。

18.7 通知义务

关于变更保险合同时的通知义务的约定：____。

20 争议解决

20.3 争议评审

合同当事人是否同意将工程争议提交争议评审小组决定：____。

20.3.1 争议评审小组的确定

争议评审小组成员的确定：____。

选定争议评审员的期限：________________________。

争议评审小组成员的报酬承担方式：________________________。

其他事项的约定：____。

20.3.2 争议评审小组的决定

合同当事人关于本项的约定：________________________。

20.4 仲裁或诉讼

因合同及合同有关事项发生的争议，按下列第_____种方式解决：

(1) 向__________________仲裁委员会申请仲裁。

(2) 向__________________人民法院起诉。

附件

协议书附件：

附件 1：承包人承揽工程项目一览表

专用合同条款附件：

附件 2：发包人供应材料设备一览表

附件 3：工程质量保修书

附件 4：主要建设工程文件目录

附件 5：承包人用于本工程施工的机械设备表

附件 6：承包人主要施工管理人员表

附件 7：分包人主要施工管理人员表

附件 8：履约担保格式

附件 9：预付款担保格式

附件 10：支付担保格式

附件 11：暂估价一览表

附件 1：

承包人承揽工程项目一览表

单位工程名称	建设规模	建筑面积/m^2	结构形式	层数	生产能力	设备安装内容	合同价格/元	开工日期	竣工日期

附件 2：

发包人供应材料设备一览表

序号	材料、设备品种	规格型号	单位	数量	单价/元	质量等级	供应时间	送达地点	备注

附件 3：

工程质量保修书

发包人(全称)：________________________________

承包人(全称)：________________________________

发包人和承包人根据《中华人民共和国建筑法》和《建设工程质量管理条例》，经协商一致就______________(工程全称)签订工程质量保修书。

一、工程质量保修范围和内容

承包人在质量保修期内，按照有关法律规定和合同约定，承担工程质量保修责任。

质量保修范围包括地基基础工程、主体结构工程，屋面防水工程、有防水要求的卫生间、房间和外墙面的防渗漏，供热与供冷系统，电气管线、给排水管道、设备安装和装修工程，以及双方约定的其他项目。具体保修的内容，双方约定如下：

____

____

____。

二、质量保修期

根据《建设工程质量管理条例》及有关规定，工程的质量保修期如下：

1．地基基础工程和主体结构工程为设计文件规定的工程合理使用年限。

2．屋面防水工程、有防水要求的卫生间、房间和外墙面的防渗为________年。

3．装修工程为________年。

4．电气管线、给排水管道、设备安装工程为________年。

5．供热与供冷系统为________个采暖期、供冷期。

6．住宅小区内的给排水设施、道路等配套工程为________年。

7．其他项目保修期限约定如下：

____

____

____。

质量保修期自工程竣工验收合格之日起计算。

三、缺陷责任期

工程缺陷责任期为________个月，缺陷责任期自工程竣工验收合格之日起计算。单位工程先于全部工程进行验收，单位工程缺陷责任期自单位工程验收合格之日起算。

缺陷责任期终止后，发包人应退还剩余的质量保证金。

四、质量保修责任

1．属于保修范围、内容的项目，承包人应当在接到保修通知之日起 7 天内派人保修。承包人不在约定期限内派人保修的，发包人可以委托他人修理。

2．发生紧急事故需抢修的，承包人在接到事故通知后，应当立即到达事故现场抢修。

3．对于涉及结构安全的质量问题，应当按照《建设工程质量管理条例》的规定，立即向当地建设行政主管部门和有关部门报告，采取安全防范措施，并由原设计人或者具有相应资质等级的设计人提出保修方案，承包人实施保修。

4．质量保修完成后，由发包人组织验收。

五、保修费用

保修费用由造成质量缺陷的责任方承担。

六、双方约定的其他工程质量保修事项

____。

工程质量保修书由发包人、承包人在工程竣工验收前共同签署，作为施工合同附件，其有效期限至保修期满。

发包人(公章)：__________	承包人(公章)：__________
地　址：__________	地　址：__________
法定代表人(签字)：__________	法定代表人(签字)：__________
委托代理人(签字)：__________	委托代理人(签字)：__________
电　话：__________	电　话：__________
传　真：__________	传　真：__________
开户银行：__________	开户银行：__________
账　号：__________	账　号：__________
邮政编码：__________	邮政编码：__________

附件 4：

主要建设工程文件目录

文件名称	套　数	费用/元	质　量	移交时间	责 任 人

附件 5：

承包人用于本工程施工的机械设备表

序号	机械或设备名称	规格型号	数量	产地	制造年份	额定功率/kW	生产能力	备注

附件 6：

承包人主要施工管理人员表

名　称	姓　名	职　务	职　称	主要资历、经验及承担过的项目
一、总部人员				
项目主管				
其他人员				
二、现场人员				
项目经理				
项目副经理				
技术负责人				
造价管理				
质量管理				
材料管理				
计划管理				
安全管理				
其他人员				

附件 7：

分包人主要施工管理人员表

名　称	姓　名	职　务	职　称	主要资历、经验及承担过的项目
一、总部人员				
项目主管				
其他人员				
二、现场人员				
项目经理				
项目副经理				
技术负责人				
造价管理				
质量管理				
材料管理				
计划管理				
安全管理				
其他人员				

附件 8：

履约担保格式

_______________(发包人名称)：

鉴于_______________(发包人名称，以下简称“发包人”)与___________________
_______________________________(承包人名称)(以下称“承包人”)于____年___月___日就___________________________(工程名称)施工及有关事项协商一致共同签订《建设工程施工合同》。我方愿意无条件地、不可撤销地就承包人履行与你方签订的合同，向你方提供连带责任担保。

1. 担保金额人民币(大写) _______________元(¥_______________)。

2. 担保有效期自你方与承包人签订的合同生效之日起至你方签发或应签发工程接收证书之日止。

3. 在本担保有效期内，因承包人违反合同约定的义务给你方造成经济损失时，我方在收到你方以书面形式提出的在担保金额内的赔偿要求后，在 7 天内无条件支付。

4. 你方和承包人按合同约定变更合同时，我方承担本担保规定的义务不变。

5. 因本保函发生的纠纷，可由双方协商解决，协商不成的，任何一方均可提请仲裁委员会仲裁。

6. 本保函自我方法定代表人(或其授权代理人)签字并加盖公章之日起生效。

担 保 人：_______________________________ (盖单位章)
法定代表人或其委托代理人：_______________(签字)
地　　址：_______________________________________
邮政编码：_______________________________________
电　　话：_______________________________________
传　　真：_______________________________________

________年____月____日

附件 9：

预付款担保

____________________(发包人名称)：

根据________________(承包人名称)(以下称“承包人”)与________________
____________________(发包人名称)(以下简称“发包人”)
于_____年_____月_____日签订的________________(工程名称)《建设工程施工合同》，承包人按约定的金额向你方提交一份预付款担保，即有权得到你方支付相等金额的预付款。我方愿意就你方提供给承包人的预付款为承包人提供连带责任担保。

1. 担保金额人民币(大写) ______________元(¥______________)。

2. 担保有效期自预付款支付给承包人起生效，至你方签发的进度款支付证书说明已完全扣清止。

3. 在本保函有效期内，因承包人违反合同约定的义务而要求收回预付款时，我方在收到你方的书面通知后，在 7 天内无条件支付。但本保函的担保金额，在任何时候不应超过预付款金额减去你方按合同约定在向承包人签发的进度款支付证书中扣除的金额。

4. 你方和承包人按合同约定变更合同时，我方承担本保函规定的义务不变。

5. 因本保函发生的纠纷，可由双方协商解决，协商不成的，任何一方均可提请______
____________________仲裁委员会仲裁。

6. 本保函自我方法定代表人(或其授权代理人)签字并加盖公章之日起生效。

担保人：____________________________(盖单位章)
法定代表人或其委托代理人：____________(签字)
地　　址：____
邮政编码：____
电　　话：____
传　　真：____

________年____月____日

附件 10

支付担保

______________(承包人)：

鉴于你方作为承包人已经与____________(发包人名称)(以下称“发包人”)于___年___月____日签订了____________(工程名称)《建设工程施工合同》(以下称“主合同”)，应发包人的申请，我方愿就发包人履行主合同约定的工程款支付义务以保证的方式向你方提供如下担保：

一、保证的范围及保证金额

1. 我方的保证范围是主合同约定的工程款。

2. 本保函所称主合同约定的工程款是指主合同约定的除工程质量保证金以外的合同价款。

3. 我方保证的金额是主合同约定的工程款的______%，数额最高不超过人民币(大写)：________。

二、保证的方式及保证期间

1. 我方保证的方式为：连带责任保证。

2. 我方保证的期间为：自本合同生效之日起至主合同约定的工程款支付完毕之日后____日内。

3. 你方与发包人协议变更工程款支付日期的，经我方书面同意后，保证期间按照变更后的支付日期做相应调整。

三、承担保证责任的形式

我方承担保证责任的形式是代为支付。发包人未按主合同约定向你方支付工程款的，由我方在保证金额内代为支付。

四、代偿的安排

1. 你方要求我方承担保证责任的，应向我方发出书面索赔通知及发包人未支付主合同约定工程款的证明材料。索赔通知应写明要求索赔的金额，支付款项应到达的账号。

2. 在出现你方与发包人因工程质量发生争议，发包人拒绝向你方支付工程款的情形时，你方要求我方履行保证责任代为支付的，需提供符合相应条件要求的工程质量检测机构出具的质量说明材料。

3. 我方收到你方的书面索赔通知及相应的证明材料后 7 天内无条件支付。

五、保证责任的解除

1. 在本保函承诺的保证期间内，你方未书面向我方主张保证责任的，自保证期间届满次日起，我方保证责任解除。

2. 发包人按主合同约定履行了工程款的全部支付义务的，自本保函承诺的保证期间届满次日起，我方保证责任解除。

3. 我方按照本保函向你方履行保证责任所支付金额达到本保函保证金额时，自我方向你方支付(支付款项从我方账户划出)之日起，保证责任即解除。

4. 按照法律法规的规定或出现应解除我方保证责任的其他情形的，我方在本保函项下的保证责任亦解除。

5. 我方解除保证责任后，你方应自我方保证责任解除之日起____个工作日内，将本保函原件返还我方。

六、免责条款

1. 因你方违约致使发包人不能履行义务的，我方不承担保证责任。

2. 依照法律法规的规定或你方与发包人的另行约定，免除发包人部分或全部义务的，我方亦免除其相应的保证责任。

3. 你方与发包人协议变更主合同的，如加重发包人责任致使我方保证责任加重的，需征得我方书面同意，否则我方不再承担因此而加重部分的保证责任，但主合同第 10 条〔变更〕约定的变更不受本款限制。

4. 因不可抗力造成发包人不能履行义务的，我方不承担保证责任。

七、争议解决

因本保函或本保函相关事项发生的纠纷，可由双方协商解决，协商不成的，按下列第_____种方式解决：

(1) 向____________________仲裁委员会申请仲裁。

(2) 向____________________人民法院起诉。

八、保函的生效

本保函自我方法定代表人(或其授权代理人)签字并加盖公章之日起生效。

担保人：________________________________(盖章)

法定代表人或委托代理人：__________________(签字)

地　　址：____________________________________

邮政编码：____________________________________

传　　真：____________________________________

________年____月____日

附件 11：

附表 11.1　材料暂估价表

序　号	名　称	单　位	数量	单价/元	合价/元	备　注

附表 11.2　工程设备暂估价表

序　号	名　称	单　位	数量	单价/元	合价/元	备　注

附表 11.3 专业工程暂估价表

序 号	名 称	单 位	数量	单价/元	合价/元	备 注

参 考 文 献

[1] 建设部政策法规司．建设法律法规[M]．北京：中国建筑工业出版社，2002.

[2] 建设部政策法规司，人事教育司．建设行政管理人员法律知识读本[M]．北京：中国建筑工业出版社，2001.

[3] 王孟钧．建设法规[M]．武汉：武汉理工大学出版社，2010.

[4] 陈东佐．建设法规概论[M]．北京：中国建筑工业出版社，2013.

[5] 朱宏亮．建设法规．3 版修订[M]．武汉：武汉理工大学出版社，2012.

[6] 周国恩．建设法规概论[M]．北京：化学工业出版社，2013.

[7] 何佰洲．建设工程合同实务指南[M]．北京：知识产权出版社，2002.

[8] 何佰洲．工程建设法规与案例[M]．北京：中国建筑工业出版社，2004.

[9] 司法部国家司法考试中心．国家司法考试辅导用书[M]．北京：法律出版社，2013.

[10] 周吉高．《建设工程施工合同(示范文本)》应用指南与风险提示[M]．北京：中国法制出版社，2013.

[11] 王艳艳．工程招投标与合同管理[M]．北京：中国建筑工业出版社，2011.

[12] 建设部．建设工程质量管理条例[M]．北京：2000.

[13] 朱宏亮．建设法规教程[M]．北京：中国建筑工业出版社，2009.

[14] 庄民泉，林密．建设监理概论[M]．北京：中国电力出版社，2004.

[15] 张穹．建设工程安全生产管理条例释义[M]．北京：中国物价出版社，2004.

[16] 冯小川．建筑安全生产法律法规知识[M]．北京：中国环境科学出版社，2004.

[17] 高玉兰．建设工程法规[M]．北京：北京大学出版社，2010.

[18] 中国土木工程学会，北京交通大学．建设工程法规及相关知识[M]．北京：中国建筑工业出版社，2005.

[19] 国务院．《中华人民共和国消防法》[R]．北京：2008.

[20] 国家档案局．中华人民共和国档案法[R]．北京：1996.

[21] 国务院．中华人民共和国节约能源法[R]．北京：2007.

[22] 全国一级建造师执业资格考试用书编写委员会．建设工程法规及相关知识(第四版)[M]．北京：中国建筑工业出版社，2014.

[23] 全国二级建造师执业资格考试用书编写委员会．建设工程法规及相关知识(第四版)[M]．北京：中国建筑工业出版社，2014.